中财传媒版 2025年资产评估师职业资格全国统一考试辅导系列丛书

资产评估实务（二）精讲精练

资产评估师职业资格考试辅导用书编写组　编

中国财经出版传媒集团
中国财政经济出版社
·北京·

图书在版编目（CIP）数据

资产评估实务（二）精讲精练／资产评估师职业资格考试辅导用书编写组编． -- 北京：中国财政经济出版社，2025.4（2025.12重印）． -- （中财传媒版2025年资产评估师职业资格全国统一考试辅导系列丛书）． -- ISBN 978 - 7 - 5223 - 3872 - 9

Ⅰ. F20 - 44

中国国家版本馆 CIP 数据核字第 202555VY18 号

责任编辑：庄　莉

资产评估实务（二）精讲精练
ZICHAN PINGGU SHIWU (ER) JINGJIANG JINGLIAN

中国财政经济出版社 出版

URL：http：//www.cfeph.cn
E - mail：cfeph @ cfeph.cn

（版权所有　翻印必究）

社址：北京市海淀区阜成路甲28号　邮政编码：100142
营销中心电话：010 - 88191537
天猫网店：中国财政经济出版社旗舰店
网址：https：//zgczjjcbs.tmall.com
涿州汇美亿浓印刷有限公司印刷　各地新华书店经销
成品尺寸：185mm×260mm　16开　16.75印张　483 000字
2025年4月第1版　2025年12月河北第2次印刷
定价：59.00元
ISBN 978 - 7 - 5223 - 3872 - 9
（图书出现印装问题，本社负责调换）
本社质量投诉电话：010 - 88190744
打击盗版举报热线：010 - 88191661　QQ：2242791300

前　言

为了帮助广大考生全面理解2025年资产评估师考试大纲和考试教材规定的内容，在有限的复习时间内掌握教材的重难点知识，中国财经出版传媒集团组织常年从事资产评估教学科研和考前辅导的名师、专家，编写本套"中财传媒版2025年资产评估师职业资格全国统一考试辅导系列丛书"。

该辅导丛书涵盖了2025年考试4个科目，即"资产评估基础""资产评估相关知识""资产评估实务（一）""资产评估实务（二）"。

该辅导丛书紧扣考试大纲和考试教材，系统梳理考试重点难点，对教材变化分析总结，对重要知识点加以解析，辅以大量经典习题讲解。每章均集中安排了具有代表性和针对性练习题供考生练习，学练结合，帮助考生巩固掌握教材精髓。附有两套全真模拟试题，助力考生赢得考试。

资产评估师职业资格全国统一考试是我国选拔评估师人才、促进评估师人才成长的重要方式。希望广大考生在认真学习教材内容的基础上，结合本系列丛书正确理解和全面掌握应试知识点内容，顺利通过考试！

由于编者水平有限，加之编写时间仓促，书中错漏之处在所难免，恳请广大读者不吝指正。

目录

第一部分 无形资产评估

第一章 无形资产评估概述 （3）
考试大纲 （3）
考情分析 （3）
考点精讲及典型例题解析 （3）
精选练习题 （9）
精选练习题参考答案及解析 （11）

第二章 无形资产评估程序 （13）
考试大纲 （13）
考情分析 （13）
考点精讲及典型例题解析 （13）
精选练习题 （21）
精选练习题参考答案及解析 （22）

第三章 收益法在无形资产评估中的应用 （24）
考试大纲 （24）
考情分析 （24）
考点精讲及典型例题解析 （24）
精选练习题 （35）
精选练习题参考答案及解析 （38）

第四章 市场法和成本法在无形资产评估中的应用 （43）
考试大纲 （43）
考情分析 （43）
考点精讲及典型例题解析 （43）
精选练习题 （49）
精选练习题参考答案及解析 （51）

第五章 专利资产评估 （54）
考试大纲 （54）
考情分析 （54）
考点精讲及典型例题解析 （54）
精选练习题 （66）
精选练习题参考答案及解析 （68）

第六章 商标资产评估 （71）
考试大纲 （71）
考情分析 （71）
考点精讲及典型例题解析 （71）
精选练习题 （79）
精选练习题参考答案及解析 （81）

第七章 著作权资产评估 （84）
考试大纲 （84）
考情分析 （84）
考点精讲及典型例题解析 （84）
精选练习题 （93）
精选练习题参考答案及解析 （95）

第八章 数据资产评估 （98）
考试大纲 （98）
考情分析 （98）
考点精讲及典型例题解析 （98）
精选练习题 （108）
精选练习题参考答案及解析 （109）

第二部分 企业价值评估

第一章 企业价值评估概述 （113）
考试大纲 （113）
考情分析 （113）
考点精讲及典型例题解析 （113）
精选练习题 （125）
精选练习题参考答案及解析 （129）

第二章　企业价值评估信息的收集和分析 ……（132）
考试大纲 ……（132）
考情分析 ……（132）
考点精讲及典型例题解析 ……（132）
精选练习题 ……（152）
精选练习题参考答案及解析 ……（155）

第三章　收益法在企业价值评估中的应用 ……（158）
考试大纲 ……（158）
考情分析 ……（158）
考点精讲及典型例题解析 ……（158）
精选练习题 ……（193）
精选练习题参考答案及解析 ……（199）

第四章　市场法在企业价值评估中的应用 ……（204）
考试大纲 ……（204）
考情分析 ……（204）
考点精讲及典型例题解析 ……（204）
精选练习题 ……（218）
精选练习题参考答案及解析 ……（220）

第五章　资产基础法在企业价值评估中的应用 ……（222）
考试大纲 ……（222）
考情分析 ……（222）
考点精讲及典型例题解析 ……（222）
精选练习题 ……（229）
精选练习题参考答案及解析 ……（234）

全真模拟试题

2025年资产评估师职业资格全国统一考试《资产评估实务（二）》全真模拟试题（一） ……（238）

2025年资产评估师职业资格全国统一考试《资产评估实务（二）》全真模拟试题（一）参考答案及解析 ……（244）

2025年资产评估师职业资格全国统一考试《资产评估实务（二）》全真模拟试题（二） ……（249）

2025年资产评估师职业资格全国统一考试《资产评估实务（二）》全真模拟试题（二）参考答案及解析 ……（256）

第一部分

无形资产评估

第一章 无形资产评估概述

考试大纲

一、考试目的

考查考生对无形资产评估相关内容的理解、对无形资产评估要素的掌握情况,以及分析和解决无形资产评估问题的能力。

二、考试内容及要求

(一)掌握的内容(★★★)

1. 对无形资产及无形资产评估内容的理解。
2. 无形资产的分类。
3. 无形资产评估的目的。
4. 无形资产评估对象和范围的界定。

(二)熟悉的内容(★★)

1. 无形资产及无形资产评估的特征。
2. 无形资产评估假设。

考情分析

本章在考试中处于一般地位,出题分值大概在1—3分之间。本章属于无形资产评估的基础知识,需要掌握无形资产相关概念及特征等内容。复习重点:无形资产的概念、分类,无形资产评估内容,无形资产评估的目的、对象和范围的界定。

考点精讲及典型例题解析

【知识点1】无形资产(★★★)

1. 无形资产的概念

无形资产是一个在会计学、经济学、资产评估等学科和专业领域均被广泛使用的概念。《企业会计准则第6号——无形资产》将无形资产定义为"企业拥有或者控制的没有实物形态的可辨认非货币性资产"。我国资产评估准则《资产评估执业准则——无形资产》将无形资产定义为特定主体拥有或者控制的,不具有实物形态,能持续发挥作用并且能带来经济利益的资源。常见的无形资产包括专利权、商标权、著作权、专有技术、销售网络、客户关系、特许经营权、合同权益、域名等可辨认无形资产和商誉这一不可辨认无形资产。

《国际评估准则》将无形资产定义为"一种能通过其经济属性表现出来的非货币性资产。其不具备实物形态,但能赋予所有者权利和/或带来经济利益",包括营销相关类、客户相关类、合同相关类、技术相关类、艺术相关类等可辨认无形资产和商誉这一不可辨认无形资产。

三者均强调了无形资产不具有实物形态。还强调了能给其拥有者带来经济利益这两个显著特征,但相比于会计准则,评估准则还将商誉这一不可辨认无形资产纳入其范畴。

【提示】无形资产主要包括以下三个特征:1. 特定主体拥有或者控制;2. 不具备实物形态;3. 能持续发挥作用并给其拥有者带来经济利益。无形资产两个显著特征:不具有实物形态和能持续发挥作用并给其拥有者带来经济利益。

【例1-1】无形资产是一个在会计学、经济学、资产评估等学科和专业领域均被广泛使用的概念,在资产评估无形资产的概念中,无形资产的显著特征有(   )。

A. 一定是特定主体所拥有的
B. 不具备实物形态
C. 能给其拥有者带来经济利益
D. 一定是可辨认的资产
E. 企业过去事项中形成的资产

【答案】BC

【解析】无形资产是指特定主体拥有或者控制的,不具备实物形态,能持续发挥作用并且能带来经济利益的资源,BC正确。无形资产可以是特定主体所控制的,A错误;无形资产分为可辨认无形资产和不可辨认无形资产,如商誉,C错误;企业过去事项中形成的资产是会计关于无形资产的概念,E错误。

2. 无形资产的分类

(1)按取得方式分类,可分为自创无形资

产和外部取得无形资产。

自创无形资产是指企业通过自行研究、开发、设计或在生产经营活动过程中形成的无形资产。例如自创的专利权、商标权、专有技术等。

【提示】客户关系是企业为达到其经营目的，主动与客户建立起的某种关系，故属于自创无形资产。

外部取得无形资产是指企业从外部购入或接受投资形成的无形资产。企业从外部购入的无形资产是指以货币资产或可以变现的其他资产相交换，或以承担债务方式从企业外部获得的无形资产，如外购的专利权、商标权、专有技术及著作权等；企业接受投资形成的无形资产是指投资者以投资方式将持有的无形资产如专利权、专有技术、商标权等投入企业而形成的无形资产。

【提示】企业接收捐赠无形资产属于外部取得无形资产。

【提示】企业自创无形资产可能并不反映在企业账面上，或者入账价值只反映了自创无形资产全部价值中的一部分。在大多数的企业中，研发支出会作为费用化进行处理，开发支出符合资本条件的作为资本化处理，使得反映在企业账面上的价值不是自创的专利权价值的全部。但是外部取得无形资产的取得成本一般会通过企业账面价值反映出来，以实际取得成本作为入账价值。

（2）按照是否可以辨认分类，可分为可辨认无形资产和不可辨认无形资产。

可辨认无形资产是可分割的，即能够从实体企业中分离或拆分出来，并且可以单独进行或与一个相关的合同、一项可辨认资产或负债共同出售、转让、许可使用、租赁或交换，如专利权、著作权、商标权、专有技术、销售网络、客户关系、商业特许权、合同权益、域名等。此类无形资产一般来源于合同性权利或其他法律权利，受专门法律保护。

不可辨认无形资产不可单独取得，离开企业整体就不复存在，如商誉是典型的不可辨认无形资产，如商誉。

（3）按是否有专门法律保护分类，可分为有专门法律保护的无形资产和无专门法律保护的无形资产。

有专门法律保护的无形资产主要依托于法律得以保护，一般取得时需要经过一定的法律程序，保护的时间也有一定的限制；无专门法律保护的无形资产主要受企业自身保密原则的保护，此类无形资产受法律保护的力度远远小于受专门法律保护的无形资产。

无专门法律保护的无形资产不设专门的法律保护，但其产权会受到《民法典》《反不正当竞争法》等相关法律的保护。如技术信息、经营信息等商业秘密。一旦该类无形资产被公开，有可能失去其原有的价值。

【提示】专有技术、商业秘密属于无专门法律保护的无形资产，一旦失去法律保护，可能会失去其资产属性和价值；一旦该类无形资产被公开，有可能失去其原有的价值。

【提示】无形资产评估专门的法律主要有《中华人民共和国专利法》《中华人民共和国商标法》《中华人民共和国著作权法》等。

（4）按照无形资产的性质和属性分类，可分为营销相关类无形资产、客户相关类无形资产、艺术相关类无形资产、合同相关类无形资产和技术相关类无形资产。

营销相关类无形资产，主要用于产品或服务的营销或推广。例如：商标、商号、独特商业设计和互联网域名等。

客户相关类无形资产，包括客户名单、在手订单、客户合同、合同性和非合同性客户关系。

艺术相关类无形资产，源自从戏剧、书籍、电影和音乐等艺术作品及非合同版权保护中获取收益的权利。

合同相关类无形资产，代表契约性协议产生的权利价值，例如：许可和版税协议、服务或供应合同、租赁协议、许可证、播放权、劳务合同、雇佣合同、非竞争协议和自然资源权利等。

技术相关类无形资产，源自契约性或非契约性使用专利技术、非专利技术、数据库、配方、设计、软件、工艺或处方的权利。

【例1-2】合同相关类无形资产包括（   ）

A. 互联网域名

B. 客户合同

C. 许可和版税协议

D. 非专利技术

【答案】C

【解析】合同相关类无形资产，代表契约性协议产生的权利价值，例如：许可和版税协议、服务或供应合同、租赁协议、许可证、播放权、劳务合同、雇佣合同、非竞争协议和自然资源权利等。

3. 无形资产的特征

无形资产自身特征具体体现为无形资产的形式特征和无形资产的功能特征。

（1）无形资产的形式特征：非实体性、排他性、效益性、成本的不完整性、成本与价值的弱对应性。

1）非实体性。无形资产的非实体性是其最显著的基本特征，体现在不具有实物形态和发挥作用的形式也是无形的两个方面。因无形资产不存在实物形态，故不存在实体性贬值，但却需要依附于一定的载体。无形资产与有形资产的根本区别在于有形资产的价值主要取决于有形要素的贡献，而无形资产的价值取决于无形要素的贡献。

2）排他性。也称为垄断性或独占性，是指无形资产特定权利只与特定主体有关，强调的是特定主体对无形资产排他性独占，凡不能排他或者不需要任何代价就能获得的，都不属于无形资产。无形资产的此种特性的取得方式有：①特定主体自身保护取得；②获得法律保护取得；③获取社会公认的信誉取得。

3）效益性。无形资产的效益性在于其能够以一定方式，直接或间接地为其控制主体（所有者、使用者或投资者）创造效益，并且必须能够在较长时间内持续产生经济效益。

4）成本的不完整性。目前我国会计准则把无形资产在研究阶段的支出作为费用化处理；而开发阶段的支出符合资本化条件的资本化处理，不符合资本化条件的费用化处理。这就使得无形资产研发有关的许多费用如培训费、试验费以及企业基础设施的利用等很难准确计入和分摊到某项无形资产中，因此，无形资产的成本核算或归集范围往往不完整。

5）成本与价值的弱对应性。无形资产属于创造性智力劳动成果，研究成果的出现还带有很大的不确定性。一方面表现在研发投入与研发成果之间的投入产出关系的不确定，另一方面表现在研发投入的数量与研发成果质量之间的不确定。研发期间所付出的智力劳动、失败损失、各种代价难以衡量，使得无形资产价值与其研发成本之间往往缺乏明确的对应性。

【提示】①无形资产的非实体性是其最显著的基本特征；无形资产不存在实体性贬值。

②无形资产能够创造效益是无形资产最本质的特征，代表了其自身价值；

③成本与价值的弱对应性表现在研发投入与研发成果之间的不确定和研发投入的数量与研发成果质量之间的不确定。

【例1-3】无形资产的排他性是指无形资产特定权利只与特定主体有关。下列选项中不属于该特性取得方式的是（　　）。

A. 特定主体自身保护取得
B. 获得法律保护取得
C. 获取社会公认的信誉取得
D. 签订合同方式取得

【答案】D

【解析】无形资产的排他性可以分别通过特定主体自身保护取得、获得法律保护取得和获取社会公认的信誉取得。

（2）无形资产的功能特征包括：依附性、共益性、积累性、替代性。

1）依附性。无形资产没有实物主体，必须依附于一定的实物载体才能够发挥作用。无形资产所依附的载体主要分为直接载体和间接载体。直接载体包括专利证书、商标标记、注册商标、图纸资料、工艺文件、软盘、标牌等实物主体，间接载体是与此项无形资产相关的有形资产及其他资产。无形资产虽然是一种独立的且没有物质实体的资产，但其作用的发挥及其价值的体现却与相关实体资产或载体有着密切的联系。

例如，专利技术或专有技术的优越性及其获利能力通常需要借助于单台设备、机组、生产线及其工艺发挥出来；商标及品牌的知名度、市场影响力及其获利能力通常需要借助于商品或服务表现出来；著作权无形资产的获利能力通常需要借助于影视作品、小说、图书、软件等物质载体表现其客观存在；而商誉则需要通过整体企业的经营管理水平和效益体现。

2）共益性。无形资产有别于有形资产主要体现在它可能作为共同财产存在，即一项无形资产可以在不同的地点、同一个时间，由不同的主体所使用。

【提示】应当注意，无形资产共益性也受到市场有限性和竞争性的制约。例如，由于追求自身利益的需要，各主体对无形资产的使用还必须受相关合同的限制。

3) 积累性。无形资产积累性主要体现在以下两个方面：①无形资产总是在生产经营的一定范围内发挥特定的作用，其形成一定程度上基于其他无形资产的发展；②无形资产的形成不是一蹴而就的，而是展现出一个动态的发展过程。无形资产的成熟程度、影响范围和获利能力也处在变化之中，不断积累和演进。

4) 替代性。无形资产替代性表现为一种技术取代另一种技术，一种工艺替代另一种工艺等。无形资产的创造和产生是替代性和积累性共同作用的结果，有形资产的界定是通过物质实体直接界定的，而无形资产的界定则需要根据其权益界限来判断。

【例1-4】无形资产是没有实物形态的资产，但可以通过一定的形式表现出来。下列选项中不属于无形资产共益性功能特征的是（　　）。

A. 一项无形资产可以在不同的地点被使用
B. 一项无形资产可以同一时间被使用
C. 一项无形资产可以由不同的主体所使用
D. 一项技术专利在一个企业使用的同时，将会影响将其转让给其他企业使用

【答案】D

【解析】无形资产有别于有形资产主要体现在它可能作为共同财产存在，即一项无形资产可以在不同的地点、同一时间，由不同的主体所使用，一项有形资产一般不可能在不同地点、同一时间，由不同的主体所使用、控制，因此有形资产的界定是通过物质实体直接界定的，而无形资产的界定则需要根据其权益界限来判断。

【知识点2】无形资产评估（★★★）

1. 无形资产评估的概念

无形资产评估是对评估基准日特定目的下的待评估无形资产的价值进行评定和估算，并出具资产评估报告的专业服务行为。

【提示】无形资产评估具体需关注以下两个要点：一是无形资产评估必须基于无形资产的具体属性。无形资产评估中主要考虑的是无形资产经济属性中的价值属性。二是无形资产的价值必须基于特定时间点。资产评估是在特定评估基准日的条件下对某项资产进行评估。

2. 无形资产评估的特征

无形资产评估与有形资产评估存在市场性、公正性、专业性、咨询性等共性。

无形资产评估的一些显著特征：

（1）复杂性。每一项无形资产都是独特的，评估时往往需要大量数据和资料作为支撑，计算工作量大，耗费时间长。收益法评估涉及多种参数的确定，每一个参数的微小偏差都可能对最终结果造成巨大差异。无形资产发挥作用与否、作用大小与宏观经济环境有着较为密切的联系。

（2）动态性和预测性。市场更新换代较快，无形资产所能够带来的经济利益也在不断变化。

（3）评估时需要结合无形资产的载体和作用空间进行评估。无形资产若要发挥作用，必须依附于有形资产或者相关载体。例如，专利权或专有技术作用的发挥需要借助于专用设备、特殊的工艺和特定的企业，而这些载体的数量、质量、工艺、先进水平都会影响专利权或专有技术作用的发挥和价值的实现。不仅如此，载体的软实力，如工艺流程的水平和合理性、运用技术的企业生产经营规模、管理水平和市场营销能力等都会对无形资产价值产生一定影响。

（4）需要结合无形资产的法律保护状况进行评估。无形资产中大部分都是受专门法律保护，其权利的存在与维持都需要法律作为支撑和保护。专利权、申请专利和申请中的专利，不同法律状态下的专利都可以作为评估对象，但其对应的价值却存在非常大的差异。

（5）需结合无形资产所属行业性质进行评估。行业性质不同，无形资产对产品和服务所带来的经济收益也会产生差异。

（6）广泛应用收益法。具有获利能力是无形资产体现价值的根本原因，收益法能够合适地度量无形资产所贡献的经济收益。使得收益法成为无形资产最为重要的技术方法，也是使用频率最高的技术方法。

【例1-5】无形资产评估是对评估基准日特定目的下的待评估无形资产的价值进行评定和估算，无形资产的自身属性决定了无形资产评估的一些显著特征。下列选项属于需要结合无形资产的载体和作用空间进行评估的特征的是

( )。

A. 无形资产作用的发挥需要借助于专用设备、特殊的工艺或者特定的企业

B. 无形资产需要合理预测无形资产的未来预期收益时间和收益额等

C. 无形资产所属行业性质不同，无形资产对产品和服务收益的贡献程度也会产生差异

D. 无形资产发挥作用与否、作用大小与宏观经济环境有着较为密切的联系

【答案】A

【解析】无形资产对于企业来说其作用是巨大的，尤其是对于轻资产类高新技术企业，无形资产能为其拥有者带来经济利益。无形资产若要发挥作用，必须依附于有形资产或者相关载体。而且无形资产作用的大小与其依附的有形资产及相关载体的质量、规模等都有着密切的联系，无形资产价值与其附着载体以及无形资产发挥作用的空间具有较强的对应性。

【知识点3】无形资产评估的要素（★★★）

资产评估的基本要素通常包括评估主体、评估对象和范围、评估目的、评估程序、评估方法、评估基准日、价值类型及评估假设等。

1. 评估目的

评估目的是无形资产评估的关键要素。评估目的既可以规范无形资产评估报告的使用，又能够直接决定和制约价值类型与评估方法选择，还对评估其他后续流程产生关键性影响。无形资产评估目的一般包括出资、交易、质押、法律诉讼、财务报告、税收、保险、管理、租赁等。

（1）出资。无形资产出资指的是出资人根据公司法规定将无形资产作为非货币性资产出资设立公司或向公司增资。

（2）交易。主要表现为单项无形资产或无形资产组合的所有权或使用权转让。

【提示】使用权转让包括独占使用权、排他使用权、普通使用权等。

（3）质押。企业在利用无形资产质押向金融机构贷款时需要对无形资产价值进行评估。

（4）法律诉讼。以法律诉讼为目的而涉及无形资产评估的情形主要包括：

1）因无形资产侵权损害而导致的纠纷；

2）因违约导致的无形资产损失纠纷；

3）因无形资产买卖交易等引起的仲裁；

4）因公司、合伙关系解散或者股东不满管理层的经营、决策等而涉及的无形资产纠纷。

（5）财务报告。以财务报告为目的的无形资产评估主要涉及商誉减值测试、可辨认无形资产减值测试、合并对价分摊等业务情形。

（6）税收。以税收为目的的无形资产评估主要适用于企业重组涉税、内部无形资产转移等情形。

（7）保险。以保险为目的的无形资产评估主要包括：

1）在投保前，对被保险无形资产的价值进行评估，可以为投保人确定投保额；

2）在发生损失时，通过评估被毁损无形资产的价值，可以确定赔偿额，为保险机构保险理赔提供依据。

（8）管理。以管理为目的的无形资产评估主要服务于政府部门和企业主体。

（9）租赁。根据具体目的可分为融资租赁和经营租赁两种类型。以融资租赁为目的的无形资产评估主要有：

1）在承租期满后，无形资产所有者将无形资产所有权转给承租方；

2）在租赁期满后，无形资产出租方将无形资产收回。

【提示】以经营租赁为目的的无形资产评估，主要是为出租方将无形资产使用权租赁给承租方时提供价值参考。

【例1-6】无形资产出资即出资人根据《公司法》规定将无形资产作为非货币性资产出资设立公司或向公司增资。下列选项不可以作为无形资产出资的是（ ）。

A. 专利资产　　B. 专有技术资产

C. 商标资产　　D. 特许经营权资产

【答案】D

【解析】无形资产出资即出资人根据《公司法》规定将无形资产作为非货币性资产出资设立公司或向公司增资。在实务中可以作为出资的无形资产主要有专利资产、专有技术资产、商标资产、著作权资产等。

2. 评估对象和范围

（1）无形资产评估对象的界定标准

无形资产评估对象一般有经济学、法律、

市场三种界定标准。

1）界定的经济学标准。根据无形资产的定义，界定无形资产评估对象的经济学标准重点体现为无形资产的获利能力与获利方式等经济属性。如果无形资产不能带来显著、持续的可辨识经济利益，则其不能被认定为无形资产。

2）界定的法律依据。界定无形资产评估对象的法律依据主要体现在法律法规对无形资产的认定和保护上。如知识产权类无形资产，对于这类无形资产来说，法律所规定的保护范围则是界定无形资产的基本条件之一，如《中华人民共和国专利法》《中华人民共和国商标法》《中华人民共和国著作权法》《中华人民共和国民法典》等。一旦这类无形资产失去法律保护及认可，通常就不再被认定为无形资产。

3）界定的市场标准。市场界定依据，体现了市场对无形资产的认可和接受程度，属于经济、法律方面的扩展和补充。

【提示】根据这三种界定标准，可以几个方面综合分析判断无形资产的性质和特征：

①从无形资产目前和历史上的发展状况以及无形资产实施的地域范围、领域范围、获利能力与获利方式，判断无形资产是否能带来显著、持续的可辨识经济利益。

②从委托人提供的法律文件、权属有效性文件或者其他证明资料，来判断无形资产的存在、剩余经济寿命和法定寿命。

③从无形资产以往的评估及交易情况或相关无形资产的市场转让、出资、质押等情况，判断市场对被评估无形资产的认可程度。

（2）评估范围

无形资产的评估范围即被评估无形资产对象的具体内容，包含无形资产具体名称的内涵和外延，也包括被评估无形资产的具体数量，可以分为单项无形资产的评估范围、可辨认无形资产组的评估范围和其他无形资产组的评估范围。

单项无形资产主要指单项可辨认无形资产，其评估范围包括该无形资产权属的不同种类、同种权属的不同限制条件下的权利以及该无形资产使用所受到的具体限制等内容。

可辨认无形资产组的评估范围除了含有与单项无形资产评估一致的评估范围之外，还需要考虑其包含的单项无形资产的种类和数量。

其他无形资产组的评估范围除包含不同单项可辨认无形资产的种类和数量、不可辨认无形资产——商誉的有关内容外，也可能涉及无形资产所依附的有形资产的种类、数量等具体内容。

【提示】不可辨认无形资产——商誉的有关内容属于其他无形资产组的评估范围。

3. 评估假设

无形资产的最终估算价值会因经营环境和评估条件的变化而改变，要建立一系列评估假设作为评估结果合理的前提条件。与无形资产相关的常见的评估假设主要包括持续使用假设、公开市场假设和清算假设等。

（1）持续使用假设。持续使用假设是对无形资产使用状态的一种假定性描述，指无形资产能够为企业持续经营所使用，并且它能够对企业整体价值做出贡献。

（2）公开市场假设。公开市场假设是指无形资产可以在公开的市场上出售，买卖双方地位平等，并且有足够的时间收集信息。只有在公开市场假设的前提下，运用市场法等方法进行评估才能具有有效的参考依据，才能对无形资产价值进行合理的评估。

（3）清算假设。清算假设是假设无形资产在非公开市场条件下被迫出售或快速变现条件的假定说明或限定。

【例1-7】关于无形资产评估假设的相关表述，下列选项可以作为具体假设的有（　　）。

A. 与被评估无形资产相关的国家法律法规和政策在预测期内无重大变化

B. 国家现行银行信贷利率、外汇汇率无重大不可预见变化

C. 无形资产可以在公开的市场上出售，买卖双方地位平等，并且有足够的时间收集信息

D. 被评估无形资产所在企业的经营模式、盈利模式在预测期内无重大变化

E. 国家目前的税收制度除社会公众已知变化外，无其他重大变化

【答案】ABDE

【解析】与无形资产相关的评估具体假设是针对具体的无形资产评估项目和评估对象进行价值判断时所做的假设。例如，与被评估无形资产相关的国家法律法规和政策在预测期无重大变化；国家现行银行信贷利率、外汇汇率无

重大不可预见变化；国家目前的税收制度除社会公众已知变化外，无其他重大变化；被评估无形资产所在企业的经营模式、盈利模式在预测期内无重大变化；被评估单位会计政策与核算方法在评估基准日后无重大变化。无形资产可以在公开的市场上出售，买卖双方地位平等，并且有足够的时间收集信息属于基本假设中的公开市场假设。

精选练习题

一、单项选择题

1. 以下哪项属于客户相关类无形资产（　　）。
   A. 商标　　　　　B. 客户名单
   C. 播放权　　　　D. 配方

2. 按取得方式分类，可分为自创无形资产和外部取得无形资产。下列选项中属于外部取得无形资产的是（　　）。
   A. 接受投资形成的无形资产
   B. 客户关系
   C. 专利
   D. 商标

3. 评估企业外部取得无形资产，可以根据该无形资产的（　　）及其获利能力评估其价值。
   A. 生产成本　　　B. 现时取得成本
   C. 现行价格　　　D. 折余价值

4. 无形资产已经成为企业之间竞争的重要技术支撑，下列选项中属于无形资产的功能特征的是（　　）。
   A. 依附性　　　　B. 排他性
   C. 效益性　　　　D. 非实体性

5. 无形资产特征是资产评估时需要关注的重要内容，下列选项不属于无形资产特征的是（　　）。
   A. 预测性
   B. 复杂性
   C. 广泛运用市场法
   D. 需要结合法律保护状况进行评估

6. 关于可辨认无形资产和不可辨认无形资产，下列说法中错误的是（　　）。
   A. 因为不同的无形资产具有不同的附着特性，所以无形资产可进一步分为可辨认无形资产和不可辨认无形资产
   B. 对于不可辨认无形资产，其一旦脱离依附对象便失去了使用价值，此时应以其当前使用所产生的超额收益为基础进行评估
   C. 对于可辨认无形资产，评估时可适当考虑其更大范围内的使用价值
   D. 商标及通用性较强的技术型无形资产等可辨认无形资产，其创造的超额收益一定等于组合收益中目前该无形资产的贡献程度

7. 运用市场法评估无形资产会受到一定的限制，这个限制主要源于无形资产（　　）。
   A. 都是独特的，同时将不同无形资产进行类比的要求和难度较大
   B. 成本与其价值之间存在弱对应
   C. 成本能够用收益法度量
   D. 成本能够简单地复制

8. 在下列无形资产中，不可辨认的无形资产是（　　）。
   A. 商标权　　　　B. 土地使用权
   C. 专营权　　　　D. 商誉

9. 在下列选项中，不属于无形资产的是（　　）。
   A. 公知技术　　　B. 专利权
   C. 著作权　　　　D. 专有技术

10. 无形资产作为一类专门的资产形式，有其自身的特征，其中关于无形资产的功能特征表达正确的有（　　）。
    A. 无形资产的非实体性意味着无形资产可以脱离实物产生作用
    B. 无形资产是特定主体所拥有或控制的，因此无形资产只能由一个主体使用
    C. 无形资产由于其特殊的非实体性，无形资产的形成并不是直接生产出来的，而是一个动态的发展演变形成的
    D. 无形资产的替代性意味着无形资产的未来价值是不稳定的，随时有可能被替代，因此无法对无形资产的未来收益进行预估

11. 评估目的是无形资产评估的关键要素，以下选项中不是以财务报告为目的的无形资产评估的是（　　）。
    A. 商誉减值测试
    B. 合并对价分摊
    C. 可辨认无形资产减值测试
    D. 企业重组涉税、内部无形资产转移

12. 资产的自身属性决定了无形资产评估的一些显著特征，以下关于无形资产评估复杂性

的描述中错误的是（　　）。

　　A. 由于收益法评估涉及多种参数的确定，由于无形资产替代性的特征，预测未来收益存在大量不确定因素，因此一般不采用收益法对无形资产进行评估

　　B. 成本法需要通过对资产的重置成本进行核算，无形资产具有成本的不完整性特征，因此一般不采用成本法对无形资产进行评估

　　C. 每一项无形资产之间的可比性较差，特别是组合型无形资产则更加难以进行比较，一般不采用市场法对无形资产进行评估

　　D. 由于无形资产的属性和特征的特殊，导致无形资产评估的复杂性，必须要进行全面、系统的分析与测算，工作量与难度都较大

　　13. 在对无形资产进行评估之前，我们一定要对本次评估的评估目的进行确定，不同的评估目的对于评估的进行具有巨大的影响，以下关于无形资产评估的评估目的错误的是（　　）。

　　A. 评估目的可以规范无形资产评估报告的使用

　　B. 评估目的能够直接决定和制约无形资产评估评估方法的选择

　　C. 同一无形资产即使评估目的的不同，最终评估出的资产价值也都应该相同

　　D. 无形资产评估目的包括交易、质押、法律诉讼、财务报告、保险、管理、租赁等

　　14. 企业能够独立享有独立决策其生产经营活动权利并且也要承担其决策所带来的后果，这些的前提是（　　）。

　　A. 企业是自主经营的主体
　　B. 企业是一个经济组织
　　C. 企业是一个社会组织
　　D. 企业是依法设立的实体

二、多项选择题

　　1. 资产评估包括无形资产评估与有形资产评估，无形资产评估与有形资产评估的共性包括（　　）。

　　A. 动态性　　　B. 市场性
　　C. 公正性　　　D. 专业性
　　E. 咨询性

　　2. 无形资产是一个在会计学、经济学、资产评估等学科和专业领域均被广泛使用的概念，在资产评估无形资产的概念中，无形资产的显著特征有（　　）。

　　A. 一定是特定主体所拥有的
　　B. 不具实物形态
　　C. 能给其拥有者带来经济利益
　　D. 一定是可辨认的资产
　　E. 企业过去事项中形成的资产

　　3. 按无形资产是否有专门法律保护，可将其分为有专门法律保护的无形资产和无专门法律保护的无形资产，下列无形资产有专门法律保护的是（　　）。

　　A. 商誉　　　　B. 商标权
　　C. 专有技术　　D. 著作权
　　E. 经营信息

　　4. 无形资产总是处于不断变化之中，评估时需要对无形资产评估进行假设，以下关于无形资产评估的基本假设包括（　　）。

　　A. 持续使用假设
　　B. 公开市场假设
　　C. 清算假设
　　D. 宏观环境稳定假设
　　E. 经营模式不变假设

　　5. 在对无形资产进行分类时，运用不同的分类标准可以将无形资产进行不同的分类。以下无形资产的分类正确的有（　　）。

　　A. 按取得方式分类，可分为自创无形资产、外部取得无形资产和获赠无形资产

　　B. 按照是否可以辨认及独立存在划分，可分为可辨认无形资产和不可辨认无形资产

　　C. 按是否有专门法律保护可分为有专门法律保护的无形资产和无专门法律保护的无形资产

　　D. 按照无形资产的性质和属性分类，可将其分为营销相关类无形资产、客户相关类无形资产、艺术相关类无形资产、合同相关类无形资产和技术相关类无形资产

　　E. 按照无形资产的有效期限分，可分为已过期无形资产、有限期无形资产、无限期无形资产

　　6. 无形资产评估具体需关注的要点包括（　　）。

　　A. 确定无形资产的价值量必须基于特定的所有者或控制者

　　B. 无形资产评估必须基于无形资产的具体属性

　　C. 无形资产评估必须基于特定的地点

D. 确定无形资产的价值量需要考虑是否需要引入专家报告

E. 确定无形资产的价值量必须基于特定的时间点

7. 无形资产发挥作用的方式明显区别于有形资产，因而在评估时需牢牢把握其固有的特性。无形资产的功能特性包括（   ）。

A. 不完整性　　　　B. 替代性
C. 积累性　　　　　D. 共益性
E. 依附性

精选练习题参考答案及解析

一、单项选择题

1.【答案】B

【解析】客户相关类无形资产，包括客户名单、在手订单、客户合同、合同性和非合同性客户关系。

2.【答案】A

【解析】外部取得无形资产是指企业从外部购入或接受投资形成的无形资产。企业外购的无形资产是指以货币资产或可以变现的其他资产相交换，或以承担债务方式从企业外部获得的无形资产，如外购的专利权、商标权、专有技术及著作权等。

3.【答案】B

【解析】外部取得无形资产是指企业从外部购入或接受投资形成的无形资产。根据现行会计准则及制度，企业自创无形资产有可能并不反映在企业账面上，或者入账价值只反映了自创无形资产全部价值中的一部分。但是外部取得无形资产的取得成本一定会通过企业账面价值反映出来，而且是以实际取得成本作为入账价值。

4.【答案】A

【解析】无形资产的功能特征包括依附性、共益性、积累性、替代性；无形资产的形式特征包括非实体性、排他性、效益性、成本的不完整性、成本与价值的弱对应性。

5.【答案】C

【解析】无形资产评估的特征之一是广泛运用收益法，而不是市场法。

6.【答案】D

【解析】无形资产的获利能力必须从其所依附资产的获利中体现，不同的无形资产具有不同的附着特性，所以无形资产可进一步分为可辨认无形资产和不可辨认无形资产。对于不可辨认无形资产，其一旦脱离依附对象便失去了使用价值，此时应以其当前使用所产生的超额收益为基础进行评估，比如商誉；而对于可辨认无形资产，评估时可适当考虑其更大范围内的使用价值，比如商标及通用性较强的技术型无形资产等，此时的无形资产可能创造的超额收益不再简单等同于组合收益中目前该无形资产的贡献程度。

7.【答案】A

【解析】从无形资产的特征来看，每一项无形资产都是独特的，所以无法简单复制或者批量生产。鉴于此，评估时将不同无形资产进行类比的要求和难度同时加大，导致市场法评估受到较大限制。

8.【答案】D

【解析】按照无形资产是否可以辨认及独立存在划分，其具体可分为可辨认无形资产和不可辨认无形资产。可辨认无形资产是可分割的，一般具有专门名称，如专利权、商标权、著作权、专有技术、销售网络、客户关系、商业特许权、合同权益、域名等。不可辨认无形资产不可单独取得，离开企业整体就不复存在，如商誉。

9.【答案】A

【解析】无形资产是指特定主体所拥有或者控制的，不具有实物形态，能持续发挥作用并且能带来经济利益的资源。无形资产包括专利权、商标权、著作权、专有技术、销售网络、客户关系、特许经营权、合同权益等。公知技术不同于专有技术，它并不属于无形资产范畴。

10.【答案】C

【解析】无形资产的非实体性是指无形资产不具有实物形态，但是无形资产必须依附在实物资产上才能产生作用，创造额外收益，A 错误；无形资产有别于有形资产主要体现在它可能作为共同财产存在，即一项无形资产可以在不同的地点、同一时间、由不同的主体所使用，B 错误；无形资产大多采用收益法进行评估，在预测无形资产未来预期收益时，其获得收益的持续时间、收益额和折现率都存在大量不确定因素，因此在进行评估工作时要做大量精细复杂的研究才能够保证最终结果的准确，D错误。

11.【答案】D

【解析】以财务报告为目的的无形资产评估主要涉及商誉减值测试、可辨认无形资产减值测试、合并对价分摊等业务情形。企业重组涉税、内部无形资产转移，是以税收为目的的无形资产评估，故选择D。

12.【答案】A

【解析】无形资产大多采用收益法进行评估，在预测无形资产未来预期收益时，其获得收益的持续时间、收益额和折现率都存在大量不确定因素，因此在进行评估工作时要做大量精细复杂的研究才能够保证最终结果的准确，A错误。

13.【答案】C

【解析】同一无形资产的评估目的不同，最终评估的资产价值可能存在偏差，C错误。

14.【答案】A

【解析】由企业的概念可以得知，企业能够独立享有独立决策其生产经营活动权并且也要承担其决策所带来的后果，这些的前提是企业是自主经营的主体。

二、多项选择题

1.【答案】BCDE

【解析】动态性属于无形资产评估的特性。

2.【答案】BC

【解析】无形资产是指特定主体拥有或者控制的，不具有实物形态，能持续发挥作用并且能带来经济利益的资源，BC正确。无形资产可以是特定主体所控制的，A错误；无形资产分为可辨认无形资产和不可辨认无形资产，如商誉，C错误；企业过去事项中形成的资产是会计关于无形资产的概念，E错误。

3.【答案】ABD

【解析】商誉，商标权，著作权等无形资产具有专门法律保护，例如《中华人民共和国专利法》《中华人民共和国商标法》《中华人民共和国著作权法》，故ABC正确。但专有技术，技术信息，经营信息等商业秘密主要受企业自身保密原则的保护。

4.【答案】ABC

【解析】评估假设是评估结论成立的前提和基础，一般分为基本假设和具体假设，评估基本假设主要包括持续使用假设、公开市场假设和清算假设等，ABC正确；与无形资产相关的评估具体假设是针对具体的无形资产评估项目和评估对象进行价值判断时所做的假设，如宏观环境稳定假设、经营模式不变假设等，DE错误。

5.【答案】BCD

【解析】按取得方式分类，可分为自创无形资产、外部取得无形资产；按照是否可以辨认及独立存在划分，可分为可辨认无形资产和不可辨认无形资产；按是否有专门法律保护可分为有专门法律保护的无形资产和无专门法律保护的无形资产；按照无形资产的性质和属性分类，可将其分为营销相关类无形资产、客户相关类无形资产、艺术相关类无形资产、合同相关类无形资产和技术相关类无形资产；按照无形资产的有效期限分，可分为有限期无形资产、无限期无形资产，BCD正确。

6.【答案】BE

【解析】无形资产评估具体需关注两个要点：一是无形资产评估必须基于无形资产的具体属性；二是确定无形资产的价值量必须基于特定时间点。

7.【答案】BCDE

【解析】无形资产的功能特性有依附性、共益性、积累性和替代性。

第二章 无形资产评估程序

考试大纲

一、考试目的
考查考生对无形资产评估程序相关知识的掌握情况,以及对无形资产评估程序中重要步骤的实施能力。

二、考试内容及要求
(一)掌握的内容(★★★)
1. 无形资产评估相关内部信息和外部信息的内容。
2. 无形资产评估的基本方法及其选择。

(二)熟悉的内容(★★)
1. 无形资产清查核实的目的及主要方法。
2. 无形资产评估信息分析的内容。

(三)了解的内容(★)
1. 无形资产评估外部信息的获取途径。

考情分析

本章在考试中处于一般的地位,出题分值大概在1—4分。本章属于无形资产评估的程序部分,强调信息的搜集、获取以及无形资产的核实。复习重点:无形资产评估内部信息和外部信息包含的内容,无形资产评估的基本方法及其选择,无形资产清查核实的目的及主要方法,以及无形资产信息分析的内容。

考点精讲及典型例题解析

【知识点1】无形资产相关的内部信息(★★)

内部信息主要是指委托人或其他相关当事人提供的涉及评估对象和评估范围等信息资料。具体包括以下六个部分:

1. 与无形资产权利相关的法律权属资料

评估无形资产时,应要求委托方和相关当事方提供无形资产的所有权或者其他财产权利的法律权属资料,对法律权属资料及其来源予以必要的查验,并注意掌握其真实性和可靠程度。无形资产权利的法律文件或者其他证明资料是确定无形资产存在以及以何种方式存在的主要依据。

【提示】相关法律文件或其他证明资料是无形资产评估中重要的工作底稿之一。

专利资产的权利法律文件是专利主管部门颁发的专利证书、权利要求书等;商标资产的权利法律文件是商标主管部门颁发的注册商标证书、商标图案等。评估专业人员应当收集并查验这些权属资料,验证权属资料的真实性和可靠性,才能判断无形资产评估对象是完全权利的所有权,还是限制权利的所有权或者许可使用权,并从相关权属证明及契约、合同中正确把握评估对象权利状况、有效期限、交易条件等信息。

【提示】无形资产的用益权可以不受物理限制为多人使用,同一无形资产会有不同权利的法律文件或者相当于法律文件的其他证明资料,如专利资产的所有者权利的法律文件是专利证书、权利要求书,专利资产的许可使用权的法律文件是专利许可合同等。

【例2-1】 在无形资产评估过程中,不可以用来证明无形资产权利存在的具体法律文书包括( )。

A. 专利证书
B. 商标注册证书
C. 税务登记证书
D. 著作权登记证书

【答案】C

【解析】查询被评估资产的内容、国家有关规定、专业人员评价情况、法律文书(如专利证书、商标注册证、著作权登记证书等),核实有关资产的真实性和可靠性。

2. 反映无形资产获利能力的相关资料

评估无形资产时,应关注无形资产的获利能力。要有体现其收益的相关资料,并辨别申报的无形资产能否带来显著、持续的可辨识经济利益，且应当从评估对象中剔除无经济利益的智力成果，以恰当地确定被评估对象的范围。

3. 反映无形资产性质和特征、目前和历史发展状况的相关资料

无形资产的性质是无形资产本质特征的表现，通过对无形资产性质的了解和掌握，有利于把握其本质，对其进行科学的分类和价值构成要素的分析。不同的无形资产在企业经营当中所发挥的作用也不一样，评估专业人员需要关注无形资产产品的盈利模式，借以发现无形资产发挥的作用形式：

例如专利资产、专有技术从发明新产品、技术创新方面对企业的经营活动发挥作用，以全面提升企业技术实力和产品竞争力；商标资产从企业形象、产品知名度方面对企业的经营活动发挥作用，以扩大企业产品市场占有率和潜在购买力；销售网络与客户关系从企业市场营销、物流管理方面对企业的经营活动发挥作用，以节约企业采购和销售环节的资金和时间成本。

无形资产历史发展状况是指无形资产的形成、发展、管理过程，如专利的开发或者申请过程、商标的申请注册过程等。无形资产的目前状况则是反映其管理现状，如目前的使用情况、维护情况、法律保护情况等。

4. 反映无形资产的剩余经济寿命和法定寿命、保护措施的相关资料

在评估无形资产时，应当关注无形资产的收益期限的相关资料。其中，法定寿命主要来源于我国相关对专利权、注册商标、著作权等无形资产授予的保护期限。当然，为了保护无形资产，通常对专利涉及的技术中最核心部分不予申报，避免因专利公开产生的技术泄密；在商标注册中对相类似或者近似的文字、图形、标识同时注册登记，扩大覆盖保护范围等。

【提示】我国对无形资产进行保护的相关法律有：《中华人民共和国专利法》《中华人民共和国商标法》《中华人民共和国著作权法》等。

一项无形资产的开发周期是比较长的，并存在失败的风险，因此，开发成功并能够带来经济利益的无形资产，其能够获得独享收益的期间常低于法律保护期限。评估专业人员在采用收益法执行无形资产评估业务时，应当了解无形资产的法定寿命及相关保密措施，根据无形资产相关行业、技术发展情况估计无形资产剩余经济寿命，恰当选择无形资产的收益期限。

【提示】无形资产的独享收益从开始实施获取专属、领先利润到行业平均收益率水平的时间阶段，也是该无形资产的经济寿命。

无形资产的寿命可能受合同或自身生命周期限制，使用寿命的确定因素包括法律规定、技术、功能和经济因素等。

【提示】在评估实践中，当法定寿命与其能产生收益的经济寿命不一致时，在法律寿命和经济寿命之间应选取较低的一个。

5. 无形资产实施的范围、获利方式、限制条件的相关资料

虽然无形资产的实施不受地域限制，但法律的效力是有地域限制的。专利法、商标法、著作权法等法律对智力成果的保护仅限于其主权所辖的地域及相关国际公约所规定的范围。无形资产使用的地域范围、领域范围不同，其获利能力与获利方式也不同，使用范围、领域范围决定了无形资产获利范围。

6. 无形资产交易、质押、出资情况的相关资料

对同一项无形资产，在不同时期可能存在多次交易的情形，也可能存在质押、出资情况等。同一无形资产在未经许可与排他许可使用或者多家许可使用情形下，其所有权的经济价值是不同的，其许可使用权的经济价值也不同。

了解无形资产以往的交易情况可以进一步了解该无形资产的历史状况和有关资料，进一步了解无形资产的可交易性、实施范围、交易条件、目前权利状况的限制，并且历史交易信息就是最好的参考交易案例。

【例2-2】下列选项中，有关反映无形资产的剩余经济寿命和法定寿命、保护措施的相关资料论述不正确的是（　　）。

A. 评估专业人员在执行无形资产评估业务时，应当关注并收集无形资产的收益年限相关资料

B. 作为智力成果的无形资产的价值在于权利人拥有的特殊权利能带来比他人更多的经济利益

C. 无评估专业人员在采用收益法执行无形资产评估业务时，应当了解无形资产的法定寿命及相关保密措施

D. 无形资产的寿命可能是受合同或自身生命周期限制的有限一段时间，一般由评估师取法律寿命来确定

【答案】D

【解析】无形资产的寿命可能是受合同或自身生命周期限制的有限的一段时间。使用寿命的确定因素包括法律规定、技术、功能和经济因素。例如，一项药物专利资产可能在其专利有效期内有五年的法律寿命，但竞争对手的更高效药物预期在三年内进入市场并可完全替代该药物。这可能会导致评估该药品专利资产的剩余年限只有三年，在法律寿命和经济寿命之间应选取较低的一个。

【知识点 2】无形资产的外部信息（★★★）

1. 外部信息

外部信息主要是指从政府部门、各类专业机构及市场等渠道获取的信息资料。

（1）宏观经济资料

宏观经济环境直接和间接地影响着无形资产价值的实现。可能影响无形资产价值的宏观经济因素主要包括国家产业政策、国家宏观调控手段和有关的经济体制改革等。评估专业人员执行无形资产评估业务，应对宏观经济环境作基本评估假设，特别是在运用收益法评估时应考虑宏观经济环境对无形资产未来盈利预测及折现率的影响。

（2）无形资产实施应用的行业状况及发展前景资料

无形资产实施应用涉及的行业在国民经济中的地位、行业发展水平、技术发展水平及未来发展前景，决定了该行业在国民经济生活中的重要性及竞争力、抗风险能力、成长性、经济周期波动性。评估专业人员执行无形资产评估业务，应当分析评估基准日行业状况及未来发展前景并做出合理假设，特别是在运用收益法评估时，应考虑行业状况及发展前景对无形资产未来盈利预测、收益期间及折现率的影响。

【例 2－3】无形资产评估中，搜集、整理和分析外部信息的作用体现在（　　）方面。

A. 外部信息对内部分析预测资料进行独立验证

B. 外部信息可以帮助评估专业人员进行无形资产收益预测

C. 外部信息可以帮助评估专业人员进行无形资产经济寿命期限确定

D. 外部信息可以帮助评估专业人员规避不可分散的评估风险

E. 外部信息可以帮助评估专业人员进行无形资产未来风险判断

【答案】ABCE

【解析】在无形资产分析中，除依据委托人或被评估企业提供的内部信息外，还需要尽量获得外部信息对内部分析预测资料进行独立验证。同时，外部信息在帮助评估专业人员进行无形资产收益预测、经济寿命期限确定、未来风险判断等方面也具有重要参考价值，不可分散风险无法规避。

（3）无形资产所属领域（技术、艺术）发展水平、市场交易、替代无形资产、竞争对手相关资料

评估专业人员执行无形资产评估业务，应当关注行业（产业）政策、经营条件、生产能力、市场状况、产品生命周期等因素变化对无形资产效能的制约，并分析上述因素对无形资产产品的销售数量、销售收入、销售价格、销售成本、期间费用的影响程度，把握盈利预测期间的未来发展趋势，合理分析对无形资产价值的影响。

（4）无形资产相关外部监管、法律法规资料

无形资产的权利受到法律保护，同时也对无形资产权利进行了制约，如不允许利用专利权阻碍科技进步、不允许在贸易中利用专利实施垄断等行为，对于关乎国防的重大专利在一定条件下国家可进行强制许可。评估专业人员在执行无形资产评估业务，应当了解无形资产实施过程中所受到的国家法律、法规或者其他资产限制的具体情形，如当地法律、税收、交通、环保等要求。

2. 外部信息的获取途径

外部信息获取的渠道多种多样，一般来说，这些外部资料来源主要包括：

（1）学术及法律出版物；

（2）行业出版物或相关网站；

（3）新闻来源；

（4）司法判例；

（5）政府监管部门；

(6) 专业数据提供商。

【提示】不同渠道的数据来源可靠性存在差异，来源于政府部门网站、法庭、专业数据提供商的信息可靠性会更高。相关新闻报道，可以作为分析的信息来源，但要注意新闻的时效性、可靠性以及交易细节的信息收集。

【例2-4】外部信息获取的渠道多种多样，评估专业人员要注意对相关信息渠道的积累。有关这些外部资料来源下列选项说法正确的是（　　）。

A. 相关新闻报道，可以作为分析的信息来源，但要注意新闻的时效性、可靠性以及交易细节的信息收集

B. 相关审判案例可以作为无形资产侵权诉讼赔偿评估的参考

C. 相关政府部门公开信息可靠性、权威性较高，因此应该作为重要的外部信息获取渠道

D. 已经出版的无形资产评估和经济分析的文章，由于专业性太强，不适合作为外部信息获取的渠道

E. 相关网站成为无形资产信息外部获取的重要渠道

【答案】ABCE

【解析】外部信息获取的渠道多种多样，评估专业人员要注意对相关信息渠道的积累。一般来说，这些外部资料来源主要包括学术及法律出版物渠道等，已经出版的无形资产评估和经济分析的文章可以通过图书馆、中国知网（www.cnki.net）检索查询。

【知识点3】无形资产清查核实的目的（★★）

无形资产清查核实的目的主要是明确评估对象，了解评估对象特征，核实其价值实现的方式、途径和可行性，分析对应的价值影响因素，收集内外部信息，为分析量化这些价值影响因素并形成最终评估结果提供支持。

1. 明确评估对象和评估范围

识别无形资产评估对象的三个层次：

(1) 无形资产评估对象所属的类型，如专利资产、专有技术资产、著作权资产等；

(2) 被评估的无形资产是单项无形资产，还是两个或者多个无形资产的组合；

(3) 被评估无形资产的权属状态，如所有权、使用权（独占、非独占等）以及其他权利等。

【提示】电视剧作品著作权资产进行质押，需由委托人按照经济行为要求和评估目的，明确评估对象是该电视剧作品著作权资产的全部财产权益，还是部分财产权益，并在评估委托合同中约定。

从理论上讲，评估对象和范围的确定是委托人的责任，但在实务中评估由于无形资产评估对象的复杂性和专业性，有时委托方需要评估机构专业人员协助其完成评估对象和范围的确定。评估专业人员此时需要注意：

1) 对无形资产评估对象界定要符合相关准则要求；

2) 不要越位，评估专业人员只是按照准则要求提出针对某一特定经济行为，无形资产可能的评估对象都有哪些。最终该经济行为需要评估哪些、能够评估哪些对象，还是要由委托方确定，在评估委托合同中明确约定，由委托人进行申报确认。

【例2-5】无形资产清查核实是无形资产评估的重要环节，下列选项对无形资产清查核实目的表述正确的是（　　）。

A. 明确评估对象

B. 了解评估对象特征

C. 核实其价值实现的方式、途径和可行性

D. 分析对应的价值影响因素

E. 掌握无形资产产品市场状况

【答案】ABCD

【解析】清查核实的目的主要是明确评估对象，了解评估对象特征，核实其价值实现的方式、途径和可行性，分析对应的价值影响因素，收集内外部信息，为分析量化这些价值影响因素并形成最终评估结论提供支持。

2. 了解评估对象特征

明确无形资产评估对象后，评估专业人员还需要确认该无形资产是否真实存在。包括确认无形资产的存在、确认无形资产的种类以及确认无形资产的有效期限等。

(1) 确认无形资产的存在，首先应核查无形资产来源是否合理，产权是否明确，关注其经济行为是否合法、有效，可以通过以下几方面进行：

1) 查询被评估资产的内容、国家有关规定、专业人员评价情况、法律文书，核实有关

资料的真实性和可靠性。

【提示】法律文书主要包括专利证书、商标注册证、著作权登记证书等。

2）分析无形资产的使用要求及与之相适应的特定技术条件和经济条件，鉴定其应用能力。

3）核查无形资产的归属是否为委托者所拥有或为他人所有。

4）分析评估委托的资产是否形成了无形资产。当商标没有被使用时，即没有在消费者之间产生影响力时，不可认定为无形资产。

（2）确认无形资产的种类。在确认无形资产真实存在性之后，应对其种类、具体名称、存在形式加以明确。有些无形资产由若干项无形资产组合而成，应通过合并或分离的形式进行资产确认，避免重复评估和遗漏评估。

（3）确认无形资产的有效期限。无形资产存在时效性，只在有效期限内发挥作用。专利权一旦超过法律保护年限，就不能再确认为无形资产。若存在未交专利年费的情况，等同于专利被撤回，同样不能确认为无形资产。有效期限对无形资产评估值具有很大影响，比如有的商标，历史越悠久，价值越高，当然有的商标时间长，但不一定有较高的价值。

3. 验证收集信息资料的支持性

对于经过清查核实的无形资产，可以进一步验证收集信息资料的支持性。

【提示】对经济寿命相关资料的清查核实，可以对其法律保护期限、经济寿命期限等有更好的判断。

【知识点4】无形资产清查核实的主要方法（★★）

无形资产清查核实的主要方法包括查验资料、访谈、函证、现场调查等。

1. 查验资料

（1）查验权属证明资料

在进行无形资产评估时，要检查核实被评估对象有关权利的情况。有关无形资产权利的法律文件或其他证明资料是确定无形资产是否存在以及以何种方式存在的主要依据，也是评估无形资产价值的重要出发点。核实有关无形资产权利的法律文件或其他证明资料时，还应注意掌握其真实性和可靠性程度。

【提示】权属证明查验除采用通常的核对原件外，还可以充分利用政府网络平台，通过查询知识产权局、商标局、版权局的信息等进行。

（2）查验生产经营资料

在进行无形资产评估时，应当对无形资产实施相关的生产经营资料进行查验。无形资产不能单独产生收益，需要其他贡献资产共同作用。对于已经实施应用的无形资产，需要查验提供的资料与实际情况的一致性。对于尚未实施的无形资产，则需要分析相关资料的可行性。

（3）查验财务资料

与企业经营财务资料不同，无形资产相关财务资料往往不是单独核算，需要从相关账、表甚至原始凭证等财务资料中筛选获取。如无形资产成本构成，可能涉及资本化的研发支出科目，也可能涉及费用化的管理费用、主营成本等科目。不进行查验就无法直接判断无形资产成本构成的内容、金额，也难以合理测算其重置成本。

【提示】如果委托方提供了相关无形资产财务资料，评估师应当对这些资料真实性、合理性进行核实查验。

2. 访谈

评估师应当从无形资产开发创造、使用、管理、无形资产产品（或服务）的使用几个角度进行访谈。对管理人员的访谈，主要侧重于无形资产实施的总体目标、市场定位、开发规划、无形资产实施的财务绩效等方面的内容。对开发研究人员的访谈侧重于开发投入过程、无形资产功能、技术、替代性、技术及经济寿命等方面；对生产人员的访谈侧重于无形资产实际实施与设计开发是否存在差异，是否存在功能性或经济性贬值，实际使用效率、效果等内容；对客户的访谈则侧重于无形资产产品（或服务）被市场接受的程度。

3. 函证

在无形资产评估中，函证并不是必需的。但在一些情况下，评估专业人员可能需要采用函证来核实资料的真实性、合理性。

4. 现场调查

一般来说，对无形资产研发、实施或将要实施的企业进行现场调查。通过观察其日常经营，或许可以得到一些更具实质性的内容。

【例2-6】无形资产清查核实的主要方法包括查验资料、访谈、函证、现场调查等，对查验权属证明资料下列说法正确的是（　　）。

A. 在进行无形资产评估时，要检查核实评估对象有关权利的情况

B. 有关无形资产权利的法律文件或其他证明资料是确定无形资产是否存在以及以何种方式存在的主要依据

C. 在核实有关无形资产权利的法律文件或其他证明资料时，还应注意掌握其真实性和可靠性程度

D. 权属证明查验除采用通常的核对原件外，还可以充分利用政府网络平台查询，如知识产权局、商标局、版权局的信息等进行

E. 在评估时，相关法律文件或其他证明资料由委托方写承诺函，不必再复验

【答案】ABCD

【解析】在进行无形资产评估时，要检查核实评估对象有关权利的情况。有关无形资产权利的法律文件或其他证明资料是确定无形资产是否存在以及以何种方式存在的主要依据，也是评估无形资产价值的重要出发点。在评估时，我们需采取必要措施检查、复核相关法律文件或其他证明资料，并在评估过程中充分考虑这些文件所载明的无形资产权利对价值的影响。在核实有关无形资产权利的法律文件或其他证明资料时，还应注意掌握其真实性和可靠性程度。

权属证明查验除采用通常的核对原件外，还可以充分利用政府网络平台，通过查询知识产权局、商标局、版权局的信息等进行。

【知识点 5】无形资产评估信息分析（★★）

1. 信息资料的分类整理

(1) 定性分析资料的整理与分析。

评估专业人员收集的宏观经济、行业情况、无形资产所属领域（技术、艺术）发展水平、市场交易、替代无形资产、竞争对手相关资料等大部分属于对无形资产未来预期收益预测、风险判断、寿命期确定、交易因素调整等进行定性分析相关的资料，应当按照相关性、信息来源级别、资料时效性进行分类整理，合理使用。

一级信息是从信息源得来的未经处理的事实，可靠性高，是评估专业人员分析的最重要资料。二级信息是处理过的信息，评估专业人员应做去伪存真和去粗取精的分析。

【提示】资料时间越接近评估基准日，时效性越好。资料时间距基准日越长，时效性越差。

(2) 定量分析资料的整理与数据提取。

客户申报的无形资产评估范围，通常体现在无形资产评估申报表中。在该申报表中，可能会涉及评估所需要的定量数据。如无形资产的数量（评估范围中单项无形资产的数量），规模标准（如软件的编码数量、电视剧集数、文字作品的字数等），使用年限（如开发日期、投入使用日期等），原始成本（如开发成本、改进成本），退废数据（如剩余时间、历史更新率和终止率）。而收益预测表则会包含历史和预测的销售收入，销售收入增长率，成本费用金额、比率等。

定量数据查验通常包括数据准确性检查（追溯数据项目的原始来源文件，以确保数据被正确记录和总结）、数据完整性检查（重建和调整某些数据，以确保没有遗漏重要的信息）、数据的记录（清楚各账目或数据中包含和不含哪些要素，如成本构成要素内容）。评估专业人员需要通过实施查验程序，确保数据准确完备，并可用于评估分析。

【提示】定量数据的分析还包括对收益预测增长率与历史趋势一致性的分析、对宏观经济及行业发展趋势一致性的分析等。

2. 建立信息资料与评估方法、评估参数之间的关联

评估信息分析的过程，就是建立"评估信息资料——评估方法——评估模型——评估参数——评估结果"这个支持性逻辑链条的过程。具体分析过程包括：

(1) 评估对象相关信息资料的分析

评估专业人员需要确定作为评估对象的无形资产的存在性，确认评估对象存在性相关的资料，包括权属证明材料、相关开发协议合同、相关许可使用合同、政府部门公告等信息资料，以及预期带来收益的能力资料等。

(2) 评估方法选择相关信息资料的分析

无形资产评估方法的选择主要取决于评估目的、评估对象及方法应用所需要资料的完备性。信息资料要与评估对象相关联，比如当评估对象是无形资产所有权时，信息资料应该是与所有权相关的。

【提示】对于成本法来说：无形资产成本构成明细、开发研究时间、无形资产预期经济寿命数据、各种贬值的确认和量化资料是关键。

【提示】对于收益法来说：无形资产未来预期收益是否能够合理预测、贡献资产收益是否可以合理扣除、未来预期收益期限是否明确及

收益实现风险是否能够量化是关键。

【提示】对于市场法来说：可比信息是关键。

（3）评估参数确定的相关信息资料的分析

如果各种方法选择相关资料可以满足，则需要进一步分析这些信息，确定是否能够直接确定各方法中的参数，或者可以采用合理的量化工具得出参数数据。比如，根据相关资料统计的许可费率数据可能是区间值，对于特定无形资产，则需要考虑市场竞争状况、替代品、交易各方议价能力、无形资产功能等因素，采用合适方法对区间值进行修正，然后得出评估对象的许可费率。

（4）限制及瑕疵事项的信息资料分析

相关法律法规、合同协议、质押担保、法律诉讼等事项对无形资产使用的限制，制约了无形资产权利运用的程度、范围、期限、方式等，从而影响了对无形资产价值的评估。

【提示】对于难以量化的事项，需要在评估报告中进行披露。

（5）建立索引关系，形成完整逻辑链条

不同类别的评估资料需要与分析形成的结论建立对应关系，编制索引是一种比较有效的方法。通过建立索引关系，把所有收集的资料建立起与相关结论的完整逻辑链条。

【例2-7】无形资产评估中，对定量分析资料的整理和数据提取表述正确的有（　　）。

A. 定量数据查验包括追溯数据项目的原始来源文件，以确保数据被正确记录和总结

B. 定量数据查验包括数据重建和调整某些数据，以确保没有遗漏重要的信息

C. 定量数据查验包括对宏观经济因素定性描述

D. 定量数据查验包括清楚各账目或数据中包含和不含哪些要素，如成本构成要素内容

E. 定量数据查验包括对收益预测增长率与历史趋势一致性的分析、对宏观经济及行业发展趋势一致性的分析等

【答案】ABDE

【解析】定量数据查验通常包括数据准确性检查（追溯数据项目的原始来源文件，以确保数据被正确记录和总结）、数据完整性检查（重建和调整某些数据，以确保没有遗漏重要的信息）、数据的记录（清楚各账目或数据中包含和不含哪些要素，如成本构成要素内容）。其他定量数据的分析还包括对收益预测增长率与历史趋势一致性的分析、对宏观经济及行业发展趋势一致性的分析等。

【知识点6】无形资产评估方法选择（★★★）

1. 无形资产评估的基本方法

无形资产用三种基本方法：收益法、市场法和成本法。应根据评估无形资产的具体类型、特征、评估目的、评估前提条件、评估原则及外部市场环境等具体情况，选用合适的评估方法，具体如表2-1所示。

表2-1　相关资料对无形资产评估方法选择的影响

评估方法	具体方法	关键参数	资料要求	方法影响
市场法	—	可比交易信息或价值乘数	收集可比交易案例，交易案例数量、信息公开程度及可比性需要满足要求	在交易信息不完全、交易案例数量不充分、交易案例差异性超过可比性的情况下，难以采用
收益法	通用方法	收益额	能够合理预测未来预期收益	满足这两个条件后，判断收益法能否采用还取决于其他资料
		折现率	风险可以确定并量化	
	许可费节省法	许可费率	获取许可费率数据。获取方式通常包括可比许可协议的详细资料、统计的行业平均数据、行业经验值、市场投资回报率分析资料等	贴近市场交易，获取数据途径较多，数据可观察性较好
	增量收益法	增量收益	需要在市场上找到一个没有无形资产的类似企业，但可能无法获得该企业的财务预测数据	通常难以找到仅存在被评估无形资产差异的对比企业
	超额收益法	超额收益	需要获取其他资产对现金流贡献的资本成本、所占比重数据	当贡献收益来源于较多类型无形资产时，较难合理扣除其他无形资产的贡献

续表

评估方法	具体方法	关键参数	资料要求	方法影响
成本法	—	重置成本	需要获得确切的成本投入资料，特别是人力资本的创造性投入	重置成本一般对应所有权价值。无形资产使用权、著作权财产权利的某一项权利很难进行重置

（1）收益法

采用收益法时，首先要注意合理确定获利能力和预期收益，分析与之有关的预期变动、收益期限，与收益有关的资金规模、配套资产、现金流量、风险因素及货币时间价值；

其次要注意被评估无形资产收益额的计算口径与折现率口径保持一致；

最后要充分考虑法律法规、宏观经济环境、技术进步、行业发展变化、企业经营管理、产品更新和替代等因素对无形资产收益期、收益额和折现率的影响，当与实际情况明显不符时，要分析产生差异的原因。

（2）市场法

采用市场法时，要特别注意被评估无形资产必须具有合理确定类似无形资产交易参照对象，并能收集类似无形资产交易的市场信息和被评估无形资产以往的交易信息。当与类似无形资产具有可比性时，根据宏观经济、行业和无形资产变化情况，考虑交易条件、时间因素、交易地点和影响价值的其他各种因素的差异，调整确定评估值。

（3）成本法

采用成本法时，要注意根据现行条件下重新形成或取得该项无形资产所需的全部费用（含资金成本和合理利润）确定评估值，在评估中要注意扣除实际存在的功能性贬值和经济性贬值。

【提示】无形资产评估采用成本法时，不需要考虑实体性贬值。

2. 无形资产评估方法选择的考虑因素

无形资产评估目的一般包括出资、交易、质押、法律诉讼、财务报告、税收、管理等，评估方法的选择要与评估目的相适应。评估方法的选择，需要综合考虑以下几点：

（1）评估方法选择与评估要素相适应

评估目的决定了评估对象，评估方法的选择要与评估目的一致。比如以 A 发明专利权交易为目的进行无形资产评估，其评估对象应为"A 技术发明专利所有权"。在此情况下，评估方法可以选择收益法、成本法、市场法这三种基本方法。

但是，如以 B 文字作品著作权许可交易为目的进行无形资产评估，其评估对象如果是"B 文字作品复制权、发行权、信息网络传播权的许可使用权"，此时针对其中部分财产权的使用权进行评估，与收益法相比，成本法、市场法的应用都会受到较大限制。

（2）可收集的资料是评估方法选择的基础

可以收集的资料是指与评估对象相关的各种资料，是选择恰当评估方法的基础。例如，只有能够收集到可比的交易案例，市场法才有适用的基础。

3. 评估方法选择需要综合分析三种基本方法的适用性

成本法、市场法、收益法三种方法均适用于无形资产评估，但基于无形资产的价值特征——成本与价值的弱对应性等，收益法的应用更为广泛。

【提示】（1）成本法比较适合评估第三方购买、内部开发和使用的计算机软件著作权资产，具有以下特性的无形资产可以采用成本法评估：

1）具有可替代性，即其功能作用易于被其他无形资产替代；

2）重置该无形资产技术上可行，重置其所需要物化劳动易于计量，也就是重置该无形资产的成本易于计量；

3）重置该无形资产法律上可行，也就是法律上没有对重新研发该无形资产或者其替代物进行限制。

（2）收益法一般适合评估技术、客户关系、商标、特许经营权等类无形资产，通常这些无形资产不具有替代性或者替代性很弱；

（3）市场法的适用性主要依赖可比标准和可比案例的可获得性，如果可以收集到相关可比案例，则市场法适用，否则市场法就没有适用性，通常适合评估技术或专利资产、域名等无形资产。

精选练习题

一、单项选择题

1. 在无形资产评估中，以下选项中不属于内部信息的是（　　）。
   A. 与无形资产权利相关的法律权属资料
   B. 反映无形资产获利能力的相关资料
   C. 宏观经济资料
   D. 反映无形资产性质和特征的相关资料

2. 评估专业人员执行无形资产评估业务时，应选用适当的评估方法对无形资产进行评估。无形资产的评估方法不包括（　　）。
   A. 市场法　　　　B. 成本法
   C. 收益法　　　　D. 路线价法

3. 作为资产评估中的重要组成部分，无形资产的评估程序与其他资产评估程序就下列哪个而言基本相同（　　）。
   A. 工作内容　　　B. 工作目的
   C. 工作环节　　　D. 工作性质

4. 在无形资产评估过程中，要想了解和掌握无形资产，并对其进行科学的分类和价值构成要素的分析，需要着重把握（　　）。
   A. 无形资产的价值
   B. 无形资产的性质
   C. 无形资产的期限
   D. 无形资产的管理

5. 对无形资产进行评估，下列选项有关评估方法表述正确的是（　　）。
   A. 收益法是唯一的方法
   B. 收益法、市场法和成本法都可以用
   C. 只能采用收益法和市场法
   D. 只能采用市场法和成本法

6. 在进行无形资产评估信息分析时，按照信息来源级别，可将这些资料分为一级信息和二级信息。一级信息和二级信息的区别是（　　）。
   A. 一级信息是指未经处理过的信息，二级信息是指经过处理过的信息
   B. 一级信息是指从市场上免费获得的信息，二级信息是指从市场上购买的信息
   C. 一级信息是指从市场上直接获得的信息，二级信息是指从政府部门获得的信息
   D. 一级信息是指评估专业人员已经掌握的信息，二级信息是指评估专业人员未掌握的信息

7. 无形资产清查核实的方法本身与其他资产没有差别，只是在方法的具体应用过程中要符合无形资产特征，下面不属于无形资产清查核实的方法是（　　）。
   A. 查验资料　　　B. 访谈
   C. 现场调查　　　D. 媒体报道

8. 下列选项中，对无形资产价值评估方法的论述正确的是（　　）。
   A. 收益法是唯一的方法
   B. 收益法、市场法和成本法都可以用
   C. 只能采用收益法和市场法
   D. 只能采用市场法和成本法

二、多项选择题

1. 无形资产清查核实是无形资产评估的重要环节，下列选项属于专利清查核实方法的是（　　）。
   A. 现场勘查　　　B. 函证
   C. 访谈　　　　　D. 查验财务资料
   E. 专利许可合同

2. 在无形资产分析中，外部信息在帮助评估专业人员进行无形资产收益预测、经济寿命期限确定、未来风险判断等方面都具有重要参考价值。这里指的外部信息包括（　　）。
   A. 宏观经济资料
   B. 企业管理层的管理水平
   C. 行业状况及发展前景资料
   D. 无形资产所属领域发展水平、市场交易、替代无形资产及竞争对手相关资料
   E. 无形资产相关外部监督、法律法规资料

3. 对于没有实物形态的无形资产，清查核实无形资产的目的包括（　　）。
   A. 明确评估对象
   B. 确认无形资产存在性
   C. 进一步验证收集信息资料的支持性
   D. 明确评估范围
   E. 确定评估价值

4. 无形资产评估内部信息主要是指委托人或其他相关当事人提供的涉及评估对象和评估范围等信息资料，下列属于无形资产相关的内部信息是（　　）。
   A. 与无形资产权利相关的法律权属资料
   B. 反映无形资产获利能力的相关资料

C. 反映无形资产性质和特征的相关资料
D. 反映无形资产剩余经济寿命的宏观政策资料
E. 无形资产实施的范围相关资料

5. 应用市场法对无形资产进行评估时，需要必须具备的基本条件有（   ）。
A. 能够搜集到可比交易案例
B. 必须具有足够数量的参照物
C. 能够获取许可费率数据
D. 可以收集到被评估资产与参照物可比较的指标和技术参数
E. 市场上的参照物与被评估资产的功能相同或相似

6. 成本法也是资产评估的基本方法之一。应用成本法进行资产评估必须具备的基本条件有（   ）。
A. 评估对象具有可替代性
B. 重置该无形资产技术上可行，重置其所需要物化劳动易于计量
C. 重置该无形资产法律上可行
D. 需要获得确切的成本投入资料
E. 无形资产需要是外购的形式获得的

7. 对于一项无形资产评估，原则上需要综合分析三种基本方法的适用性，然后恰当选择一种或多种。一般情况下，具有以下特征的无形资产可以采用成本法评估（   ）。
A. 具有可替代性
B. 具有可比案例
C. 重置该无形资产技术上可行
D. 重置该无形资产法律上可行
E. 特定权力许可

8. 无形资产评估对象比较复杂，一般可以从三个层次来识别，下列属于从权属状态来识别被评估无形资产的是（   ）。
A. 所有权   B. 发行权
C. 使用权   D. 复制权
E. 传播权

9. 在无形资产评估信息分析中，对定性分析资料的整理与分析需要考虑（   ）。
A. 资料的相关性
B. 信息来源级别
C. 资料时效性
D. 资料的完整性
E. 资料的准确性

10. 资产评估收益法是指通过估算被评估资产的未来预期收益并折算成现值，借以确定被评估的资产价格的一种常用的评估方法。应用收益法进行资产评估必须具备的基本条件有（   ）。
A. 被评估资产的未来预期收益可以预测并可以用货币衡量
B. 市场上要有可以比较的交易对象
C. 持有资产获得预期收益所承担的风险可以预测
D. 资产的获利年限可以预测
E. 资产的成新率可判断

精选练习题参考答案及解析

一、单项选择题

1. 【答案】C
【解析】内部信息主要是指委托人或其他相关当事人提供的涉及评估对象和评估范围的信息资料，包括法律权属资料、获利能力资料、无形资产性质和特征等。宏观经济资料属于外部信息，通常从政府部门、市场等渠道获取。

2. 【答案】D
【解析】无形资产与其他资产一样，都可以用三种基本方法进行评估，即收益法、市场法和成本法。路线价法是土地估价方法中的一种方法，用于城市土地地价的评估。

3. 【答案】C
【解析】由于各类资产情况不同，因此它的评估程序在工作内容、目的以及性质也不尽相同，但工作环节是基本相同，所以选C。

4. 【答案】B
【解析】无形资产的性质是无形资产本质特征的表现。

5. 【答案】B
【解析】三种基本方法进行评估，即收益法、市场法和成本法，都可以用来评估无形资产，只不过在这三种方法的选用上，要综合考虑、比较各自的适用性。

6. 【答案】A
【解析】一级信息是从信息源得来的未经处理的事实，可靠性高，是评估专业人员分析的最重要资料。二级信息提供的是处理过的信息，如证券分析师的投资分析报告等可帮助评估专业人员更全面地了解目标公司及所处产业的状

况，对这类信息，评估专业人员应做去伪存真和去粗取精的分析。

7.【答案】D

【解析】无形资产清查核实的主要方法包括查验资料、访谈、函证、现场调查等，所以本题选D。

8.【答案】B

【解析】三种基本方法进行评估，即收益法、市场法和成本法，都可以用来评估无形资产，只不过在这三种方法的选用上，要综合考虑、比较各自的适用性。

二、多项选择题

1.【答案】ABCD

【解析】专利许可合同属于无形资产清查核实的内容。

2.【答案】ACDE

【解析】外部信息包括：①宏观经济资料；②无形资产实施应用的行业状况及发展前景资料；③无形资产所属领域（技术、艺术）发展水平、市场交易、替代无形资产、竞争对手相关资料；④无形资产相关外部监管、法律法规资料。

3.【答案】ABCD

【解析】从理论上讲，评估对象和范围的确定是委托方的责任，但实务中由于无形资产评估对象的复杂性和专业性，很多委托方需要评估机构专业人员协助其完成这项工作；明确无形资产评估对象后，评估专业人员还需要确认该无形资产是否真实存在，包括确认无形资产的存在和确定其有效期限。

4.【答案】ABCE

【解析】根据无形资产评估相关知识，可知所有选项都是无形资产相关的内部信息，D属于外部信息。

5.【答案】ABDE

【解析】应用市场法进行资产评估，必须满足：①公开市场上要有可比的资产及其交易活动，即参照物和待估资产的可比信息可以获取，也就是能够搜集到可比的交易案例，②并且拥有足够数量的案例，③可以收集到被评估资产与参照物可比较的指标和技术参数，④市场上的参照物与被评估资产的功能相同或相似。

6.【答案】ABCD

【解析】一般情况下，具有以下特性的无形资产可以采用成本法评估：一是具有可替代性，即其功能作用易于被其他无形资产替代；二是重置该无形资产技术上可行，重置其所需要物化劳动易于计量，也就是重置该无形资产的成本易于计量；三是重置该无形资产法律上可行，也就是法律上没有对重新研发该无形资产或者其替代物进行限制；四是需要获得确切的成本投入资料，成本法的应用是建立在历史资料的基础上的。

7.【答案】ACD

【解析】选项B适合市场法，选项E适合收益法评估，选项A、C、D都可以采用成本法评估。

8.【答案】AC

【解析】选项B、D、E属于著作权的具体财产权利，不属于从权属状态来识别被评估无形资产，所以不选。

9.【答案】ABC

【解析】文档中提到对定性分析资料需要按照相关性、信息来源级别、资料时效性进行分类整理，所以ABC正确；资料的完整性和准确性是定量分析资料查验时考虑的因素，DE错误。

10.【答案】ACD

【解析】资产评估是通过估算被评估资产对象在未来期间的预期收益，选择使用一定的折现率，将未来收益——折成评估基准日的现值，用各期未来收益现值累加之和作为评估对象重估价值的一种方法。应用收益法进行资产评估时，会涉及对收益期限、收益额和折现率等主要参数指标的确定问题，即考察收益法的适用性时，取决于这三个参数的可获得性。

第三章　收益法在无形资产评估中的应用

考试大纲

一、考试目的

考查考生对收益法评估理论与方法的掌握情况，以及运用收益法分析和解决无形资产评估实际问题的能力。

二、考试内容及要求

（一）掌握的内容（★★★）

1. 节省许可费法的应用。
2. 增量收益法的应用。
3. 超额收益法的应用。
4. 收益期限的确定。
5. 收益额的确定。
6. 折现率的确定。

（二）熟悉的内容（★★）

1. 对节省许可费法内容的理解。
2. 对增量收益法内容的理解。
3. 对超额收益法内容的理解。

（三）了解的内容（★）

1. 节省许可费法使用的注意事项。
2. 增量收益法使用的注意事项。
3. 超额收益法使用的注意事项。

考情分析

本章在考试中处于重要的地位，出题分值较多，是无形资产考试分值比较集中的重点区域。涉及的考点为无形资产评估收益法的基本思路，收益法具体方法的运用，包括节省许可费法、增量收益法、超额收益法的公式、内容及注意事项。同时，无形资产评估折现率的确定，收益期限的确定也是需要掌握的核心内容。复习重点：无形资产评估节省许可费法、增量收益法、超额收益法的概念、公式及参数含义，无形资产收益法中收益期限、折现率的确定和注意事项。

考点精讲及典型例题解析

【知识点1】收益法的评估技术思路（★）

收益法评估无形资产一般是通过测算该项无形资产所产生的未来预期收益并折算成现值，以确定其价值。包括节省许可费法、增量收益法和超额收益法。

【知识点2】节省许可费法（★★）

1. 节省许可费法的评估思路

节省许可费法是基于拥有无形资产等评估对象可以节省许可费的预期，并对所节省许可费采用适当的折现率折现后累加从而确定无形资产价值的一种评估方法。具体的思路是测算由于拥有该项资产而节省的向第三方定期支付许可费的金额，并对该无形资产经济寿命期内每年节省的许可费支出通过适当的折现率折现到评估基准日时点，以此作为该项无形资产的价值。

【提示】 节省许可费通常是由与无形资产等评估对象类似或者相近的无形资产的平均许可费水平或者一般许可费取费率水平决定。在某些情况下，许可费可能包括一笔期初入门费和建立在每年经营业绩基础上的分成费。

2. 节省许可费法的计算公式

计算公式：

$$V = Y + \sum_{t=1}^{n} \frac{KR_t}{(1+r)^t}$$

式中，Y为入门费/最低收费额；K为无形资产分成率，即许可费率；R_t为第t年分成基数（考虑税收影响后）；t为许可期限；r为折现率。

3. 节省许可费法的操作步骤

（1）确定入门费

入门费，即最低收费额，也称"保底费"，是指在无形资产转让过程中，视购买方实际生产和销售情况收取转让费的场合所确定的一笔可能的"旱涝保收"的收入，并在确定比例收费时预先扣除。

（2）确定许可费率

许可费率有两种方式确定：

1）基于市场上可比的或相似的许可费率为基础确定，其先决条件是，必须存在可比较的无形资产，且这些无形资产是在公平市场上定期被许可使用的。

2）基于收益的分成确定，该收益分成是指假设在一个公平交易中，一个自愿的被许可方为获取使用目标无形资产的权利而愿意支付给一个自愿的许可方的金额，分成率的确定方法通常包括约当投资分成法、经验数据法、要素贡献法等。

(3) 确定许可期限

无形资产的许可期限一般短于其经济寿命年限，在实践中，通常依据与被评估无形资产相同或相近无形资产在法律或合同、企业申请书中规定的许可使用期限确定被评估无形资产的许可期限。

【提示】如果是针对有专门法律保护的无形资产，无形资产的许可期限还会短于其法定保护期限。

【例3-1】节省许可费法是评估无形资产常用的方法，下列选项中有关节省许可费法期限的确定说法不正确的是（   ）。

A. 无形资产的许可期限一般短于其经济寿命年限

B. 如果是针对有专门法律保护的无形资产，无形资产的许可期限还会短于其法定保护期限

C. 在资产评估实践中，通常按照被评估无形资产相同或相近无形资产在法律或合同、企业申请书中规定的确定许可使用期限

D. 如果是针对有专门法律保护的无形资产，一般以法律规定的期限确定其许可使用期限

【答案】D

【解析】无形资产的许可期限一般短于其经济寿命年限。如果是针对有专门法律保护的无形资产，无形资产的许可期限还会短于其法定保护期限。在资产评估实践中，通常依据与被评估无形资产相同或相近的无形资产在法律或合同、企业申请书中规定的许可使用期限确定被评估无形资产的许可期限。

(4) 确定折现率

折现率是将未来有限期预期收益折算成现值的比率，用以衡量获得未来预期收益所须承担的风险大小。

采用节省许可费法时，折现率就是用于将该项资产假定的许可费转换成现值的比率，通常可以采用风险累加法、回报率拆分法等方法测算折现率。

(5) 节省许可费折现

本书假设是建立在每年经营业绩基础上的分成费是在各年年末产生的，即进行年末折现。如果假设被评估无形资产建立在每年经营业绩基础上的分成费并非在每年年末产生，则应当对上述具体模型中的折现年期进行调整。

【提示】如果节省的许可费在年度中差不多是均匀产生的，可使用年中折现法进行调整。

4. 节省许可费法使用的注意事项

(1) 许可费率的可获得性与可靠性

对许可费率的使用需要注意：

1）对于相关财务数据的预测，应注意所取得的适当收益以及对该项无形资产寿命年限的估计应当与所采用的许可费率相对应；

2）应注意所采用的许可费率是否可以使许可费在税前抵扣；

3）应注意所采用的许可费率是否包括对营销成本和被许可方所承担的使用该项资产的任何成本的考虑；

4）市场上明显相似的资产的许可费率可能会存在显著不同，此时以经营者所要求的毛利率作为许可费率参数衡量的参考基准是较为谨慎的做法。

(2) 节省许可费法的适用情形

节省许可费法多用于无形资产使用权转让、出租的评估，主要包括商标、专利以及技术许可。节省许可费法须在可比资产存在、经济行为双方独立、熟悉情况并且自愿的情形下适用。

【提示】节省许可费法一般用于评估无形资产的使用权价值，在无形资产评估实务中，评估对象可能并不是无形资产的所有权利，而是部分权利，例如，无形资产侵权损失评估，故节省许可费法在实务中具有重要意义。

【例3-2】节省许可费法是评估无形资产常用的方法，下列选项中有关节省许可费法注意事项说法正确的是（   ）。

A. 对于相关财务数据的预测，应注意所取得的适当收益以及对该项无形资产寿命年限的估计应当与所采用的许可费率相对应

B. 应注意所采用的许可费率是否可以使许可费在税前抵扣

C. 应注意所采用的许可费率是否包括对营

销成本和被许可方所承担的使用该项资产的任何成本的考虑

D. 市场上明显相似的资产的许可费率可能会存在显著不同,此时以经营者所要求的毛利率作为许可费率参数衡量的参考基准是较为谨慎的做法

E. 利用节省许可费法得到的评估结果一般反映无形资产的所有权价值

【答案】ABCD

【解析】采用节省许可费法评估无形资产时,对许可费率的使用需要注意以下几点:(1)对于相关财务数据的预测,应注意所取得的适当收益以及对该项无形资产寿命年限的估计应当与所采用的许可费率相对应。(2)应注意所采用的许可费率是否可以使许可费在税前抵扣。(3)应注意所采用的许可费率是否包括对营销成本和被许可方所承担的使用该项资产的任何成本的考虑。(4)市场上明显相似的资产的许可费率可能会存在显著不同,此时以经营者所要求的毛利率作为许可费率参数衡量的参考基准是较为谨慎的做法。由于无形资产许可费通常情况下只能反映无形资产的部分权利收益,即被许可部分的价值,因此利用节省许可费法得到的评估结果一般只反映无形资产的使用权价值,在无形资产评估实务中,评估对象可能并不是无形资产的所有权利,而是部分权利,例如,无形资产侵权损失评估,故节省许可费法在实务中具有重要意义。

【知识点3】增量收益法(★★★)

1. 增量收益法的评估思路

增量收益法(Premium Profits Method)是基于对使用无形资产等评估对象所获得未来增量收益的预期并对增量收益采用适当的折现率折现后确定无形资产价值的一种评估方法。具体的思路为:预测该企业因此项无形资产所得到的利润或者现金流,和另一个不具有该项无形资产的企业财务业绩进行对比,二者的差异作为被评估无形资产所创造的增量收益,再采用适当的折现率,将预测的每期的增量利润或现金流量转换成现值,或者运用一个资本化倍数,将恒定的增量利润或现金流量进行资本化,以得到无形资产的价值。

【提示】评估师在使用增量收益法进行评估时,预测现金流比利润所得的评估值更加可靠。

2. 增量收益法计算公式

$$V = \sum_{t=1}^{n} \frac{R_t}{(1+r)^t}$$

式中,R_t 为第 t 年无形资产预期增量收益;r 为折现率或资本化率;n 为收益年限。

3. 增量收益法的操作步骤

(1)确定增量收益

增量收益是企业拥有被评估无形资产时所产生的收益与不拥有该无形资产时所产生的收益的差异。增量收益是假定其他资产因素不变的情况下,通过将未使用无形资产与使用无形资产的前后收益情况对比分析得出,具体分为收入增长型和费用节约型两种情况。

(2)确定收益期限

增量收益法评估无形资产价值时,无形资产具有获得增量收益能力的期限才是真正的无形资产收益期限。收益期限可以采用法定年限法、更新周期法以及剩余经济寿命预测法等具体方法进行确定。

【提示】通常依据法律或合同、企业申请书的规定确定无形资产的有效期限。

(3)确定折现率或资本化率

折现率或资本化率就是将该项资产的未来增量收益转换成现值或进行资本化的比率,用以衡量获得增量收益所须承担的风险大小,可以采用风险累加法、回报率拆分法等方法进行测算。

(4)增量收益折现

被评估无形资产的增量收益是在各年年末产生或实现的,即进行年末折现。

【提示】如果超额收益在年度中差不多是均匀产生的,可使用年中折现法进行调整。

4. 增量收益法使用的注意事项

(1)增量收益的合理性

在使用增量收益法的过程中,合理判断和计算被评估无形资产所产生的增量收益至关重要。尤其是企业因战略管理需要或多种因素的综合影响,在未来可能对生产经营规模进行调整,这些都可能导致预期收益出现异动。评估专业人员应根据情况,对增量收益加以综合性的运用和测算,既不能简单地把增量收益归为仅由无形资产形成的增量收益,也不能将实际由无形资产带来的增量收益错误归属于其他因素所得,从而避免"多评"或"漏评"。

（2）增量收益法的适用情形

增量收益法主要用于评估两种无形资产的价值，第一种是使用无形资产可以产生额外的利润或现金流量，即增加收入，另一种是使用无形资产可以带来成本的节省，即节省成本。

【例3-3】在增量收益法评估无形资产价值中，有关该方法使用说法正确的是（　　）。

A. 增量收益是企业拥有被评估无形资产时所产生的收益与不拥有该无形资产时所产生的收益的差异

B. 增量收益是假定其他资产因素不变的情况下，通过将未使用无形资产与使用无形资产的前后收益情况对比分析得出

C. 无形资产具有获得增量收益能力的期限才是真正的无形资产收益期限

D. 折现率或资本化率就是用于将该项资产的未来增量收益转换成现值或进行资本化的比率

E. 折现率用以衡量获得增量收益所须承担的风险大小，可以采用风险累加法、WACC等方法进行测算

【答案】ABCD

【解析】增量收益是企业拥有被评估无形资产时所产生的收益与不拥有该无形资产时所产生的收益的差异，即被评估无形资产所在的企业由于使用该项无形资产而相比于不使用该项无形资产或另一个不具有该项无形资产的相似（或模拟）企业多获得的利润或现金流量。增量收益是假定其他资产因素不变的情况下，通过将未使用无形资产与使用无形资产的前后收益情况对比分析得出，具体分为收入增长型和费用节约型两种效果。采用增量收益法评估无形资产价值时，无形资产具有获得增量收益能力的期限才是真正的无形资产收益期限，WACC一般用于企业价值评估。

【知识点4】超额收益法（★★★）

1. 超额收益法的评估思路

超额收益法是用归属于目标无形资产的各期预期超额收益进行折现累加以确定评估对象价值的一种评估方法。具体评估思路是先测算无形资产与其他相关贡献资产共同创造的整体收益，在整体收益中扣除其他相关贡献资产的相应贡献，将剩余收益确定为超额收益，并作为目标无形资产所创造的收益，再将收益采用适当的折现率转换成现值，或者运用一个资本化倍数，将恒定的超额收益进行资本化，以获得无形资产价值。

【提示】其他相关贡献资产一般包括流动资产、固定资产、其他无形资产和组合劳动力成本等。

2. 超额收益法的计算公式

$$V = \sum_{t=1}^{n} \frac{R_t}{(1+r)^t}$$

式中，R_t为第t年无形资产预期超额收益；r为折现率或资本化率；n为收益年限。

3. 超额收益法的分类

（1）单期超额收益法

单期超额收益法的超额收益是由单一期间的现金流量预测得出。这一方法仅以一期超额收益的预测判断被评估无形资产的价值，因预测期限过短而较少被采用。

（2）多期超额收益法

多期超额收益法的超额收益是对多个期间的现金流量预测。在一般情况下，无形资产将在较长（超过一年）的时间范围内产生经济收益，因此多期超额收益法更为常用。

【提示】多期超额收益法适用于对现金流量有较大影响的无形资产或无形资产组合的情形，并且只考虑扣除该无形资产或无形资产组合的使用费用后部分的贡献。

4. 超额收益法的操作步骤

（1）确定超额收益

超额收益，反映无形资产对收益的贡献，具体是指如果一项或多项无形资产与相关联的资产对企业整体或资产组收益的贡献是可以分割的，贡献之和与企业整体或资产组正常收益相比后仍有剩余的收益。其收益方式主要分为三类：

1）直接收益方式。直接销售无形资产产品获取收益，著作权、计算机软件等多是直接收益方式；

2）间接收益方式。主要利用无形资产设计、制造生产出产品，通过销售无形资产产品或提供服务获取收益，专利权、专有技术、商标等多是间接收益方式；

3）混合收益方式。将上述两种收益方式混合使用。

确定超额收益需要将被评估无形资产与其他共同发挥作用的相关资产组成资产组，然后

调整溢余资产（包括资产能力溢余），完成后对资产组的预期经营业绩进行估计，并且剔除非正常项目的收益及费用，调整经营业绩预期，以便预测固定资产折旧及无形资产摊销并预测未来资本性支出，从而确定贡献资产、贡献资产贡献率，并估计贡献资产的全部合理贡献，最后从经营收益中扣除被评估无形资产以外的其他贡献资产的贡献，得出超额收益。

（2）确定收益期限

采用超额收益法评估无形资产价值时，无形资产具有获得超额收益能力的期限才是真正的无形资产收益期限。对收益期限可以采用法定年限法、更新周期法以及剩余经济寿命预测法等具体方法进行确定。

【提示】在资产评估实践中，通常依据法律或合同、企业申请书的规定确定无形资产的有效期限。

（3）确定折现率或资本化率

采用超额收益法评估无形资产价值时，折现率或资本化率就是用于将该项资产的未来超额收益转换成现值或进行资本化的比率，用以衡量获得超额收益所须承担的风险大小，可以采用风险累加法、回报率拆分法等方法进行测算。

（4）超额收益折现

被评估无形资产的超额收益是在各年年末产生或实现的，即进行年末折现。如果假设被评估无形资产的超额收益并非在每年年末产生，则应当对上述具体模型中的折现年期进行调整。

5. 超额收益法使用的注意事项

（1）超额收益与组合收益

在使用超额收益法的过程中，合理判断和计算目标无形资产所产生的超额收益至关重要。尤其要注意从组合收益中扣除来源于其他有贡献的资产的相应贡献，从而避免"多评"或"漏评"。

【提示】在应用多期超额收益法时，还须注意同一超额收益在多个预测期间是否重复归集至不同的资产，注意收益与产生收益资产的对应关系。

（2）可辨认无形资产与不可辨认无形资产的超额收益

对于不可辨认无形资产，其一旦脱离依附对象便失去了使用价值，此时应以其当前使用所产生的超额收益为基础进行评估，比如商誉；而对于可辨认无形资产，评估时可适当考虑其更大范围内的使用价值，比如商标及通用性较强的技术型无形资产等，此时的无形资产可能创造的超额收益不再简单等同于组合收益中目前该无形资产的贡献程度。

（3）超额收益法的适用情形

超额收益法在特许经营权、公路收费权、矿权等无形资产的评估中特别适用，也常用于企业合并对价分摊、商誉减值测试、可辨认无形资产减值测试等以财务报告为目的的无形资产评估。

【例3-4】超额收益法是评估无形资产常用的方法，下列选项有关超额收益法说法正确的是（　　）。

A. 超额收益法一般适用于对于无形资产组合和无形资产与其他资产组合的评估

B. 超额收益法在特许经营权、公路收费权等无形资产的评估中经常使用

C. 无形资产与相关联的资产对企业整体或资产组收益的贡献之和与企业整体或资产组正常收益相比后仍有剩余，这个剩余收益就被称为超额收益

D. 无形资产对收益的贡献以实际实现的收益为准

E. 不可辨认无形资产离开实物载体后就失去了价值，所以主要采用超额收益法进行评估

【答案】ABCE

【解析】如果一项或多项无形资产与相关联的资产对企业整体或资产组收益的贡献是可以分割的，贡献之和与企业整体或资产组正常收益相比后仍有剩余，这个剩余收益就被称为超额收益，借以反映无形资产对收益的贡献，此时适合采用超额收益法，AC正确；超额收益法在特许经营权、公路收费权、矿权等无形资产的评估中特别适用，也常用于企业合并对价分摊、商誉减值测试、可辨认无形资产减值测试等以财务报告为目的的无形资产评估，B正确；无形资产对收益的贡献以实际实现的收益为基础，综合考虑无形资产贡献大小确定，D正确；不可辨认无形资产一旦脱离依附对象便失去了使用价值，此时应以其当前使用所产生的超额收益为基础进行评估，比如商誉，E正确。

【知识点 5】收益期限的确定（★★★）

应用收益法进行资产评估时，主要涉及对收益期限、收益额和折现率等主要参数指标的确定问题。

1. 无形资产的收益年限

无形资产收益期限与其寿命年限密切相关，是指在寿命年限内持续发挥作用并产生经济利益流入的期限。包括以下常见类型：

（1）法定寿命

法定寿命即法定有效期限。大部分无形资产拥有在注册时规定的法定寿命，比如商标、专利、著作权等。

【提示】有形资产的经济生命周期不会受到法律条文及合同条款的影响。

（2）合同有效期限

与无形资产相关的商业合同期限可能会影响其经济分析，已公开合同更新条款及其历史更新情况都应纳入决定合同有效期的影响因素，例如使用、开发利用合同，境内和境外的许可证合同及转让价格协议。

【提示】已公开合同更新条款及其历史更新情况都应纳入决定合同有效期的影响因素中。

（3）经济寿命

无形资产的经济寿命是指无形资产处于尚可取得利润的期间。无形资产产生经济收入的能力决定的寿命年限。当使用某项无形资产不能取得收益（未来效益终止）或利用其他资产可获得更高收益时，即可认为无形资产已超出经济寿命年限。无形资产经济寿命并不取决于其使用过程中其他资产的盈利能力。

【提示】法律条文及合同条款中对于大多数无形资产的经济寿命并没有规定，评估专业人员需要对被评估无形资产进行分析，以确定法律条文及合同条款对其剩余经济寿命是否构成限制。

（4）其他类型寿命

1）司法寿命

司法寿命是指由法院或类似的权力机构判决经济损失期限。如版权侵权所造成的损失在判决后的某一具体期限内，须支付版权所有者合理的特许费，作为未来损失的度量。

2）技术寿命

技术寿命是一项无形资产所承载的技术被新技术替代过程中所经历的期间。

3）功能寿命

功能寿命是指一项无形资产发挥其功能的期间。例如某种流行酱料的配方是一个很有价值的商业机密，直到科学家发现该酱料的某种成分可能诱发癌症。虽然配方仍具有其原有的功能，即功能寿命不变，但该种酱料的销售量将急剧下降，配方的经济寿命也将受到不利影响。

【提示】相比其他类型的寿命，无形资产功能寿命受到的限制较少。

2. 无形资产收益期限的确定原则

无形资产损耗的价值量是确定无形资产收益期限的前提。因无形资产没有物质实体，不会产生实体性损耗，所以其价值降低的原因主要是无形损耗形成的。主要由下列三种情况决定：

（1）新的、更为先进、更经济的无形资产出现；

（2）无形资产传播面扩大，其他企业普遍合法掌握这种无形资产，使拥有这种无形资产的企业获取超额收益的能力降低；

（3）某项无形资产所决定的产品需求大幅度下降时，无形资产价值就会减少，甚至完全丧失。

【提示】无形资产具有获得超额收益能力的时间才是真正的无形资产有效期限。

在资产评估实践中，可依照下列方法预计和确定无形资产的有效期限：

1）法律或合同、企业申请书分别规定有法定有效期限和受益年限的，收益期限不能高于法定有效期限与受益年限中的较短者。

2）法律未规定有效期，企业合同或企业申请书中规定有受益年限的，收益期限不能高于规定的受益年限。

3）法律和企业合同或申请书均未规定法定有效期限和受益年限的，按预计收益期限确定。

【提示】无形资产受许多因素的影响，如废弃不用、人们爱好的转变、经济形势变化、科学技术进步等，无形资产更新周期加快，使得其经济寿命缩短，收益期限可能比其法定有效期限短。

3. 无形资产收益期限的确定方法

（1）法定年限法

无形资产由于受到法律或合同的特定保护

才形成了企业控制的资产，因此法定有效期限就是其经济寿命的上限。著作权、专利权、专营权、租赁权等，均具有法律或合同规定的期限。

【提示】法定（合同）期限内是否还具有盈利能力是分析收益期限的关键点之一。

（2）更新周期法

更新周期法根据无形资产的更新周期确定其剩余寿命。其适用于部分专利权、著作权和专有技术。无形资产更新周期分为产品更新周期和技术更新周期。

【提示】产品更新周期适用于高技术和新兴产业，这类行业的产品与科学技术联系紧密，如产品的实用新型设计；技术更新周期适用于产生新一代技术并替代原有技术的情况，通常需运用同类无形资产的历史经验数据进行统计分析。

（3）剩余经济寿命预测法

剩余经济寿命预测法综合产品竞争情况、可替代技术和更新趋势综合确定无形资产尚可使用的经济寿命。

【提示】运用该方法时应与技术专家、市场营销专家咨询相结合，并根据企业特征对个别因素进行修正。

【提示】无形资产具有获得超额收益能力的时间才是真正的无形资产有效期限。

【例3-5】下列选项中，有关无形资产收益期限的确定原则说法错误的是（　　）。

A. 法律或合同、企业申请书分别规定有法定有效期限和受益年限的，收益期限不能高于法定有效期限与受益年限中的较短者

B. 法律未规定有效期，企业合同或企业申请书中规定有受益年限的，收益期限不能高于规定的受益年限

C. 法律和企业合同或申请书均未规定法定有效期限和受益年限的，按预计收益期限确定。预计收益期限可以采用统计分析或与同类资产比较得出

D. 科学技术发展使无形资产更新周期加快，无形资产的收益期限一定会比其法定有效期限短

【答案】D

【解析】无形资产具有获得超额收益能力的时间才是真正的无形资产收益期限。在资产评估实践中，可依照下列方法预计和确定无形资产的收益期限：一是法律或合同、企业申请书分别规定有法定有效期限和受益年限的，收益期限不能高于法定有效期限与受益年限中的较短者。二是法律未规定有效期，企业合同或企业申请书中规定有受益年限的，收益期限不能高于规定的受益年限。三是法律和企业合同或申请书均未规定法定有效期限和受益年限的，按预计收益期限确定。预计收益期限可以采用统计分析或与同类资产比较得出。同时应该注意的是，无形资产的收益期限可能比其法定有效期限短，因为它们要受许多因素的影响，如废弃不用、人们爱好的转变以及经济形势变化等，特别是科学技术发达的今天，无形资产更新周期加快，使得其经济寿命缩短。

【知识点6】收益额的确定（★★★）

1. 增量收益估算

估算增量收益指通过未使用无形资产与使用无形资产的前后收益情况对比分析，确定无形资产带来的增量收益额，可以将无形资产划分为：

一是因产品价格的提高形成的收入增长型；

二是因企业成本的节约形成的费用节约型。

（1）收入增长型

收入增长型无形资产是指无形资产应用于生产经营过程，能够使得产品的销售收入大幅度增加。具体包括两种情形：

1）生产的产品能够以高出同类产品的价格销售。在销售量不变、单位成本不变的情况下，无形资产增量收益额可以参考下式：

$$R = (P_2 - P_1) \times Q$$

式中，R 为无形资产增量收益额；P_2 为使用被评估无形资产后单位产品的价格；P_1 为使用被评估无形资产前单位产品的价格；Q 为产品销售量。

2）生产的产品采用与同类产品相同价格的情况下，销售数量大幅度增加，市场占有率扩大。在单位价格和单位成本不变的情况下，无形资产增量收益额可以参考下列公式：

$$R = (Q_2 - Q_1) \times (P - C)$$

式中，R 为无形资产增量收益额；Q_2 为使用被评估无形资产后产品的销售量；Q_1 为未使用被评估无形资产的产品的销售量；P 为产品价格；C 为产品的单位成本。

(2) 费用节约型

费用节约型无形资产,是指因无形资产的应用,使得生产产品中的成本费用降低,从而形成增量收益。当假定销售量不变,价格不变时,无形资产增量收益额公式为:

$$R = (C_1 - C_2) \times Q$$

式中,R 为无形资产增量收益额;C_1 为未使用被评估无形资产的产品单位成本;C_2 为使用被评估无形资产后产品的单位成本;Q 为产品销售量。

无形资产的使用可以通过以下途径节约成本:

1) 在不影响产品质量和功能的前提下,减少人工、机械、材料的成本;
2) 提高产品质量,减少产品召回、废品及次品;
3) 提高经营效率,譬如简化生产程序,降低资产维护费用;
4) 降低管理费用、广告费用、销售及促销费用、坏账支出等;
5) 减少或消除环境污染。

【提示】在实际中,应用无形资产后,其影响收入的其他资产因素也会发生变化,其收益是各资产因素共同作用的结果。在假定其他资产因素不变的情况下,无形资产才可划分为收入增长型和费用节约型。

(3) 与行业平均水平比较

当无法将使用无形资产和没有使用无形资产的收益情况进行对比时,采用无形资产和其他类型资产在经济活动中的综合收益与行业平均水平进行比较,也可以得到无形资产的增量收益。计算公式为:

无形资产增量收益额 = 企业收益额 - 净资产总额 × 行业平均收益率

增量收益额计算的核心在于对"正常收益率"(无形资产缺失的情况下该行业业务经营的收益率)的确定,然而尽管行业相同、产品及客户类型一致,各公司的获利能力仍可能具有很大差异。因此在无形资产评估中使用行业平均收益应当谨慎并有充分的理由。

【提示】在计算出企业无形资产的增量收益额后,还需要判断该增量收益额是否完全由被评估无形资产带来。如果被评估企业还存在其他无形资产,则需要进一步分离出被评估无形资产的收益额。

2. 超额收益估算

估算超额收益主要通过在企业的全部收益中,扣除归属于企业有形资产带来的收益,以确定企业无形资产带来的超额收益额。计算公式为:

$$R = P - T$$

其中:R——企业无形资产的超额收益额;P——企业的全部收益;T——企业有形资产的收益。

企业的全部收益可以通过计算企业的息税前利润或现金流而获得,有形资产收益则是用相应有形资产市场价值乘以该类有形资产在经济社会中使用的投资回报率而得到。

【提示】在计算出企业无形资产的超额收益额 R 后,还需要判断该超额收益额是否完全由被评估无形资产带来,如果被评估企业还存在其他无形资产,则需要进一步分离出被评估企业的无形资产的收益额。

【例3-6】A 企业拟评估其拥有的无形资产的价值,评估基准日为 20×4 年 12 月 31 日。经审计,A 企业的息税前利润为 500 万元,A 企业有形资产的账面价值合计为 4 500 万元。已知 A 企业有形资产回报率的加权平均值为 9%,试估算无形资产为企业带来的超额收益额。

则企业有形资产的收益 = 4 500 × 9% = 405(万元);

企业无形资产的超额收益 = 500 - 405 = 95(万元)。

3. 收益分成估算

(1) 分成率法概念

分成率法具体思路为:先计算使用无形资产的总收益,再将其在目标无形资产和产生总收益过程中做出贡献的所有有形资产和其他无形资产之间进行分成。分成率包括销售利润分成率和销售收入分成率两种,在我国的实际无形资产交易中更多的是使用收入分成率。

【提示】在使用分成率法时,有些利润分成分析使用的是经济收益毛指标,但大多数利润分成率采用的是净收益指标,比如营业利润、营业现金流量或净现金流量,要特别注意不同分成率口径的差异及其数据统计口径的差异。

1) 通常企业可能拥有多种无形资产,因此确定目标无形资产在总收益中的收益分成时,需要考虑其他无形资产的收益贡献率。在收益分配过程中，首先需要将收益额合理分配给非无形资产，该过程涉及两个重要因素：

①企业资产构成中每项资产所占的比重；

②每项资产对应的合适投资回报率。

2) 确定分成率是分成率法中最为重要的一个步骤，在选择分成率时，评估专业人员应考虑以下因素：

①被评估无形资产的具体类型；

②被评估无形资产所在企业的经营类型；

③被评估无形资产所在企业的行业状况；

④被评估无形资产所在企业的实际经营能力分析；

⑤被评估无形资产所在企业其他资产为创造收益所做贡献的相对重要性分析；

⑥市场上相同或类似无形资产转让协议中已知的分成情况；

⑦分析中选择的测算经济收益指标应该以被评估无形资产所在企业其他有形及无形资产的公允价值为基础。

（2）计算公式

无形资产收益额 = 销售收入（利润）× 销售收入（利润）分成率

收益额 = 销售收入 × 销售收入分成率 = 销售利润 × 销售利润分成率

所以可以根据销售利润分成率推算出销售收入分成率，反之亦然。

销售收入分成率 = 销售利润分成率 × 销售利润率

销售利润分成率 = 销售收入分成率 ÷ 销售利润率

【提示】在实务中，评估师一般更倾向于采用现金流量分成率。主要因为它可以避免企业会计政策差异的影响并考虑特定企业成本费用预测的误差。

【例3-7】在无形资产评估超额收益法评估中，有关分成率公式错误的是（　　）。

A. 销售收入分成率 = 销售利润分成率 × 销售利润率

B. 收益额 = 销售收入 × 销售收入分成率

C. 收益额 = 销售利润 × 销售利润分成率

D. 销售利润分成率 = 销售收入分成率 × 销售利润率

【答案】D

【解析】销售利润分成率 = 销售收入分成率 ÷ 销售利润率

（3）常用的分成率测算方法

常用的分成率测算方法有约当投资分成法、经验数据法、要素贡献法等。

1) 约当投资分成法：是根据等量资本获得等量报酬的原则，将共同发挥作用的无形资产及有形资产换算为相应的投资额，将无形资产的折合约当投资与总约当投资的比例作为利润分成率。具体步骤为：

①确定无形资产的约当投资量。计算时使用的成本利润率按照转让方无形资产带来的利润与其成本之比计算。

无形资产的约当投资量 = 无形资产的重置成本 ×（1 + 适用成本利润率）

【提示】无法获取企业实际数时，应按社会平均水平确定。

②计算无形资产购买方的约当投资量。其适用的成本利润率按购买方的现有水平测算。

购买方的约当投资量 = 购买方投入总资产的重置成本 ×（1 + 适用成本利润率）

③计算无形资产利润分成率。

无形资产利润分成率 = 无形资产约当投资量 ÷（购买方约当投资量 + 无形资产约当投资量）× 100%

【例3-8】A企业将一项专利独占许可给B企业，该专利系A企业自行研发创建，重置成本为100万元。经专业人员测算，该专利成本利润率为500%。B企业资产重置成本为5 000万元，成本利润率为15%。则采用约当投资分成法确定利润分成率为（　　）。

A. 8.45%　　　　B. 10.0%

C. 12.5%　　　　D. 9.45%

【答案】D

【解析】①计算专利资产的约当投资量：专利约当投资量 = 100 ×（1 + 500%）= 600（万元）

②计算专利资产购买方的约当投资量：B企业资产约当投资量 = 5 000 ×（1 + 15%）= 5 750（万元）

③计算利润分成率：利润分成率 = 600 ÷（5 750 + 600）× 100% = 9.45%

2) 经验数据法：指根据"三分"分成法、"四分"分成法或其他经验比例等原则估计无形资产的利润分成率，即许可方会得到被许可方因使用无形资产所获得总利润的33%或25%。其中，"三分"分成法是假设企业的收益是资金、劳动力和技术三项因素共同创造，并各占33%；"四分"分成法是假设企业的收益是资金、劳动力、技术和管理四项因素共同创造，并各占25%。

【提示】经验数据法中的"三分（33%）"和"四分（25%）"都是基于利润计算的分成率，也可以通过计算转换为收入分成率。

【提示】经验数据法作为一种基准，体现了过去的许可惯例和行业平均水平，具有一定的经验可信性和参考性，可用于对无形资产利润分成率的粗略估计。

【提示】经验数据法的优势在于测算简单，容易理解，比较适合传统行业的评估；劣势则在于方法的理论基础薄弱，在对部分单项无形资产进行评估时需要进行修正。

【例3-9】确定目标无形资产在总收益中的收益分成时，分成率确定是最为重要的一个步骤，下列因素是评估专业人员需要考虑的是（　　）。
A. 被评估无形资产所在企业的国际地位
B. 被评估无形资产所在企业的行业状况
C. 被评估无形资产所在企业其他资产为创造收益所做贡献的相对重要性分析
D. 市场上相同或类似无形资产转让协议中已知的分成情况
E. 被评估无形资产所在企业的经营类型

【答案】BCDE
【解析】确定目标无形资产在总收益中的收益分成时，需要考虑其他无形资产的收益贡献率。在收益分配过程中，需要将收益额合理分配给非无形资产，该过程涉及两个重要因素：一是企业资产构成中每项资产所占的比重；二是每项资产对应的合适投资回报率。确定分成率是分成率法中最为重要的一个步骤，在选择分成率时，评估专业人员应考虑以下因素：一是被评估无形资产的具体类型；二是被评估无形资产所在企业的经营类型；三是被评估无形资产所在企业的行业状况；四是被评估无形资产所在企业的实际经营能力分析；五是被评估无形资产所在企业其他资产为创造收益所做贡献的相对重要性分析；六是市场上相同或类似无形资产转让协议中已知的分成情况；七是分析中选择的测算经济收益指标应该以被评估无形资产所在企业其他有形及无形资产的公允价值为基础。

3）要素贡献法：可视为经验数据法的一种特殊表现形式。我国通常将企业生产经营活动分为资金、技术和管理三大要素的贡献。在不同行业三种要素的贡献程度也有差别，三者对利润的贡献程度一般可参考表3-1：

表3-1　不同行业三种要素贡献程度

行业	资金比例（%）	技术比例（%）	管理比例（%）
资金密集型行业	50	30	20
技术密集型行业	40	40	20
一般企业	30	40	30
高科技企业	30	50	20

【知识点7】折现率的确定（★★★）
1. 无形资产运营中的风险
（1）宏观风险
宏观风险具体体现为政策风险、法律风险、市场风险、技术（替代）风险等几类。

政策风险：意味着财政、货币、税收、汇率和产业等因素的变动可能导致社会总需求、市场利率及无形资产筹资成本的变化；

法律风险：意味着在评估无形资产时要考虑无形资产法律保护的种类、范围、期限和程度等问题；

市场风险：意味着无形资产评估需要重视对无形资产所处产业的成长前景、产品的市场需求、市场扩散速度、市场占有率及目前同类产品供求状况等市场指标的分析；

技术（替代）风险：意味着无形资产的创新性、先进性、可替代性及其产品和服务的更新速度等因素会显著影响无形资产的预期收益。

（2）微观风险
微观风险具体可分为研发风险、资产管理风险、财务风险和商业化风险等几类。

研发风险：无形资产的研发需要大量的资金投资和时间消耗，但如果外部条件在资金投入后即发生变化，则研发成果会失去商业价值；

资产管理风险：企业试图通过无形资产获得超额收益，就必须具备更高的管理能力，这对于资产管理者而言是一个巨大挑战；

财务风险：其虽然不直接影响无形资产价值，但却也是无形资产评估的间接考虑因素，因为许可人和被许可人的财务状况是否稳定对双方而言都非常重要；

商业化风险：无形资产处于研发和商业化的不同阶段时，对应的风险大小不同，对应的风险报酬率也呈现出不同特征。

2. 折现率的测算方法

无形资产折现率的常用测算方法包括风险累加法和回报率拆分法。

（1）风险累加法：指将无形资产的无风险报酬率和风险报酬率量化并累加，进而确定无形资产折现率的一种方法。

无风险报酬率是指在正常条件下的获利水平，是所有投资都应该得到的投资回报率。而风险报酬率是指投资者承担投资风险所获得的超出无风险报酬率以上部分的投资回报率，根据风险的大小确定，随着投资风险的递增而加大。风险累加法的计算公式为：

无形资产折现率 = 无风险报酬率 + 风险报酬率

【提示】评估专业人员计算风险报酬率时，应分析无形资产所面临的具体风险，特别是政策风险、法律风险、市场风险、技术（替代）风险等宏观风险，以及研发风险、资产管理风险、财务风险和商业化风险等微观风险。评估专业人员应进行逐项分析并通过经验判断予以量化。

【例3-10】A企业拟评估其拥有的专利技术的价值。评估专业人员应用收益法时，判断风险报酬率的测算根据技术和产品市场综合因素确定。经分析与该专利技术相关的技术风险取值为1.90%，市场风险取值为3.21%，管理风险取值为2.80%，财务风险取值为4.75%。若无风险报酬率取值为3.96%，试估算被评估专利技术的折现率。

被评估专利技术的风险报酬率 = 1.90% + 3.21% + 2.80% + 4.75% = 12.66%

被评估专利技术的折现率 = 3.96% + 12.66% = 16.62%

（2）回报率拆分法：指从企业整体回报率出发，对其他有形资产、无形资产的回报率逐一量化，从而倒推出被评估无形资产的回报率，以此测算无形资产折现率。具体步骤为：

【提示】该方法求得的无形资产折现率实际上是全部无形资产折现率（含可辨认无形资产和不可辨认无形资产），需要关注与收益口径的匹配性。

1）分析企业利润来源：基于企业在持续经营情况下，企业经济效益来自于无形资产或其他贡献资产的整体利用，则应当根据各项资产的重要性及风险，企业总收益可按一定比例分配给各组成部分。

2）确定企业整体回报率，被投资企业的回报率应等于投资者期望获得的回报率。

【提示】企业整体回报率可采用加权平均资本成本（WACC）确定。

3）根据风险大小分离出无形资产投资收益。

4）根据无形资产收益口径确定并计算对应的折现率。

【提示】当加权平均资本成本采用税后口径计算，无形资产投资回报率也是税后口径，当无形资产收益为税前收益时，要将计算出的税后无形资产的投资回报率换算为税前口径，与收益口径保持一致，从而得到无形资产折现率。

回报率拆分法计算公式为：

$$R_i = \frac{\text{全部资产市场价值}}{\text{无形资产市场价值}} \left(WACC - R_c \frac{\text{营运资金市场价值}}{\text{全部资产市场价值}} - R_f \frac{\text{固定资产市场价值}}{\text{全部资产市场价值}} \right)$$

其中：$WACC$ 为整个企业平均投资回报率；R_c 为营运资金的投资回报率；R_f 为固定资产的投资回报率；R_i 为无形资产的投资回报率。

【例3-11】A企业拟评估其拥有的专利技术的价值。评估专业人员应用收益法时，判断风险报酬率的测算根据技术和产品市场综合因素确定，欲采用风险累加法确定企业无形资产的折现率；在确定风险报酬率的过程中重点考虑技术风险、市场风险、管理风险和财务风险因素的影响。经分析，该专利的风险报酬率为12%，若无风险报酬率取值为2.96%，试估算被评估专利技术的折现率。

被评估专利技术的折现率 = 2.96% + 12% = 14.96%

3. 折现率确定的注意事项

（1）无形资产评估中折现率一般高于有形

资产评估中折现率。主要是因为无形资产投资收益高,风险性强。

（2）无形资产评估中的折现率有别于企业价值评估中折现率。企业价值评估中的折现率是对固定资产、无形资产和流动资产等各类资产回报率的综合体现,因此不可直接作为无形资产评估的折现率。

（3）折现率口径应与收益额口径保持一致。如果无形资产收益额预测口径为利润口径,则折现率也应该是利润口径;如果无形资产收益额预测口径为现金流量口径,则折现率也应该是现金流量口径;如果无形资产收益额预测口径为税前收益口径,则折现率也应该是税前收益口径。

精选练习题

一、单项选择题

1. 下列有关寿命的选项,不适合作为无形资产收益期限的是（　　）。
   A. 法定寿命　　　B. 合同有效期限
   C. 物理寿命　　　D. 经济寿命

2. 下列选项中,不属于无形资产运营中的宏观风险的是（　　）。
   A. 政策风险　　　B. 商业化风险
   C. 法律风险　　　D. 市场风险

3. 下列关于预计和确定无形资产的有效期限的说法,错误的是（　　）。
   A. 无形资产的有效期限肯定比其法定保护期限短,因为法定保护期足够长才能保证无形资产的收益
   B. 法律未规定有效期,企业合同或企业申请书中规定有受益年限的,收益期限不能高于规定的受益年限
   C. 法律和企业合同或申请书均未规定有效期限和受益年限的,按预计收益期限确定
   D. 法律或合同、企业申请书分别规定有法定有效期限和受益年限的,收益期限不能高于法定有效期限与受益年限中的较短者

4. 甲公司生产某种产品的单位成本为每台70元,该产品的市场销售价格为每台150元,销售量为100 000台。甲公司通过引进一项专利技术,使得该种产品的销售量增加到了150 000台,若单位成本和单位价格不变,且不考虑税收的影响,则该项专利技术带来的增量收益为（　　）元。
   A. 50 000　　　　B. 3 500 000
   C. 4 000 000　　D. 7 500 000

5. 无形资产分成率是无形资产评估重要的参数之一,下列有关无形资产分成率的公式,正确的是（　　）。
   A. 销售收入分成率 = 销售利润分成率 ÷ 销售利润率
   B. 销售利润分成率 = 销售收入分成率 × 销售利润率
   C. 销售利润分成率 = 销售收入分成率 ÷ 销售利润率
   D. 销售收入分成率 = 1 − 销售利润分成率

6. 甲企业以一项先进的技术向乙企业投资,该技术的重置成本为200万元,乙企业拟投入的资产重置成本为4 000万元,甲企业无形资产成本利润率为500%,乙企业拟合作的资产原利润率为25%,则无形资产投资的分成率为（　　）。
   A. 12.5%　　　　B. 19.35%
   C. 15%　　　　　D. 18.75%

7. 下列选项中,有关无形资产评估超额收益法论述正确的是（　　）。
   A. 超额收益法是企业拥有被评估无形资产时所产生的收益与不拥有该无形资产时所产生的收益的差异
   B. 专利权、专有技术、商标多是直接产生收益
   C. 采用超额收益法评估无形资产价值时,无形资产具有获得超额收益能力的期限才是真正的无形资产收益期限
   D. 对于可辨认无形资产,应以其当前使用所产生的超额收益进行评估

8. 下列选项中,不属于无形资产占比高的行业一般特征的是（　　）。
   A. 无形资产投资收益高,风险性小
   B. 市场供求关系不确定
   C. 无形资产保护难度大
   D. 国内外竞争激烈

9. 甲影院购买新电影的放映权,在4个月内每个月带来的追加利润为200万、200万、50万、50万。每月的利润总额维持在1 000万元左右,每月折现额为1%,请问该电影的利润分成率为（　　）。
   A. 14.26%　　　B. 12.57%

C. 11.26%　　　　D. 15.57%

10. 运用某专利技术生产出来产品的价格为 180 元/件，年销售量为 20 000 件，已知同类产品的平均价格为 150 元/件。该专利技术的收益期限尚存 8 年，期间产品成本不变，产品价格预计为：今后 1—3 年维持现价；4—5 年降为 170 元/件；6—8 年降为 160 元/件，折现率为 12%，所得税税率为 15%，则该专利技术的评估值为（　　）元。

A. 1 865 550　　　　B. 1 865 560
C. 1 865 615　　　　D. 1 865 600

11. 某企业的预期年收益额为 20 万元，该企业的各单项资产的重估价值之和为 80 万元，行业平均收益率为 20%，并以行业平均收益率作为适用资产收益率，则该企业的商誉评估值为（　　）元。

A. 200 000　　　　B. 210 000
C. 220 000　　　　D. 230 000

12. 节省许可费法是无形资产评估中的主要方法之一，下面选项中关于在运用节省许可费法过程中需要注意的事项说法错误的是（　　）。

A. 许可费是否在税前抵扣对评估结果影响很大

B. 市场上明显相似的资产的许可费率应该相同

C. 节省许可费法多用于无形资产使用权转让、出租的评估，主要包括商标、专利等

D. 节省许可费法通常衡量的是无形资产的部分权利的价值，并非是整个无形资产全部的价值

13. 增量收益法是通过比较企业拥有被评估无形资产时所产生的收益与不拥有该无形资产时所产生的收益的差额，进行评估无形资产的价值。下列关于上述所说"差额"说法正确的是（　　）。

A. 差额全是收入增长型
B. 差额全是费用节约型
C. 差额是收入增长和费用节约两部分的和
D. 既然是增量收益法，只用考虑收入增长型的部分

14. A 企业通过购买一项专利技术，使其生产产品的平均单位成本从 60 元降低至 30 元。假设该企业产品的销售量常年保持在 10 000 件的水平，所得税税率 25%，则该专利技术为企业带来的增量收益额为（　　）元。

A. 300 000　　　　B. 600 000
C. 225 000　　　　D. 100 000

15. 使用超额收益法对无形资产进行评估时，第一步就是确定超额收益，下列关于无形资产超额收益说法错误的是（　　）。

A. 直接收益方式是指销售无形资产获得的收益，如著作权、软件

B. 间接收益方式是指通过为生产销售提供服务获得的收益，如专利权、商标权

C. 混合收益方式是直接收益方式与间接收益方式的综合

D. 剔除其他资产的贡献，剩下的剩余收益就是无形资产的超额收益

16. 在无形资产评估中，对法律和合同同时分别规定无形资产的有效期限和收益期限的，但时间长短不同，（　　）来确定期限。

A. 依据法律规定
B. 依据合同规定
C. 按两者孰长原则
D. 按两者孰短原则

二、多项选择题

1. 节省许可费法是常用的评估无形资产方法，下列关于节省许可费用法说法正确的有（　　）。

A. 许可费率的取得一般包括以市场上可比的或相似的许可费率为基础确定以及基于收益的分成确定的

B. 无形资产许可费反映无形资产的全部权利收益

C. 许可费为建立在每年经营业绩基础上的分成

D. 在采用节省许可费用法进行评估时需要注意增量收益的合理性

E. 运用节省许可费用法时确定折现率可采用风险累加法、回报率拆分等方法

2. 某企业总规模 1 000 万元，行业平均收益率为 20%，去年通过购买技术专利，年总收入达到 300 万元，已知该项专利的技术寿命还剩 5 年，折现率 10%，不考虑税费。下列计算正确的是（　　）。

A. 该项专利的增量收益为 100 万元
B. 每年增加的收益现值为 379.08 万元
C. 每年的收益现值为 1 137.24 万元

D. 该项专利的销售收入分成率为 67.67%
E. 通过增量收益法评估该项资产的价值为 379.08 万元

3. 无形资产价值评估中,利润分成率的方法主要有（　　）。
A. 回报率拆分法
B. 要素贡献法
C. 经验数据法
D. 约当投资分成法
E. 成新率法

4. 关于影响无形资产价值评估的因素,以下说法正确的有（　　）。
A. 传播面扩大,其价值也就减小
B. 在一个社会、环境、制度允许的条件下,获利能力越强,其评估值越高
C. 一般而言,无形资产越先进,使用期限越短
D. 更新换代越快,无形损耗越大,其评估值越低
E. 适用范围越广,适用程度越高,需求量越大,其评估值就越高

5. 无形资产价值评估中,收益额的确定估算方法包括（　　）。
A. 增量收益估算
B. 超额收益估算
C. 收益分成估算
D. 折现率测算
E. 利润总额

6. 下列选项中,可能会造成无形资产贬值的有（　　）。
A. 人们消费观念改变,不再需要无形资产产品
B. 无形资产决定的产品的互补品需求增加
C. 新的、更为先进的无形资产出现
D. 无形资产所决定的产品需求大幅度下降
E. 拥有无形资产的企业所处的行业失去国家的扶持

7. 收益法应用于无形资产评估,其各项技术经济指标的确定包括（　　）。
A. 无形资产收益额的确定
B. 无形资产有效期限的确定
C. 无形资产中折现率的确定
D. 无形资产成新率的确定
E. 无形资产成本的确定

8. 有关无形资产评估的折现率和增量收益法,下列说法错误的是（　　）。
A. 回报率拆分法中的企业整体回报率可采用资本资产定价模型确定
B. 增量收益是企业被评估无形资产与类似无形资产所产生的收益差额
C. 增量收益法多用于评估两种情形下的无形资产价值,即可以使企业产生额外的现金流量或利润的无形资产,以及可以使企业获得成本节约的无形资产
D. 无形资产评估中的折现率一般低于有形资产评估中的折现率
E. 增量收益法通常是在市场上许可费率数据不可获取或不可靠的情况下采用

9. 无形资产并不存在实体,因此无形资产并不存在有形损耗,影响无形资产有效期的因素与实物资产也不相同。下列有关无形资产有效描述正确的有（　　）。
A. 由于无形资产替代性的存在,新的、更为先进、更经济的无形资产随时可能会出现,新的更具有优势的无形资产会使旧无形资产失去价值,无法获得超额收益
B. 无形资产传播面越大,越多人拥有,产生的超额收益就越大,它的价值也就大
C. 当企业不再对某项无形资产的产出存在需求时,这种无形资产价值就会减少,甚至完全丧失价值
D. 在无形资产只要没有超出法定保护期,就不会完全没有价值
E. 无论通过何种方式计算无形资产有效期限,无形资产具有获得超额收益能力的时间才是真正的无形资产有效期限

10. 采用增量收益法评估企业价值时,增量收益主要通过未使用无形资产与使用无形资产前后收益情况的对比分析,确定无形资产带来的增量收益额,下列选项是通过降低成本带来增量收益的有（　　）。
A. 提高产品质量,减少产品召回、废品及次品
B. 提高经营效率,比如简化生产程序、降低资产维护费用
C. 降低管理费用、广告费用、销售及促销费用、坏账支出等
D. 减少或消除环境污染

E. 购买北上广深的房地产

11. 增量收益法可以通过降低成本增加收益，下列选项中属于可以通过无形资产的使用节约成本的途径有（　　）。

A. 提高产品质量，减少产品召回

B. 减少或消除环境污染

C. 降低管理费用、广告费用、销售及促销费用、坏账支出等

D. 提高经营效率，在规定的时间内增加产量

E. 在不影响产品质量和功能的前提下，减少人工、机械、材料的成本

12. 在采用节省许可费法对无形资产价值进行评估时，需要确定许可费率，下列测算方法中，属于无形资产许可费率测算方法的有（　　）。

A. 约当投资分成法

B. 回报率拆分法

C. 要素贡献法

D. 经验数据法

E. 直接估算法

三、综合题

1. 甲自行车厂将"飞云牌"自行车的注册商标使用权通过许可使用合同给乙厂使用，使用时间为5年。双方约定由乙厂每年按使用该商标新增利润的27%支付给甲厂为商标使用费。评估资料如下：

（1）预测使用期限内新增利润总额取决于每辆车可新增利润和预计生产车辆数。根据评估专业人员预测：预计每辆车可新增净利润5元，第一年生产自行车40万辆，第二年将生产45万辆，第三年将生产55万辆，第四年将生产60万辆，第五年将生产65万辆。

（2）分成率。按许可合同中确定的按新增利润的27%分成。

（3）假设确定折现率为14%。

要求：（1）确定每年新增净利润；（2）评估该注册商标使用权价值。

2. 甲公司是游戏公司，打算收购一个由小型游戏工作室设计的游戏。目前已知该游戏已有日活跃玩家数量10万人，每年每户平均收入1元，游戏每月的维护更新成本为0.5万元。如果购买该游戏，有助于甲公司每年提升其他游戏收入1万元。假设5年后，此游戏已经落伍，停止运营，请你评估计算该游戏的价值。折现率为5%，公司税率为25%。

3. 甲公司拟购买乙公司的一项专利A，20×3年初，甲、乙公司经过谈判，拟进行合作。甲公司授权乙公司使用专利A，初步确定A专利的授权使用期限为5年，采用普通许可方式。为确定专利A的授权使用费金额，需对A专利的价值进行评估，评估基准日20×4年12月31日。

经分析，若甲公司使用A专利，将会使得使用该专利的产品的销售量每年以2%的速度递增，假定销售单价保持不变，产品成本比原先降低10%，已知每件单价为100元，产品的成本为60元，销售20×4年的销售量为250万件，预测年度保持稳定。基准日5年期国债到期收益率为3.5%，1年期国债到期收益率为2%。影响专利资产的政策风险为1%，法律风险为2%，市场风险为3%，技术替代风险为2%，公司管理风险为2%，适用的所得税税率为25%。

（1）说明本次资产评估对象。

（2）说明本次的评估方法。

（3）确定专利资产收益期限，并说明理由；计算预测各项专利资产增量净收益。

（4）采用累加法计算专利资产折现率。

（5）假设现金流量在期末产生，计算专利资产评估价值。

精选练习题参考答案及解析

一、单项选择题

1. 【答案】C

【解析】无形资产收益期限与其寿命年限密切相关，无形资产寿命包括法定寿命、合同有效期限、经济寿命。物理寿命是对一项无形资产在物质上被完全消耗所需要的时间。这种剩余寿命的度量方式其实并不适用于无形资产。虽然无形资产拥有一些有形的证明文件，但这种文件的损害不会直接影响无形资产的寿命。

2. 【答案】B

【解析】无形资产运营中的宏观风险可进一步体现为政策风险、法律风险、市场风险、技术（替代）风险等几类。

3. 【答案】A

【解析】无形资产具有获得超额收益能力的

时间才是真正的无形资产有效期限。在资产评估实践中，预计和确定无形资产的有效期限，可依照下列方法确定：（1）法律或合同、企业申请书分别规定有法定有效期限和受益年限的，收益期限不能高于法定有效期限与受益年限中的较短者；（2）法律未规定有效期，企业合同或企业申请书中规定有受益年限的，收益期限不能高于规定的受益年限；（3）法律和企业合同或申请书均未规定有效期限和受益年限的，按预计收益期限确定。预计收益期限可以采用统计分析或与同类资产比较得出。

4. 【答案】C

【解析】该项专利技术带来的增量收益：
R =（Q1 − Q2）×（P − C）=（150 000 − 100 000）×（150 − 70）= 4 000 000（元）

5. 【答案】C

【解析】无形资产收益额 = 销售收入×销售收入分成率 = 销售利润×销售利润分成率

销售收入×销售收入分成率 = 销售利润×销售利润分成率

销售利润分成率 = 销售收入÷销售利润×销售收入分成率

销售利润分成率 = 销售收入分成率÷销售利润率

6. 【答案】B

【解析】据题意：无形资产的约当产量 = 200×（1 + 500%）= 1 200（万元）；企业约当投资量 = 4 000×（1 + 25%）= 5 000（万元）；甲企业投资无形资产的利润分成率 = 1 200÷（1 200 + 5 000）= 19.35%

7. 【答案】C

【解析】超额收益法用归属于目标无形资产所创造的收益的折现值来确定该项无形资产价值的评估方法；专利权、专有技术、商标等无形资产多是间接产生收益；对于不可辨认无形资产，其一旦脱离依附对象便失去了使用价值，此时应以其当前使用所产生的超额收益为基础进行评估。

8. 【答案】A

【解析】无形资产占比高的行业一般具有市场供求关系不确定、无形资产保护难度大及国内外竞争激烈等特征。一般来说，无形资产投资收益高，风险性强。

9. 【答案】B

【解析】利润分成率 = 每月增加利润现值/每月利润现值

$$= \left[\frac{200}{(1+1\%)} + \frac{200}{(1+1\%)^2} + \frac{50}{(1+1\%)^3} + \frac{50}{(1+1\%)^4}\right] \div$$

$$\left[\frac{1\,000}{(1+1\%)} + \frac{1\,000}{(1+1\%)^2} + \frac{1\,000}{(1+1\%)^3} + \frac{1\,000}{(1+1\%)^4}\right]$$

$$\left[\frac{1\,000}{(1+1\%)} + \frac{1\,000}{(1+1\%)^2} + \frac{1\,000}{(1+1\%)^3} + \frac{1\,000}{(1+1\%)^4}\right]$$

= 12.57%，B 正确。

10. 【答案】C

【解析】本题考查采用超额收益法评估无形资产价值，计算过程如下：

评估值 =（1 − 15%）×[30×20 000×(P/A，12%，3) + 20×20 000×(P/A，12%，2)×(P/F，12%，3) + 10×20 000×(P/A，12%，3)×(P/F，12%，5)] = 1 865 615（元）

11. 【答案】A

【解析】商誉的价值 = 20÷20% − 80 = 20（万元）

12. 【答案】B

【解析】许可费率以市场上可比的或相似的许可费率为基础确定时，必须满足存在可比较的无形资产，且这些无形资产是在公平市场上定期被许可使用的条件，不满足条件的无形资产的许可费率并非是一定相同，B 错误。

13. 【答案】C

【解析】增量收益是假定其他资产因素不变的情况下，通过将未使用无形资产与使用无形资产的前后收益情况对比分析得出，具体分为收入增长型和费用节约型两种效果，C 正确。ABD 都是单方面考虑差值，没有明晰无形资产形成增量收益的来源情况，对其进行综合性运用和测算。

14. 【答案】C

【解析】该专利技术的增量收益额 =（60 − 30）×10 000×（1 − 25%）= 225 000（元），由此确定 A 企业因使用此专利技术形成的增量收益额为 225 000 元。

15. 【答案】D

【解析】确定超额收益需要将被评估无形资产与其他共同发挥作用的相关资产组成资产组，然后调整溢余资产（包括资产能力溢余），完成后对资产组的预期经营业绩进行估计，并且剔除非正常项目的收益及费用，调整经营业绩预期，以便预测固定资产折旧及无形资产摊销并预测未来资本性支出，从而确定贡献资产、贡献资产贡献率，并估计贡献资产的全部合理贡献，最后从经营收益中扣除被评估无形资产以外的其他贡献资产的贡献，得出超额收益。超额利润的测算需要调整溢余资产、剔除非正常项目的收益及费用、调整经营业绩预期，最后从经营收益中扣除被评估无形资产以外的其他贡献资产的贡献，所以 D 错误。

16.【答案】D
【解析】预计和确定无形资产的有效期限，可依照下列方法确定：
（1）法律或合同、企业申请书分别规定有法定有效期限和受益年限的，收益期限不能高于法定有效期限与受益年限中的较短者；
（2）法律未规定有效期限，企业合同或企业申请书中规定有受益年限的，收益期限不能高于规定的受益年限；
（3）法律和企业合同或申请书均未规定有效期限和受益年限的，按预计收益期限确定。预计收益期限可以采用统计分析或与同类资产比较得出。

二、多项选择题

1.【答案】AE
【解析】B 选项无形资产许可费反映无形资产的部分权利收益，B 选项错误。C 选项许可费还应该包括入门费，C 选项错误。D 采用增量收益法时需要注意增量收益的合理性，D 选项错误。

2.【答案】ABCE
【解析】增量收益 = 年收入 300 万 − 总规模 1 000 万 * 行业平均收益率 20% = 100 万，A 正确；每年增加的收益现值 = 增量收益 100 万 * $PVIFA$ (10%, 5) = 379.08 万元，B 正确；每年的收益现值 = 300 万 * (p, 10%, 5) = 1 137.24 万元，C 正确；该专利的销售收入分成率 = 每年增加的收益现值/每年的收益现值 * 100% = 33.3%，D 错误；该项资产通过增量收益法评估的资产价值是 379.08 万元，E 正确。

3.【答案】BCD
【解析】评估无形资产转让利润分成率的方法主要有约当投资分成法、经验数据法和要素贡献法。

4.【答案】ABDE
【解析】选项 C，一般而言无形资产越先进，其领先水平越高，使用期限越长。

5.【答案】ABC
【解析】收益额的测算主要包括增量收益估算、超额收益估算、收益分成估算。

6.【答案】ACDE
【解析】无形资产价值降低的原因主要是无形损耗形成的，具体表现为：新的、更为先进、更经济的无形资产出现；因为无形资产传播面扩大，其他企业普遍合法掌握这种无形资产，使拥有这种无形资产的企业获取超额收益的能力降低，它的价值也就减小；企业拥有的某项无形资产所决定的产品需求大幅度下降。

7.【答案】ABC
【解析】应用收益法进行资产评估时，会涉及对收益期限、收益额和折现率等主要参数指标的确定问题，即考察收益法的适用性时，取决于这三个参数的可获得性。

8.【答案】ABD
【解析】A 选项回报率拆分法中的企业整体回报率可采用 WACC，B 选项增量收益是企业拥有被评估无形资产时所产生的收益与不拥有该无形资产时所产生的收益的差异。D 选项无形资产评估中的折现率一般高于有形资产评估中的折现率。

9.【答案】ACE
【解析】是因为无形资产传播面扩大，其他企业普遍合法掌握了这种无形资产，使拥有这种无形资产的企业获取超额收益的能力降低，它的价值也就减小，B 错误。无形资产的有效期限可能比其法定保护期限短，因为它们要受许多因素的影响，如废弃不用、人们爱好的转变以及经济形势变化等，特别是科学技术发达的今天，无形资产更新周期加快，使得其经济寿命缩短，D 错误。

10.【答案】ABCD
【解析】无形资产的使用可以通过以下途径节约成本：（1）在不影响产品质量和功能的前提下，减少人工、机械、材料的成本，比如提高每单位劳动投入的产出、降低机器保养费用和缩短检修的时间、使用更低成本的原材料。（2）提高产品质量，减少产品召回、废品及次品。（3）提高经营效率，比如简化生产程序、降低资产维护费用。（4）降低管理费用、广告费用、销售及促销费用、坏账支出等。（5）减少或消除环境污染。

11. 【答案】ABCE

【解析】许多无形资产的使用都可降低企业成本，从而给企业带来超额盈利。无形资产的使用可以通过以下途径节约成本：（1）在不影响产品质量和功能的前提下，减少人工、机械、材料的成本，比如提高每单位劳动投入的产出、降低机器保养费用和缩短检修的时间、使用更低成本的原材料。（2）提高产品质量，减少产品召回、废品及次品。（3）提高经营效率，比如简化生产程序、降低资产维护费用。（4）降低管理费用、广告费用、销售及促销费用、坏账支出等。（5）减少或消除环境污染。提高经营效率，在规定的时间内增加产量属于增加收入，不属于降低成本。

12. 【答案】ACD

【解析】许可费率可以基于收益的分成确定，该收益分成是指假设在一个公平交易中，一个自愿的被许可方为获取使用目标无形资产的权利而愿意支付给一个自愿的许可方的金额，分成率的确定方法通常包括约当投资分成法、经验数据法、要素贡献法等。

三、综合题

1. 【答案解析】

（1）各年新增净利润折现值计算

年度新增净利润乘以折现系数折现值

第一年：$5 \times 40 = 200 \times 0.8772 = 175.44$（万元）

第二年：$45 \times 5 = 225 \times 0.7695 = 173.14$（万元）

第三年：$55 \times 5 = 275 \times 0.6750 = 185.63$（万元）

第四年：$60 \times 5 = 300 \times 0.5920 = 177.63$（万元）

第五年：$65 \times 5 = 325 \times 0.5194 = 168.81$（万元）

合计880.65万元

（2）该注册商标使用权价值为 $880.65 \times 27\% = 237.78$（万元）

2. 【答案解析】

该游戏的收益 $= 10万 \times 1 - 0.5万 \times 12 = 4$万元。

该游戏对其他游戏的收益1万元。

该游戏带来的利润 = 游戏收益 $\times (1-T)$ + 对其他游戏的收益 $\times (1-T)$ = 3.75万元。

未来利润折现 $= 3.75 \times \left[\dfrac{1}{(1+5\%)} + \dfrac{1}{(1+5\%)^2} + \dfrac{1}{(1+5\%)^3} + \dfrac{1}{(1+5\%)^4} + \dfrac{1}{(1+5\%)^5}\right]$

$= 3.75 \times 4.329 = 16.23$万元。

所以：该游戏的价值为16.23万元。

3. 【答案解析】

（1）专利A

（2）评估专利A采用增量收益法

（3）5年，理由为乙公司的授权期限为5年

未采用专利A的收益为 $(100-60) \times 250 \times (1-25\%) = 7\,500$万元

第一年使用专利A的收益为

$(100 - 60 \times (1-10\%)) \times 250 \times (1+2\%) \times (1-25\%) = 8\,797.5$万元

第二年使用专利A的收益为

$(100 - 60 \times (1-10\%)) \times 250 \times (1+2\%)^2 \times (1-25\%) = 8\,973.45$万元

第三年使用专利A的收益为

$(100 - 60 \times (1-10\%)) \times 250 \times (1+2\%)^3 \times (1-25\%) \approx 9\,152.92$万元

第四年使用专利A的收益为

$(100 - 60 \times (1-10\%)) \times 250 \times (1+2\%)^4 \times (1-25\%) \approx 9\,335.98$万元

第五年使用专利A的收益为

$(100 - 60 \times (1-10\%)) \times 250 \times (1+2\%)^5 \times (1-25\%) \approx 9\,522.70$万元

第一年的增量收益为

$8\,797.5 - 7\,500 = 1\,297.5$万元

第二年增量收益为

$8\,973.45 - 7\,500 = 1\,473.45$万元

第三年的增量收益为

$9\,152.92 - 7\,500 = 1\,652.92$万元

第四年的增量收益为

$9\,335.98 - 7\,500 = 1\,835.98$万元

第五年的增量收益为

9 522.7 − 7 500 = 2 022.7 万元

(4) 折现率为 3.5% + 1% + 2% + 3% + 2% + 2% = 0.135

(5) 专利 A 的评估值为

$\dfrac{1297.5}{(1+13.5\%)} + \dfrac{1473.45}{(1+13.5\%)^2}$ $+ \dfrac{1652.92}{(1+13.5\%)^3} + \dfrac{1835.98}{(1+13.5\%)^4}$ $+ \dfrac{2022.7}{(1+13.5\%)^5}$

= 5 597.64 万元

第四章　市场法和成本法在无形资产评估中的应用

考试大纲

一、考试目的

考查考生对市场法和成本法评估理论与方法的掌握情况，以及运用市场法和成本法解决无形资产评估实际问题的能力。

二、考试内容及要求

（一）掌握的内容（★★★）

1. 市场法中可比对象的选择、差异分析调整。
2. 从价计量方式下分成率的测算。
3. 成本法中重置成本、贬值率的测算。

（二）熟悉的内容（★★）

1. 无形资产总价计量方式和从价计量方式。
2. 无形资产成本和贬值的特征。

（三）了解的内容（★）

1. 市场法使用的注意事项。
2. 成本法使用的注意事项。

考情分析

本章在考试中处于较重要的地位，是无形资产考试分值分布的主要区域之一。涉及的考点为无形资产评估市场法与成本法评估思路与注意事项，市场法中总价计量方式和从价计量方式，成本法中成本的重置核算、贬值率测算等。本章属于市场法和成本法的具体运用，尤其需要关注这两种方法具体的测算公式、参数确定以及方法具体运用的限制条件。复习重点：无形资产市场法中可比对象的选择、差异分析和调整，成本法中的重置成本、贬值率的测算，以及无形资产总价计量和从价计量、无形资产成本和贬值含义。

考点精讲及典型例题解析

【知识点1】市场法的评估技术思路（★★）

采用市场法对无形资产进行评估，需要考虑无形资产价值的计量方式，无形资产价值计量方式可以划分为总价计量方式与从价计量方式两种。不同的价值计量方式会产生不同的评估技术思路。

1. 总价计量方式也称绝对计量方式，是以一个总价值计量一项无形资产的价值。在有形资产中，由于通常其可以单独发挥作用，不需要与其他资产组成业务资产组，同时其发挥的能力可以单独确定并且其产生的预期收益可以合理确定，因此采用这种总价计量方式相对较为合理。但对于一项无形资产，由于其往往不能单独发挥作用，必须与其他有形资产组成一个业务资产组才能共同发挥作用。该资产组发挥作用的能力是由资产组中的有形资产决定的，如果采用总价方式计量，需要与这个业务资产组所产生的总收益一起计量，即该专利技术的价值总量与该专利技术和其他有形资产可能组成的业务资产组的规模、大小是密切相关的，只有在这个有效的前提下，对该专利技术的评估才具有采用总价计量方式的可能。

2. 从价计量方式也称为相对计量方式，是按照无形资产所组成的业务资产组获得的"单位收益"计量无形资产的价值。典型形式包括以收入分成率为核心参数的从价计量和以利润分成率为核心参数的从价计量。

【提示】从价计量方式来源于特定业务资产组，但又可以超出该特定业务资产组运用，从某特定业务资产组中测算的分成率也可以应用到其他规模的业务资产组中，不局限于特定能力的业务资产组。

例如：一项专利无形资产的转让协议中规定，专利资产的受让方将受让的专利资产用于自身的生产业务中后，需要每年按照专利产品销售收入5%的费用支付给专利的出让方，或者是按照专利产品生产经营利润30%的费用支付给转让方，这种按照销售收入5%，或者按照经营利润的30%支付转让费的专利资产转让定价模式就是最典型的无形资产的从价计量方式。

【例4-1】在无形资产的计量方式中，（　　）来源于特定业务资产组，但是又可以超出该特定业务资产组，即不局限于特定能力的业务资产组。

A. 从价计量方式　　B. 总价计量方式
C. 估价计量方式　　D. 基础计量方式

【答案】A

【解析】从价计量方式来源于特定业务资产组，但是又可以超出该特定业务资产组运用，即从某特定业务资产组中测算的分成率也可以应用到其他规模的业务资产组中。因此该种计量模式实际上可以摆脱特定业务资产组的束缚，不局限于特定能力的业务资产组。易知本题选A。所谓总价计量方式，也可以称为绝对计量方式，就是以一个总价值计量一项无形资产的价值。

3. 总价与从价结合的计量方式，即"入门费+分成"的计量方式。采用总价计算方式测算一个入门费，然后再外加一个从价计量方式的分成。

【知识点2】总价计量方式下的市场法评估技术思路（★★★）

总价计量方式下的市场法评估技术思路需要结合总价计量方式和无形资产自身的特征，考虑可比对象选择和差异分析调整的特殊要求。

1. 可比对象选择

在总价计量方式下，要求标的无形资产和可比无形资产要具有可比性，还要求标的无形资产相关的业务资产组与可比无形资产相关的业务资产组具有可比性。可比对象选择要关注以下条件：

（1）无形资产的可比条件

1) 标的无形资产与可比无形资产相同或相似。即标的无形资产与可比无形资产功效相同或相似；

2) 标的无形资产与可比无形资产权利状态相同或相似。即标的无形资产与可比无形资产权利状态或包含的"权利束"（使用、收益和处分的权力内容）状态相同或类似；

3) 标的无形资产与可比无形资产所处的发展阶段相同或相似。即标的无形资产与可比无形资产所处的发展阶段（在其经济寿命周期内所处的发展阶段）相同或相似。

（2）无形资产相关业务资产组的可比条件

1) 标的无形资产与可比无形资产相关的资产组功效相同或相似。标的无形资产相关的资产组具有相同或相似的经营业务，标的无形资产与可比无形资产在各自的资产组中发挥的作用相同或相似；

2) 标的无形资产与可比无形资产相关的资产组大小、规模相同或相似。由于不同的无形资产受让方的生产规模可能是不一样的，因此愿意接受的转让价就会存在差异，这样在采用总价计量方式确定无形资产的价值时，就需要考虑与无形资产相关业务资产组规模的因素。

2. 差异分析调整

总价计量方式的调整包括无形资产的差异调整和无形资产相关资产组的差异调整两个方面：

（1）无形资产的差异调整主要通过分析两者所处发展阶段的差异，即剩余经济寿命的差异，可以通过相关业务资产组的寿命周期进行；

（2）无形资产相关资产组的差异调整主要包括：对标的无形资产与可比无形资产相关的业务资产组规模、大小，以及产品毛利、其他有形资产的维护支出成本的差异等进行调整。

【知识点3】从价计量方式下的市场法评估技术思路（★★★）

从价计量方式下的无形资产评估通常不需要评估出无形资产的绝对价值，而是给出一个相对的比率，例如收入分成率或利润分成率。当然，从价计量方式下的市场法评估技术思路也需要结合从价计量方式和无形资产自身的特征，考虑可比对象选择和差异分析调整的特殊要求。

1. 可比对象选择

在从价计量方式下，标的无形资产与可比无形资产可比的要求主要包括标的无形资产与可比无形资产相同或相似，也就是标的无形资产与可比无形资产功效相同或类似。

对于采用"入门费+分成"计量方式的，需要合理地分别测算入门费和分成率，或者采用一种合理的方式将入门费换算成分成，或者相反，将分成换算为总价计量的入门费。

【提示】实务中"入门费"经常可能是根据无形资产的转让方转让无形资产过程中所需要

的成本估算。有时在转让协议中约定转让方需要派员对受让方的人员进行技术培训、操作培训等，转让方的上述成本需要受让方以"入门费"的形式支付给转让方。

2. 差异分析调整

从价计量方式的调整主要包括标的无形资产与可比无形资产对各自产品收益贡献的差异调整以及入门费绝对值大小对分成影响的差异调整。

标的无形资产与可比无形资产在各自经济寿命期内所处的位置，决定其剩余经济寿命期，同时也决定其目前及以后产品销售利润率水平。因此，可以参考销售利润率差异，来调整标的无形资产与可比无形资产对各自产品收益贡献的差异。

【提示】对于无形资产使用权的转让，还需关注转让协议中关于转让期限的约定对无形资产价值的影响。

【例4-2】在无形资产评估中，采用从价计量方式评估时，有关标的无形资产和可比无形资产差异分析调整说法正确的是（　　）。

A. 标的无形资产与可比无形资产可比的要求主要包括标的无形资产与可比无形资产相同或相似

B. 采用"入门费＋分成"计量方式的，需要合理地测算入门费

C. 采用"入门费＋分成"计量方式时，需要合理测算分成率

D. 实务中"入门费"经常可能是根据无形资产的转让方转让无形资产过程中所需的成本估算

E. 从价计量方式的调整往往不包括入门费绝对值大小对分成影响的差异调整

【答案】ABCD

【解析】从实务可操作角度分析，从价计量方式的调整主要包括标的无形资产与可比无形资产对各自产品收益贡献的差异调整以及入门费绝对值大小对分成影响的差异调整。

【知识点4】主要参数指标的确定

通过市场途径测算分成率的方法主要有两种：对比公司法和市场交易案例法。

1. 采用对比公司法测算分成率

对比公司法就是在国内上市公司中选择与被评估无形资产拟实施企业处于同行业的公司作为"对比公司"。由于对比公司无形资产发挥作用的方式以及功能与被评估无形资产在拟实施企业发挥作用的方式及功能相同或相似，具有可比性，进而可以通过对比公司中可比无形资产所创造收益占全部收入的比例来测算对比公司无形资产的分成率。计算公式如下：

对比公司无形资产分成率＝对比公司无形资产对总收益的贡献÷对比公司总收益

可以通过计算对比公司可比无形资产分成率的平均值，并进行相关影响因素的调整后，测算出被评估企业标的无形资产的分成率。即：

被评估企业无形资产分成率＝对比公司平均无形资产分成率×调整系数

被评估企业技术类无形资产分成率＝对比公司平均技术类无形资产分成率×被评估企业技术类无形资产产品销售毛利率／对比公司平均技术类无形资产产品销售毛利率

【提示】调整系数反映了影响该类无形资产分成率高低的关键因素。如技术类无形资产分成率的高低通常与对应产品的销售毛利率的大小有关，高利润率的技术产品技术分成就高，反之则低。

2. 采用市场交易案例测算分成率

在从价计量方式下采用市场法评估无形资产时，还可以通过获取市场许可费交易案例数据对分成率进行测算。

需要注意的是，采用市场许可费交易案例查询许可费率时，需要根据搜索标准明确许可费率的计算口径。许可费率可以采用以销售收入百分比计算的许可费率，基于税前口径的，也可以采用净利润百分比计算的许可费率，基于税后口径的。

【知识点5】市场法使用的注意事项（★）

1. 总价计量方式的适用性问题

可比无形资产及其相关的业务资产组难以找到，因此通过总价计量方式的市场法评估一般不具有适用性。

2. 从价计量方式与节省许可费法的关系

在实务评估中，从价计量方式下的无形资产评估结果可以不为一个绝对的价值量，而是以一个相对比率（利润分成率／收入分成率）的形式表现，可比对象也可以通过市场案例获得或者采用逻辑推算过程推算获得。但是这种形式的评估结果在目前国内实务中很少被接受，

市场往往在获得一项无形资产从价计量方式的分成率后,仍要将其与一个特定的业务资产组相结合,估算出一个绝对的价值量。目前实务中,无形资产收益法评估中的节省许可费法就是采用这样一种逻辑。

3. 调整分成率应关注的问题

分成率的实质是单位产品收益中应该分给无形资产的比率。

分成率是一项针对无形资产贡献率的指标,与无形资产所依附业务资产组的获利能力没有必然联系,与所依附业务资产组的资本结构也是无关的。因此,无形资产相关资产组获利能力的强弱与无形资产的贡献率高低并没有任何关系。

【例4-3】采用市场法评估无形资产的有关论述中,基于适用性与分成率的关系说法正确的是( )。

A. 总价计量方式不但需要找到"可比"的无形资产,还需要找到"可比"的相关的业务资产组

B. 从价计量方式下的无形资产评估结果可以是以一个相对比率(利润分成率/收入分成率)的形式表现

C. 分成率是一项针对无形资产贡献率的指标,与所依附业务资产组的资本结构是有关的

D. 对比公司无形资产分成率 = 对比公司无形资产对总收益的贡献 ÷ 对比公司总收益

E. 评估实务中进行分成率调整时考虑企业或业务资产的资本结构的差异缺乏依据

【答案】ABDE

【解析】分成率的实质是单位产品收益中应该分给无形资产的比率,这是分配比例指标而不是绝对价值指标。分成率是一项针对无形资产贡献率的指标,与无形资产所依附业务资产组的获利能力没有必然联系,与所依附业务资产组的资本结构也是无关的,评估实务中经常看到在进行分成率调整时考虑企业或业务资产组的资本结构的差异,这种调整缺乏依据。

【知识点6】成本法的评估技术思路(★★★)

根据成本法评估的概念,其基本计算公式为:

被评估资产的评估值 = 重置成本 - 实体性贬值 - 功能性贬值 - 经济性贬值

或:被评估资产的评估值 = 重置成本 × (1 - 贬值率)

1. 无形资产的成本的特征

无形资产的成本具有不完整性、弱对应性的特征,因而无形资产的成本往往是相对的,特别是一些无形资产的内涵远远超出了它的外在形式的含义,其成本只具有象征意义。如商标成本核算的是商标设计费、登记注册费、广告费等,其价值内涵是标示商品的质量信誉,商标成本(商标设计费、登记注册费、广告费等)本身只有象征性。

【提示】无形资产所具有的成本特性使得无形资产的实际价值与重置成本之间可能严重脱节,这些因素会导致在评估一些无形资产时使用成本法不得当。

2. 无形资产的重置成本的测算

测算无形资产的重置成本,要分清是自创无形资产还是外购无形资产。自创无形资产的重置成本是根据无形资产生产过程中所消耗的费用测算。外购无形资产的重置成本则是根据购买的相关费用测算。

(1) 自创无形资产的重置成本

自创无形资产的重置成本由创制该无形资产所消耗的物化劳动和活劳动费用构成,具体方法有两种:

1) 重置核算法。将无形资产开发的各项支出按现行价格和费用标准逐项累加核算,还需特别注意将资金使用成本和合理利润考虑在内。其计算公式为:

重置成本 = 直接成本 + 间接成本 + 资金成本 + 合理利润

无形资产直接成本 = $\sum$(物质资料实际消耗量 × 现行价格) + $\sum$(实耗工时 × 现行费用标准)

【提示】直接成本不能按现行消耗量计算而按实际消耗量计算,因为无形资产是发明创造,无法模拟现有条件的成本费用。

【例4-4】用成本法评估某项专利,已知在开发过程中发生如下费用:直接成本为20万元,间接成本为10万元,资金成本为5万元,利润为2万元,人工费为3万元,则这项专利的重置成本为( )万元。

A. 37   B. 45
C. 30   D. 20

【答案】A

【解析】重置成本＝直接成本＋间接成本＋资金成本＋合理利润＝20＋10＋5＋2＝37（万元）

2）倍加系数法。对于投入智力比较多的技术型无形资产，考虑到科研劳动的复杂性和风险，可以利用以下公式测算无形资产的重置成本：

$$无形重置成本 = \frac{C + \beta_1 V}{1 - \beta_2} \times (1 + L)$$

其中，C 为无形资产研发中的物化劳动消耗；V 为无形资产研发中活劳动消耗；β_1 为科研人员创造性劳动倍加系数；β_2 为科研的平均风险系数；L 为无形资产投资回报率。

活劳动与物化劳动是物质资料生产中所用劳动的一对范畴。

活劳动指在物质资料生产过程中发挥作用的能动的劳动力，是劳动者加进生产过程的新的、流动状态的劳动。

物化劳动是指保存在一个产品或有用物中凝固状态的劳动，是劳动的静止形式。

【例 4-5】活劳动与物化劳动是物质资料生产中所用劳动的一对范畴，下列选项属于活劳动解释的是（　　）。

A. 活劳动指在物质资料生产过程中发挥作用的能动的劳动力

B. 活劳动是劳动者加进生产过程的新的、流动状态的劳动

C. 活劳动又称过去劳动或对象化劳动

D. 活劳动指保存在一个产品或有用物中凝固状态的劳动

E. 活劳动是劳动的静止形式

【答案】AB

【解析】活劳动与物化劳动（Living Labour and Materialized Labour）是物质资料生产中所用劳动的一对范畴。前者指在物质资料生产过程中发挥作用的能动的劳动力，是劳动者加进生产过程的新的、流动状态的劳动；后者是指保存在一个产品或有用物中凝固状态的劳动，是劳动的静止形式。

（2）外购无形资产的重置成本

外购无形资产的重置成本包括无形资产的购买价和购置费用。具体可以采用以下两种方法：

1）市价类比法。

在无形资产交易市场选择类似的参照物，再根据功能和技术先进性、适用性对参照物的价格作适当调整，从而确定其现行购买价格。

2）价格指数法。

以无形资产的账面历史成本为依据，用价格指数进行调整，进而测算其重置成本。

重置成本＝无形资产账面历史成本

$$\times \frac{评估基准日价格指数}{构建时价格指数}$$

无形资产涉及两类费用：物质消耗费用（与生产资料价格指数相关度高）与人工消耗费用（与生活资料价格指数相关度较高）。不同无形资产两类费用的比重各不相同，在生产资料价格指数与生活资料价格指数差别较大的情况下，应按两类费用的大致比例分别适用生产资料、生活资料价格指数测算。两种价格指数比较接近，且两类费用比重有较大倾斜时，可按比重较大的费用适用的价格指数测算。

【提示】价格指数法测算的重置成本，仅仅考虑了价格变动因素，对于更新速度比较快的无形资产采用价格指数法测算的重置成本往往会偏高一些。

【例 4-6】无形资产涉及物质消耗费用和人工消耗费用，对于这两类费用论述不正确的是（　　）。

A. 物质消耗费用与生产资料价格指数相关度较高

B. 人工消耗费用与生活资料价格指数相关度较高

C. 人工消耗费用最终通过工资、福利标准体现出来

D. 该两种价格指数有较大差别时，可按比重较大的费用适用的价格指数测算

【答案】D

【解析】不同无形资产两类费用的比重可能有较大差别，在生产资料价格指数与生活资料价格指数差别较大的情况下，应按两类费用的大致比例分别适用生产资料、生活资料价格指数测算。两种价格指数比较接近，且两类费用比重有较大倾斜时，可按比重较大的费用适用的价格指数测算。价格指数法测算的重置成本仅仅考虑了价格变动因素，对于更新速度比较快的无形资产采用价格指数法测算的重置成本往往会偏高一些。

【知识点 7】无形资产的贬值率及其测算（★★）

1. 无形资产贬值的特征

一项或一组无形资产的贬值是指其数量或效用随时间变化而预期的损失。无形资产没有实体，因此一般不适用实体性贬值概念，但可能会具有功能性贬值和经济性贬值。

功能性贬值是指由于无形资产无法完成其最初设计功能，随着时间的推移，由于设计或工程技术的改进或者替代，效用降低，从而使价值降低。

经济性贬值是指由于无形资产现行使用以外的事件或者条件以及无法控制的影响造成目标无形资产价值降低，如国家相关发展政策的影响、市场需求的变化等。

【提示】也存在一些特定的无形资产在评估时就不需要计算贬值因素，如商标无形资产，随着使用年度的增加，其"知名度"可能越来越高，知名度的提高不但不会使商标贬值，反而可能提高商标的价值，此时在采用成本法评估时可能不需要计算贬值因素。

【例 4-7】在无形资产评估中常常会考虑贬值因素，下列选项中，属于无形资产功能性贬值的是（　　）。

A. 出现新的更为先进的技术工艺，可以缩减成本 30%
B. 专利被广泛传播应用
C. 国家相关政策出台，导致无形资产的市场需求变小
D. 专利技术预计节约成本 50%，但经验证废品率过高，实际节约成本只有 20%
E. 产品在市场上广受好评，对其商标价值进行评估

【答案】AD

【解析】BC 为经济性贬值，E 无须考虑贬值。

2. 无形资产贬值率的测算

预测无形资产的收益时，当产品或服务的生命周期结束时，如果无形资产未能有其他的用途开发和转移，其生命也随之结束。无形资产一般是利用其效用随时间的变化来预测贬值率。通常无形资产贬值率的确定有专家鉴定法和剩余经济寿命预测法：

（1）专家鉴定法

邀请有关技术领域的专家，对标的无形资产的先进性、适用性等做出判断，从而确定其贬值率的方法。

（2）剩余经济寿命预测法

该种方法是评估专业人员通过对标的无形资产剩余经济寿命的预测和判断，以此确定标的无形资产贬值率。

贬值率 = 已使用年限 ÷（已使用年限 + 剩余使用的年限）× 100%

已使用年限比较容易取得，剩余使用年限需要评估专业人员通过专家访谈调查了解，替代资产出现的时间等综合分析判断获得。

【提示】上述公式计算贬值率的前提是被评估无形资产的贬值在其经济寿命期内呈现直线型变化的。对于不是呈现直线型贬值的无形资产无法直接采用该公式，例如影视作品著作权资产。

【例 4-8】A 公司有一项专利技术，2021 年 12 月 31 日自行研制开发并获得专利证书，法律保护期限为 10 年，但根据专家鉴定分析和预测，该项专利技术在评估基准日 2022 年 12 月 31 日的剩余使用期限仅为 4 年，则其贬值率为（　　）。

A. 15%　　　　B. 20%
C. 25%　　　　D. 30%

【答案】B

【解析】贬值率 = 1 ÷（1 + 4）× 100% = 20%

【知识点 8】成本法使用应注意的问题（★）

1. 组合劳动力的价值测算问题

一般认为组合劳动力属于商誉的组成部分，不能单独交易与转让，但是组合劳动力可以采用成本法评估其市场价值，组合劳动力的价值组成包括劳动力的招募成本和劳动力的培训成本两部分，这两部分成本都是可以采用重置成本测算的。

2. 改编权价值的测算问题

例如在小说作品的改编权（不是该作品的全部著作权）价值评估中，如果采用成本法，其重置成本应该是"重置"该小说作品，但是该重置成本包含了该部小说作品的全部著作权的财产权，如果评估标的仅是改编权，不是全

部著作权,应当分析判断成本法的适用性。

【例4-9】有关无形资产成本法的评估,下列说法正确的是( )。

A. 组合劳动力可以采用成本法评估其市场价值

B. 组合劳动力不能单独交易或转让

C. 组合劳动力的价值可拆分成招募成本和培训成本,可以采用重置成本测算

D. 著作权评估是对财产权利的评估,有时也包含精神权利

E. 改编权属于著作权的组成部分,其价值往往低于汇编权的价值

【答案】ABC

【解析】①组合劳动力价值的测算问题:无形资产发挥作用需要与其他资产组成业务资产组,而其中必然包括组合劳动力。一般认为组合劳动力属于商誉的一部分,属于无形资产范畴,不能单独交易与转让,但是组合劳动力价值可拆分为招募成本和培训成本两部分,都可以采用重置成本测算。故可以采用成本法评估组合劳动力的市场价值。②选项D错在著作权评估只是对财产权利的评估,不包括精神权利评估,选项E错在改编权与汇编权都属于著作权的财产权利,两者的价值大小没有特定的说法。

精选练习题

一、单项选择题

1. 一台车床,其加工能力是确定的,无论将其用于年产量为100万台的汽车厂,还是年产量为1 000万台的汽车厂,该车床的加工能力不会改变,那么对于这台车床资产采用( )是合理的。

A. 总价计量 B. 从价计量
C. 比例计量 D. 以上都不是

2. 一项无形资产,例如一项专利技术,往往不能单独发挥作用,一定需要与其他有形资产组成一个业务资产组共同发挥作用。该资产组发挥作用的能力通常是由资产组中的( )决定。

A. 有形资产 B. 无形资产
C. 商誉   D. 技术

3. 乙企业研发出一种新型胶水,研发过程中共消耗物料及其他费用60万元,人员开支20万元。评估专业人员通过分析测算,确定科研人员创造性劳动倍加系数为2,科研平均风险系数为0.2,该无形资产投资回报率为25%,采用倍加系数法估算期重置成本为( )万元。

A. 100   B. 125
C. 156.25   D. 200

4. 在采用收益法评估无形资产时,通常需要对分成率进行调整,下列选项中有关调整分成率指标说法错误的是( )。

A. 分成率的实质是单位产品收益中应该分给无形资产的比率,这是分配比例指标而不是绝对价值指标

B. 分成率是一项针对无形资产贡献率的指标,与无形资产所依附业务资产组的获利能力没有必然联系

C. 分成率是一项针对无形资产贡献率的指标,与所依附业务资产组的资本结构是有关的

D. 对比公司无形资产分成率=对比公司无形资产对总收益的贡献÷对比公司总收益

5. 技术类无形资产分成率的高低通常与技术类无形资产对应产品的( )的大小有关。

A. 资本成本率 B. 营业净利润
C. 收入   D. 销售利润率

6. 由于新技术的出现造成了资产利用效率的明显下降,使得资产出现了( )。

A. 功能性贬值 B. 经济性贬值
C. 实体性贬值 D. 经济性溢价

7. 甲企业研制出一种含锌矿泉粉材料,研制过程中共消耗物料及其他费用50万元,人员开支20万元。评估专业人员通过分析测算,确定科研人员创造性劳动倍加系数为1.5,科研平均风险系数为0.2,该无形资产投资回报率为30%,采用倍加系数法估算期重置成本为( )万元。

A. 70   B. 91
C. 120 D. 130

8. 某企业5年前获得一项专利,法定寿命为10年,现对其价值进行评估。经专家估算,至评估基准日,其重置成本为120万元,尚可使用3年,则对该项专利的评估价值为( )万元。

A. 45   B. 50
C. 60   D. 72

9. 我国现行财务制度一般把科研费用从当

期生产经营费用中列支，因此，账簿上反映的无形资产成本是（　　）的。

A. 不完整的　　　B. 较完整的
C. 全面的　　　　D. 定额

10. 下列关于无形资产评估的成本法使用的注意事项，说法错误的是（　　）。

A. 一般认为组合劳动力属于商誉的组成部分，因此属于无形资产范畴，不能单独交易与转让

B. 特殊的著作权价值评估，如一部小说作品的改编权（不是该作品的全部著作权），成本法的运用受到一定限制

C. 组合劳动力可以通过成本法评估，其价值包括劳动力的招募成本和培训成本，两者均可以采用重置成本测算

D. 商誉可以单独交易与转让

11. 某发明专利预期使用 10 年，已经使用 4 年，法律保护期还剩下 5 年，由于该领域技术的发展，预计该技术还可以领先 2 年，则评估时评估师应该确定该专利技术的收益年限为（　　）。

A. 6 年　　　　B. 5 年
C. 2 年　　　　D. 10 年

12. 某企业在长期生产实践中形成一项技术秘诀，假定按国家规定可以估价摊销。类似技术转让费为 90 万元，销售利润率为 60%，尚无其他可供参考的成本、市价系数的经验数据，则该技术秘诀的重置成本为（　　）。

A. 36 万元　　　B. 45 万元
C. 54 万元　　　D. 90 万元

二、多项选择题

1. 成本法也是无形资产评估的基本方法之一。应用成本法进行无形资产评估必须具备的基本条件有（　　）。

A. 该项无形资产能够被重置
B. 重置该无形资产技术上可行
C. 重置该无形资产法律上许可
D. 需要考虑无形资产的贬值因素
E. 无形资产需要是外购形式获得的

2. 在无形资产评估中，采用市场法评估时，标的无形资产和可比无形资产差异分析调整体现在（　　）。

A. 采用从价计量方式时，标的无形资产和可比无形资产对各自产品收益贡献的差异调整

B. 采用从价计量方式时，标的无形资产与可比无形资产入门费绝对值大小对分成影响的差异调整

C. 采用"入门费＋分成"计量方式时，不需要分别测算入门费和分成率

D. 采用"入门费＋分成"计量方式时，不可以采用某种方式将入门费换算成分成

E. 采用"入门费＋分成"计量方式时，不可以采用某种方式将分成换算为总价计量的入门费

3. 无形资产是常见的资产类型，下列选项中属于无形资产的成本特性的是（　　）。

A. 弱对应性　　　B. 共益性
C. 积累性　　　　D. 不完整性
E. 高风险性

4. 无形资产评估可以分为外部取得无形资产和自创无形资产两类，自创无形资产重置成本核算方法主要有（　　）。

A. 重置核算法　　B. 倍加系数法
C. 差额法　　　　D. 分成率法
E. 细节分析法

5. 运用成本法评估无形资产时，其中无形资产的贬值率包含了（　　）等因素。

A. 实体性贬值　　B. 功能性贬值
C. 经济性贬值　　D. 周期性贬值
E. 技术性贬值

6. 关于无形资产贬值率测算下列说法不正确的有（　　）。

A. 可以采用专家鉴定法，邀请有关专家对无形资产的先进性、适用性做出判断

B. 预测剩余经济寿命时，剩余使用年限与无形资产的剩余使用寿命相同

C. 贬值率是无形资产已使用年限占剩余使用年限的百分比

D. 无形资产贬值率测算只需考虑被评估资产本身

E. 贬值率的线性公式适用所有无形资产

7. 在总价计量方式下，应用市场法对无形资产进行评估时，可比对象的选择需要的条件是（　　）。

A. 标的无形资产与可比无形资产的标的物在地理位置上相近

B. 标的无形资产与可比无形资产使用、收益、处分的权利内容相同或类似

C. 标的无形资产与可比无形资产相关的资产组有相同或相似的经营业务

D. 标的无形资产与可比无形资产所处的经济寿命周期内所处的阶段相同或相似

E. 标的无形资产与可比无形资产在其资产组中所发挥的作用相同或相似

8. 关于无形资产成本法中组合劳动力的价值测算问题，下列说法正确的是（　　）。

A. 组合劳动力可以采用成本法评估其市场价值

B. 组合劳动力不能单独交易或转让

C. 组合劳动力的价值组成包括劳动力的招募成本和劳动力的培训成本两部分

D. 组合劳动力可以单独交易或转让

E. 组合劳动力不能采用成本法评估其市场价值

三、综合题

1. A 企业被 B 企业兼并，需要对 A 企业自创的一套工艺流程方法专利权进行评估。据资料提供情况如下：该工艺方法已使用 4 年，专家鉴定该项技术的剩余使用年限为 6 年。研制时发生原材料 500 000 元，辅助材料费 100 000 元，燃料动力费 100 000 元；生产一线人员工资和津贴 20 000 元，人员培训费和资料费等间接成本 10 000 元。近 3 年生产资料价格上涨指数分别为 6%、4%、5%。求该工艺流程方法专利权的评估值（计算结果保留整数）。

2. A 公司由于经营管理不善，企业经济效益不佳，亏损严重，将要被同行的 B 公司兼并，现在需要对 A 公司资产进行评估，该公司有一项专利技术（属于实用新型），3 年前自行研制开发并获得专利证书，法律保护期限为 10 年。在该项技术的研制过程中消耗材料 15 万元，动力消耗 20 万元，支付科研人员工资 30 万元。评估专业人员经过市场调查论证，确定科研人员创造性劳动倍加系数为 1.2，科研的平均风险系数为 0.4，该项无形资产投资回报率为 20%，行业基准回报率为 30%，根据专家鉴定分析和预测，该项专利技术的剩余使用期限仅为 5 年，试评估该项专利技术价值。

3. 已知 A 公司营运资金所占资产的比重为 10%，营运资金回报率为 5%，有形非流动资产所占资产比重为 60%，有形非流动资产回报率为 7%，无形资产所占资产的比重为 30%。同时，A 公司的加权平均资金成本为 14%，试根据以上数据采用回报率拆分法计算无形资产的折现率。

精选练习题参考答案及解析

一、单项选择题

1. 【答案】A

【解析】一台车床其加工能力是确定的，无论将其用于年产量为 100 万台的汽车厂，还是年产量为 1 000 万台的汽车厂，该车床的加工能力不会改变，因此其可以产生的预期收益也是不会改变的。对于这台车床资产采用总价计量是合理的。

2. 【答案】A

【解析】根据资产评估相关知识，易知本题选 A。一项无形资产，例如一项专利技术，往往不能单独发挥作用，一定需要与其他有形资产组成一个业务资产组共同发挥作用。

3. 【答案】C

【解析】据题意得：无形重置成本 = $\dfrac{C + \beta_1 V}{1 - \beta_2} \times (1 + L) = \dfrac{60 + 2 \times 20}{1 - 0.2} \times (1 + 25\%) = 156.25$（万元）

4. 【答案】C

【解析】分成率的实质是单位产品收益中应该分给无形资产的比率，这是分配比例指标而不是绝对价值指标。分成率是一项针对无形资产贡献率的指标，与无形资产所依附业务资产组的获利能力没有必然联系，与所依附业务资产组的资本结构也是无关的，评估实务中经常看到在进行分成率调整时考虑企业或业务资产组的资本结构的差异，这种调整缺乏依据。

5. 【答案】D

【解析】技术类无形资产分成率的高低通常与技术类无形资产对应产品的销售利润率的大小有关，高利润率的技术产品，体现出的技术分成就高，反之则低。

6. 【答案】A

【解析】功能性贬值是指由于无形资产无法完成其最初设计功能，随着时间的推移，由于设计或工程技术的改进或者替代，效用降低，从而使价值降低。

7. 【答案】D

【解析】据题意得：无形重置成本 =

$$\frac{C+\beta_1 V}{1-\beta_2} \times (1+L) = \frac{50+1.5\times 20}{1-0.2} \times (1+30\%) = 130（万元）$$

其中：C 为无形资产研发中的物化劳动消耗；V 为无形资产研发中活劳动消耗；β_1 为科研人员创造性劳动倍加系数；β_2 为科研的平均风险系数；L 为无形资产投资回报率。

8.【答案】A

【解析】据题意得：

贬值率=已使用年限/（已使用年限+剩余使用的年限）×100%=5÷(5+3)=0.625

评估价值=重置成本×(1-贬值率)=120×(1-0.625)=45（万元）

9.【答案】A

【解析】我国现行财务制度一般把科研费用从当期生产经营费用中列支，企业账簿上反映的无形资产成本是不完整的。

10.【答案】D

【解析】商誉不可以单独交易与转让。

11.【答案】C

【解析】评估时，收益年限以法律保护期、预期使用寿命以及技术领先时间三者较短者为准。

12.【答案】A

【解析】重置成本=90×(1-60%)=36（万元）

二、多项选择题

1.【答案】ABCD

【解析】根据无形资产成本法的使用公式，可知A和D正确，另外，如果无形资产能够被重置，必须要在技术上可行和法律上许可，所以B和C正确。

2.【答案】AB

【解析】可比对象选择，标的无形资产与可比无形资产可比的要求主要是标的无形资产与可比无形资产（功效）相同或相似。对于采用"入门费+分成"计量方式的，需要合理地分别测算入门费和分成率，或者采用一种合理的方式将入门费换算成分成，或者相反，将分成换算为总价计量的入门费。

3.【答案】AD

【解析】无形资产的成本具有不完整性、弱对应性的特征。

4.【答案】AB

【解析】自创无形资产的重置成本由创制该无形资产所消耗的物化劳动和活劳动费用构成。其方法主要有两种：重置核算法和倍加系数法。

5.【答案】BC

【解析】从评估理论上说，由于无形资产没有实体，因此一般不适用实体性贬值概念，但是可能会具有功能性贬值和经济性贬值。

6.【答案】BCDE

【解析】预测剩余经济寿命时，剩余使用年限需要评估专业人员通过专家访谈调查了解，特别是关注可替代标的无形资产的替代资产出现的时间等因素分析、判断获得，选项B、D错误；

贬值率=已使用年限/（已使用年限+剩余使用年限）×100%，选项C错误；贬值率适用于贬值趋势呈直线型变化的无形资产，选项E错误。

7.【答案】BCDE

【解析】

无形资产的可比条件：①标的无形资产与可比无形资产功效相同或相似；②标的无形资产与可比无形资产权力或包含的"权利束"（使用、收益和处分的权力内容）状态相同或类似；③标的无形资产与可比无形资产所处的发展阶段（经济寿命周期内所处的阶段）相同或相似。

无形资产相关业务资产组的可比条件：①标的无形资产与可比无形资产相关的资产组功效（资产组具有相同或相似的经营业务，无形资产在组内发挥的作用）相同或相似；②标的无形资产与可比无形资产相关的资产组大小、规模相同或相似。

8.【答案】ABC

【解析】无形资产发挥作用的模式都是需要与其他资产组成业务资产组，在业务资产组中必然包括组合劳动力。一般认为组合劳动力属于商誉的组成部分，因此属于无形资产范畴，不能单独交易与转让，但是组合劳动力可以采用成本法评估其市场价值。组合劳动力的价值组成包括劳动力的招募成本和劳动力的培训成本两部分，这两部分成本都是可以采用重置成本测算的。

三、综合题

1.【答案解析】

重置成本 = (500 000 + 100 000 + 100 000 + 20 000 + 10 000) × (1 + 6%) × (1 + 4%) × (1 + 5%) = 844 990 元

贬值率 = 4 ÷ (4 + 6) = 40%

评估值 = 844 990 × (1 - 40%) = 506 994 元

2.【答案解析】

首先采用倍加系数法测算该项专有技术的重置成本。

无形资产的重置成本 = $\dfrac{15 + 20 + 1.2 \times 30}{1 - 0.4}$ × (1 + 20%) = 142（万元）

其次采用专家预测法计算贬值率

贬值率 = 3 ÷ (3 + 5) × 100% = 37.5%

最后计算该专利技术的评估值

该专利技术的评估价值 = 142 × (1 - 37.5%) = 88.75（万元）

3.【答案解析】

根据回报率拆分法计算公式：

$WACC = W_c \times R_c + W_f \times R_f + W_i \times R_i$

14% = 10% × 5% + 60% × 7% + 30% × R_i

可以得到 R_i = 31%

第五章 专利资产评估

考试大纲

一、考试目的

考查考生对专利资产评估原理与方法的掌握情况，以及分析与解决专利资产评估问题的能力。

二、考试内容及要求

（一）掌握的内容（★★★）

1. 专利权的权属。
2. 专利资产评估对象的界定。
3. 专利资产价值影响因素。
4. 专利资产评估的注意事项。
5. 收益法在专利资产评估中的应用。

（二）熟悉的内容（★★）

1. 专利的分类。
2. 专利权产生的条件。
3. 专利权的保护范围。
4. 专利资产的特征。

（三）了解的内容（★）

1. 对专利与专利权、专利资产的理解。
2. 专利权的申请。

考情分析

本章在考试中处于较重要地位，是无形资产考试分值分布的主要区域之一。本章属于无形资产评估必须掌握的内容，属于具体无形资产的评估，应该深入理解和熟练掌握专利相关概念、权属关系以及权属保护范围。复习重点：专利、专利权以及专利资产的概念，专利权产生的条件、专利权属的确认和专利资产价值影响因素、专利资产收益法的运用、专利资产评估的注意事项以及保护范围、专利资产的特征。

考点精讲及典型例题解析

【知识点1】专利与专利权（★★★）

1. 专利资产相关知识

专利是专利权的简称。专利是指由国家专利局或代表几个国家的地区机构认定，根据法律批准授予专利所有人在一定期限内对其发明创造享有的独占使用权、转让权、许可权等权利。根据专利法的规定，专利可分为发明、实用新型和外观设计三种。

（1）发明专利

发明专利是指以发明为保护客体的专利权。发明是指对产品、方法或者改进所提出的新的技术方案。

发明一般分为产品发明和方法发明两类。产品发明是指人们通过研究开发出来的关于各种新产品、新材料、新物质等的技术方案，如电子计算机、超导材料等。方法发明是指人们为制造产品或者解决某个技术课题而研究开发出来的关于操作方法、制造方法以及工艺流程等技术方案，如汉字输入方法、无铅汽油的提炼方法等。发明有如下特征：

1）发明必须利用自然规律。发明是一种技术方案，必须是在利用自然规律的基础上发展，因此，发明是利用自然规律或自然现象的结果。

【提示】没有利用自然规律和自然现象的方案则不属于技术方案，如财务结算办法、体育比赛规则、逻辑推理法等，均不属于专利法意义上的发明。自然规律本身也不是发明。

2）发明是具体的技术性方案。所谓具体是指发明必须能够实施，达到一定效果并具有可重复性。

3）发明是新的技术方案。与现有技术相比，要求发明必须是前所未有的，如果只是重复前人的成果而没有任何创新，不能被称为发明。

【例5-1】发明专利是指以发明为保护客体的专利权，发明一般分为产品发明和方法发明两类，下列选项属于产品发明的有（　　）。

A. 电子计算机

B. 超导材料

C. 汉字输入方法

D. 无铅汽油的提炼方法
E. 太阳能发电装置

【答案】ABE

【解析】发明一般分为产品发明和方法发明两类。产品发明是指人们通过研究开发出来的关于各种新产品、新材料、新物质等的技术方案，如电子计算机、超导材料等。方法发明是指人们为制造产品或者解决某个技术课题而研究开发出来的关于操作方法、制造方法以及工艺流程等技术方案，如汉字输入方法、无铅汽油的提炼方法等。

（2）实用新型专利

实用新型专利是指以实用新型为客体的专利权。实用新型是指对产品的形状、构造或者其结合所提出的适于实用的新的技术方案，具有如下特征：

1）实用新型是一种新的技术方案。
2）实用新型仅限于产品，不包括方法。
3）实用新型要求产品必须是具有固定的形状、构造的产品。

【提示】气态、液态、凝胶状或颗粒粉末状的物质或者材料，不属于实用新型的产品范围。

（3）外观设计专利

外观设计是指对产品的整体或者局部形状、图案或者其结合以及色彩与形状、图案的结合所做出的富有美感并适于工业应用的新设计。外观设计专利是指以工业品外观设计工作为保护客体的专利权。外观设计具有如下特征：

1）外观设计必须与产品相结合。外观设计是产品的外观设计，外观设计必须以产品的外表为依托，构成产品与设计的组合。

2）外观设计必须能在产业上应用。外观设计必须能够用于生产经营目的的制造或生产。如果设计不能用工业的方法复制出来，或者达不到批量生产的要求，就不是专利法意义上的外观设计。

3）外观设计富有美感。外观设计包含的是美术思想，即解决产品的视觉效果问题，而不是技术思想。

【提示】在其他国家还设有植物专利、产品专利、方法专利、改进专利、独立专利、从属专利、输入专利等。

【提示】外观设计解决的是产品视觉效果，而不是技术思想。

【例5-2】外观设计专利是指以工业品外观设计工作为保护客体的专利权，下列选项属于外观设计特征的是（　　）。

A. 外观设计必须与产品相结合
B. 外观设计是一种新的技术方案
C. 外观设计仅限于产品，不包括方法
D. 外观设计必须利用自然规律

【答案】A

【解析】外观设计具有如下特征：第一，外观设计必须与产品相结合。第二，外观设计必须能在产业上应用。外观设计必须能够用于生产经营目的的制造或生产。第三，外观设计富有美感。

2. 专利权产生的条件

专利权产生需要从积极条件和消极条件看，积极条件是如果要被授予专利权必须具备的条件，包括新颖性、创造性和实用性；消极条件是不能被授予专利权的情形。

（1）专利权产生的积极条件

1）新颖性。新颖性是指在申请日以前没有同样的该发明或者实用新型，即不属于现有技术；没有在国内外出版物上公开发表过、在国内外公开使用过或者以其他方式为公众熟知；也没有任何单位或者个人就同样的发明或实用新型在申请日以前向国务院专利行政部门提出过申请，并且记载在申请日以后公布的专利申请文件或者公告的专利文件中。

2）创造性。创造性是指与现有技术相比，该发明具有突出的实质性特点和显著的进步，该实用新型具有实质性特点和进步。"实质性特点"是指发明创造具有一个或者几个技术特征，与现有技术相比较有本质的区别。在评定一项发明创造是否具有实质性特点时，不仅要考虑技术方案本身的内容，而且还要考虑它的目的和效果，并把它们作为一个整体来理解。

【提示】凡是发明创造所属技术领域的普通技术人员都不能直接从现有技术中得出构成该发明创造的全部必要技术特征的，都应当被认为具有实质性的特点。

3）实用性。实用性是指该发明或者实用新型能够制造或者使用，并且能够产生积极效果。实用性一般具备三个条件：

①属于技术课题的解决方案；
②具有再现性，在工业上能够制造和使用

的现实可能性；

③具有有益性，能够产生有益的社会效益。

（2）专利权产生的积极条件

1）违反国家法律、社会公德或者妨害公共利益的发明创造，不授予专利权。

2）以下对象，不得被授予专利权：

①科学发现；

②智力活动的规则和方法；

③疾病的诊断和治疗方法；

④动物和植物品种；

⑤原子核变换方法以及用原子核变换方法获得的物质；

⑥对平面印刷品的图案、色彩或者二者的结合作出的主要起标识作用的设计；

⑦对违反法律、行政法规的规定获取或者利用遗传资源，并依赖该遗传资源完成的发明创造。

【例5-3】专利是重要的无形资产，下列选项中，不能作为专利资产获得专利权的有（　　）。

A. 科学发现

B. 智力活动的规则

C. 疾病的治疗方法

D. 碳纳米纤维散热技术

E. 用原子核变换方法获得的物质

【答案】ABCE

【解析】以下对象，不得被授予专利权：①科学发现；②智力活动的规则和方法；③疾病的诊断和治疗方法；④动植物品种；⑤用原子核变换方法获得的物质；⑥对平面印刷品的图案、色彩或者二者的结合作出的主要起标识作用的设计；⑦对违反法律、行政法规的规定获取或者利用遗传资源，并依赖该遗传资源完成的发明创造。

3. 专利权的申请

1）专利权申请的原则。

①诚实信用原则，申请专利和行使专利权应当遵循诚实信用原则，不得滥用专利权损害公共利益或者他人合法权益。

②书面原则，是指专利申请人提出专利申请、办理任何手续都应当采用书面形式。

③单一性原则，也称"一发明一申请"原则，即一项申请只能要求保护一项发明创造或者与属于一个总的发明构思有联系的一组两项以上的发明创造。

④先申请原则，两个以上的申请人分别就同样的发明创造申请专利的，专利权授予最先申请的人。

【提示】两个以上的申请人在同一日期分别就同样的发明创造申请专利的，应当在收到国务院专利行政部门的通知后自行协商确定专利申请人。

⑤优先权原则，是指专利申请人就其发明创造自第一次提出专利申请后，在法定期限内，又就相同主题的发明创造提出专利申请的，根据有关法律规定，其在后申请以第一次申请的日期作为其申请日。专利申请人依法享有的这种权利就是优先权，其在先申请的日期称为优先权日。

申请人要求发明、实用新型专利优先权的，应当在向国务院专利行政部门提交专利申请时提出书面声明，并且在第一次提出申请之日起16个月内，提交第一次提出的专利申请文件的副本；申请人要求外观设计专利优先权的，应当在申请的时候提出书面声明，并且在3个月内提交第一次提出的专利申请文件的副本。

【提示】申请人要求发明、实用新型专利优先权的，未提出书面声明或者逾期未提出专利申请文件副本的，视为未要求优先权。申请人在一件专利申请中，可以要求一项或者多项优先权；要求多项优先权的，该申请的优先权期限从最早的优先权日起算。

2）专利申请文件。

专利申请人申请发明或者实用新型专利的申请文件包括请求书、说明书及其摘要、权利要求书等；

申请外观设计专利的申请文件包括请求书、该外观设计的照片或图片以及对该外观设计的简要说明等，并且应当写明使用该外观设计的产品及其所属的类别。

3）专利申请的审查与批准。

发明专利的审查实行"早期公开，延迟审查"的制度，程序比较复杂，分以下三个阶段：

①初步审查。

国务院专利行政部门收到发明专利申请后，经初步审查认为符合《专利法》要求的，自申请日起满18个月，即行公布其申请。

②早期公布。

在初步审查合格后，自申请日起满18个

月,或者根据申请人提前公开申请的请求,即行公布申请人的发明,将申请内容发表在《专利发明公报》上。国务院专利行政部门可以根据申请人的请求早日公布其申请。早期公布的发明没有经过实质审查,不能授予专利权,但法律为其提供了一种临时保护,即发明专利申请公布后,申请人可以要求实施其发明的单位或者个人支付适当的费用。

③实质审查。

自申请日起3年内,国务院专利行政部门可以根据申请人随时提出的请求,对申请进行实质审查;申请人无正当理由逾期不请求实质审查的,该申请即被视为撤回。国务院专利行政部门认为必要的时候,可以自行对发明专利申请进行实质审查。经实质审查没有发现驳回理由的,由国务院专利行政部门作出授予发明专利权的决定,发给发明专利证书,同时予以登记和公告。

【提示】实用新型和外观设计专利的审查程序只采用初步审查制,即只要经过初步审查,没有发现驳回理由,国务院专利行政部门就作出授予专利权的决定,发给专利证书,并予以登记和公告。

4. 专利权的权属

(1) 专利权的一般归属

原则上,申请专利的权利属于发明人或者设计人;申请被批准后,该发明人或者设计人为专利权人。

1) 发明人。

《专利法》所称发明人或设计人,指对发明创造的实质性特点作出了创造性贡献的人。在完成发明创作的过程中,有三种人不能被认为是发明人或设计人:

①只负责组织工作的人;

②为物质条件的利用提供方便的人;

③其他从事辅助性工作的人。

【提示】两个以上的人对同一发明创造共同构思,并且都做出了创造性贡献的人,为共同发明人或共同设计人,其发明创造称为共同发明。

2) 申请人。

专利申请人指有资格就发明创造向国务院专利行政部门申请专利的人,或者是已经向国务院专利行政部门提出专利申请的自然人、法人或其他组织。

【提示】专利申请人可以是自然人、法人或其他组织,可以是发明人、设计人,也可以不是发明人、设计人。

3) 专利权人。

专利权人是指依法在特定期限内对特定发明创造享有专有权利的主体。成为专利权人一般可以通过以下方式:

①专利申请人的专利申请获得国务院专利行政部门批准;

②通过转让获得专利权;

③通过继承获得专利权。

(2) 职务发明的权利归属

职务发明创造的专利申请权、专利权属于发明人、设计人所在单位,该单位可以依法处置其职务发明创造申请专利的权利和专利权,促进相关发明创造的实施和运用。但注意以下几点:

1) 如果是"利用本单位物质技术条件完成的发明创造",单位与发明人、设计人之间就专利申请权、专利权归属有约定的,从约定;

2) 职务发明创造的发明人、设计人享有受奖励或获得报酬的权利,包括基于发明创造的完成应得到的奖励和基于发明创造的实施应得到的报酬;

3) 职务发明创造的发明人、设计人享有署名权,即发明人、设计人有权表明他是该项发明创造的发明人或设计人;

4) 法人或者其他组织转让职务发明创造时,职务发明创造的完成人享有以同等条件优先受让的权利。

【例5-4】职务发明是发明的一种,下列选项中,有关职务发明权利归属论述不正确的有( )。

A. 利用本单位物质技术条件完成的发明创造,单位与发明人、设计人之间就专利申请权、专利权归属有约定的,约定无效

B. 职务发明创造的发明人、设计人没有获得报酬的权利

C. 职务发明创造的发明人、设计人不能享有署名权,只能是单位署名

D. 法人或者其他组织转让职务发明创造时,职务发明创造的完成人享有以同等条件优先受让的权利

E. 职务发明创造的专利申请权、专利权属于发明人、设计人所在单位

【答案】ABC

【解析】职务发明创造的专利申请权、专利权属于发明人、设计人所在单位，但要注意以下几点：(1) 如果是"利用本单位物质技术条件完成的发明创造"，单位与发明人、设计人之间就专利申请权、专利权归属有约定的，从约定。(2) 职务发明创造的发明人、设计人享有受奖励或获得报酬的权利，包括基于发明创造的完成应得到的奖励和基于发明创造的实施应得到的报酬。职务发明创造专利实施后，专利权人应当根据其推广应用的范围和取得的经济效益，对发明人或者设计人给予合理的报酬。(3) 职务发明创造的发明人、设计人享有署名权，即发明人、设计人有权表明他是该项发明创造的发明人或设计人。(4) 法人或者其他组织转让职务发明创造时，职务发明创造的完成人享有以同等条件优先受让的权利。

(3) 合作发明的权利归属

如果发明创造属于共同发明创造，即两个以上单位或者个人合作完成的发明创造。申请专利及专利权归属按以下规定办理：

1) 如果双方另有协议约定专利申请或专利权归属的，按约定办理。

2) 如果没有约定，则申请专利与获得专利的权利属于各方共同所有，其中一方不得剥夺其他方的权利；如果一方转让其专利申请权的，其他各方在同等条件下优先受让；如果一方声明放弃其共有的专利申请权的，以后不再享有专利权，但可以免费实施该专利；如果任何一方不同意申请专利，则其他方均不得申请专利。

(4) 委托发明的权利归属

发明创造属于委托发明创造，即一个单位或者个人接受其他单位或者个人委托所完成的发明创造，申请专利及专利权归属按以下规定办理：

1) 如果双方另有协议约定专利申请或专利权归属的，按约定办理。

2) 如果没有约定，则申请专利的权利及专利权归受托人所有；受托人转让其专利申请权的，委托人在同等条件下优先受让；受托人取得专利权的，委托人可以免费实施该专利。

【例5-5】合作发明的权利归属是发明的一种，下列选项中，有关合作发明的权利归属论述不正确的有（   ）。

A. 如果是"利用本单位物质技术条件完成的发明创造"，单位与发明人、设计人之间就专利申请权、专利权归属有约定的，从约定

B. 职务发明创造的发明人、设计人享有受奖励或获得报酬的权利

C. 职务发明创造的发明人、设计人享有署名权

D. 法人或者其他组织转让职务发明创造时，职务发明创造的完成人没有同等条件优先受让的权利

【答案】D

【解析】法人或者其他组织转让职务发明创造时，职务发明创造的完成人享有以同等条件优先受让的权利。

5. 专利权的保护范围

(1) 下列行为会构成侵权行为

1) 未经专利权人许可，为生产经营目的制造专利产品。

2) 未经专利权人许可，为生产经营目的而使用专利产品、使用专利方法以及使用依照该专利方法直接获得的产品，构成侵犯专利权。

【提示】使用人不知道是侵权产品而使用的，同样构成侵权行为，但使用人能证明其产品合法来源的，不承担赔偿责任。使用人在已知或有充分理由应知是侵权产品时仍继续使用的，则不能免除赔偿责任。

3) 未经专利权人许可，为生产经营目的许诺销售和销售专利产品或依专利方法直接获得的产品的，不论"不知"还是"明知"，均构成侵权。

【提示】使用者或销售者在"不知"的情况下，能证明其产品合法来源的，可免除其赔偿责任。

4) 进口专利产品或进口依照专利方法直接获得的产品。进口商未经许可，将专利权人已在中国取得专利的产品或者依其在中国已取得专利的方法生产的产品输入境内，这种进口行为即构成侵犯专利权的侵权行为。

5) 假冒他人专利。

(2) 下列行为不视为侵犯专利权

1) 专利权用尽。

专利权人制造、许诺销售、进口或者经专

利权人许可制造、进口的专利产品或者依照专利方法直接获得的产品由专利权人或者经其许可的单位、个人售出后,其他人使用、许诺销售、销售、进口该产品的。

2）先用权规则。

在专利申请日以前已经制造相同产品、使用相同方法或者已经做好制造、使用的必要准备,并且仅在原有范围内继续制造、使用的。

3）临时过境规则。

临时通过中国领陆、领水、领空的外国运输工具,依照其所属国同中国签订的协议或者共同参加的国际条约,或者依照互惠原则,为运输工具自身所需要而在其装置和设备中使用有关专利,不用得到专利权人许可。

4）合理使用规则。

专为科学研究和实验而使用有关专利不属于侵权行为。即在实验室条件下,为了在已有专利技术的基础上探索新的发明创造,演示性地利用有关专利,或者考察验证有关专利的技术效果而利用有关的专利技术。

5）为提供行政审批所需要的信息,制造、使用、进口专利药品或者专利医疗器械的,以及专门为其制造、进口专利药品或者专利医疗器械的。

【例5-6】对于专利权而言,不经专利权人许可而实施其专利可能构成侵权行为,下列选项中,不属于侵权行为的是（　　）。

A. A进口商进口专利权人未许可的已经在中国取得专利的产品,在国内销售

B. 未经专利权人许可,A生产商制造专利产品

C. 假冒他人专利生产产品

D. 未经专利权人许可,A研究人员为科学研究使用有关专利

【答案】D

【解析】构成侵权行为的有未经专利权人许可,为生产经营目的制造专利产品。未经专利权人许可,为生产经营目的而使用专利产品、使用专利方法以及使用依照该专利方法直接获得的产品。进口商未经许可,将专利权人已在中国取得专利的产品或者依其在中国已取得专利的方法生产的产品输入境内,这种进口行为即构成侵犯专利权的侵权行为。专为科学研究和实验而使用有关专利不属于侵权行为。

【知识点2】专利资产（★★★）

1. 专利资产的概念

专利资产是专利权资产的简称,是指专利权人拥有或者控制的,能持续发挥作用并且能带来经济利益的专利权益。专利需要满足以下三点关键要素才能成为专利资产:

（1）能持续发挥作用,该项专利在经营活动中可以在专利权有效保护期内持续发挥作用,而不是偶然一次或几次发挥作用;

（2）能带来经济利益,即专利在发挥作用的过程中可以为专利权人产生经济利益;

（3）专利的获利能力是通过法律保护获得的。即专利权成为资产,必须符合法律的相关规定,法律同时还对专利获得保护的范围及时限做了明确规定。

【提示】已失效的专利申请或专利,没有经济价值的专利,不能构成专利资产。

现实中还存在或有专利资产,即未来是否可以持续发挥作用并能产生经济利益,目前尚不能最终确定,对于或有专利资产评估需要采用一些特殊的评估方法。一般有以下两种情况:

1）该专利已经提出申请,但是尚没有完成专利的审查批准程序,处于申请专利阶段的发明创造,这种专利是否能成为正式专利尚不能确定。

2）该专利虽然已经经过法定审查程序并且已经被批准成为专利,但是该项专利发挥作用尚需要经过其他法律、法规规定的审查程序。

例如,一种新药专利,专利证书已经获得,但是该新药正在进行"一期临床"试验,"一期临床"完成后还有"二期临床"和"三期临床"试验,三期临床研究全部完成后,该新药才可能获得上市资格,因此正处于"一期临床"研究阶段的新药未来能否完成临床研究目前不能确定,因此此时虽然专利已经获得批准,但是该项专利仍不能形成确定的专利资产,仅能成为或有专利资产。

2. 专利资产的特征

（1）法律特征

专利资产的法律特征主要由于专利资产是依专利权而形成的资产,而专利权是依《专利法》而界定的权利。包括以下几个方面:

1）专利资产的时效性。时效性是指其权利的时限是由法律规定的。依据我国《专利法》

规定：发明专利权的法律保护期限为 20 年，实用新型专利权的期限为 10 年，外观设计专利权的期限为 15 年，均自申请日起计算。

自发明专利申请日起满四年，且自实质审查请求之日起满三年后授予发明专利权的，国务院专利行政部门应专利权人的请求，就发明专利在授权过程中的不合理延迟给予专利权期限补偿，但由申请人引起的不合理延迟除外。

【提示】对在中国获得上市许可的新药相关发明专利，国务院专利行政部门应专利权人的请求给予专利权期限补偿。补偿期限不超过 5 年，新药批准上市后总有效专利权期限不超过 14 年。

2）专利资产的地域性。地域性是指一项技术仅在其获得专利权的国家或地区，依当地专利法的规定获得保护。专利法是一个国内法，专利资产的地域性特征对国外专利技术及国内专利技术在国际市场的价值有决定性作用。

3）专利资产的约束性。约束性是指专利垄断的法定边界是"专利权利要求书"记载的范围，即专利资产的范围是由"权利要求书"确定的。可以通过对专利文件中的"权利要求书"进行分析，确定它的资产范围。

(2) 技术特征

专利法保护的对象是具有新颖性、创造性和实用性的技术方案，因此专利资产也相应地具有技术特征。具体包括以下几个方面：

1）专利资产的技术公开性。专利法的实质是以给予专利权人一段时期的技术垄断换取技术的公开，以促进技术进步及科技创新，进而具有技术公开性。

2）专利资产可能存在技术不完整性。主要是由于企业及个人在申请专利过程中，或多或少保留一些技术诀窍。这种技术诀窍可能不会妨碍该项专利权的获得，但对专利资产的技术完整性产生影响，从而影响技术的价值。

3）专利资产的技术可能存在不成熟性。根据《专利法》的规定，每项专利的批准均需要相当一段时间，如我国发明专利的获得一般需要 2~3 年时间，企业及个人在申请专利时，技术方案可能并不完善不成熟。同时，各个国家及企业实施的专利战略因素，导致"产品未到，专利先行"，使得很多专利技术在申请专利时并不成熟。

(3) 经济特征

专利资产的经济特征包含以下方面：

1）专利资产具有垄断收益。专利权是一种法定的垄断权，专利权人因此享有相应的垄断收益权。

2）专利资产的收益不稳定性。与有形资产相比，技术资产在应用过程中存在的风险，包括技术风险、市场风险、资金风险及管理风险等；同时，技术资产在交易过程中，存在一定的困难，包括技术交易价格的不确定性、技术移植的难度及技术交易的多样性等，增加了技术价值实现的难度。致使专利资产的收益具有不稳定性。

3）专利资产的研发成本不易界定。根据我国的财务制度，专利资产的研究开发成本不能完全资本化，各个企业一般将其中部分成本费用化，已计入历史各期损益，很难重新剥离。技术研制开发的成本往往与技术价值没有直接的对应关系，而且研制的成本难以核算。并且各个企业往往从事多项研究，难以分离某一特定专利资产的成本。

4）专利资产之间的可比性弱。专利资产作为一项无形资产，通常很难找到相同或类似的可比对象。因为专利资产应具有新颖性、创造性和实用性，每项专利均具有独特性，通常不同专利资产之间的可比性不强。

【提示】专利法保护的对象是具有新颖性、创造性和实用性的技术方案，因此专利资产也相应地具有技术特性因此专利资产也相应地具有技术特征。

【例 5-7】我国《专利法》是专门针对专利保护的法律，以下选项中不属于专利法律特征的有（   ）。

A. 专利资产的时效性

B. 专利资产的地域性

C. 专利资产的技术公开性

D. 专利资产的约束性

【答案】C

【解析】专利资产的技术公开性是专利资产的技术特征。

【知识点 3】专利资产评估对象的界定（★★★）

专利资产评估业务的评估对象是指专利资产权益。评估对象的确认需要明确专利资产的基本状况并核实专利权的有效性。

1. 明确专利资产的基本状况

明确专利资产的基本状况通常包括以下内容：

（1）专利种类及名称

专利的种类包括发明、实用新型和外观设计三种。

专利的名称是指专利申请保护的主题名称，即被评估专利的名称。

（2）专利申请号或专利号

专利申请号或专利号是指专利申请一经国务院专利行政部门受理，授予其申请号，即在提交专利申请时给出的编号。

【提示】在授予专利权时给出的编号，其专利号沿用其申请号。

（3）专利的法律状态

专利的法律状态通常包括所有权人（在申请阶段为专利申请人，授权后为专利权人）及其变更情况，专利所处的专利审批阶段、年费缴纳情况、专利权的终止、专利权的恢复、专利权的质押，以及是否涉及法律诉讼或者处于复审、宣告无效状态。

（4）专利权利要求书所记载的权利要求

发明或者实用新型专利权的保护范围以其权利要求的内容为准，说明书及附图可以用于解释权利要求。

【提示】权利要求是发明和实用新型专利保护范围的依据。专利权利要求书所记载的权利要求包括产品权利要求和方法权利要求。外观设计专利权的保护范围以表示在图片或者照片中的该外观设计专利产品为准。

（5）专利资产的权利形式

专利权资产的权利形式一般包括所有权和许可使用权等。

1）所有权。

所有权是所有权人对自己的不动产或者动产，依法享有占有、使用、收益和处分的权利。在专利权资产中，所有权可进一步划分：

①专利的使用权一般是指专利权人自己使用专利的权力，或者说自行实施专利的权力；

②专利的收益权是指许可他人使用专利并取得收益的权力；

③专利的处分权是指转让上述使用和收益权的权力。

【提示】专利所有权转让应当注意以下问题：

①专利资产只能作为一个整体转让。根据"一申请一发明"原则，每项专利只涉及一项发明创造，专利权人不能将其专利权分割转让。

②中国单位或者个人专利权人向外国人、外国企业或外国其他组织转让专利申请权或者专利权的，应当依照有关法律、行政法规的规定办理手续。

③转让专利申请权或者专利权的，当事人应当订立书面合同，并向国务院专利行政部门登记，由国务院专利行政部门予以公告。

④专利申请权或专利权的转让自经国务院专利行政部门登记之日起生效。专利所有权转让，需要在国家知识产权局变换专利登记证书。

2）许可使用权。

根据我国专利法的相关规定，专利的许可使用权可以分为授权许可和特别许可两部分：授权许可是指专利所有权人通过合同、协议授权许可他人使用专利；特别许可又可分为开放许可和强制许可。

授权许可包括独占许可使用权、排他许可使用权和一般许可使用权三种具体形式。

独占使用权，是在双方合同规定的时间和地域范围内，专利权人只把专利转让给某一特定受让方，受让方不得再转让，转让方也不得在合同规定范围内使用该专利和销售该专利生产的产品。

排他使用权（独家使用权）是指转让方在合同规定的时间和地域范围内只把专利授予受让方使用，同时转让方自己保留使用权和该专利产品销售权，但不再将该专利转让给其他人使用。

一般使用权是指转让方在合同规定的时间和地域范围内向受让方转让专利，转让方自己也保留专利使用权和产品销售权，同时，转让方还可以将专利权许可给其他人使用。

开放许可是指专利权人在获得专利权后自愿向国务院专利行政部门提出开放许可声明，明确许可使用费，由国务院专利行政部门予以公告，在专利开放许可期内，任何单位或个人可以按照该专利开放许可的条件实施专利技术成果。实行开放许可的专利权人可以与被许可人就许可使用费进行协商后给予普通许可，但不得就该专利给予独占或者排他许可。

强制许可是根据专利法的相关规定，在某种特定前提下，国家可以对某些专利进行强制许可，取得实施强制许可的单位或者个人不享有独占的实施权，并且无权允许他人实施，被许可方还需要向专利权人支付许可使用费。

【提示】一般认为专利许可使用权是不能出资的，如果要作为出资，应该至少需要具有再许可权利。

【提示】具有再许可使用权的许可使用权，是一种协议、合同的约定，指在特定时间内，在特定区域内，根据许可协议约定，被许可人除自己实施专利权外，可以再许可他人实施专利的许可使用权。

（6）专利申请日与授权日

专利申请日指国务院专利行政部门收到专利申请的请求书、说明书（实用新型必须包括附图）和权利要求书的日期，记录于专利申请受理通知书和专利证书上。

【提示】专利申请日是专利保护期限的起始时间，也是专利审查员及评估专业人员判断申请技术新颖性及创造性的时间点。

专利授权日是指实用新型专利申请和外观设计专利申请经过初步审查合格，或者经过实质审查合格后，国务院专利行政部门所指定的法定公告的日期。

【提示】专利授权日是专利权（发明专利权、实用新型专利权、外观设计专利权）的生效日。

（7）单项专利与专利资产组合

在评估实务中会出现单项专利资产的情况，但经常出现的是多种、多项专利资产组合成一个功能资产组的情况。

带有有效许可协议的专利所有权是指专利所有人已经将许可他人使用其专利，并且这种许可协议不因所有权转移而失效。

【提示】单独的一项专利所有权与带有许可他人使用协议的专利所有权应该视为不同的专利评估对象。

带有有效许可协议的专利所有权的情况包括：

①专利所有权转让中，所有权受让方在受让专利所有权时，必须要同时许可专利给出让方使用；

②专利所有权人已经将专利许可给第三方使用，现在要将该专利转让给其他方；

③专利已经许可他人使用，现在要进行质押目的的评估等。

【提示】带有有效许可他人使用的专利所有权应该界定为专利所有权与一个合同权益（合同义务）的组合。

【例5-8】带有有效的许可使用权协议的专利所有权可能成为评估对象，下列选项中不属带有许可协议的专利所有权评估情况的是（　　）。

A. 专利所有权转让中包括条款，所有权受让方在受让专利所有权时，必须要同时许可专利给出让方使用

B. 专利所有权人已经将专利许可给第三方使用，现在要将该专利转让给其他方

C. 专利已经许可他人使用，现在要进行质押目的的评估

D. 多项专利共同组合不可分割，合并在一起组成一个评估对象

【答案】D

【解析】多种、多项专利资产组合成一个功能资产组的情况，有些时候甚至是部分专利资产与部分其他类型的无形资产，如专有技术、软件著作权、商标权等共同组合的资产组，这些无形资产的共同组合不可分割或者没有必要分割，可以合并在一起组成一个评估对象。该种情况没有涉及所有权中的问题。

2. 核实专利权的有效性

对专利技术有效性的判断包括以下两个层次：

（1）核实该专利是否为有效专利，确认专利是否属实

核实时，不能仅以"专利证书"证明专利权的有效性，还必须要求委托方提供有关省、直辖市、自治区、国务院有关部委专利管理机关出具的确权证明，或通过检索，确认该专利权的法律状态是否为有效。对于已向专利局提出专利申请并正在受理中的专利申请权，要核实中国专利局发出的"受理通知书"和缴费凭证等。

【提示】专利授权后，随时可能因各种原因而失效，如未交年费等。同时到期后权利证书仍然保留在原专利权人处，此时仅有专利证书

并不能判断专利的有效性。

(2) 核实该专利是否具有专利性

由于我国对实用新型专利实行初步审查制度，很多已授权的实用新型专利是不符合专利法的实质性要求的。即使是有效的实用新型专利，仍可能因不具备"三性"（新颖性、创造性和实用性），经过无效程序，丧失专利权。在无效程序中，关键是对专利是否具有专利性的判断。实用新型专利的稳定性是不足的。评估专业人员在评估之前，应当对委估对象的权利稳定性进行分析。

【提示】我国对实用新型专利实行初步审查制度，很多已授权的实用新型专利可能不符合专利法的实质性要求的，也就不能认定为是实用新型专利。同时，对于丧失专利权的专利，实质上也就丧失了作为资产的条件。

【知识点4】专利资产价值影响因素（★★★）

1. 专利权的法律状态

专利权具有多种法律状态，不同的法律状态对应不同的法律意义，对专利资产价值的影响也不同。按照现行专利法律、法规的规定，我国专利权的法律状态主要涉及：

(1) 申请专利的权利、专利申请权和专利权

1) 申请专利的权利是指在发明创造完成后，权利人有权决定是否要申请专利以及如何申请专利。

2) 专利申请权是指在就发明创造向国家知识产权局提出专利申请之后，专利权申请人享有的是否继续进行专利申请程序、是否转让专利申请的权利。

3) 专利权是指发明创造被授予专利权后，专利权人享有禁止他人实施其专利权、许可他人实施其专利权、向他人转让或者质押其专利权的权利。

【提示】在发明创造提出专利申请前，称之为申请专利的权利；在发明创造提出申请后获得授权前，称之为专利申请权；在发明创造获得授权后，称之为专利权。

我们评估专利可能是已经确权的专利权资产，也可能是尚在申请专利阶段的发明创造，因此在评估对象中应该要明确说明被评估的专利权是已经确权的专利权还是正在申请阶段的专利申请权或者是需要进一步批准才可以实施的专利。

对于正处于申请专利阶段的发明创造，其专利的授权具有较大的不确定性，也就是具有较高的风险，因此其价值一般要低于已经授权的专利。

【提示】一项专利处于哪一阶段状态是决定该专利价值的首要因素。

【例5-9】我国实用新型或者外观设计专利申请的审批程序主要包括三个阶段，下列选项属于这三个阶段的是（　　）。

A. 受理　　　　B. 初步审查
C. 授权　　　　D. 公布
E. 实质审查

【答案】ABC

【解析】目前在我国，发明专利申请的审批程序主要包括受理、初步审查、公布、实质审查以及授权五个阶段。实用新型或者外观设计专利申请的审批程序主要包括受理、初步审查和授权三个阶段。

(2) 专利权的无效宣告、终止与恢复

发明专利的申请经过的审查为实质性审查，实用新型、外观设计专利申请经过的审查为初步审查。

1) 专利的无效宣告是指自国务院专利行政部门公告授予专利权之日起，任何单位或者个人认为该专利权的授予不符合《专利法》及其实施细则有关规定的，可以请求国务院专利行政部门宣告该专利权无效。

【提示】提出无效的理由既包括实质条件，也包括形式条件。

专利权无效宣告的理由具体包括：

①不符合《专利法》规定的实质性要件；

②专利说明书、权利要求书的撰写不符合法律规定；

③对专利申请文件的修改不符合法律规定；

④被授予专利权的智力成果不属于可授予专利权的范围；

⑤有在先申请等。

宣告无效的决定，由国务院专利行政部门登记和公告。原则上，被宣告无效的专利权自始即不存在。但宣告专利权无效的决定，对在宣告专利权无效前人民法院作出并已执行的专利侵权的判决、调解书，已经履行或者强制执

行的专利侵权纠纷处理决定,以及已经履行的专利实施许可合同和专利权转让合同,不具有追溯力。

2)专利权的终止是指期限届满依法终止、专利权人没有按照规定缴纳年费的终止以及专利权人以书面声明放弃其专利权的情况。

3)专利权的恢复是指专利因某些特定因素导致权利终止后,专利权人可以按照规定程序申请恢复权利的情况。可以向专利局申请恢复权利的情况:

①当事人因不可抗拒的事由延误专利法或者本条例规定的期限或者国务院专利行政部门指定的期限,导致其权利丧失的,可以自障碍消除之日起2个月内,最迟自期限届满之日起2年内,向国务院专利行政部门请求恢复权利;

②除前款规定的情形外,当事人因其他正当理由延误专利法或者本条例规定的期限或者国务院专利行政部门指定的期限,导致其权利丧失的,可以自收到国务院专利行政部门的通知之日2个月内,向国务院专利行政部门请求恢复权利。

【提示】一项专利技术可能因未通过实质性审查而根本得不到《专利法》的保护,也就不具有评估意义上的价值。无效请求的审查结果可以是全部无效、部分无效或维持专利权。

(3)专利权的对外许可

实施许可权指权利人许可他人实施其专利并收取专利使用费的权利。任何单位或者个人实施他人专利的,应当与专利权人订立实施许可合同,向专利权人支付专利使用费。

专利权人与他人订立的专利实施许可合同,应当自合同生效之日起3个月内向国务院专利行政部门备案。申请备案的专利实施许可合同应当以书面形式订立。

一项专利如果已经有有效的对外许可合同,则这项专利与没有对外许可合同的专利是不一样的专利。在进行专利评估时,评估对象的确定是不一样的。有效的对外许可合同可能会对专利价值产生正面影响,也可能会产生负面影响。

【提示】专利权的时效性、地域性和约束性等特征,以及在持有期内的质押、保全和解除会对相应专利资产的价值产生影响。

2. 专利权利要求内容与保护

专利的权利要求是指该项专利要求法律保护的核心内容,质量高的专利权利要求应该使得权利保护范围大且没有非必要技术特征,权利要求清晰有条理,对出现侵权产品也容易取证。

权利的稳定性也是十分重要的因素,权利稳定性一般是指专利权授权后对抗无效请求的能力,一般来说,如果不考虑其他因素的影响,稳定性高的专利,其价值一般要高于稳定性低的专利价值。

3. 专利权的创新性及实用性

创新性表现为一项专利其竞争对手无法采用其他方式轻易地达到同样的效果,这样的专利其创新性较高,价值也会较高。

实用性表现为两个方面,其一是可靠,其二就是实施成本尽可能低。同类技术,可靠性高的技术价值一定会高于可靠性低的技术,实施成本低的技术价值一定会高于实施成本高的技术。

4. 专利产品的发展前景

专利的价值与可以生产的专利产品或提供的专利服务是否具有良好的市场前景密切相关,具有良好市场前景的专利产品其价值一定要高于不具有市场前景的专利。

5. 专利的应用领域与保护力度

专利的保护期称之为专利的"长度",专利的应用领域和专利的保护力度,也有称之为专利的"宽度"。专利宽度就是专利应用和保护范围,也是对侵权行为的惩罚力度,专利的宽度可以用侵权惩罚金或者在专利保护范围内专利权人获得的超额垄断利润来代表。专利宽度越大,对侵权的惩罚额越高,这样竞争者就会越少,专利权人获得的超额垄断利润就越大,专利价值越高。

【例5-10】专利资产价值的影响因素较多,下列选项中属于专利资产影响因素的主要有( )。

A. 专利权的法律状态
B. 专利的权利要求内容
C. 专利产品的发展前景
D. 专利的应用领域
E. 实施专利开发产品的企业资本结构

【答案】ABCD

【解析】专利资产价值的影响因素主要有专利权的法律状态、专利权利要求内容与保护、专利的创新性及实用型、专利产品的发展前景以及专利的应用领域与保护力度。实施专利开发产品的企业资本结构并不影响专利的价值。

【知识点 5】专利资产评估的注意事项（★★★）

1. 共有专利资产评估的问题

专利权的共有形式可以分为共同共有和按份共有。专利权共有是指专利权的权利人包括两个或者两个以上的自然人、法人或其他组织。如果没有协议约定，专利共有人是共同共有，如果有协议约定按份共有，则从其约定。无论是哪种共有方式，专利资产的处置一般需要得到共有人的书面同意，这种处置一般包括所有权转让、质押等。

【提示】对于专利许可行为共有人对权利的行使有约定的，从其约定；没有约定的，共有人可以单独实施或者以普通许可方式许可他人实施该专利，许可他人实施该专利的，收取的使用费应当在共有人之间分配。

2. 被评估专利资产实施中需要用到其他专利资产或无形资产时需要关注的问题

当标的专利资产实施需要使用其他专利资产或相关专有技术资产时，需要确认标的专利资产是否已经获得上述其他专利资产权利人的许可；涉及强制许可的，需要确认是否获得国务院专利行政部门的批准。

【提示】被评估专利资产实施中需要用到其他专利资产或无形资产时，需要将其他专利资产或专有技术资产等的贡献进行恰当的扣除。

3. 资产评估专业人员评估专利资产时需要关注的"价值"问题

一般而言，资产评估专业人员对专利资产价值的评估仅涉及专利资产的经济价值，不应该包括其他领域的"价值"。

4. 质押目的的专利资产评估问题

（1）可以用于质押的专利资产权利类型

专利资产的质押包括所有权质押和收益权的质押，对于收益权的质押实质类似专利资产许可他人使用权的质押。

（2）质押目的评估的操作要点

1）质押目的专利资产评估权属核实的特殊要求。

专利资产质押评估需要提交由国家知识产权局出具的专利登记簿副本，实用新型专利和外观设计专利在进行质押目的评估时需要关注专利检索情况，需要委托方提供国家知识产权局系统提供的专利检索报告。

2）共有的专利资产质押需要征得共有人的书面同意。

对于共同共有的专利资产质押需要共有人书面同意；按份共有如果各共有人不能独立行使其拥有的专利资产份额，则也需要共有人书面同意。

3）质押目的评估时应当区别出质人自用的专利资产与已经许可他人使用的专利资产的差异。

已经许可他人使用的专利资产的许可协议，一般不会因专利资产的所有权转让而灭失，通常被许可人仍可以继续按协议使用。

5. 出资目的的专利资产评估问题

（1）可以用于出资的专利资产权利类型

可以作为出资的专利资产一般是指"所有权"，包括使用、收益和处分的权力。

与专利资产出资相关的权力主要是使用权和处置权。公司法要求出资的资产需要具有依法转让的权力，因此专利资产的单独使用权一般不能出资，使用权加使用权的处置权是否可以出资，没有明确规定，需要与工商部门沟通。

（2）出资目的评估的操作要点

1）评估对象界定：单项专利资产或多项专利资产组合，专利资产与专有技术、注册商标、著作权的财产权等组成的资产组。

2）权属类型：一般为专利资产的所有权。许可使用权加许可使用权的处置权出资需要另行沟通。

3）出资目的专利资产评估操作中的一些特殊要求：专利资产出资目的的评估可以参考质押目的的评估，要求委托人提交由国家知识产权局出具的专利登记簿副本，对于实用新型、外观设计专利在进行出资目的评估时，关注专利检索情况，可以要求委托人提供国家知识产权局系统提供的专利检索报告。

6. 专利资产评估权属资料核实问题。专利资产权属核实应当遵循"孤证不立"的原则，需要引入"证据链"的概念，核查多种指向相同的证据资料。

(1) 发明专利资产评估的权属资料核实应该根据不同的评估目的核实以下资料：

1) 一般许可/转让目的的评估需要核实的资料包括专利证书、专利维持费缴费凭证等。

2) 质押、诉讼等目的的需要核实的资料包括专利证书、专利维持费缴费凭证、专利登记簿副本等。专利登记簿是国家知识产权局进行专利权属登记的账簿。

(2) 实用新型专利资产评估的权属资料核实包括以下资料：

1) 一般许可/转让目的的评估。一般许可/转让目的评估需要核实专利证书、专利维持费缴费凭证等。

2) 质押、诉讼等目的的评估。质押、诉讼目的的评估需要核实专利证书、专利维持费缴费凭证、专利登记簿副本和专利检索报告等。

实用新型检索一般可以由国家知识产权局或其省级相关机构承担。

(3) 外观设计专利资产评估的权属核实包括以下资料：

1) 一般许可/转让目的的需要核实的资料包括专利证书、专利维持费缴费凭证等。

2) 质押、诉讼目的的需要核实的资料包括专利证书、专利维持费缴费凭证和专利登记簿副本和专利检索报告等。

【提示】无论发明、实用新型或者外观设计专利在进行权属资料核实环节中都可以通过国家知识产权局网站查询相关权属资料，进行进一步的验证工作。

精选练习题

一、单项选择题

1. 发明是指对产品、方法或者改进所提出的新的技术方案，具有某些显著特征，下列选项中不属于发明特征的是（　　）。
   A. 发明必须利用自然规律
   B. 发明是具体的技术性方案
   C. 发明是新的技术方案
   D. 发明要求产品必须是具有固定的形状

2. 专利资产具有一定的经济属性，下列选项不属于专利资产的经济特征是（　　）。
   A. 收益垄断性
   B. 收益不稳定性
   C. 研发成本不易界定性

   D. 技术公开性

3. 《专利法》对三种专利的保护期限都有明确的规定，发明专利权的法律保护期限为（　　）。
   A. 5年   B. 10年
   C. 15年   D. 20年

4. （　　）是一个法律概念，由国家专利局或代表几个国家的地区机构认定，根据法律批准授予专利所有人在一定期限内对其发明创造享有的独占使用权、转让权、许可权等权利。
   A. 专利   B. 评估
   C. 资产   D. 专利资产

5. （　　）是指发明创造被授予专利权后，专利权人享有禁止他人实施其专利权、许可他人实施其专利权、向他人转让或者质押其专利权的权利。
   A. 专利申请权   B. 申请专利的权利
   C. 专利权   D. 专利使用权

6. （　　）是根据专利法的相关规定，在某种特定前提下，国家可以对某些专利进行强制许可，取得实施强制许可的单位或者个人不享有独占的实施权，并且无权允许他人实施，被许可方还需要向专利权人支付许可使用费。
   A. 独占使用权   B. 排他使用权
   C. 强制许可   D. 一般使用权

7. （　　）专利权的保护范围以表示在图片或者照片中的该外观设计专利产品为准。
   A. 发明   B. 独占实施
   C. 实用新型   D. 外观设计

8. （　　）是指实用新型专利申请和外观设计专利申请经过初步审查合格后，国务院专利行政部门所指定的法定公告的日期，以及发明专利申请根据发明专利申请人的请求，经过实质审查合格后，国务院专利行政部门所指定的法定公告的日期。
   A. 专利申请日   B. 专利授权日
   C. 专利审批日   D. 专利批准日

9. （　　）是指在就发明创造向国家知识产权局提出专利申请之后，专利权申请人享有的是否继续进行专利申请程序、是否转让专利申请的权利。
   A. 专利申请权   B. 申请专利的权利
   C. 专利权   D. 专利使用权

10. 资产评估专业人员评估专利资产的价

值，通常指的是（　　）。
A. 经济价值
B. 科技价值
C. 社会价值
D. 军事及国家安全价值

11. （　　）是专利保护期限的起始时间，记录在专利申请受理通知书和专利证书上。
A. 专利授权日　　B. 专利失效日
C. 专利转让日　　D. 专利申请日

12. （　　）是专利权的生效日，国务院专利行政部门所指定的法定公告的日期。
A. 专利申请日　　B. 专利授权日
C. 专利失效日　　D. 专利转让日

13. 其他企业及个人未经专利权人的许可，不能使用该专利技术。这体现的经济特征是（　　）。
A. 专利资产具有垄断收益
B. 专利资产的研发成本不易界定
C. 专利资产之间的可比性弱
D. 专利资产的收益不稳定性

二、多项选择题

1. 专利资产评估对象的确认需要明确专利资产的基本状况并核实专利权的有效性，明确专利资产的基本状况通常包括（　　）。
A. 专利种类及名称
B. 专利申请号或专利号
C. 专利的享誉程度
D. 专利资产的权利形式
E. 单项专利或专利资产组合

2. 实用新型专利资产评估需要核实的权属资料有（　　）。
A. 专利证书
B. 专利维持费缴费凭证
C. 专利登记簿副本
D. 专利检索报告
E. 专利收益情况

3. 专利是常见的无形资产，专利要成为专利资产所需要满足的要素有（　　）。
A. 偶然时间段能发挥作用
B. 能带来经济利益
C. 专利的获利能力是通过法律保护获得的
D. 能持续发挥作用
E. 企业特有，未必能带来经济利益

4. 无形资产评估中，外观设计是一种常见的专利，下列选项中有关外观设计专利的特征是（　　）。
A. 外观设计必须与产品相结合
B. 外观设计必须能在产业上应用
C. 外观设计需解决产品的技术思想
D. 外观设计富有美感
E. 外观设计可不与产品相结合

5. 专利资产评估中，需要明确的专利资产基本状况的内容主要有（　　）。
A. 专利种类及名称
B. 专利申请号或专利号
C. 专利的研发投入
D. 专利资产的权利形式
E. 专利申请日和专利授权日

6. 对专利技术有效性的判断包括（　　）。
A. 核实专利的经济收益
B. 核实该专利是否为有效专利
C. 核实著录项目是否属实
D. 核实专利是否具有专利性
E. 核实专利资产的权力形式

7. 我国专利权的法律状态主要涉及（　　）。
A. 申请专利的权利
B. 专利权的无效宣告、终止与恢复
C. 专利权的对外许可
D. 专利的有效性
E. 专利申请权和专利权

8. 专利权是依《中华人民共和国专利法》而界定的权利，以下选项中，（　　）是专利资产的法律特征。
A. 时效性　　B. 地域性
C. 约束性　　D. 收益不稳定性
E. 专利资产具有垄断收益

9. 根据我国专利法的相关规定，专利的许可使用权可以分为授权许可和特别许可，其中授权许可包括（　　）。
A. 独占许可使用权
B. 排他许可使用权
C. 一般许可使用权
D. 特殊许可使用权
E. 所有权

10. 专利需要满足以下三个关键要素才能成为专利资产，这三个关键要素是（　　）。
A. 能持续发挥作用
B. 能带来经济利益

C. 专利的获利能力是通过法律保护获得的
D. 风险可测量
E. 收益期限可确定

三、综合题

1. 甲企业许可乙企业使用其生产可视对讲电话的专利技术，已知条件如下：甲企业与乙企业共同享用可视对讲电话专利，甲乙企业设计能力分别为150万部和50万部；该专利为甲企业外购，账面价值100万元，已使用4年，尚可使用6年，假设前4年技术类资产累计价格上涨率为15%；该专利对外许可使用对甲企业生产经营有较大影响，由于失去垄断地位，市场竞争会加剧，预计在以后6年，甲企业减少收益按折现值计算为50万元，增加研发费用以提高技术含量、保住市场份额的追加成本按现值计算为10万元。请评估该项专利许可使用的最低收费额（以万元为单位，小数点后保留两位）。

2. 甲企业将一项专利使用权转让给乙公司，拟采用对利润分成的方法，该专利系三年前从外部购入，账面成本100万元，三年间物价累计上升25%，该专利法律保护期10年，已过4年，尚可保护6年。经专业人员测算，该专利成本利润率为300%，乙公司资产重置成本为6 000万元，成本利润率为12.5%，通过对该专利的技术论证和发展趋势分析，技术人员认为该专利剩余使用寿命为5年，另外，通过对市场供求状况及有关会计资料分析得知，乙公司实际生产能力为年产某型号产品20万台，成本费用每台约为400元，未来5年间产量与成本费用变动不大，该产品由于采用了专利技术，性能有较大幅度提高，未来第一、第二年每台售价可达500元，在竞争的作用下，为维护市场占有率，第三、第四年售价将降为每台450元，第五年降为每台430元，折现率确定为10%。

要求：根据上述资料确定该专利评估值（不考虑流转税因素）。

精选练习题参考答案及解析

一、单项选择题

1. 【答案】D

【解析】实用新型专利要求产品必须是具有固定的形状、构造的产品。

2. 【答案】D

【解析】专利资产的技术特征包括技术公开性、可能存在着不完整性、可能存在不成熟性。

3. 【答案】D

【解析】《专利法》对三种专利的保护期限都有明确的规定，发明专利权的法律保护期限为20年。

4. 【答案】A

【解析】专利是指由国家专利局或代表几个国家的地区机构认定，根据法律批准授予专利所有人在一定期限内对其发明创造享有的独占使用权、转让权、许可权等权利。

5. 【答案】C

【解析】专利权是指发明创造被授予专利权后，专利权人享有禁止他人实施其专利权、许可他人实施其专利权、向他人转让或者质押其专利权的权利。

6. 【答案】C

【解析】强制许可是根据专利法的相关规定，在某种特定前提下，国家可以对某些专利进行强制许可，取得实施强制许可的单位或者个人不享有独占的实施权，并且无权允许他人实施，被许可方还需要向专利权人支付许可使用费。

7. 【答案】D

【解析】外观设计专利权的保护范围以表示在图片或者照片中的该外观设计专利产品为准。

8. 【答案】B

【解析】专利授权日是指实用新型专利申请和外观设计专利申请经过初步审查合格后，国务院专利行政部门所指定的法定公告的日期，以及发明专利申请根据发明专利申请人的请求，经过实质审查合格后，国务院专利行政部门所指定的法定公告的日期。

9. 【答案】A

【解析】专利申请权是指在就发明创造向国家知识产权局提出专利申请之后，专利权申请人享有的是否继续进行专利申请程序、是否转让专利申请的权利。

10. 【答案】A

【解析】一般而言，评估专业人员对专利资产价值的评估仅涉及专利资产的经济价值，不应该包括其他领域的"价值"，如军事、国家安全、科技发展等领域的"价值"。

11. 【答案】D

【解析】专利申请日指国务院专利行政部门收到专利申请的请求书、说明书（实用新型必须包括附图）和权利要求书的日期。专利申请日是专利保护期限的起始时间，也是专利审查员及评估专业人员判断申请技术新颖性及创造性的时间点，该日期记录在专利申请受理通知书和专利证书上。

12.【答案】B

【解析】专利授权日是指实用新型专利申请和外观设计专利申请经过初步审查合格后，国务院专利行政部门所指定的法定公告的日期以及发明专利申请根据发明专利申请人的请求，经过实质审查合格后，国务院专利行政部门所指定的法定公告的日期，是专利权的生效日。

13.【答案】A

【解析】专利权是一种法定的垄断权，其他企业及个人未经专利权人的许可，不能使用该专利技术，这是该专利获得超额经济收益的保证，专利权人因此享有相应的垄断收益权。

二、多项选择题

1.【答案】ABDE

【解析】明确专利资产的基本状况通常包括：（1）专利种类及名称；（2）专利申请号或专利号；（3）专利的法律状态；（4）专利权利要求书所记载的权利要求；（5）专利资产的权利形式；（6）专利申请日和专利授权日；（7）单项专利或专利资产组合。

2.【答案】ABCD

【解析】实用新型权属核实资料主要有：专利证书、专利维持费缴费凭证、专利登记簿副本和专利检索报告。

3.【答案】BCD

【解析】专利需要满足以下三点关键要素才能成为专利资产：其一，能持续发挥作用；其二，能带来经济利益；其三，专利的获利能力是通过法律保护获得的。

4.【答案】ABD

【解析】外观设计具有如下特征：（1）外观设计必须与产品相结合。（2）外观设计必须能在产业上应用。（3）外观设计富有美感。

5.【答案】ABDE

【解析】专利资产评估业务的过程中，需要明确专利资产的基本状况的内容主要有：（1）专利种类及名称。（2）专利申请号或专利号。（3）专利的法律状态。（4）专利权利要求书所记载的权利要求。（5）专利资产的权利形式。（6）专利申请日和专利授权日。（7）单项专利或专利资产组合。

6.【答案】BCD

【解析】对专利技术有效性的判断包括以下两个层次：（1）核实该专利是否为有效专利，著录项目是否属实。（2）核实该专利是否具有专利性。

7.【答案】ABCE

【解析】我国专利权的法律状态主要涉及：（1）申请专利的权利、专利申请权和专利权。（2）专利权的无效宣告、终止与恢复。（3）专利权的对外许可。

8.【答案】ABC

【解析】专利资产的法律特征包括以下几个方面：一、专利资产的时效性。二、专利资产的地域性。三、专利资产的约束性。

9.【答案】ABC

【解析】根据我国专利法的相关规定，专利的许可使用权可以分为授权许可和特别许可，其中授权许可包括独占许可使用权、排他许可使用权和一般许可使用权三种具体形式。

10.【答案】ABC

【解析】专利需要满足以下三点关键要素才能成为专利资产：一是能持续发挥作用；二是能带来经济利益；三是专利的获利能力是通过法律保护获得的。

三、综合题

1.【答案解析】

计算过程如下：

（1）重置成本净值 = 100 × (1 + 15%) × 6 ÷ (4 + 6) = 69（万元）

（2）重置成本净值分摊率 = 50 ÷ (150 + 50) × 100% = 25%

（3）机会成本 = 50 + 10 = 60（万元）

（4）该专利许可使用的最低收费额 = 69 × 25% + 60 = 77.25（万元）

2.【答案解析】

（1）确定利润分成率：

a. 确定专利重置成本：100 × (1 + 25%) = 125（万元）

b. 专利约当投资量：125 × (1 + 300%) = 500（万元）

c. 乙企业资产约当投资量：6 000×(1+12.5%)=6 750（万元）

d. 利润分成率：500÷(6 750+500)×100%=6.9%

(2) 确定评估值：

a. 确定每年利润额：

第一、二年：(500−400)×20=2 000（万元）

第三、四年：(450−400)×20=1 000（万元）

第五年：(430−400)×20=600（万元）

b. 确定分成额：

第一、二年：2 000×6.9%=138（万元）

第三、四年：1 000×6.9%=69（万元）

第五年：600×6.9%=41.4（万元）

c. 确定评估值：

$138÷(1+10\%)+138÷(1+10\%)^2+69÷(1+10\%)^3+69÷(1+10\%)^4+41.4÷(1+10\%)^5$

=364.179（万元）

=364（万元）

第六章 商标资产评估

考试大纲

一、考试目的
考查考生对商标资产评估原理与方法的掌握情况,以及分析和解决商标资产评估问题的能力。

二、考试内容及要求
(一)掌握的内容(★★★)
1. 商标资产评估对象的界定。
2. 商标资产价值影响因素。
3. 商标资产评估的注意事项。
4. 收益法在商标资产评估中的应用。

(二)熟悉的内容(★★)
1. 商标的分类。
2. 商标注册的条件。
3. 商标权的保护。
4. 商标资产的特征。

(三)了解的内容(★)
1. 对商标与商标权、商标资产的理解。
2. 商标权的取得。

考情分析

本章在考试中处于较重要地位,是无形资产考试分值分布的主要区域之一。涉及的考点为商标资产评估对象的界定、商标资产价值影响因素、商标资产的分类、商标权的确定与保护等方面。本章是无形资产评估必须掌握的内容,属于具体无形资产的评估,应该深入理解和熟练掌握商标、商标权及商标资产的确认,商标资产的价值影响因素和商标资产收益法的评估。复习重点:商标资产评估对象的界定,商标资产的保护和价值影响因素,商标资产收益法的运用,商标资产评估的注意事项,商标分类、注册条件和保护,以及商标权的取得。

考点精讲及典型例题解析

【知识点1】商标与商标权(★★★)

1. 商标与商标权的概念

(1)商标

商标是商品或服务的标记,是生产者或经营者把自己的商品或服务区别于他人的同类商品或服务而使用的一种特殊标记。

【提示】根据《中华人民共和国商标法》的规定,可以作为商标申请注册的标记主要包括文字、图形、字母、数字、三维标志、颜色组合和声音等,以及上述要素的组合。

(2)商标可以根据其构成、作用、功能、享誉程度以及是否享受法律保护等标准划分为若干种类。

1)按商标的构成分类,商标可以划分为文字商标、图形商标、符号商标、文字图形组合商标、色彩商标、三维标志商标、声音商标等。

2)按商标的作用分类,商标可分为商品商标、服务商标、集体商标和证明商标等。

集体商标是指以团体、协会或者其他组织名义注册,供该组织成员在商事活动中使用,以表明使用者在该组织中的成员资格的标志。

证明商标是指由对某种商品或者服务具有监督能力的组织所控制,由该组织以外的单位或者个人使用于其商品或服务,用以证明该商品或服务的原产地、原料、制造方法、质量或者其他特定品质的标志。

3)按商标的功能分类,商标可以分为经常使用的商标、防御商标、联合商标、扩展商标、备用商标。

防御商标是为了防止他人侵犯而申请使用一系列与自己商标近似而又相互联系的商标。

联合商标是将同一商标在不同商品上注册,阻止别人在其他商品上使用自己已经注册的商标;扩展商标是指在同一商标的基础上,进行一系列的扩展注册。如注册汉字商标后,还注册英文的意译商标、音译商标。

4）按商标的享誉程度分类，商标可以分为普通商标和驰名商标。

普通商标一般是指没有特别的市场影响力及公众知晓程度不是很高的商标。

驰名商标一般是指具有较大市场影响力，广为公众知晓并享有较高声誉的商标。

5）按商标是否享受法律保护分类，商标可以分为注册商标和非注册商标。

注册商标是指满足我国《商标法》的规定，经政府商标管理行政主管部门批准注册的商标。

非注册商标则是指未经政府商标管理行政主管部门批准注册的商标。

【提示】普通的非注册商标不受法律保护。

【提示】商标资产的评估，指的是注册商标专用权的评估。

【例6-1】按商标的功能不同，商标可分为经常使用的商标、防御商标、联合商标、扩展商标、备用商标。（　　）是将同一商标在不同商品上注册，阻止别人在其他商品上使用自己已经注册的商标。

A. 经常使用的商标
B. 防御商标
C. 联合商标
D. 扩展商标

【答案】C

【解析】联合商标是将同一商标在不同商品上注册，阻止别人在其他商品上使用自己已经注册的商标。

（3）商标权

商标权是指商标经注册或被认定为驰名商标而获得法律保护，形成了排他使用等的权利。绝大部分的商标权是通过商标注册获得的。商标经注册后，商标所有者依法享有商标权权益并受到法律保护。

【提示】因《驰名商标认定和保护规定》的存在，驰名商标可能是个例外，即注册和非注册的驰名商标都会受到法律保护。

2. 商标注册的条件

（1）商标注册的积极条件

商标显著性实际上是商标的可识别性。商标的显著性可以通过两种方式获得：

1）商标本身具有显著性；
2）通过长期的使用获得商标的显著性。

（2）商标使用与注册的消极条件

1）禁止作为商标使用的情形。《商标法》规定了禁止使用的具体情形：

①同中华人民共和国的国家名称、国旗、国徽、军旗、勋章相同或者近似的以及同中央国家机关所在地特定地点的名称或者标志性建筑物的名称、图形相同的；

②同外国的国家名称、国旗、国徽、军旗相同或者近似的，但该国政府同意的除外；

③同政府间国际组织的名称、旗帜、徽记相同或者近似的，但经该组织同意或者不易误导公众的除外；

④与表明实施控制、予以保证的官方标志、检验印记相同或者近似的，但经授权的除外；

⑤同"红十字""红新月"的名称、标志相同或者近似的；

⑥带有民族歧视性的；

⑦夸大宣传并带有欺骗性的；

⑧有害于社会主义道德风尚或者有其他不良影响的；

⑨县级以上行政区划的地名或者公众知晓的外国地名，不得作为商标。但是，地名具有其他含义或者作为集体商标、证明商标组成部分的除外；已经注册的使用地名的商标继续有效。

2）禁止作为商标注册的情形。与禁止使用不同，禁止注册的标志虽然不得作为商标注册，但仍有可能被未注册商标使用。禁止注册的情形主要有：

①仅有本商品的通用名称、图形、型号的；

②仅仅直接表示商品的质量、主要原料、功能、用途、重量、数量及其他特点的；

③其他缺乏显著特征的标志。

【提示】以三维标志申请注册商标的，仅由商品自身的性质产生的形状、为获得技术效果而需有的商品形状或者使商品具有实质性价值的形状，不得商标注册。

【例6-2】商标的注册和使用需要获得相关部门批准，下列选项中，不能作为商标使用的有（　　）。

A. 八一勋章
B. 中华人民共和国国旗
C. 南丰蜜桔
D. 红十字会

E. 中华人民共和国军旗

【答案】ABDE

【解析】《商标法》规定了禁止使用的具体情形：①同中华人民共和国的国家名称、国旗、国徽、军旗、勋章相同或者近似的以及同中央国家机关所在地特定地点的名称或者标志性建筑物的名称、图形相同的；②同外国的国家名称、国旗、国徽、军旗相同或者近似的，但该国政府同意的除外；③同政府间国际组织的名称、旗帜、徽记相同或者近似的，但经该组织同意或者不易误导公众的除外；④与表明实施控制、予以保证的官方标志、检验印记相同或者近似的，但经授权的除外；⑤同"红十字""红新月"的名称、标志相同或者近似的；⑥带有民族歧视性的；⑦夸大宣传并带有欺骗性的；⑧有害于社会主义道德风尚或者有其他不良影响的；⑨县级以上行政区划的地名或者公众知晓的外国地名，不得作为商标。但是，地名具有其他含义或者作为集体商标、证明商标组成部分的除外；已经注册的使用地名的商标继续有效。

3）其他禁止注册和使用的情形。在下列情况下，该标志不能由特定当事人作为商标注册，当然，特定当事人作为商标使用也是禁止的，即不予注册并禁止使用：

①就相同或者类似商品申请注册的商标是复制、模仿或者翻译他人未在中国注册的驰名商标，容易导致混淆的；

②就不相同或者不相类似商品申请注册的商标是复制、模仿或者翻译他人已经在中国注册的驰名商标，误导公众，致使该驰名商标注册人的利益可能受到损害的；

③未经授权，代理人或者代表人以自己的名义将被代理人或者被代表人的商标进行注册，被代理人或者被代表人提出异议的；

④商标中有商品的地理标志，而该商品并非来源于该标志所标示的地区，误导公众的。

【提示】已经善意取得注册的继续有效。

3. 商标权的取得

（1）商标注册申请的原则

1）自愿注册原则。

当事人是否申请商标注册，由商标使用人自己决定。

【提示】根据《中华人民共和国烟草专卖法》，卷烟、雪茄烟和有包装的烟丝必须申请商标注册，未经核准注册的，不得生产、销售。

2）先申请原则。

两个或两个以上的申请人先后在就同一种类的商品或者类似商品上，以相同或近似的商标申请注册，商标局初步审定并公告申请在先的商标，对申请在先者予以审核和注册。

【提示】申请先后的确定以申请日为准。申请日的确定以商标局收到申请文件的日期为准。如果是同一天申请的，商标局初步审定并公告使用在先的商标。同日使用或者均未使用的，由申请人自行协商，不愿协商或者协商不成的，商标局通知各申请人以抽签的方式确定一个申请人。

3）优先权原则。

商标注册申请人自其商标在外国第一次提出商标注册申请之日起 6 个月内，又在中国就相同商品以同一商标提出商标注册申请的，依照该外国同中国签订的协议或者共同参加的国际条约，或者按照相互承认优先权的原则，可以享有优先权。

商标在中国政府主办的或者承认的国际展览会展出的商品上首次使用的，自该商品展出之日起 6 个月内，该商标的注册申请人可以享有优先权。

（2）商标注册的申请文件

商标注册申请人应当按规定的商品分类表填报使用商标的商品类别和商品名称提出注册申请，向商标局送交《商标注册申请书》一份。商标注册申请人可以通过一份申请就多个类别的商品申请注册同一商标，需注意名义、章戳应当与核准或者登记的一致。

（3）商标注册的审查与核准

对申请注册的商标，商标局自收到商标注册申请文件之日起九个月内审查完毕，符合《商标法》有关规定的，予以初步审定公告。在审查过程中，商标局认为商标注册申请内容需要说明或者修正的，可以要求申请人做出说明或者修正，申请人未做出说明或者修正的，不影响商标局做出审查决定。

4. 商标权的保护

（1）注册商标专用权的保护范围

注册商标的专用权，以核准注册的商标和核定使用的商品为限。注册商标所有人无权任意改变商标的构成要素，也无权任意扩大商标的使用范围。

(2) 侵犯商标权的表现形式

1) 商标相同商品相同的侵权行为。

未经商标注册人的许可，在同一种商品上使用与其注册商标相同的商标的，属于相同商标的侵权行为。

2) 商标近似或者商品类似商标相同的侵权行为。

未经商标注册人的许可，在同一种商品上使用与其注册商标近似的商标，或者在类似商品上使用与其注册商标相同或者近似的商标，容易导致混淆的，属于侵犯商标权的行为。

3) 销售侵犯注册商标专用权的侵权行为。

此类侵权行为不局限于销售假冒注册商标商品的行为，也包括销售"在类似商品上使用相同商标或者近似商标"商品及"在相同商品上使用近似商标"商品的行为。

【提示】销售善意取得的注册商标专用权的商品，能证明该商品是自己合法取得的并说明提供者的，不承担赔偿责任。

4) 伪造、擅自制造和销售注册商标标识。

伪造注册商标标识是指仿造他人的商标图案及物质实体印制出商标标识；

擅自制造是指未经注册商标所有人的同意而印制商标标识。

5) 反向假冒。

反向假冒是指未经商标注册人同意，更换其注册商标并将该更换商标的商品又投入市场的。

6) 帮助侵权。

故意为侵犯他人注册商标专用权提供仓储、运输、邮寄、隐匿等便利条件的行为，在性质上属于帮助侵权的情形，应当与直接侵权人共同承担连带责任。

7) 给他人的注册商标专用权造成其他损害的侵权行为。

【例6-3】商标资产是重要的无形资产，下列选项中有关商标的论述正确的是（　　）。

A. 按商标的作用分类，可分为经常使用的商标、防御商标、联合商标、扩展商标、备用商标

B. 按商标的享誉程度分类，可分为普通商标和驰名商标

C. 按商标的功能分类，可分为商品商标、服务商标、集体商标和证明商标

D. 按商标的构成分类，可分为注册商标和非注册商标

【答案】B

【解析】按商标的构成分类，商标可以划分为可分为文字商标、图形商标、符号商标、文字图形组合商标等。按商标的作用分类，可分为商品商标、服务商标、集体商标和证明商标等。按商标的功能分类，商标可以分为经常使用的商标、防御商标、联合商标、扩展商标、备用商标。

【知识点2】商标资产（★★★）

1. 商标资产的概念

商标资产是指商标权利人拥有或者控制的，能够持续发挥作用并且能带来经济利益的注册商标权益。

商标成为商标资产的关键要素：

（1）商标区别企业商品或服务的功能及作用能够通过营销在消费者意识中形成独特的联想并产生经济利益；

（2）以法律保护的形式将商标标识作用所带来的经济利益赋予了商标权利人。

2. 商标资产的特征

（1）形式特征

1) 商标资产通常为商品商标权和服务商标权

商品商标和服务商标是自然人、法人或其他经济组织对其生产经营的商品或提供的服务项目申请注册的商标，具有专有性和排他性的特征。当商品商标和服务商标得到消费者的认可，并在经济上有所体现时，商品商标和服务商标就能转化为商标资产。

【提示】根据《商标法》，集体商标和证明商标都存在着商标使用不具有专有性和排他性，难以单独交易转让，不具备成为商标资产的基本要素。

2) 商标资产通常为驰名商标

驰名商标基本具备了区别商品和服务提供者的功能和因商标资产所获得超额收益的能力，在获得法律保护之后是最典型的商标资产。

3) 商标资产可以是独立的商标权或以商标权为核心的资产组合

商标资产可以是独立商标权，如某些驰名

商标的信誉已经超出或游离于所标识的商品或服务之外，该驰名商标本身就代表着品质和信誉，成为相对独立的"商标资产"。

通常商标资产可以与其他无形资产共同发挥作用，形成以商标权为核心的资产组合。这种资产组合通常是以商标权为核心，辅以支撑该商标权拥有超额收益能力的相关技术和管理。例如许多优质商品的商标，除了商标本身之外，往往有独特的配方、先进的制造技术、特殊的工艺和完善的管理予以辅佐，才使其成为商标资产。

（2）价值特征

1）对商标标识的商品或服务的数量和质量具有相对依附性

商标的知名度、信誉度及市场影响力是通过所标识的特定商品或服务的质量逐步实现的。大部分商标资产的价值在很大程度上与其所标识的商品或服务的质量与数量水平存在着紧密的关系或依附关系。

2）商标资产需要相关技术和管理支撑

商品或服务的品质与其生产技术和管理紧密相关，尤其是商品商标资产。许多商标资产并不单单是一个商标权，往往是若干技术和管理围绕着一个商标权形成的商标资产组合。商标权可以通过设计和申请注册实现，而商标资产必须通过经营管理实现。

3）广告宣传和营销管理对商标资产的价值具有维持和助推作用

商标资产的价值虽然不是由广告和营销决定的，但好的广告宣传和好的营销管理对于商标市场影响力具有推动作用，进而维持和助推商标资产的价值。

4）商标资产具有扩展能力

商标资产的扩展是指将现有商品或服务的商标应用在与其具有直接联系的其他商品或服务上。对于具有良好市场认可和品牌忠诚度的商标而言，商标可以延伸到相关商品或服务上。

【例6-4】有关商标资产价值特征的论述，下列选项中错误的是（　　）。

A. 商标对其标识的商品或服务的数量和质量具有相对依附性

B. 商标资产需要相关技术和管理支撑

C. 广告宣传和营销管理对商标资产的价值具有维持和助推作用

D. 商标资产无法延伸到相关商品或服务上

【答案】D

【解析】商标资产具有扩展能力。对于具有良好市场认可和品牌忠诚度的商标而言，商标可以延伸到相关商品或服务上。

（3）法律特征

商标资产在法律的层面上主要表现为注册商标，其特性主要包括以下几个方面：

1）商标资产具有时效性

注册商标的有效期为10年，商标注册人应当在期满前12个月内按照规定办理续展手续，在此期间未能办理的，可以给予6个月的宽展期。每次续展注册的有效期为10年，自该商标上一届有效期满次日起计算。10年届满如果没有申请续展，则商标的注册将被注销，商标权失效。

【提示】老牌商标权的价值一般与其寿命成正比，寿命越长，价值越高。

2）商标资产具有地域性

商标权的地域范围对商标资产的价值有很大影响。商标资产具有严格的地域性，不同国家存在着不同的商标保护原则，只在法律认可的一定地域范围内受到保护。如果需要得到其他国家的法律保护，必须按照该国的法律规定，在该国申请注册，或向世界知识产权组织国际局申请商标国际注册。

3）商标资产具有约束性

注册商标的专用权以核准注册的商标和核定使用的商品为限。评估商标资产价值时，要注意商标注册的商品种类及范围，考虑商品使用范围是否与注册范围相符合。

商标权只有在核定的商品上使用时才受法律保护，对超出注册范围部分所带来的收益不应计入商标资产的预期收益中。

注册商标的专用权以核准注册的商标和核定使用的商品为限。根据"一标多类"商标注册申请制度，某一项商标权的价值可能承载了多类商品或服务，评估专业人员在对某一商标进行评估时，需要重点关注该商标所对应的商品类别以及相应的商品或服务项目名称，必要时还需要在商品或服务的内容间进行分割。

【提示】在合法续展的情况下，商标权可成为永久性收益的无形资产。

【例6-5】下列关于商标资产特征的论述，

正确的是（　　）。

A. 商标资产是指以商标权为核心的资产组合

B. 商标资产独立于其标识的商品或服务的数量和质量

C. 注册商标的专用权以核准注册的商标和核定使用的商品为限

D. 商标资产具有时效性，注册商标的有效期一般为5年

【答案】C

【解析】商标资产可以是独立的商标权或以商标权为核心的资产组合，A错误。商标对其标识的商品或服务的数量和质量具有相对依附性，B错误。商标资产具有时效性，D错误。注册商标的有效期为10年。

【知识点3】商标资产评估概述（★★★）

1. 商标资产评估对象的界定

商标资产评估对象是指受法律保护的注册商标权益。其经济价值体现为它能否获得超额收益，不能带来超额收益的商标权难以成为商标资产，也难以成为评估对象。商标资产评估对象界定涉及评估客体的界定和评估客体约束条件的界定两个方面。

（1）评估客体的界定

评估客体的界定是指针对商标权本身特征进行的调查分析。评估客体的界定主要包括以下工作：

1）核实标的商标的法律状态

核实标的商标的法律状态，主要包括判断标的商标是否已经注册，以及注册商标是否有效两个方面。已经注册的商标长时期不使用也会失效而不受法律保护，不能成为评估客体。核实商标的注册情况、商标权的使用情况以及商标权的续展续权情况，是核实标的商标的法律状态的基本工作。

【提示】非注册商标不受法律保护，不能成为评估客体。

2）明确注册商标是普通商标还是驰名商标

由于普通商标与驰名商标的市场影响力存在较大的差异，两者的价值影响因素也不完全相同。在评估客体界定时，需要明确被评估商标是普通商标还是驰名商标，以便按照不同的评估思路，考虑不同市场影响力因素进行评估。

3）明确商标的盈利模式

商标的盈利模式有多种，包括因驰名商标的使用而形成商品或服务价格溢价或因商标的使用致使商标商品或服务的销量增加等。因为商标盈利模式的不同，商标在增加商品或服务超额收益中的作用也不完全相同。同时，商标需要借助于某种技术或某些技术才能发挥作用，以及商标需要借助于其他相关资产的辅助才能发挥作用。

【提示】明确被评估商标的盈利模式不仅有助于恰当选择评估技术方法评估商标资产价值，而且有助于合理界定商标资产评估中的评估对象。

【提示】商标资产评估对象可以是商标资产本身，也可能是以商标资产为核心辅以与其共同发挥作用而又难以分割的相关资产组成的资产组，或组合无形资产。

【例6-6】商标资产评估客体的界定是指针对商标权本身特征进行的调查分析，下列关于商标资产核实商标的法律状态包含内容正确的是（　　）。

A. 判断商标是否已经注册

B. 判断注册商标是否有效

C. 明确注册商标是普通商标还是驰名商标

D. 明确商标的盈利模式

E. 明确商标包含的产品数量

【答案】AB

【解析】核实商标的法律状态，主要包括判断商标是否已经注册，以及注册商标是否有效两个方面。由于非注册商标不受法律保护，一般不能成为评估客体。如果已经注册的商标长时期不使用也会失效而不受法律保护，不能成为评估客体。

（2）评估客体约束条件的界定

评估客体的约束条件是指引起评估的经济事项以及由这些经济事项涉及的相关法律法规、制度规定等对商标评估的条件限定或约束。评估客体的约束条件主要形成于引起商标资产评估的特定经济事项或经济行为。评估客体约束条件的界定主要包括以下工作：

1）明确评估特定目的

引起商标资产评估的经济事项，评估结果的期望用途和评估报告的期望使用者，以及与该经济事项有关的法律法规，是对评估客体和

评估过程的总体约束。不同的评估结果期望使用者可能会对相同评估客体提出不同的评估要求。

【提示】引起商标资产评估的经济事项包括但并不限于以下各项：转让、投资、质押融资、侵权赔偿、财务核算等。

2) 明确被评估商标权利形式

明确评估客体的具体权属是商标所有权还是商标使用权。

我国《商标法》规定："转让注册商标的，转让人和受让人应当签订转让协议，并共同向商标局提出申请。受让人应当保证使用该注册商标的商品质量。转让注册商标的，商标注册人对其在同一种商品上注册的近似的商标，或者在类似商品上注册的相同或者近似的商标，应当一并转让。转让注册商标经核准后，予以公告。受让人自公告之日起享有商标专用权。"

【提示】商标权许可使用是指商标权所有者在不放弃商标所有权的前提下，特许他人按照许可合同规定的条款使用商标。一般来说，商标所有权转让的评估值高于商标权许可使用的评估值。

3) 明确被评估商标使用对象范围与空间范围

被评估商标的使用对象范围和空间范围也是约束评估对象商标的条件之一。被评估商标的价值高低与其标识的商品或服务的范围以及在多大空间范围内使用有着极为密切的关系。

2. 商标资产价值影响因素

商标权作为一种无形资产，其经济价值并非简单地由设计、制作、申请、保护等方面所耗费用而形成的，还与其所代表的企业的商品质量、性能、服务等效应因素的综合性、重复性相关。实质上是对企业生产经营的素质，尤其是技术状况、管理状况、营销技能的综合反映。

另外，商标资产的评估值还与评估基准日的社会、经济状况以及评估目的等密切相关。因此，商标资产价值的评估应重点考虑如下几个方面。

（1）宏观经济状况

宏观经济政策对商标价值评估具有一定影响，在评估基准日宏观经济景气高涨时，评估值相对较高，低迷时评估值较低。

（2）商标的市场影响力

商标的市场影响力是影响商标资产价值最重要的因素。反映商标资产市场影响力的具体指标主要包括商标的知名度和信誉度。

1) 商标的知名度

商标的知名度是指消费者对商标产品或服务的认知认可程度。商标的知名度越高，商标商品或服务就越受消费者的青睐，商标商品或服务进入市场的阻力就越小，商标商品或服务的市场竞争力越强。

【提示】一般情况下，同一行业，驰名商标价值高于非驰名商标价值。

2) 商标的信誉度

商标的信誉度是指商标商品或服务的质量及其相关服务得到消费者肯定和信任程度的指标商标的信誉度能大大提升商标商品和服务的市场竞争力，也是商标资产具有价值的重要基础。

【例6-7】商标权作为一种无形资产，其经济价值并非简单地由设计、制作、申请、保护等方面所耗费用而形成的，影响商标资产价值最重要的因素是（　　）。

A. 宏观经济状况

B. 商标的市场影响力

C. 类似商标的交易情况

D. 商标的续展年限

【答案】B

【解析】商标的市场影响力是影响商标资产价值最重要的因素。

（3）商标声誉的维护

商标资产的价值与商标声誉的维护有关，商标资产维护时间越长，价值越大。对于大部分商标资产而言，广告投入的数量及广告宣传的密度与媒介的层次会在很大程度上影响商标的知名度和市场影响力。

【提示】广告宣传费用是商标成本的重要组成部分，对商标资产的价值产生重大的影响。

（4）商标权所依托的商品

商标权本身不能直接产生收益，其价值大都是依托相关的产品或服务来实现的。主要与以下因素有关：

1) 商品所处的行业及前景

商标所依托的商品所在的行业发展情况，对商标资产的价值能产生重大影响。行业的状况直接影响到商品的生产规模、价格、利润率等经济指标，进而影响到商标的价值。

【提示】商标资产的价值在于其获得超额利润的能力，在销量相同的情况下，新兴行业往往是产品附加值高的行业，商标资产价值也更高。

2）商品的生命周期

商标资产的价值与所依附的商品所处的生命周期有关。商品的生命周期一般有四个阶段，即研制阶段、发展阶段、成熟阶段、衰退阶段。处于不同阶段的商标商品的市场影响力不同，商标资产的价值也不相同。

3）商品的市场占有率及竞争状况

商品的市场占有率标志着商标资产的价值范围。商标资产的价值体现在获得超额利润的能力上。同样的单价，其市场占有率越大，商品销量越大，利润及超额利润也越大，商标资产的价值也就越高。

4）商品经营企业的素质和管理水平

商标资产的价值基础是商标商品的质量，以及由此形成的知名度和信誉度。从商标商品具备较高质量到获得较高知名度和信誉度需要有较长时间的积累。在这个过程中，商标商品经营企业的管理水平和经营之道将发挥巨大的作用。

5）商品的获利能力

商标商品的获利能力越强，超额收益越高，商标资产的价值也就越高。商标资产的价值也就更高。

【提示】商标商品的获利能力是决定商标资产价值的根本性因素。

(5) 商标权的法律状态

1）商标的注册

我国实行的商标专用权制度是"不注册使用与注册使用并行，仅注册才能产生专用权"。按照这种制度，只有获得了注册的商标使用人才享有专用权，才有权排斥他人在同类商品上使用相同或相似的商标，才有权对侵权活动起诉。

【提示】只有注册了的商标才具有经济价值。未注册的商标即便能带来经济效益，其经济价值也得不到确认。

2）商标权的无效宣告、撤销以及注销

已经注册的商标，违反《商标法》注册商标标志范围规定的，或者是以欺骗手段或者其他不正当手段取得注册的，由商标局宣告该注册商标无效；其他单位或者个人可以请求商标评审委员会宣告该注册商标无效。

已经注册的商标，违反《商标法》有关注册规定的，自商标注册之日起五年内，在先权利人或者利害关系人可以请求商标评审委员会宣告该注册商标无效。对恶意注册的，驰名商标所有人不受五年的时间限制。

商标注册人在使用注册商标的过程中，自行改变注册商标、注册人名义、地址或者其他注册事项的，由地方工商行政管理部门责令限期改正，期满不改正的，由商标局撤销其注册商标。此外，注册商标成为其核定使用的商品的通用名称或者没有正当理由连续3年不使用的，任何单位或者个人还可以向商标局申请撤销该注册商标。

注册商标有效期满，需要继续使用的，商标注册人应当在期满前12个月内按照规定办理续展手续；在此期间未能办理的，可以给予6个月的宽展期。每次续展注册的有效期为10年，自该商标上一届有效期满次日起计算。期满未办理续展手续的，注销其注册商标。

注册商标被撤销、被宣告无效或者期满不再续展的，自撤销、宣告无效或者注销之日起一年内，商标局对与该商标相同或者近似的商标注册申请，不予核准。可见，无论是注册商标被撤销、被宣告无效或者是期满不再续展的，原商标所有人都不再享有商标专用权。丧失了注册商标专用权，也就失去了商标评估的对象，也就不再具有经济价值。

(6) 商标的使用方式

商标的使用既可以是商标所有人的自行使用，也可以是商标所有人以外的第三人的被许可使用。商标的注册、使用、购买成本、商标注册时间、有无许可使用等都是影响商标资产价值的重要因素。

(7) 类似商标的交易情况

商标的交易情况也影响商标资产的价值。在市场法中，影响因素包括可比交易案例的交易价格、交易情况、本身情况、交易日期等。

【提示】当使用市场法进行商标价值评估时，可比交易案例及其交易情况对商标价值评估起决定性作用。

【例6-8】注册商标有效期满,需要继续使用的,商标注册人应当在期满前（　　）个月内按照规定办理续展手续;在此期间未能办理的,可以给予（　　）个月的宽展期。

A. 6　6　　　　　B. 12　12
C. 6　12　　　　D. 12　6

【答案】D

【解析】注册商标有效期满,需要继续使用的,商标注册人应当在期满前12个月内按照规定办理续展手续;在此期间未能办理的,可以给予6个月的宽展期。每次续展注册的有效期为10年,自该商标上一届有效期满次日起计算。

【知识点4】商标资产评估的注意事项（★★★）

1. 商标资产评估对象的确定

评估专业人员执行商标资产评估业务,应当根据具体情况将评估对象确定为单一商标权益或者商标组合权益。对商标专用权进行评估时,应当将商标注册人在相同或者类似商品和服务上注册的相同或者近似的商标作为商标组合。

2. 其他资产共同发挥作用时商标资产贡献的确定

评估专业人员执行商标资产评估业务,应当了解商标资产与相关有形资产以及专利权、专有技术和著作权等无形资产共同发挥作用的情况,并考虑其对商标资产价值的影响。

3. 商标注册人和使用人分离时商标权益主体贡献的确定

当商标的注册人和使用人分属于不同的主体时,应当考虑商标使用人所投入的维护成本对商标资产价值的贡献。

精选练习题

一、单项选择题

1. 按商标的功能不同,商标可分为经常使用的商标、防御商标、联合商标、扩展商标、备用商标。（　　）是为了防止他人侵犯而申请使用一系列与自己商标近似而又相互联系的商标。

A. 经常使用的商标
B. 防御商标
C. 联合商标
D. 扩展商标

2. 注册商标被撤销、被宣告无效或者期满不再续展的,自撤销、宣告无效或者注销之日起（　　）年内,商标局对与该商标相同或者近似的商标注册申请,不予核准。

A. 1　　　　　　B. 2
C. 3　　　　　　D. 5

3. 商标资产是指商标权利人拥有或者控制的,能够持续发挥作用并且能带来经济利益的注册商标权益。关于商标资产价值特征的说法正确的是（　　）。

A. 商标资产对商标标识的商品或服务的数量和质量无依附性
B. 商标资产不需要相关技术和管理支撑
C. 广告宣传和营销管理对商标资产的价值具有维持和助推作用
D. 商标资产不具有扩展能力

4. 商标资产是重要的无形资产,在商标评估中,对商标的价值起决定性作用的是（　　）。

A. 商标设计
B. 商标的广告宣传
C. 商标所能带来的超额收益
D. 商标所能带来的正常利润

5. 由对某种商品或者服务具有监督能力的组织所控制,而由该组织以外的单位或者个人使用于其商品或服务,用以证明该商品或服务的原产地、原料、制造方法、质量或者其他特定品质的标志是（　　）。

A. 商品商标　　　B. 服务商标
C. 集体商标　　　D. 证明商标

6. 按商标是否享受法律保护,商标注册人能否享有商标权分类,商标可以分为（　　）。

A. 普通商标
B. 注册商标和非注册商标
C. 驰名商标
D. 合法商标

7. 商标的价值内涵是表示商品的质量信誉,但其成本本身采用商标设计费、注册费、广告费等,说明无形资产的成本具有（　　）。

A. 不完整性　　　B. 虚无性
C. 弱对应性　　　D. 象征性

8. 关于商标资产的形式特征,以下说法正确的是（　　）。

A. 商标资产通常为商品集体商标和证明

商标

B. 商标资产通常为驰名商标

C. 商标资产不可以是独立的商标权

D. 商标资产不可以是以商标权为核心的资产组合

9. 对申请注册的商标，商标局应该自收到商标注册申请文件之日起（　　）个月内审查完毕。

A. 3　　　　　　B. 6

C. 9　　　　　　D. 10

10. 下列选项中，有关商标资产的形式特征论述正确的是（　　）。

A. 商标资产仅是独立的商标权，不包括以商标权为核心的资产组合

B. 商标资产通常为商品商标权和服务商标权

C. 集体商标存在商标使用具有专有性和排他性，具备成为商标资产的基本要素

D. 证明商标存在商标使用不具有专有性和排他性，具备成为商标资产的基本要素

11. 商标可以根据不同的标准划分为若干种类，按商标的享誉程度分类，商标可以分为（　　）。

A. 防御商标和联合商标

B. 服务商标和集体商标

C. 普通商标和驰名商标

D. 注册商标和非注册商标

二、多项选择题

1. 商标资产是指商标权利人拥有或者控制的，能够持续发挥作用并且能带来经济利益的注册商标权益。下列关于商标资产价值特征说法正确的是（　　）。

A. 商标资产的价值具有永续性

B. 商标资产需要相关技术和管理支撑

C. 对商标标识的商品或服务的数量和质量具有相对依附性

D. 广告宣传和营销管理对商标资产的价值具有维持和助推作用

E. 商标资产具有扩展能力

2. 商标资产是重要的无形资产，下列选项中影响商标资产价值的因素有（　　）。

A. 宏观经济状况

B. 商标市场的影响力

C. 商标的法律状态

D. 商标的使用方式

E. 商标设计的难易程度

3. 商标资产是重要的无形资产，下列关于商标的说法正确的有（　　）。

A. 商标资产进行评估时，评估客体的界定需要核实标的商标的法律状态以及明确商标的盈利金额

B. 商标权一般包括排他专用权（或独占权）、转让权、许可使用权、消费权

C. 商标权评估中的商标资产价值类型通常为市场价值

D. 许可使用权是指商标权人依法通过商标使用许可合同允许他人使用其注册商标

E. 集体商标是用以证明该商品或服务的原产地、原料、制造方法、质量或者其他特定品质的标志

4. 商标可以分为普通商标和驰名商标，驰名商标是国家知识产权局商标局根据企业的申请而认定的，下列选项中有关驰名商标说法错误的是（　　）。

A. 驰名商标一般具有较大市场影响力

B. 驰名商标一般广为公众知晓

C. 驰名商标一般享有较高声誉

D. 驰名商标一般是企业认定

E. 驰名商标一般是公众认定

5. 商标需要满足一定的条件才能成为商标资产，下列选项中必须满足的条件是（　　）。

A. 商标具有较大市场影响力，广为公众知晓并享有较高声誉，只有驰名商标才能作为商标资产

B. 以法律保护并能够带来超额的经济利益

C. 必须是满足《商标法》的规定，经政府商标管理行政主管部门批准注册的商标

D. 有区别企业商品或服务的功能及作用并能通过营销在消费者意识中形成独特的联想并产生经济利益

E. 商标权可以迅速变卖，且商标价值超过100万元

6. 评估客体的界定是指针对商标权本身特征进行的调查分析。评估客体的界定主要包括（　　）。

A. 核实商标的法律状态

B. 明确注册商标是普通商标还是驰名商标

C. 明确商标的盈利模式

D. 明确被评估商标权受益人
E. 明确被评估商标的使用地域

7. 商标资产是常见的评估对象，具有某些独有的特征，以下选项中属于商标资产的特征的是（　　）。
   A. 形式特征　　B. 价值特征
   C. 外观特征　　D. 法律特征
   E. 区域特征

8. 在商标的评估中，评估客体的界定需要做的工作有（　　）。
   A. 核实标的商标的法律状态
   B. 明确注册商标是普通商标还是驰名商标
   C. 明确商标的盈利模式
   D. 明确商标的盈利金额
   E. 明确评估特定目的

9. 商标资产是重要的无形资产，下列选项中属于商标权的价值特征包括（　　）。
   A. 对商标标识的商品或服务的数量和质量具有相对依附性
   B. 广告宣传和营销管理对商标资产的价值具有维持和助推作用
   C. 商标资产需要相关技术和管理支撑
   D. 具有时效性
   E. 商标资产具有扩展能力

三、综合题

1. 某企业拟转让其拥有的某产品的商标使用权，该商标产品的单位市场售价为1 000元/台，比普通的商标同类产品的价格高出100元/台，拟购买商标企业的年生产能力为100 000台，双方商定商标使用许可期为3年，被许可方按照使用该商标的产品的年销售利润的30%作为商标特许权使用费，每年支付一次，3年支付完价款。被许可方的正常销售利润率为10%，收益率按照10%计算。请计算该商标使用权的价格。

2. 甲公司注册拥有"M"商标权，并用于"M"牌饮料产品。"M"牌饮料产品具有独特的配方和口感。多年来，甲公司一直非常重视内部生产管理和市场营销、消费者体验，"M"牌饮料产品质量稳定，形成了稳定的消费群体。随着市场规模的扩大，甲公司产能已不能满足市场需求。20×4年甲公司营业收入87 000万元，净利润24 750万元，资产总额137 500万元，净资产82 500万元。

乙公司长期从事饮料食品等生产，具有一定的生产能力，但由于产品缺乏品牌影响，企业经营状况一般，历史年度平均利润率（利润总额/营业收入）15%。乙公司所得税率25%。

20×5年初，甲、乙公司经过谈判，拟进行合作。甲公司授权乙公司使用"M"商标生产"M"牌饮料，并提供相应的管理、配方、市场营销支持。初步确定"M"商标授权使用期限为5年，采用普通许可方式。为确定"M"商标授权使用费金额，需对"M"商标资产价值进行评估，评估基准日20×4年12月31日。

经分析，"M"商标资产具有较好的市场表现，能够给乙公司带来超额收益，可以采用超额收益法进行评估。乙公司参考"M"牌饮料产品历史销售情况，结合自身产能和市场分析，预测未来年度营业收入及利润总额见表1。

表1 "M"牌饮料盈利预测

项目	20×5年	20×6年	20×7年	20×8年	20×9年
营业收入（万元）	15 000	18 000	20 700	22 800	22 900
利润总额（万元）	5 250	6 300	7 245	1 980	8 368
利润率（利润总额/营业收入）	35%	35%	35%	35%	35%

经分析，无形资产中商标资产贡献率为55%，预测年度保持稳定。基准日5年期国债到期收益率3.5%，1年期国债到期收益率为2%。影响商标资产的政策风险为1%，法律风险为2%，市场风险为3%，技术替代风险为2%，公司管理风险为2%。

(1) 说明本次商标资产评估对象。
(2) 按照超额收益法计算乙公司无形资产超额收益率。
(3) 计算"M"商标超额收益率。
(4) 确定商标资产收益期限，并说明理由；计算预测各项商标资产超额净收益。
(5) 采用累加法计算商标资产折现率。
(6) 假设现金流量在期末产生，计算商标资产评估价值。

精选练习题参考答案及解析

一、单项选择题

1. 【答案】B

【解析】防御商标是为了防止他人侵犯而申请使用一系列与自己商标近似而又相互联系的商标。

2. 【答案】A

【解析】注册商标被撤销、被宣告无效或者期满不再续展的，自撤销、宣告无效或者注销之日起1年内，商标局对与该商标相同或者近似的商标注册申请，不予核准。

3. 【答案】C

【解析】A错误，商标资产对商标标识的商品或服务的数量和质量具有相对依附性。B错误商标资产需要相关技术和管理支撑。D错误，商标资产具有扩展能力。

4. 【答案】C

【解析】商标之所以具有价值，是因为商标能够为所有者或者使用者带来超额收益。

5. 【答案】D

【解析】证明商标是指由对某种商品或者服务具有监督能力的组织所控制，而由该组织以外的单位或者个人使用于其商品或服务，用以证明该商品或服务的原产地、原料、制造方法、质量或者其他特定品质的标志。

6. 【答案】B

【解析】按商标是否享受法律保护，商标可以分为注册商标和非注册商标。

7. 【答案】D

【解析】商标设计费等表示无形资产的成本具有象征性的内涵。

8. 【答案】B

【解析】商标资产的形式特征包括：（1）商标资产通常为商品商标权和服务商标权。（2）商标资产通常为驰名商标（知名品牌）。（3）商标资产可以是独立的商标权或以商标权为核心的资产组合。

9. 【答案】C

【解析】对申请注册的商标，商标局自收到商标注册申请文件之日起九个月内审查完毕，符合《商标法》有关规定的，予以初步审定公告。

10. 【答案】B

【解析】商标资产的形式特征包括：（1）商标资产通常为商品商标权和服务商标权；（2）商标资产通常为驰名商标；（3）商标资产可以是独立的商标权或以商标权为核心的资产组合。

11. 【答案】C

【解析】按商标的享誉程度分类，商标可以分为普通商标和驰名商标。普通商标是相对于驰名商标的一种对商标的称谓，通常是指没有特别的市场影响力及公众知晓程度不是很高的商标；驰名商标一般是指具有较大市场影响力、广为公众知晓并享有较高声誉的商标。在我国，驰名商标是国家知识产权局商标局根据企业的申请而认定的。

二、多项选择题

1. 【答案】BCDE

【解析】商标资产的价值特征有：（1）对商标标识的商品或服务的数量和质量具有相对依附性；（2）资产需要相关技术和管理支撑；（3）广告宣传和营销管理对商标资产的价值具有维持和助推作用；（4）资产具有扩展能力。

2. 【答案】ABCD

【解析】能够影响商标资产价值的因素有：（1）宏观经济状况。（2）商标的市场影响力。（3）商标声誉的维护。（4）商标权所依托的商品。（5）商标权的法律状态。（6）商标的使用方式。（7）类似商标的交易情况。

3. 【答案】CD

【解析】A选项商标资产进行评估时，评估客体的界定需要核实的商标的法律状态、明确注册商标是普通商标还是驰名商标以及明确商标的盈利模式。B选项商标权不包括消费权。E选项证明商标是用以证明该商品或服务的原产地、原料、制造方法、质量或者其他特定品质的标志。

4. 【答案】DE

【解析】按商标的享誉程度分类，商标可以分为普通商标和驰名商标。普通商标是相对于驰名商标的一种对商标的称谓，通常是指没有特别的市场影响力及公众知晓程度不是很高的商标；驰名商标一般是指具有较大市场影响力、广为公众知晓并享有较高声誉的商标。在我国，驰名商标是国家知识产权局商标局根据企业的申请而认定的。

5. 【答案】BD

【解析】商标需要满足以下两个关键要素才能成为商标资产：其一，商标区别企业商品或服务的功能及作用能够通过营销在消费者意识中形成独特的联想并产生经济利益；

其二，以法律保护的形式将商标标识作用所带来的经济利益赋予了商标权利人。

6.【答案】ABC

【解析】评估客体的界定主要包括以下工作：核实商标的法律状态；明确注册商标是普通商标还是驰名商标；明确商标的盈利模式。

7.【答案】ABD

【解析】商标资产的特征包括：形式特征、价值特征和法律特征。

8.【答案】ABC

【解析】评估客体的界定需要做的工作有：（1）核实标的商标的法律状态。（2）明确注册商标是普通商标还是驰名商标。（3）明确商标的盈利模式。

9.【答案】ABCE

【解析】对商标标识的商品或服务的数量和质量具有相对依附性、广告宣传和营销管理对商标资产的价值具有维持和助推作用、商标资产需要相关技术和管理支撑、具有扩展能力都是商标权的价值特征，而 D 选项时效性是法律特征。

三、综合题

1.【答案解析】

（1）年销售利润 = 100 000 × 100 = 1 000（万元）

（2）年使用费 = 1 000 × 30% = 300（万元）

（3）商标使用权价格 = 300 × (P/A, 10%, 3) = 746.06（万元）

2.【答案解析】

（1）"M"商标。

（2）乙公司无形资产超额收益率 = 35% − 15% = 20%

（3）"M"商标超额收益率 = 20% × 55% = 11%

（4）5 年，理由是"M 商标"授权使用期限为 5 年，20×5 年初甲公司授权乙公司开始使用，所以该商标收益期限为 5 年。

20×5 年超额净收益 = 15 000 × 11% × (1 − 25%) = 1 237.5（万元）

20×6 年超额净收益 = 18 000 × 11% × (1 − 25%) = 1 485（万元）

20×7 年超额净收益 = 20 700 × 11% × (1 − 25%) = 1 707.75（万元）

20×8 年超额净收益 = 22 800 × 11% × (1 − 25%) = 1 881（万元）

20×9 年超额净收益 = 22 900 × 11% × (1 − 25%) = 1 889.25（万元）

（5）3.5% + 1% + 2% + 3% + 2% + 2% = 13.5%

（6）$1\,237.5 \div (1 + 13.5\%) + 1\,485 \div (1 + 13.5\%)^2 + 1\,707.75 \div (1 + 13.5\%)^3 + 1\,881 \div (1 + 13.5)^4 + 1\,889.25 \div (1 + 13.5\%)^5 = 5\,547.52$（万元）

第七章 著作权资产评估

考试大纲

一、考试目的
考查考生对著作权资产评估原理与方法的掌握情况,以及分析和解决著作权资产评估问题的能力。

二、考试内容及要求

（一）掌握的内容（★★★）
1. 著作权的权属。
2. 著作权资产评估对象的界定。
3. 著作权资产价值影响因素。
4. 著作权资产评估的注意事项。
5. 收益法在著作权资产评估中的应用。

（二）熟悉的内容（★★）
1. 著作权的分类。
2. 著作权相关联作品、与著作权有关的权利。
3. 著作权的保护。
4. 著作权资产的特征。

（三）了解的内容（★）
1. 对著作权、著作权资产的理解。

考情分析

本章在考试中处于较重要的地位，是无形资产考试分值分布的区域之一。涉及的考点为著作权的权属关系、著作权的分类与相关作品及其权益、著作权的保护、著作权资产评估对象的界定、著作权资产评估的对象、价值影响因素及评估方法等。本章属于无形资产评估必须掌握的内容，是具体无形资产的评估，应该深入理解和熟练掌握。复习重点：著作权权属、著作权资产的区分及法律关系、著作权资产价值影响因素、著作权资产收益法的运用、著作权资产评估的注意事项以及著作权的分类和特征。

考点精讲及典型例题解析

【知识点1】著作权资产相关知识（★★★）

1. 著作权的概念

著作权也称版权，是指文学、艺术作品和科学作品的创作者依照法律规定对这些作品所享有的各项专有权利。著作权是知识产权的重要组成部分，在法律性质上属于民事权利，包括人身权和财产权两大类。

著作权主要具有以下特征：

（1）著作权因作品的创作而自动产生。

专利权、商标权的获得必须经过申请和审批，由主管部门授权后才能产生，而著作权则因作品的创作完成而自动产生。

【提示】著作权自作品创作完成而自动产生。

（2）著作权突出对人身权的保护。

著作权与作品的创作密切联系，因此在著作权中，保护作者对作品的人身权利是其重要的内容。根据《中华人民共和国著作权法》（以下简称《著作权法》）的规定，著作权包括下列人身权和财产权：

1）发表权，即决定作品是否公之于众的权利；

2）署名权，即表明作者身份，在作品上署名的权利；

3）修改权，即修改或者授权他人修改作品的权利；

4）保护作品完整权，即保护作品不受歪曲、篡改的权利；

5）复制权，即以印刷、复印、拓印、录音、录像、翻录、翻拍、数字化等方式将作品制作一份或者多份的权利；

6）发行权，即以出售或者赠与方式向公众提供作品的原件或者复制件的权利；

7）出租权，即有偿许可他人临时使用视听作品、计算机软件的原件或者复制件的权利，

计算机软件不是出租的主要标的的除外;

8) 展览权,即公开陈列美术作品、摄影作品的原件或者复制件的权利;

9) 表演权,即公开表演作品,以及用各种手段公开播送作品的表演的权利;

10) 放映权,即通过放映机、幻灯机等技术设备公开再现美术、摄影、视听作品等的权利;

11) 广播权,即以有线或者无线方式公开传播或者转播作品,以及通过扩音器或者其他传送符号、声音、图像的类似工具向公众传播广播的作品的权利,但不包括本款第十二项规定的权利;

12) 信息网络传播权,即以有线或者无线方式向公众提供作品,使公众可以在其个人选定的时间和地点获得作品的权利;

13) 摄制权,即以摄制视听作品的方法将作品固定在载体上的权利;

14) 改编权,即改编作品,创作出具有独创性的新作品的权利;

15) 翻译权,即将作品从一种语言文字转换成另一种语言文字的权利;

16) 汇编权,即将作品或者作品的片段通过选择或者编排,汇集成新作品的权利;

17) 应当由著作权人享有的其他权利。

【提示】第1) 项至第4) 项规定的权利为著作权的人身权。第5) 项至第17) 项规定的权利为著作权的财产权,具有可以转让、继承、交易等商品属性。

【提示】著作权人可以全部或者部分转让著作权的财产权,并依照约定或者《著作权法》有关规定获得报酬。

作品传播的广度、深度和效果对其著作权价值实现具有较大影响。因此,从价值评估角度,按照与传播相关还是与使用方式相关,可以对著作权资产财产权进行分类(见图7-1)。

发行权、出租权、信息网络传播权等7类权利均涉及作品的传播方式,而作品的传播也是著作权价值得以实现的手段和途径,我们称其为"作品传播相关权利"。复制权、摄制权等5类权利,主要涉及作品表现和使用形式的变化,我们称其为"作品使用方式相关权利",行使这些权利的目的也是为进行传播,并需要通过上述各种传播相关权利来实现著作权价值。

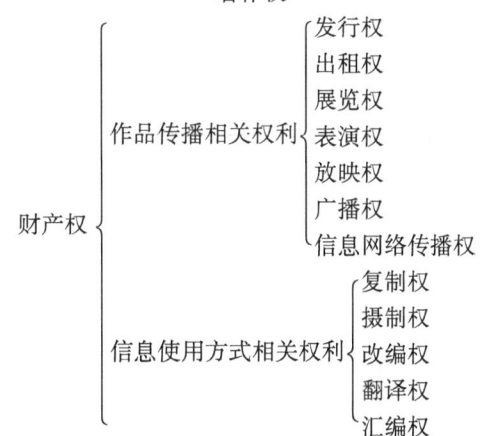

图7-1 著作权财产权权利分类

【例7-1】著作权存在诸多的具体财产权利,以下选项中属于著作权的财产权利的有( )。

A. 发表权
B. 署名权
C. 修改权
D. 信息网络传播权
E. 发行权

【答案】DE

【解析】根据《著作权法》的规定,著作权分为人身权和财产权。其中财产权利具体包括13种:复制权、发行权、出租权、展览权、表演权、放映权、广播权、信息网络传播权、摄制权、改编权、翻译权、汇编权、应当由著作权人享有的其他权利。

2. 著作权相关联作品

著作权的客体为作品。作品是指文学、艺术和科学领域内具有独创性并能以一定形式表现的智力成果。作品具有以下特征:

(1) 作品是一种智力成果。作品必须是自然人劳动创作的;

(2) 作品具有独创性。独创性是智力创作成果成为作品最重要的构成条件,是区别"作品"与"制品"的标准;作品受著作权保护,制品受与著作权有关的权利保护;

(3) 作品具有一定表现形式。作品必须能以一定形式表现。通常作品的表现形式具有可复制性,可以较低成本实现再现、传播,产生效益,从而需要保护。

《著作权法》对与著作权相关联作品的形式进行了界定,通常包括以下几种:文字作品,口述作品，音乐、戏剧、曲艺、舞蹈、杂技艺术作品，美术、建筑作品，摄影作品，视听作品，工程设计图、产品设计图、地图、示意图等图形作品和模型作品，计算机软件，符合作品特征的其他智力成果。

【提示】政府文件，单纯事实消息，历法、通用数表、通用表格和公式等作品不受著作权法保护。

3. 与著作权有关的权利

（1）与著作权有关的权利，也称作品传播者权，是指作品传播者等因其在传播作品过程中所做出的创造性劳动、投资或其他贡献而被法律赋予的权利。与著作权有关的权利主要包括：

1）出版者对其出版的图书和期刊的版式设计享有的权利；

2）表演者对其表演享有的权利；

3）录音录像制作者对其制作的录音录像制品享有的权利；

4）广播电台、电视台对其播放的广播、电视节目享有的权利等。

【提示】与著作权有关的权利与著作权密切相关，又是独立于著作权之外的一种权利。

（2）与著作权有关的权利作为传播者的权利，与著作权相比，有着诸多的区别：

1）主体不同。著作权主体主要是作品的创作者，与著作权有关的权利的主体是作品的传播者。

2）权利内容不同。著作权包括人身权和财产权，与著作权有关的权利除了表演者权中包含的两项人身权以外，其他的与著作权有关的权利在性质上都是财产权。

【例7-2】作品传播者权是指作品传播者等因其在传播作品过程中所做出的创造性劳动、投资或其他贡献而被法律赋予的权利，按照《著作权法实施条例》的规定，以下选项与著作权有关的权利的是（ ）

A. 复制权

B. 翻译权

C. 汇编权

D. 表演者对其表演享有的权利

【答案】D

【解析】根据资产评估相关知识，易知本题选D。A、B、C选项均为著作权相关联作品。

4. 著作权的权属

一般来说，著作权属于作者，但其他的自然人、法人或者非法人组织也可以依法成为著作权人。

（1）合作作品的著作权归属

合作作品是两人以上合作创作的作品。除主体为"两人以上"外，构成合作作品必须符合下列条件：

1）有共同创作的意图；

2）有共同的创作活动。

合作创作的作品，著作权由合作作者共同享有。合作作品可以分割使用的，作者对各自创作的部分可以单独享有著作权，但行使著作权时不得侵犯合作作品整体的著作权。

（2）职务作品的著作权归属

职务作品一般是作为雇员的自然人为完成所在单位的工作任务而创作的作品。职务作品可以是新闻作品、美术设计作品、计算机软件或作品分类中的任何一种作品形式。

认定职务作品时应考虑的条件主要有两个：

1）作者和所在单位存在劳动关系；

2）作品的创作属于作者的职责范围。

一般职务作品的著作权由作者享有，法人或者非法人组织享有在其业务范围内优先使用的权利，期限为2年。单位的优先使用权是专有的，未经单位同意，作者不得许可第三人以与单位使用的相同方式使用该作品。在作品完成2年内，如单位在其业务范围内不使用，作者可以要求单位同意由第三人以与单位使用的相同方式使用，单位没有正当理由不得拒绝，所获报酬由作者与单位按约定比例分配。

特殊的职务作品，除署名权以外，著作权的其他权利由单位享有。特殊职务作品是指主要是利用法人或者非法人组织的物质技术条件创作，并由法人或者非法人组织承担责任的工程设计图、产品设计图、地图、示意图、计算机软件等职务作品，报社、期刊社、通讯社、广播电台、电视台的工作人员创作的职务作品，或者法律、行政法规规定或者合同约定著作权由法人或者非法人组织享有的职务作品。

（3）委托作品的著作权归属

委托作品指受托人根据委托人的委托而创作的作品。受委托创作的作品，著作权的归属由委托人和受托人通过合同约定。合同未做明确约定或者没有订立合同的，著作权属于受托人。

(4) 演绎作品的著作权归属

改编、翻译、注释、整理已有作品产生的作品称为演绎作品。演绎作品的著作权由改编、翻译、注释、整理人享有，但行使著作权时不得侵犯原作品的著作权。

(5) 视听作品的著作权归属

视听作品中的电影作品、电视剧作品的著作权由制作者享有和行使，参加作品创作的其他人员，如导演、编剧、作词、作曲、摄影等作者享有署名权，并有权按照与制作者签订的合同获得报酬。除此以外的视听作品的著作权归属当事人约定，没有约定或者约定不明确的，由制作者享有，但作者享有署名权和获得报酬的权利。视听作品中可以单独使用的部分，如剧本、音乐等的作者可以单独行使著作权。

【例7-3】一般来说，著作权属于作者，但其他的自然人、法人或者非法人组织也可以依法成为著作权人，下列有关著作权归属说法不正确的是（　　）。

A. 合作创作的作品，著作权由合作作者共同享有，没有参加创作的人，不能成为合作作者

B. 职务作品可以是新闻作品、美术设计作品、计算机软件或作品分类中的任何一种作品形式

C. 一般职务作品的著作权由作者享有，法人或者非法人组织享有在其业务范围内优先使用的权利

D. 受委托创作的作品，著作权归属于委托人

【答案】D

【解析】委托作品指受托人根据委托人的委托而创作的作品。受委托创作的作品，著作权的归属由委托人和受托人通过合同约定。合同未做明确约定或者没有订立合同的，著作权属于受托人。

(6) 原件所有权转移时作品著作权的归属

绘画、书法、雕塑等美术作品的原件可作为买卖、赠予的标的。然而，美术等作品原件所有权的转移，不改变作品著作权的归属，但美术、摄影作品原件的展览权由原件所有人享有。作者将未发表的美术、摄影作品的原件所有权转让给他人，受让人展览该原件不构成对作者发表权的侵犯。除美术作品之外，对任何原件所有权可能转移的作品，都要注意区分作品物质载体的财产权和作品的著作权这两种不同的权利。

(7) 著作权的集体管理

著作权集体管理是指通过代表著作权人的集体组织授权使用者使用作品并收取报酬分发给著作权人的活动。著作权人和与著作权有关的权利人可以授权著作权集体管理组织行使著作权或者与著作权有关的权利。依法设立的著作权集体管理组织是非营利法人，被授权后可以以自己的名义为著作权人和与著作权有关的权利人主张权利，并可以作为当事人进行涉及著作权或者与著作权有关的权利的诉讼、仲裁、调解活动。著作权集体管理组织根据授权向使用者收取使用费，并将使用费的收取和转付、管理费的提取和使用、使用费的未分配部分等总体情况定期向社会公布，同时建立权利信息查询系统，供权利人和使用者查询。

5. 著作权的保护

著作权人享有的著作权受法律保护，侵犯著作权的行为应当依法承担相应的法律责任。但以下两种情形不构成对著作权的侵犯：

(1) 合理使用：所谓合理使用，指他人依法律的明文规定，可以不经著作权人许可而无偿地使用其作品的行为。合理使用必须符合下列条件：

1) 指明作者姓名或者名称、作品名称；

2) 只能针对已经发表的作品；

3) 不得与作品的正常使用相冲突，不得不合理地损害著作权人的合法权益。

(2) 法定许可：法定许可指在法律明文规定的范围内，行为人可以不经著作权人许可使用作品，但应向著作权人支付报酬。法定许可主要涉及著作权人与作品传播者之间的关系。著作权的法定许可一般需要符合以下三个条件：

1) 使用的作品是已经发表的作品；

2) 使用必须符合《著作权法》规定的具体情形；

3) 使用的过程中不得侵犯著作权人的精神权利，不得影响作品的正常使用。

根据《著作权法》的规定，符合一定条件的编写出版教科书、报刊转载和摘编、录音制

作以及播放广播电视节目等情形可能涉及法定许可。

【例7-4】 受委托创作的作品，著作权归一般属于（　　）。
A. 由委托人和受托人通过合同约定
B. 委托人
C. 受托人
D. 作品创作者

【答案】 A

【解析】 受委托创作的作品，著作权的归属一般由委托人和受托人通过合同约定。合同未做明确约定或者没有订立合同的，著作权属于受托人。

【知识点2】著作权资产（★★★）

1. 著作权资产的概念

著作权资产，是指权利人所拥有或者控制的，能够持续发挥作用并且预期能带来经济利益的著作权财产权益和与著作权有关权利的财产权益。

并非所有的著作权都能成为资产评估中的著作权资产，著作权中能够持续发挥作用并且预计能为权利人带来经济利益的著作权才能够成为资产评估中的著作权资产。

在评估实务中，评估专业人员还需要区分著作权资产与著作权载体之间的区别。著作权资产只是著作权以及与著作权有关的权利的财产权益所形成的资产，而与著作权相关的实物资产通常是承载特定著作权作品的实物资产。

一本图书是承载具体作品的纸质实物，拥有该图书并不代表享有了书中作品的著作权及其资产。获得了一个载有著作权作品的光盘，可以占有、使用该光盘中的软件（但不准出租，计算机软件出租是著作权法规定的一项著作权资产），不能拥有该光盘包含的软件著作权。

2. 著作权资产的特征

（1）形式特征

著作权资产与其他无形资产如专利、专有技术和商标资产等一样，最主要的特征就是一般不能单独发挥作用，需要与其他资产共同发挥作用。例如计算机软件公司销售计算机软件，不但需要计算机软件著作权的复制权和发行权，还需要载有计算软件的载体（如光盘）的所有权等。主要表现在如下三个方面：

1）著作权资产与相关有形资产以及其他无形资产共同发挥作用。

对于一些特殊著作权资产，其在发挥作用的过程中，不但与一些有形贡献资产共同发挥作用，甚至还可能与一些无形贡献资产共同发挥作用。

例如，计算机软件著作权资产具有一个特性，即思想性与表达性的不可分割性。在进行一项计算机软件评估时，除了著作权资产外，还会涉及该软件在设计、编制过程中的思想、处理过程、操作方式、算法、功能、技术、概念等，由于计算机软件的著作权与上述专利或专有技术本身无法分割或者不需要分割，因此在评估该计算机软件时，就可能包括上述专利、专有技术的贡献。

另一种情况是著作权与商标共同发挥作用。在上述的计算机软件著作权评估中，编制软件的公司不同，就拥有不同的商标，使得软件著作权产品的销售价格存在较大差异，这个差异可能就有部分是由商标等无形资产所产生的，商标的作用与软件著作权的作用是结合在一起的。

【提示】 著作权资产最主要的特征就是一般不能单独发挥作用，需要与其他资产共同发挥作用。

2）著作权资产与演绎作品共同发挥作用。

著作权法规定，演绎作品著作权人行使自身作品著作权时，不能侵犯原创作品的著作权人的权益。当演绎作品著作权人授权电视台播放改编的电视剧作品时，将会为著作权人带来收益，该收益从实质上说应该包括演绎作品著作权中的"放映权"和原创作品著作权中的"改编权""摄制权"结合在一起共同发挥作用产生的收益。

例如一个文字作品为原创作品，享有著作权，如果需要将其改编为电视剧作品，则改编好的电视剧作品也享有著作权，并且电视剧作品著作权与文学作品的著作权不同，著作权权利人可能也不同。这个电视剧的著作权称为在原创作品（文字作品）著作权上演绎形成的衍生著作权。

【提示】 演绎作品著作权人通常需要通过以下两种方式将收益进行分割：①采用一次性支付的方式，一次支付原创作品著作权人"购买"许可将原创作品改编为电视剧的权利；②以收益分账的方式将电视剧播放的收益在原创作品著作权人与演绎作品著作权人之间进行分割。

3）著作权和与著作权有关的权利共同发挥作用。

以一本图书的出版为例，作者创作完成作品后授权出版社出版，出版社编辑、设计加工后经印刷复制、发行，图书很畅销，图书销售所产生的收益既有作者著作权的贡献，也有出版社版式设计的贡献，是著作权和与著作权有关的权利共同发挥作用的结果。

（2）法律特征

1）著作权资产的时效性。

①对于自然人的作品，著作权财产权以及应当由著作权人享有的其他权利保护期为50年，截止于作者死亡后第50年的12月31日；如果是合作作品，截止于最后死亡的作者死亡后第50年的12月31日；

②如果是法人或者非法人组织的作品，著作权（署名权除外）由法人或者非法人组织享有的职务作品，其发表权的保护期为50年，截止于该作品创作完成后第50年的12月31日；著作权财产权以及应当由著作权人享有的其他权利的保护期为50年，截止于作品首次发表后第50年的12月31日，但作品自创作完成后50年内未发表的，法律将不再保护；

③视听作品其发表权的保护期为50年，截止于作品创作完成后第50年的12月31日；著作权财产权以及应当由著作权人享有的其他权利的保护期为50年，截止于作品首次发表后第50年的12月31日，但作品自创作完成后50年内未发表的，法律将不再保护。

【提示】著作权资产价值不仅取决于著作权的法定保护期限和剩余保护期限，对于某一具体经济行为，则会更多地关注其合同约定的使用期限。该合同期限必须是在作品著作权法定剩余保护期限内。只有在合同规定使用年限内产生的合理收益才能作为著作权价值评估的基础。

2）著作权资产的地域性。

一般来说，著作权只在授予权利的国家的管辖范围内受到该国相关法律的保护，对其他国家没有域外效力。著作权的这一性质限制了因转让或者使用著作权而产生收益的地域范围。

【提示】一般来说，著作权的地域性限制越小，著作权评估值也就越大，反之越小。

【例7-5】根据我国著作权法的相关规定，著作权资产的形式特征包括（　　）。

A．著作权资产与相关有形资产以及其他无形资产共同发挥作用

B．著作权和与著作权有关的权利共同发挥作用

C．著作权资产与演绎作品共同发挥作用

D．著作权资产的时效性

E．著作权资产的地域性

【答案】ABC

【解析】著作权资产包括形式特征和法律特征。其中形式特征包括：①著作权资产与相关有形资产以及其他无形资产共同发挥作用；②著作权资产与演绎作品共同发挥作用；③著作权和与著作权有关的权利共同发挥作用。法律特征包括：①著作权资产的时效性；②著作权资产的地域性。

【知识点3】著作权资产评估概述（★★★）

1．著作权资产评估对象的界定

著作权资产评估对象是指著作权中的财产权益以及与著作权有关权利的财产权益。根据著作权财产权益类别和作品类别两个维度的分析，可以构建出一个"作品类别"×"财产权益类别"的著作权价值评估对象基本矩阵。其中的元素即为著作权价值评估对象——××作品××权。按照不同类别作品的特征以及各种财产权益的概念，并不是每一类作品都具有全部财产权益。以计算机软件为例，《计算机软件保护条例》规定的软件著作权人享有的财产权益包括复制权、发行权、出租权、信息网络传播权、翻译权以及应当由软件著作权人享有的其他权利。

具体评估业务中，则需要根据特定的经济行为、评估目的确定评估对象，可能是上述矩阵中的某一个元素——单项权利，也可能是几个元素组成的集合——权利组合。例如在"作品传播相关权利"中，发行、信息网络传播权基本可体现在绝大部分作品上；广播、表演权主要体现在文字、音乐、舞蹈等艺术类作品上；出租权仅体现在电影作品、计算机软件作品上；展览权仅体现在美术作品、摄影作品上；放映权体现在美术、摄影、电影作品上。在"作品

使用方式相关权利"中，复制、摄制、改编、翻译、汇编5种权利适用于大部分作品。

著作权资产评估对象的界定还需要关注财产权利形式。著作权资产的财产权利形式包括著作权人享有的权利和转让或者许可他人使用的权利。许可使用形式包括法定许可和授权许可；授权许可形式包括专有许可、非专有许可和其他形式许可等。著作权人许可他人行使著作权的，需订立许可使用合同；转让著作权财产权益的，要订立书面合同。许可使用合同和转让合同中著作权人未明确许可、转让的权利，未经著作权人同意，另一方当事人不得行使。

著作权资产评估对象的界定还需要关注评估目的的影响。例如以投资、转让为目的的著作权评估，直接关系到投资各方或者转让方与受让方之间的利益，所以应注意确认著作权各项权利的归属，明确投资、转让的权利的内涵、时间、范围等，以保持评估目的与评估对象的一致性。

【例7-6】著作权资产评估对象的界定还需要关注财产权利形式，著作权资产的财产权利形式包括许可他人使用的权利，下列选项中不属于授权许可的是（　　）。

A. 专有许可
B. 非专有许可
C. 使用期限许可
D. 法定许可

【答案】D

【解析】许可使用形式包括法定许可和授权许可；授权许可形式包括专有许可、非专有许可和其他形式许可等。

2. 著作权资产价值影响因素

根据无形资产评估准则，可以从以下一些方面来考虑影响著作权资产价值的因素：

（1）宏观经济状况

1）著作权使用区域的社会环境。

除了法律因素外，一个社会的著作权意识和政策导向也会对著作权价值产生重要的影响。构建政府引导、社会广泛参与的著作权保护格局，著作权才能有更高的价值。

2）著作权使用区域的经济环境。

著作权产业的发展与区域经济发展密切相关。文化消费的增加会带动与文化产品密切相关的著作权需求，进而增加著作权收益和提高其价值。文化消费相较于实物消费的不同之处在于，其满足消费者物质需求的同时，还可以满足消费者心理的需求，因此其消费对外部经济环境的反应相对具有弹性。

（2）市场供求状况

著作权参与市场交易时，其价值会受到市场活跃程度、供求规律、市场相关作品以及新版本作品的价值、市场竞争程度的影响。当市场对某项著作权的供应大于需求时，其价值会降低，反之，价值会得到提升。

【例7-7】下列选项中，哪些宏观因素对著作权资产的价值有影响（　　）。

A. 著作权使用区域的社会著作权意识
B. 著作权使用区域的社会著作权政策导向
C. 著作权使用区域的文化消费状况
D. 著作权的运营模式
E. 著作权资产所依托的作品

【答案】ABC

【解析】对著作权资产的价值有影响的宏观因素主要是著作权使用区域的社会环境和著作权使用区域的经济环境。包括一个社会的著作权意识和政策导向，文化消费的增加会增加与文化产品密切相关的著作权需求，进而增加著作权收益和提高其价值。

（3）著作权资产所依托的作品

1）作品所处的产业及相关政策。

例如对文学、艺术作品等文化产品来说，一方面，国家对文化产业大力扶持和发展，出台一系列相关产业发展政策；另一方面，国家对文化产品的导向作用也有明确要求，必须坚持把社会效益放在首位，实现社会效益和经济效益相统一。

2）作品的类型。

不同类型作品的著作权资产，价值影响因素可能差别很大。例如流行音乐和经典音乐就有很大差异：①创作投入差异；②顾客对象差异；③寿命周期差异。

不同类型作品的著作权，其法律规定也有不同。例如演绎作品是在原创作品的基础上通过翻译、改编等方式产生的新产品，虽然也具有价值，但在转让和使用许可中受到很多法律限制，因此其价值也就和原创作品不同。

不同作品，其传播方式也不同，其传播范围、传播效果及传播收益也会存在差异。例如文字作品可以通过广播方式进行传播，但美术、摄影作品就很难通过同样方式传播，所以文字作品广播权价值就比美术作品广播权价值要大。

3）作品的内容。

作品的内容决定其使用价值，使用价值越大，相应著作权的价值也就越大。作品的内容主要受其艺术性、时代性和技术水平的影响；

①艺术性

著作权资产所依托的作品艺术上的独特性是其获得法律保护的依据，也是形成其价值的重要因素。作品的艺术性是指作品对读者产生的一种艺术感染力量，是作品的创作投入、艺术形式、艺术技巧、作者的艺术素养和审美情趣的综合表现。对艺术性强的作品其使用价值相对艺术性低的作品要高。例如名著《红楼梦》价值要高于一般作家的小说。

②时代性

作品的时代性主要是指作品与时代相呼应，顺应时代的要求，能较大程度满足人们某方面的需求。时代性强的作品相对来说使用价值要大，著作权资产的价值也相对较高。

③技术水平

著作权的创作难度大，复制风险也大，技术上的保密性和反侵权能力是衡量其价值的重要标准。

④作品作者的知名度

创作者知名度高，其作品更受欢迎，市场对其需求更大，未来取得收益多，价值也就更高。

⑤作品的生产制作能力

作品是著作权资产的载体，作品的制作能力决定了其供给量大小。不同类型作品在创作人员、配套资源要求、创作流程等方面都存在差异。在进行著作权资产价值评估时，还需要关注实施或运用著作权资产的企业供给能力的限制。

⑥作品的发表情况

发表状况对资产的价值有较大影响体现在：

第一，影响资产的剩余经济寿命。

【提示】根据著作权法，法人或者非法人组织的作品、著作权（署名权除外）由法人或者非法人组织享有的职务作品、视听作品、摄影作品创作完成后50年内未进行发表，法律将不再保护。

第二，影响作品的影响力和经济利益。

【提示】自然人、法人或者非法人组织的作品，不论是否发表，均享受著作权。

⑦作品的已传播情况

作品的已传播情况是指作品被人观看或阅读的次数及其范围。对于家喻户晓的作品，其社会影响力大，从而其著作权资产的价值相对要高。

【例7-8】我国的四大名著包含巨大的艺术价值和社会价值，被多次再版或翻拍成电影电视作品，其价值明显高于一般作家的作品，说明影响著作权资产的价值的是（　　）。

A. 市场供求状况

B. 作品内容的艺术性

C. 作品作者的知名度

D. 作品的生产制作能力

【答案】B

【解析】著作权资产所依托的作品艺术上的独特性是其获得法律保护的依据，也是形成其价值的重要因素。作品的艺术性是指作品对读者产生的一种艺术感染力量，是作品的创作投入、艺术形式、艺术技巧、作者的艺术素养和审美情趣的综合表现。艺术性强的作品，其使用价值相对艺术性低的作品要高，因此其著作权资产的价值也就比较高。如名著《红楼梦》包含了巨大的艺术价值和社会价值；被多次再版，其价值当然也就要高于一般作家的小说。

4）著作权的运营模式。

不同的著作权运营模式，对著作权价值的实现具有较大的影响。原始作品与衍生作品互相影响、互为基础。最优的著作权运营模式，就是寻求实现从原始作品至全部衍生作品的全作品链的、各种财产权利价值的最大化的模式。

著作财产权有两种主要的收益方式：

①销售型（直接收益型），主要是通过销售其作品从而获得直接收益，通常会采用市场上惯用的或法律规定的一定比例的版税或提成费用的评估方法直接获得著作权的评估值；

②使用型（间接收益型），是指通过使用该作品的方式间接地实现其收益，而对通过该种方式实现收益的著作权，评估过程中涉及的问题较为复杂，需要考虑作品的社会影响力、技术发展的水平等较难可靠量化的因素，因此有可能漏计或多计其贡献，影响其价值。

5）著作权的法律状态。

我国《著作权法》对作品的保护采用自动保护原则,即作品一旦产生,作者享有的著作权就受法律保护。在著作权的评估实践中,作品登记证书可以作为该著作权稳定性、可靠性的依据。

著作权资产的时效性与地域性等法律特征,也会对其价值产生影响。许多著作权资产与专利、专有技术等其他知识产权相比具有更强的时效性,例如音乐、歌曲、电影、电视剧首次发表时收益较大,但随着时间的推移,其价值会有出现较大的衰减。

【知识点 4】著作权资产评估的注意事项（★★★）

1. 关注评估对象的识别和清晰披露

著作权资产财产权类型较多,不同类型权益在对作品的使用或传播方面也都存在差异,造成著作权资产评估对象识别的困难。一般可以将评估对象的界定过程分为三个层次,第一层次界定作品的类型,第二层次界定作品的财产权益,第三层次界定具体的权利类型。可以从作品类别和财产权利类别两个维度来识别评估对象,完成对评估对象第一、第二两个层次的界定,再根据经济行为目的,进一步明确第三个层次的界定。

【提示】通常涉及著作权资产的大部分经济行为涉及的都是财产权益的许可使用权。

2. 关注作品获取收益的方式

作品获取收益关键在于两大链条

（1）内容信息如何向最终客户传递的信息流；

（2）客户支付向企业流动的现金流。

在信息技术条件下,信息传递和支付提供了更多可选择的方式和途径,并且未来技术发展还会不断改变作品的收益方式。但其趋势应当是对作品的定位会更精准,收益计量更精确,资金周转更迅捷,消费者购买支付更快捷,客户需求与作品创作结合得更加紧密,个性化作品定制会越来越多,企业的盈利模式会更加多样化。

3. 关注作品收益获取期限

文学、艺术作品是体验性产品和注意力产品,在信息处于买方市场的条件下消费者已经成为决定文学、艺术市场价值的决定性因素,这就决定了文化产品寿命期限较短。

例如电影作品院线放映一般在 30—50 天,电视剧作品一般在首轮播放就能够实现 80% 以上的收入,大部分手机游戏产品生命周期仅有 2—3 个月。

4. 关注著作权资产面临的风险

文化产品的消费具有不确定性因素,主要是因为：

（1）文化产品主要满足消费者的精神需求,属于符号效用满足型产品。文化消费具有主观性、易变动性、不稳定性的特征,在快速变动的社会中对文化产品的认知价值随时可能会改变。

（2）政府的文化政策的不稳定性也会造成文化需求被动的不确定性。例如对凡是有劣迹的导演、编剧、演员等主创人员参与制作的电影、电视节目、网络剧、微电影等暂停播出等。

（3）文化产品不仅生命周期短,而且文化产品重复利用的价值较低,即文化产品开发支出对于文化企业而言属于沉没成本,投资所形成的资产具有很强的资产专用性。

【提示】评估著作权资产时,需要关注著作权资产面临的制作风险、内容风险、政策风险、侵权盗版风险等。

5. 关注如何合理分割著作权资产贡献的收益

作品创作并不是单一生产要素的产物,而是若干种资源共同作用的结果。作品的产生是队的作用,具有如下特征：

（1）使用几种类型的资源,作品生产过程将运用到文化、创意、资本、人力、土地等资源。

（2）作品不是每一参与合作资源的分产出之和,具有不可分性,它是通过创意科技和商业运作等手段将文化资源、人力资源等进行整合。

（3）队生产所使用的所有资源不属于一个人,文化产品生产过程中所涉及的文化、创意、资本、人力、土地等生产资源分别属于国家、艺术家、投资者和企业家等主体。

在不能够直接获取被评估对象无形资产收益情况下,需要考虑其他有形资产、被评估对象之外的其他无形资产贡献收益的分割。具体分割的方法有经验数据（如分成率、许可费率等统计数据)、专家打分、层次分析、模糊评判等。

采用具体分割方法需要注意：

1）分析每种方法的适用性和不足，判断是否能够采用；

2）辨识各有形和无形资产的预测收益；

3）按照所采用方法要求的步骤进行量化等。

精选练习题

一、单项选择题

1. 著作权作品的内容决定其使用价值，使用价值越大，相应著作权资产的价值也就越大，以下选项中不属于影响著作权资产价值有关作品的内容的是（　　）。

A. 艺术性　　　　B. 时代性
C. 技术水平　　　D. 传播方式

2. 《著作权法》对与著作权相关联作品的形式进行了界定，下列作品受著作权法保护的是（　　）。

A. 工程设计图
B. 2025 年年历
C. 勾股定理
D. 国家版权局的文件

3. 著作权资产的价值受多种因素的影响，下面选项中属于著作权资产的形式特征的是（　　）

A. 著作权资产的时效性
B. 著作权资产的地域性
C. 著作权资产与演绎作品共同发挥作用
D. 不同的著作权权利具有不同的法律保护期限

4. （　　）是指借助器械在感光材料或者其他介质上记录客观物体形象的艺术作品。

A. 电影作品　　　B. 摄影作品
C. 建筑作品　　　D. 美术作品

5. 在"作品使用方式相关权利"中，适用于大部分作品的权利有（　　）种。

A. 3　　　　B. 4
C. 5　　　　D. 6

6. 著作权资产评估对象是指著作权中的财产权益以及与著作权有关权利的财产权益。下列选项说法不正确的是（　　）。

A. 著作权资产评估对象的界定不需要关注财产权利形式。

B. 按照不同类别作品的特征以及各种财产权益的概念，并不是每一类作品都具有全部财产权利。

C. 著作权资产评估对象的界定是需要充分关注评估目的的影响的。

D. 著作权资产的财产权利形式包括著作权人享有的权利和转让或者许可他人使用的权利。

7. 下列著作权选项中，不属于与著作权有关的权利的是（　　）。

A. 网络信息传播权
B. 录音制作者权
C. 广播组织权
D. 录像制作者权

8. 著作权分为财产权和人身权，下列权利中，属于著作权的人身权利的是（　　）。

A. 发行权　　　　B. 复制权
C. 出版权　　　　D. 发表权

9. 王某的长篇小说《东方之星》于 1997 年 6 月 1 日发表，第 2 年王某去世。王某的著作财产权将终止于（　　）。

A. 2047 年 6 月 1 日
B. 2047 年 6 月 12 日
C. 2047 年 12 月 31 日
D. 2048 年 12 月 31 日

10. （　　）仅体现在视听作品、计算机软件作品上。

A. 表演权　　　　B. 出租权
C. 展览权　　　　D. 放映权

11. 无形资产评估是对评估基准日特定目的下的无形资产价值进行评定和估算，并出具资产评估报告的专业服务行为。下列关于无形资产评估说法正确的是（　　）。

A. 无形资产评估必须基于无形资产的所有属性。

B. 无形资产评估必须基于特定时点才能对无形资产的价值进行评估，没有确定基准日的评估将没有任何意义。

C. 无形资产评估与有形资产评估存在市场性、公正性、专业性、咨询性等共性，说明有形资产的评估方法都可以对无形资产适用。

D. 无形资产评估存在独特的特征，说明有形资产的评估方法都不适用于无形资产。

12. 一般职务作品的著作权由作者享有，法人或者非法人组织享有在其业务范围内优先使用的权利,期限为( )年。
A. 1　　　　　　B. 2
C. 3　　　　　　D. 4

二、多项选择题
1. 下列选项中,属于著作财产权中"作品使用方式相关权利"的有( )。
A. 复制权　　　　B. 出租权
C. 改编权　　　　D. 摄制权
E. 翻译权

2. 法定许可指在法律明文规定的范围内,行为人可以不经著作权人许可使用作品,著作权的法定许可一般需要符合的条件是( )。
A. 使用的作品是已经发表的作品
B. 使用必须符合《著作权法》规定的具体情形
C. 使用的过程中不得侵犯著作权人的精神权利,不得影响作品的正常使用
D. 使用必须经授权部门许可
E. 使用必须经著作权人许可

3. 关于合理分割著作权资产贡献的收益,下列说法正确的是( )。
A. 在不能够直接获取被评估对象无形资产收益情况下,需要考虑其他有形资产、被评估对象之外的其他无形资产贡献收益的分割
B. 分析每种方法的适用性和不足,判断是否能够采用
C. 辨识各有形和无形资产的预测收益
D. 按照所采用方法要求的步骤进行量化
E. 关注著作权资产获取收益的方式

4. 以投资、转让为目的的著作权评估,直接关系到投资各方或者转让方与受让方之间的利益,所以在评估时应重点关注( )。
A. 确认著作权各项权利的归属
B. 明确投资、转让的权利的内涵、时间、范围等
C. 著作权的经济权利或者著作权可获得收益的能力
D. 著作权创作者所花费的时间
E. 著作权创作者的资历和经验

5. 关于著作财产权的收益方式,下列选项中说法正确的是( )。
A. 著作财产权有销售型和使用型两种主要的收益方式

B. 销售型主要是通过销售其作品从而获得直接收益
C. 使用型是指通过使用该作品的方式间接地实现其收益
D. 通过销售型方式实现收益的著作权,评估过程中涉及的问题较为复杂
E. 通过使用型方式实现收益的著作权,需要考虑作品的社会影响力、技术发展的水平

6. 下列关于市场供求状况影响著作权资产价值的说法,正确的是( )。
A. 当市场对某项著作权的供应大于需求时,其价值会降低,反之,价值会得到提升
B. 市场相关作品的价值以及新版本作品会影响待估作品著作权的价值
C. 待估作品所处市场的活跃程度会影响该作品著作权的价值
D. 市场竞争程度不会影响到著作权价值的大小,同类作品的竞争激烈,作品的著作权价值实现不会受到影响
E. 市场竞争程度会影响到著作权价值的大小,同类作品的竞争激烈,作品的著作权价值实现就会受到影响

7. 下列选项中,属于"著作权所依托的作品"影响著作权价值的是( )。
A. 作品所处的产业及相关政策
B. 作品的生产制作能力
C. 作品的印刷纸张型号
D. 作品作者的知名度
E. 作品的发表情况

8. 著作权也称版权,它是知识产权的一个重要组成部分,也是现代社会发展中不可缺少的一种法律制度。著作权包括的财产权利有( )。
A. 翻译权　　　　B. 摄制权
C. 改编权　　　　D. 复制权
E. 修改权

9. 在《中华人民共和国著作权法实施条例》中,对与著作权相关联作品的形式进行了界定,下列属于著作权相关联作品的是( )。
A. 图形作品
B. 口述作品
C. 杂技艺术作品
D. 曲艺作品
E. 批量作品

10. 下列关于"著作权的运营模式"影响著作权价值的说法中，错误的是（ ）。

A. 不同的著作权运营模式，对著作权价值的实现具有较大的影响

B. 最优的著作权运营模式，是寻求实现从原始作品至全部衍生作品的全作品链的、各种财产权利价值的最大化的模式

C. 对于通过使用的方式实现收益的著作权，通常会采用市场上惯用的或法律规定的一定比例的版税或提成费用的评估方法直接获得著作权的评估值

D. 对于能够通过销售实现收益的著作权，评估过程中涉及的问题较为复杂，需要考虑作品的社会影响力、技术发展的水平等较难可靠量化的因素，因此有可能漏计或多计其贡献，影响其价值

E. 著作财产权的收益方式主要有销售型和使用型两种方式

11. 著作权资产是指权利人所拥有或者控制的，能够持续发挥作用并且预期能带来经济利益的著作权的财产权益和与著作权有关权利的财产权益。下列关于著作权资产特征的说法正确的有（ ）。

A. 文学作品改编为电视剧作品后，改编好的电视剧作品不享有单独的著作权。

B. 著作权资产的收益期限，完全取决于该著作权的法定保护期或剩余保护期。

C. 著作权的地域越小，著作权评估值也就越小。

D. 著作权一般不单独发生作用，需要与其他相关资产共同发挥作用。

E. 图书销售所产生的收益是作者著作权和出版社版式设计权共同发挥作用的结果

三、综合题

A 公司是一家专业从事汉字信息技术研究与汉字应用解决方案的文化创意与信息技术企业公司。现因该公司拟进行股份制改制，需要对其净资产价值进行评估。已知该著作权资产的初始著作权许可收益为 10 000 元，最近 3 年平均增长率为 5%，假设从第四年开始，该字体的市场认可度趋于稳定，未来著作权许可收益保持不变。折现率与资本化率均为 10%，企业所得税税率为 25%，试计算该 A 公司净资产价值的评估值是多少？（小数点后保留两位）

精选练习题参考答案及解析

一、单项选择题

1. 【答案】D

【解析】作品的内容决定其使用价值，使用价值越大，相应著作权资产的价值也就越大，具体来说，作品的内容主要受其艺术性、时代性和技术水平的影响。

2. 【答案】A

【解析】《著作权法》对与著作权相关联作品的形式进行了界定，通常包括以下几种：文字作品，口述作品，音乐、戏剧、曲艺、舞蹈、杂技艺术作品，美术、建筑作品，摄影作品，视听作品，工程设计图、产品设计图、地图、示意图等图形作品和模型作品，计算机软件，符合作品特征的其他智力成果。政府文件，单纯事实消息，历法、通用数表、通用表格和公式等作品不受著作权法保护。

3. 【答案】C

【解析】根据资产评估相关知识，易知本题选 C，A、B 选项为法律特征。

4. 【答案】B

【解析】摄影作品，是指借助器械在感光材料或者其他介质上记录客观物体形象的艺术作品。

5. 【答案】C

【解析】在"作品使用方式相关权利"中，复制、摄制、改编、翻译、汇编 5 种权利适用于大部分作品。

6. 【答案】A

【解析】著作权资产评估对象的界定需要关注财产权利形式，著作权资产的财产权利形式包括著作权人享有的权利和转让或者许可他人使用的权利。其他选项均是正确说法。

7. 【答案】A

【解析】与著作权有关的权利除表演者权、录音制作者权和广播组织权三种权利外，还包括录像制作者权（与录音制作者权规定在一起）、出版者的版式设计权。

8. 【答案】D

【解析】著作权包括人身权利和财产权利，其中著作权的人身权利包括发表权、署名权、修改权和保护作品完整权这四项权利。

9. 【答案】D

【解析】对于自然人的作品，著作财产权以及应当由著作权人享有的其他权利保护期截止于作者死亡后第 50 年的 12 月 31 日。

10.【答案】B

【解析】在"作品传播相关权利"中，广播、表演权主要体现在文字、音乐、舞蹈等艺术类作品上；出租权仅体现在视听作品、计算机软件作品上；展览权仅体现在美术作品、摄影作品上；放映权体现在美术、摄影、视听作品上。

11.【答案】B

【解析】资产具有物理属性、功能属性、经济属性等多种属性，一项无形资产会因为考量角度不同、处理方法不同、评价侧重点不同而显现出一定的差异性。无形资产评估中主要考虑的是无形资产的经济属性，A 错误。无形资产评估与有形资产评估存在市场性、公正性、专业性、咨询性等共性，但无形资产的自身属性决定了无形资产评估的一些显著特征，有形资产评估和无形资产评估既存在相同的评估方法，也存在不同的评估方法。C、D 错误。

12.【答案】B

【解析】一般职务作品的著作权由作者享有，法人或者非法人组织享有在其业务范围内优先使用的权利，期限为 2 年。单位的优先使用权是专有的，未经单位同意，作者不得许可第三人以与单位使用的相同方式使用该作品。

二、多项选择题

1.【答案】ACDE

【解析】选项 B 属于著作财产权中"作品传播相关权利"。

2.【答案】ABC

【解析】法定许可指在法律明文规定的范围内，行为人可以不经著作权人许可使用作品，但应向著作权人支付报酬。法定许可主要涉及著作权人与作品传播者之间的关系。著作权的法定许可一般需要符合以下三个条件：（1）使用的作品是已经发表的作品；（2）使用必须符合《著作权法》规定的具体情形；（3）使用的过程中不得侵犯著作权人的精神权利，不得影响作品的正常使用。

3.【答案】ABCD

【解析】在不能够直接获取被评估对象无形资产收益情况下，需要考虑其他有形资产、被评估对象之外的其他无形资产贡献收益的分割。具体分割的方法有经验数据（如分成率、许可费率等统计数据）、专家打分、层次分析、模糊评判等。

采用具体分割方法需要注意：一是分析每种方法的适用性和不足，判断是否能够采用；二是辨识各有形和无形资产的预测收益；三是按照所采用方法要求的步骤进行量化。

4.【答案】AB

【解析】以投资、转让为目的的著作权评估，直接关系到投资各方或者转让方与受让方之间的利益，所以应注意：（1）确认著作权各项权利的归属；（2）明确投资、转让的权利的内涵、时间、范围等。

5.【答案】ABCE

【解析】通过使用型方式实现收益的著作权，评估过程中涉及的问题较为复杂，需要考虑作品的社会影响力、技术发展的水平等较难可靠量化的因素，因此有可能漏计或多计其贡献，影响其价值。

6.【答案】ABCE

【解析】著作权作为一项特殊的资产，参与市场交易时，其价值同样受到市场活跃程度及供求规律的影响。在著作权交易活跃市场中，著作权价值就容易实现，一些畅销出版物、音像制品等，发生市场交易比较常见。当市场对某项著作权的供应大于需求时，其价值会降低，反之，价值会得到提升。市场相关作品的价值以及新版本作品也会影响到所估著作权的价值。市场竞争程度也会影响到著作权价值的大小，同类作品的竞争激烈，作品的著作权价值实现也会受到影响。

7.【答案】ABDE

【解析】有关"著作权所依托的作品"影响著作权价值的内容包括：（1）作品所处的产业及相关政策；（2）作品的类型；（3）作品的内容（艺术性、时代性、技术水平）；（4）作品作者的知名度；（5）作品的生产制作能力；（6）作品的发表情况；（7）作品的已传播情况。

8.【答案】ABCD

【解析】根据资产评估相关知识可知，A、B、C、D 四个选项均符合题干，E 属于人身权。

9.【答案】ABCD

【解析】根据资产评估相关知识可知，A、

B、C、D四个选项均符合题干，E批量作品不存在这种说法。

10. 【答案】CD

【解析】著作财产权有两种主要的收益方式：销售型（直接收益型）和使用型（间接收益型）。对于能够通过销售实现收益的著作权，通常会采用市场上惯用的或法律规定的一定比例的版税或提成费用的评估方法直接获得著作权的评估值，其收益更容易反映在其价值中。而对于通过使用的方式实现收益的著作权，评估过程中涉及的问题较为复杂，需要考虑作品的社会影响力、技术发展的水平等较难可靠量化的因素，因此有可能漏计或多计其贡献，影响其价值。

11. 【答案】DE

【解析】因为著作权资产与演绎作品共同发挥作用，所以一个文字作品为原创作品，享有著作权，如果需要将其改编为电视剧作品，则改编好的电视剧作品也享有著作权。所以选项A的说法错误。因为著作权资产的地域性，限制了因转让或者使用著作权而产生收益的地域范围，一般来说，著作权的地域性限制越小，著作权评估值就越大，反之越小。所以选项B的说法错误。因为著作权资产的时效性，不同的著作权权利具有不同的法律保护期限，著作权资产价值不仅取决于著作权的法定保护期限和剩余保护期限，对于某一具体经济行为，则会更多地关注其合同约定的使用期限。所以选项C的说法错误。因为著作权资产与相关有形资产以及其他无形资产共同发挥作用，对于一些特殊著作权资产，其在发挥作用的过程中，不但与一些有形贡献资产共同发挥作用，甚至还可能与一些无形贡献资产共同发挥作用。所以选项D的说法正确。因为著作权和与著作权有关权利共同发挥作用，以一本图书的出版为例，作者创作完成作品后授权出版社出版，出版社编辑、设计加工后经印刷复制、发行，图书很畅销，图书销售所产生的收益既有作者著作权的贡献，也有出版社版式设计权的贡献，是著作权与著作权有关权利共同发挥作用的结果。所以选项E的说法正确。

三、综合题

【答案解析】

前3年著作权许可收益分别为：

$10\,000 \times (1+5\%) = 10\,500$（元）

$10\,500 \times (1+5\%) = 11\,025$（元）

$11\,025 \times (1+5\%) = 11\,576.25$（元）

A公司税前净收益现值合计为 $= 10\,500 \div (1+10\%) + 11\,025 \div (1+10\%)^2 + 11\,576.25 \div (1+10\%)^3 + 11\,576.25 \div 10\% \div (1+10\%)^3 = 9\,545.4546 + 9\,111.5703 + 8\,697.4080 + 86\,974.0796 = 114\,328.513$（元）

A公司净资产价值的评估值 $= 114\,328.513 \times (1-25\%) = 85\,746.38$（元）

第八章 数据资产评估

考试大纲

一、考试目的
考查考生对数据资产评估原理与方法的掌握情况，以及分析和解决数据资产评估问题的能力。

二、考试内容及要求
（一）掌握的内容（★★★）
1. 数据资产的权属。
2. 数据资产评估对象的界定。
3. 数据资产价值影响因素。
4. 数据资产清查核实。
5. 数据资产评估方法。

（二）熟悉的内容（★★）
1. 数据资产的特征。
2. 数据资产的属性。
3. 收益法在数据资产评估中的应用。

（三）了解的内容（★）
1. 对数据、数据资源、数据资产的理解。
2. 数据资产质量评价。

考情分析

本章在考试中处于较重要的地位，是无形资产评估的核心考点之一，主要考查考生对数据资产评估相关概念、权属界定、评估方法及实务操作的掌握程度。复习重点：数据资产权属，评估对象界定，价值影响因素，清查核实及评估方法（尤其是收益法）的应用，数据资产的特征与属性。

考点精讲及典型例题解析

【知识点1】数据、数据资源与数据资产（★）

1. 数据

（1）数据的概念

根据我国《数据安全法》，数据是任何以电子或其他方式对信息的记录。数据在不同视角下被称为原始数据、衍生数据、数据资源、数据产品和服务、数据资产、数据要素等。

【提示】如今，数据的外延不断扩大，不仅包括传统意义上的数据，也包括符号、字符、日期形式的数据，以及文本、声音、图像、照片和视频等类型的数据，还包括微博、微信、消费记录、出行记录、文件等类型的数据。

（2）数据的种类

从不同角度，数据有不同的种类：

1）按数据格式，数据可分为结构化数据、半结构化数据和非结构化数据。

2）按数据储存可分为基础数据层、中间数据层和应用数据层。

3）按对数据的加工程度，数据可分为原始数据、衍生数据、产品数据。

4）按数据安全，数据可分为一般数据、重要数据、核心数据。

5）按数据生成方式，数据可分为自行采集记录的数据、采集与用户的交互记录形成的数据、基于已产生的数据在赋予全新的价值过程中得到的数据。

6）按数据应用所属产业，数据可分为金融业数据、制造业数据、批发和零售数据、农林牧渔业数据等。

2. 数据资源

（1）数据资源的概念

数据资源是指具有价值创造潜力的数据的总称，通常指以电子化形式记录和保存、可机器读取、可供社会化再利用的数据集合，通常是以电子形式存在的、具有可访问性、可利用性、有使用价值和潜在或实际的经济价值的数据集合。数据资源通常是指那些可以被用来支持决策、分析和研究，能带来潜在经济利益的数据集合，通常包括几个关键词：价值性、可获取性、可处理性、可使用性、合法性。

（2）数据和数据资源的关系

1）转化关系：数据经过收集、清洗、整合和分析等过程，可以转化为数据资源。在这个

2）依赖关系：数据资源的构建依赖于数据的质量和数量。高质量的数据可以构建出更有价值的数据资源。

3）目的关系：开发数据资源的目的是更好地利用数据，提高数据的可用性和价值，而数据本身是这种利用的基础。

(3) 数据和数据资源的区别

1）形态：数据通常是原始的、未经加工的，而数据资源不强调是否经过处理、组织或者加工，但其更易于使用，具有明显的潜在的经济价值。

2）价值：数据本身没有意义，需要经过分析、解释才能转化为有用的信息，数据的价值通常不明显，需要通过利用才能体现；数据资源则本身就具有使用价值，直接具有较高的价值，是可以带来潜在经济利益的资源，或者经过加工、组织处理后能带来潜在的经济价值。

3）应用：数据资源更易于直接应用于业务流程、决策支持和分析研究中，而数据则需要进一步的处理才能应用。

4）价值实现：数据资源的价值实现依赖于对数据的分析和应用。通过数据挖掘、机器学习、人工智能等技术，可以从数据资源中提取出有价值的信息和知识，支持决策制定，并赋能业务发展，实现降本增效提质增收的目的；同时，由于数据的泛在性和泛益性，数据要素可以突破传统生产要素的束缚，提高全要素生产率。

【提示】总的来说，数据是构建数据资源的基础，而数据资源化是数据价值实现的途径。两者相辅相成，共同推动企业的发展。

3. 数据资产

数据资产，通常是指特定主体合法拥有或者控制的，能进行货币计量的，且能带来经济利益或社会效益的数据资源。按照《数据资产评估指导意见》对数据资产的定义，即：特定主体合法拥有或者控制的，能进行货币计量的，且能带来直接或者间接经济利益的数据资源。并非所有的数据都构成数据资产，只有能够为特定主体带来经济利益的数据才能形成数据资产。

数据产品是数据资产的重要构成。数据产品，是指自然人、法人或非法人组织通过对数据资源投入实质性劳动形成的数据及其衍生产品，包括但不限于数据集、数据分析报告、数据可视化产品、数据指数、应用程序编程接口（API数据）、加密数据等。

【提示】本书提到的数据资产评估，如无特殊说明，一般是指作为无形资产的数据资产的评估。

【例 8-1】根据《数据安全法》，数据的定义是（　　）。

A. 仅指电子形式的信息记录

B. 任何以电子或其他方式对信息的记录

C. 仅包括结构化数据

D. 仅指企业持有的商业数据

【答案】B

【解析】根据《数据安全法》，数据是任何以电子或其他方式对信息的记录，不限于电子形式或特定类型。

【知识点2】数据资产的特征（★★）

1. 非实体性

非实体性是指数据资产无实物形态，虽然需要依托实物载体，但决定数据资产价值的是数据本身。数据资产的非实体性也衍生出数据资产的无消耗性，即其不会因为使用而磨损、消耗。数据库的价值在于其包含的内容，而不是存储它们的电子设备。

2. 依托性

依托性是指数据资产必须存储在一定的介质里，介质的种类包括磁盘、光盘等。同一数据资产可以同时存储于多种介质。数据的价值在于其内容，但它们需要服务器这样的物理介质来存储和访问。

3. 可共享性

可共享性是指在权限可控的前提下，数据资产可以被复制，能够被多个主体共享和应用。例如开源软件的源代码可以被复制和分发给任何人，允许多个开发者同时使用和改进软件，这种共享性增加了软件的可用性和改进速度。

4. 可加工性

可加工性是指数据资产可以通过更新、分析、挖掘等处理方式，改变其状态及形态。例如大数据分析。

5. 价值易变性

价值易变性是指数据资产的价值易发生变化，其价值随应用场景、用户数量、使用频率以及时间等的变化而变化。例如社交媒体上的数据，如用户帖子、点赞和分享，其价值会随着用户参与度、趋势和时间的变化而变化。

【例8-2】数据资产的"可共享性"是指（　　）。

A. 数据必须由单一主体独占使用

B. 数据可被复制并由多主体在权限控制下共享

C. 数据价值会因共享而永久丧失

D. 数据共享无需考虑权限管理

【答案】B

【解析】可共享性强调数据在权限可控下的多主体复用，因此A、D错误，且共享不会损耗数据价值，C错误。

【知识点3】数据资产的权属（★★★）

评估专业人员在执行数据资产评估业务时，应当根据数据来源和数据生成特征，关注数据资源持有权、数据加工使用权、数据产品经营权等数据产权，并根据评估目的、权利证明材料等，确定评估对象的权利类型。

1. 数据资源持有权

数据资源持有权是指数据持有者对于通过合法途径获取的数据，无论是基于业务运营的需要采集以及产生的数据，还是通过采购、共享等方式获取的数据，有权依照法律规定或合同约定自主管控所取得的数据资源，并拥有排除他人对控制状态侵害的权利。

【提示】数据资源持有权着眼于数据的持有功能，为数据流转、数据处理和其他数据权利的构建奠定了基础。它是一种基于事实状态的数据使用权，强调主体对数据的直接控制，更多地体现为一种空间上的管控权利。数据资源持有权是数据产权制度的基础性权利，根因于数据自身所具有的可复制性、低损耗性、非竞争性、高度流通性等特征。

2. 数据加工使用权

数据加工使用权是指在授权范围内以各种方式、技术手段使用、分析、加工数据的权利，是数据实现价值增值的核心，通过对数据集合进行抽取、清洗、分析、统计、转换、运算和进一步挖掘，从杂乱无章的数据中提炼出内在规律。数据加工使用权的权利主体可以依法对数据进行加工和使用。这项权利允许主体对数据进行采集、使用、分析或加工等操作。它可以独立存在，权利主体可通过授权或继受等方式获得。

数据加工使用权可以再细分为数据加工权和数据使用权。

（1）数据加工权是指对具有合法来源的数据，权利人在法律规定或合同约定的限制条件内，对数据开展加工、分析、计算等处理活动的权利。

（2）数据使用权是指基于数据共享、数据交易等方式，数据需求方（权利人）对合法获取的数据资源或数据产品在法定或合同约定范围内进行使用的权利。

3. 数据产品经营权

数据产品经营权是指权利人对通过合法途径获取的数据资源，在法律规定或合同约定的范围内，对经过加工处理而形成的数据产品或服务，享有在合法范围内进行营销、销售和获取收益的权利。它主要指数据竞争性权益，即数据处理者对第三方的限制性权益，以防止同行业竞争者不当利用其数据产品获得利益。

【提示】这三种权利共同构成了数据"三权分置"制度的基础。"三权分置"旨在明确和规范数据在生产、流通、使用过程中各方主体的权益。

【例8-3】以下属于数据资源持有权的权利主体的有（　　）。

A. 个人对自身健康数据

B. 企业对生产流程数据

C. 政府对公共服务数据

D. 黑客对窃取的数据

E. 第三方对未授权获取的数据

【答案】ABC

【解析】持有权必须通过合法途径获取，D、E属于非法获取。

【知识点4】数据资产评估对象的界定（★★★）

数据资产种类繁多、组成复杂，评估对象的确定有其特殊性。评估专业人员通常按照以下步骤和方法协助委托人确定评估对象。

1. 明确评估目的

数据资产评估目的包括但不限于交易、融资、合规性检查。不同的评估目的可能会选择不同范围的数据资产。

2. 梳理盘点企业的数据资产，识别所有可能的潜在的数据资产，确定数据资产的范围。

在评估企业价值时，评估专业人员必须关注账外数据资产，梳理盘点企业所有的潜在的数据资产。

（1）需要明确数据资产的定义和范畴。数据资产包括但不限于数据库、数据集、数据仓库、数据分析模型、算法、数据接口等。这些资产可以是内部生成的，也可以是外部获取的。

（2）按照数据资产的定义，对企业现有的数据资产进行全面的盘点，包括数据的来源、类型、用途、存储位置等。这一步骤可以通过数据地图或数据目录来辅助完成。根据企业的特点、数字化转型的程度，对企业的数据来源、数据表单、数据字段、数据和使用范围和应用场景、经济利益流入方式、功能、涉及部门等进行梳理，盘点企业可能存在的潜在的数据资产，确定数据资产的范围。

3. 确定评估单元

评估单元可以是单个数据集、数据平台、数据应用等。评估单元的选择应基于数据资产的独立性和业务相关性。

在确定评估对象时，需要考虑不同评估单元——评估对象的优缺点。评估单元过小，例如以单个数据集为评估对象，评估对象过于琐碎，其单独的成本归集、经济利益流入分析比较困难；如果评估单元过大，则不利于管理的精细化，名称相对较为笼统和模糊。

4. 考虑数据资产的法律和合规性

评估对象的选择需要考虑数据资产的法律和合规性要求，包括数据隐私、数据保护法规等。

5. 评估数据资产的质量和完整性

数据资产的质量是评估需关注的因素，数据的质量因素包括数据的准确性、一致性、完整性、规范性、时效性和可访问性等，数据质量评价采用的方法包括但不限于层次分析法（AHP）、模糊综合评价法和德尔菲法等。

6. 确定具体的评估对象，明确其名称和描述因素

在对企业潜在的数据资产进行全面盘点梳理后，要根据不同数据资产评估的难易程度、成本效益和对业务的影响，最终确定恰当的评估对象。

【提示】确定数据资产评估对象是数据资产评估过程中的关键步骤。数据资产评估对象可由数据资产评估委托人在明确评估委托事项时直接确定，也可由评估专业人员根据评估目的，在对数据资源进行清查核实的基础上，协助委托人合理确定。

【例8-4】评估单元的选择原则是（　　）。
A. 越大越好
B. 越小越好
C. 基于独立性和业务相关性
D. 随机选择

【答案】C

【解析】评估单元的选择应基于数据资产的独立性和业务相关性，而非单纯追求大小。评估单元过小，其单独的成本归集、经济利益流入分析比较困难；如果评估单元过大，则不利于管理的精细化，名称相对较为笼统和模糊。

【知识点5】数据资产的属性（★★）

1. 信息属性

信息属性是指数据资产本身的技术特征和描述性信息，这些信息有助于了解数据的构成和表现形式。信息属性主要由以下内容构成。

（1）数据名称：数据资产的正式名称，用于识别和引用。

（2）数据结构：数据的组织形式，如关系型数据库中的表结构、非关系型数据库的文档结构等。

（3）数据字典：描述数据字段、数据类型、数据格式和数据关系的文档。

（4）数据规模：数据的量级，如记录数、字段数等。

（5）数据周期：数据的更新频率，如每日、每周、每月等。

（6）产生频率：数据生成的频率，与数据周期相关。

（7）存储方式：数据存储的技术方案，如云存储、本地服务器、分布式存储等。

2. 法律属性

法律属性涉及数据资产的法律地位和权利关系，这些信息对于确保数据资产的合法使用和交易至关重要。法律属性主要包括以下权利信息。

（1）授权主体信息：授权使用或处理数据的个人或组织的信息。

（2）产权持有人信息：拥有数据资产产权

的个人或组织的信息。

(3) 权利路径：数据资产权利的来源和流转过程。

(4) 权利类型：如数据资源持有权、数据加工使用权、数据产品经营权等数据产权。

(5) 权利范围：权利的具体应用范围，如地域限制、用途限制等。

(6) 权利期限：权利的有效期限，如加工使用权的有效期。

(7) 权利限制：权利行使的限制条件，如不能用于特定目的等。

3. 价值属性

价值属性是指影响数据资产经济价值的因素，这些因素决定了数据资产的市场价值和商业潜力。价值属性主要包括以下因素。

(1) 数据覆盖地域：数据资产覆盖的地理范围，影响其市场潜力。

(2) 数据所属行业：数据资产所属的行业领域，影响其应用场景和需求。

(3) 数据成本信息：获取、处理和维护数据资产的成本。

(4) 数据应用场景：数据资产可以应用的具体业务场景。

(5) 数据质量：数据的准确性、完整性、一致性等质量指标。

(6) 数据稀缺性：数据资产的稀有程度，稀缺数据往往具有更高的价值。

(7) 可替代性：数据资产被其他数据或技术替代的可能性。

【提示】在进行数据资产评估时，需要综合考虑这些属性，以确保评估结果的全面性和准确性。通过对这些属性的深入分析，可以更好地理解数据资产的价值，并为其定价和交易提供依据。

【例8-5】数据资产的价值属性分析需要考虑以下因素（   ）。

A. 数据获取成本

B. 数据结构设计

C. 潜在应用场景

D. 数据存储位置

E. 行业竞争程度

【答案】ACE

【解析】B 和 D 属于信息属性，而价值属性需要关注成本、场景和市场因素（如行业竞争）等。

【知识点6】数据资产价值影响因素（★★★）

1. 成本因素

成本因素涉及数据资产的获取、生成、存储、处理和维护等各个环节的成本，主要包括以下因素。

(1) 前期费用：指在数据资产形成之前所投入的费用，如市场调研、需求分析等。

(2) 直接成本：直接与数据资产生成相关的成本，如数据采集、存储和处理的费用。

(3) 间接成本：与数据资产间接相关的成本，如管理费用、人力资源成本等。

(4) 机会成本：对于数据资产而言主要是指因数据资产开发占用资金而付出的代价或支付的费用。

(5) 相关税费：与数据资产相关的税费，如增值税、所得税等。

2. 场景因素

场景因素涉及数据资产在特定环境中的应用和使用情况，包括以下因素。

(1) 使用范围：数据资产可以应用的领域和范围。

(2) 应用场景：数据资产在实际业务中的具体应用方式。

(3) 商业模式：数据资产如何被商业化，包括收入模式和盈利策略。

(4) 市场前景：数据资产所在市场的发展趋势和潜力。

(5) 财务预测：基于市场前景和商业模式，对数据资产未来收益的预测。

(6) 应用风险：数据资产应用过程中可能遇到的风险，如技术风险、市场风险等。

【提示】场景因素决定了数据资产的实用性和市场适应性，从而影响其价值。

3. 市场因素

市场因素涉及数据资产在交易市场中的表现和地位，包括以下因素。

(1) 主要交易市场：数据资产交易的主要平台或市场。

(2) 市场活跃程度：市场上数据资产交易的频率和活跃度。

(3) 市场参与者：参与数据资产交易的各方，包括买家、卖家和中介。

(4) 市场供求关系：市场上数据资产的供应量和需求量，以及它们之间的平衡。

(5) 市场因素影响数据资产的流动性和交易价格。

4. 质量因素

质量因素涉及数据资产本身的质量状况，包括以下因素。

(1) 准确性：数据资产中信息的准确度。

(2) 一致性：数据资产中信息的一致性和标准化程度。

(3) 完整性：数据资产中信息的完整性，是否有缺失。

(4) 规范性：数据资产的格式和结构是否符合行业标准。

(5) 时效性：数据资产的更新频率和信息的实时性。

(6) 可访问性：数据资产的易用性和可获取性。

【提示】质量因素直接关系到数据资产的可用性和可靠度，对数据资产的价值有直接影响。

【提示】在进行数据资产评估时，需要综合考虑这些因素，以确保评估结果的准确性和合理性。通过对这些因素的深入分析，可以更好地理解数据资产的价值，并为其定价和交易提供依据。

【例8-6】下列哪项不属于数据资产评估的成本因素（　　）。

A. 数据采集费用
B. 数据存储费用
C. 市场前景预测
D. 数据分析师工资

【答案】C

【解析】市场前景预测属于场景因素，而非成本因素。选项A、B、D为成本因素中的直接成本，成本因素还包括间接成本、机会成本等。

【知识点7】数据资产清查核实（★★★）

1. 数据资产清查核实的内容

(1) 数据资产的基本情况。主要包括：数据名称、数据结构、数据字典、数据规模、数据周期、产生频率及存储方式等，数据覆盖地域、数据所属行业、数据成本信息、数据应用场景、数据质量、数据稀缺性及可替代性等。

(2) 数据资产登记情况和权利类型。

1) 数据资产登记内容一般包括：①数据资源的来源、数据规模、所属行业（或领域）、覆盖地区、时间跨度等；②数据产品所属行业（或领域）、覆盖地区、数据来源等；③相关权利范围、权利期限、权利限制等。

2) 数据资产权利类型是指数据资源持有权、数据加工使用权、数据产品经营权。

【提示】评估专业人员执行数据资产评估业务，应当根据数据来源和数据生成特征，关注数据资源持有权、数据加工使用权、数据产品经营权等数据产权，并根据评估目的、权利证明材料等，确定评估对象的权利类型。

(3) 会计核算情况。主要包括：数据资产核算的会计科目、数据资产账面成本的构成情况、数据资产无形资产使用寿命的估计情况及摊销方法等。

【提示】资产评估专业人员对数据资产进行以财务报告为目的的评估时，对企业会计核算情况的关注尤为重要。

(4) 数据资产业务模式。主要包括：数据资产的应用场景、对企业创造价值的影响方式等。目前，常见的业务模式有：

1) 内部支持，即数据资产服务于内部用途，具体是将数据资源与其他的资源相结合，服务、支持其生产经营管理活动，实现降本增效等目的。

2) 数据服务，一是数据查询，即企业加工数据形成新数据产品，在不转移数据的前提下供外部查询，并按照单一次数或者订阅期间收费；二是提供数据清洗、数据标注、数据分析、数据可视化等数据专门服务，提供算法模型、搭建平台等数据相关的整体解决方案，或者是隐私计算平台、产业数字底座等相关的平台系统搭建运营服务。

【提示】数据资产评估中，对于数据业务模式的清查核实了解，是选择与运用评估方法的重要基础。

(5) 其他情况。主要包括：与数据资产应用场景相关的宏观经济和行业领域前景等。

2. 数据资产清查核实方式

数据资产属于新的生产要素，对数据资产进行清查核实，不仅需要一定的专业知识和经验，也需要一定的技术手段。

3. 数据资产权属证明文件的核查

数据资产评估所涉及的数据资源持有权、

数据加工使用权、数据产品经营权，或者其他名称或形式的权利类型，都必须基于一定的法律法规规定或者合同约定取得，并且在法律法规规定或者合同约定的范围内行使。评估专业人员执行数据资产评估业务，需要明确评估目的所对应的数据资产权利内涵，分析数据资产权利类型，并关注评估对象相应权利是否与评估目的相一致，权利来源及权利行使是否符合相应的法律法规规定或者合同约定。

（1）数据资产权属相关登记成果

目前，还没有全国统一的数据资产确认登记机构和登记办法，各地方登记证书名称、内容存在差异，评估专业人员执行数据资产评估业务，应充分关注相应登记成果是否能够满足评估目的需要，及其与评估对象、评估范围是否保持一致或具有明确的对应关系。

（2）数据资产权属证明文件的核查

数据资产权利类型主要包括数据资源持有权、数据加工使用权、数据产品经营权，不同类型的数据资产权利对应不同的权属证明文件。评估专业人员可以分别对下列权属证明文件进行核查。

1）数据资源持有权

评估专业人员可以根据数据资产的种类、特征、企业的采集、加工、使用、管理等数据资产全生命周期的控制等资料综合判断企业对于数据资产的权属情况。

如果企业已经取得了律所、交易所等第三方机构的报告，也可以在核查验证的基础上、通过核实相关成果，来核实数据资源持有权。例如，根据《深圳市数据产权登记管理暂行办法》规定，完成登记并取得相关证明的自然人、法人或非法人组织，对其合法取得的数据资源享有数据资源持有权。

2）数据加工使用权

数据加工使用权可以通过合同约定或法律文件来核实。评估专业人员需要检查相关的合同或协议，确认数据加工和使用的权利是否被明确授予，以及这些权利的范围和限制。

3）数据产品经营权

数据产品经营权的核实可以通过查看相关的商业协议、许可证或许可协议来进行。评估专业人员需要确认数据产品的销售、分发和商业化的权利是否被合法授权。

在核实过程中，评估专业人员应当持续关注数据产权相关的法律法规及政策动态，确保履行的权属核查等程序及专业判断与评估时点所适用的法律法规及政策保持一致。同时，评估报告中应反映数据资产的特点，包括评估对象的详细情况，如权利属性、使用权具体形式以及法律状态等。

【例8-7】核查数据资源持有权时，最重要的依据是（　　）。

A. 数据存储容量

B. 数据采集的合法证明

C. 数据处理速度

D. 数据备份频率

【答案】B

【解析】持有权的核查关键是要确认数据获取的合法性，需要查验相关法律证明文件。

【知识点8】数据资产质量评价（★）

1. 数据质量评价的六个维度

数据质量必须是量化的，如何从定性描述转化为定量表达，是数据资产质量评价工作的主要内容。数据质量评价一般从准确性、一致性、完整性、规范性、时效性和可访问性等六个维度进行。

（1）准确性，定义为所描述的真实实体（实际对象）真实值的程度。

（2）一致性，定义为数据与其他特定上下文中使用的数据无矛盾的程度。

（3）完整性，定义为按照数据规则要求，数据元素被赋予数值的程度。

（4）规范性，定义为数据符合数据标准、数据模型、业务规则、元数据或权威参考数据的程度。

（5）时效性，定义为数据在时间变化中的正确程度。

（6）可访问性，定义为数据能被访问的程度。

【提示】除此之外，还有一些业内认可的补充指标，并且在质量工作的实际开展中，可以根据数据的实际情况和业务要求进行扩展。例如，唯一性，描述数据是否存在重复记录（国标归在准确性中）；稳定性，描述数据的波动是否稳定，是否在其有效范围内；可信性，描述数据来源的权威性，数据的真实性，数据产生的时间近、鲜活度高。

2. 数据资产质量评价模型和测度方法

数据资产质量评价模型和测度方法，一般参考《信息技术 数据质量评价指标》（GB/T36344—2018）、《系统与软件工程 系统与软件质量要求和评价第 12 部分：数据质量模型》（GB/T25000.12—2017）和《系统与软件工程 系统与软件质量要求和评价第 24 部分：数据质量测量》（GB/T25000.24—2017）等国家标准。《数据资产评估指导意见》在附件二中也列示了基于质量要素的指标体系设计示例。

数据质量评价采用的方法包括但不限于层次分析法、模糊综合评价法和德尔菲法等。

【例 8 - 8】下列哪项不属于数据质量评价的六个核心维度（　　）。

A. 准确性　　　　B. 一致性
C. 完整性　　　　D. 存储成本

【答案】D

【解析】数据质量评价的六个核心维度是准确性、一致性、完整性、规范性、时效性和可访问性，存储成本属于成本因素而非质量维度。

【知识点 9】数据资产评估方法（★★★）

1. 收益法

收益法，是通过预测数据资产未来收益，选择与数据权利类型口径相一致、收益口径相一致的折现率对其折现，得出相应数据权利类型的数据资产价值的方法。

数据资产的预期收益，是指包括数据资产在内的所有投入资本要素共同产生的全部收益扣除除数据资产外的其他所有投入资本收益后，归属于数据资产的收益。

数据资产评估的收益法涉及三个指标，收益额、折现率、折现期。折现率的确定参照其他无形资产收益法折现率的确定方法，这里主要介绍数据资产收益预测和收益期限的确定。

（1）收益预测方式

1）直接收益预测

①技术思路

直接收益预测是对利用被评估数据资产直接获取的收益进行预测的方式。

②计算公式

$F_t = R_t$

式中：

F_t——预测第 t 期数据资产的收益额；

R_t——预测第 t 期数据资产的息税前利润。

③适用场景

直接收益预测通常适用于被评估数据资产的应用场景及商业模式相对独立，且数据资产对应服务或者产品为企业带来的直接收益可以合理预测的情形。

2）分成收益预测

①技术思路

分成收益预测是采用分成率计算数据资产预期收益的方式。具体思路是，首先计算总收益，然后将其在被评估数据资产和产生总收益过程中作出贡献的其他资产之间进行分成。分成率通常包括收入提成率和利润分成率两种。

②计算公式

采用收入提成率时：

$F_t = R_t \times K_{t1}$

采用利润分成率时：

$F_t = R_t \times K_{t2}$

式中：

F_t——预测第 t 期数据资产的收益额；

R_t——预测第 t 期总收入或者息税前利润；

K_{t1}——预测第 t 期数据资产的收入提成率；

K_{t2}——预测第 t 期数据资产的净利润分成率。

③适用场景

分成收益预测通常适用于软件开发服务、数据平台对接服务、数据分析服务等数据资产应用场景，当其他相关资产要素所产生的收益不可单独计量时可以采用此方法。

在确定分成率时，需要对被评估数据资产的成本因素、场景因素、市场因素和质量因素等方面进行综合分析。

3）超额收益预测

①技术思路

超额收益预测是将归属于被评估数据资产所创造的超额收益作为该项数据资产预期收益的方式。具体思路是，首先测算数据资产与其他相关贡献资产共同创造的整体收益，然后在整体收益中扣除其他相关贡献资产的贡献，将剩余收益确定为超额收益。除数据资产以外，相关贡献资产通常包括流动资产、固定资产、无形资产和组合劳动力等。

②计算公式

$$F_t = R_t - \sum_{i=1}^{n} C_{ti}$$

式中：

F_t——预测第 t 期数据资产的收益额；

R_t——数据资产与其他相关贡献资产共同产生的整体收益额；

n——其他相关贡献资产的种类；

i——其他相关贡献资产的序号；

C_{ti}——预测第 t 期其他相关贡献资产的收益额。

③适用场景

超额收益预测通常适用于被评估数据资产可以与资产组中的其他数据资产、无形资产、有形资产的贡献进行合理分割，且贡献之和与企业整体或者资产组正常收益相比后仍有剩余的情形。尤其是数据资产产生的收益占整体业务比重较高，且其他资产要素对收益的贡献能够明确计量的数据服务公司。

4）增量收益预测

①技术思路

增量收益预测是基于未来增量收益的预期而确定数据资产预期收益的方式。该增量收益来源于对被评估数据资产所在的主体和不具有该项数据资产的主体的经营业绩进行对比，即通过对比使用该项数据资产所得到的利润或者现金流量，与没有使用该项数据资产所得到的利润或者现金流量，将二者的差异作为被评估数据资产所对应的增量收益。

②计算公式

$$F_t = RY_t - RN_t$$

式中：

F_t——预测第 t 期数据资产的增量收益额；

RY_t——预测第 t 期采用数据资产的息税前利润；

RN_t——预测第 t 期未采用数据资产的息税前利润。

③适用场景

增量收益预测通常适用于以下两种情形下的数据资产评估：

一是可以使应用数据资产主体产生额外的可计量的现金流量或者利润的情形，如通过启用数据资产能够直接有效地开辟新业务或者赋能提高当前业务所带来的额外现金流量或者利润；二是可以使应用数据资产主体获得可计量的成本节约的情形，如通过嵌入大数据分析模型带来的成本费用的降低。

【提示】增量收益预测是假定其他资产因素不变的情况下，为获取数据资产收益预测而进行人为模拟的预测途径。在实务中，应用数据资产产生的收益是各种资产共同发挥作用的结果。评估专业人员应当根据实际情况，进行综合性的核查验证并合理运用数据资产的增量收益预测。

（2）收益期限的确定

对于数据资产的收益年限，应综合考虑数据资产有关法律有效期限、相关合同有效期限、数据资产的更新时间、数据资产的时效性、数据资产的权利状况以及相关产品生命周期等因素合理确定。

【例8-9】评估专业人员拟采用收益法评估一个社交媒体平台的用户行为数据集的价值。这个数据集包含了用户在平台上的互动、浏览和购买行为，它可以帮助平台更好地理解用户行为，从而提高广告和产品推荐的精准度。

1. 预期收益

使用这个数据集，平台预计每年可以增加广告收入 80 000 元。

同时，预计每年可以减少无效营销成本 30 000 元。

2. 额外成本

每年需要投入 15 000 元用于数据的进一步分析和优化。

3. 数据资产的剩余使用寿命

预计数据集的剩余使用寿命为 10 年。

4. 折现率

折现率为 8%。

要求：计算这个用户行为数据集的评估价值。

解答步骤：

1. 计算每年增加的净收益：每年净收益 = 增加的广告收入 + 减少的无效营销成本 − 额外成本

每年净收益 = 80 000 + 30 000 − 15 000 = 95 000（元）

2. 计算每年的收益现值：使用收益法评估公式计算得到这个用户行为数据集的评估价值为 637 460 元。

数据资产评估价值 = 95 000 × (P/A, 8%, 10) = 95 000 × 6.7101 = 637 460（元）

2. 成本法

（1）技术思路

成本法是指按照重置被评估数据资产的思

路，将重置成本作为确定数据资产价值的基础，并考虑相关价值调整因素，以此确定数据资产价值的评估方法。

（2）计算公式

$$P = C \times \delta$$

式中：

P——被评估数据资产价值；

C——数据资产的重置成本；

δ——价值调整系数。

成本法评估的关键是确定数据资产重置成本和价值调整系数。

数据资产的重置成本，主要包括前期费用、直接成本、间接成本、机会成本和相关税费等。前期费用包括前期规划成本，直接成本包括数据从采集至加工形成资产过程中持续投入的成本，间接成本包括与数据资产直接相关的或者可以进行合理分摊的软硬件采购、基础设施成本及公共管理成本。

按照企业取得数据资产的方式，数据资产有两类：一类是以自创开发方式获取的数据资产；另一类是以外购方式获取的数据资产。以自创开发方式获取的数据资产，主要指通过企业信息收集、外部原始信息购买再加工等形式获取的数据资产。可以借鉴固定资产的评估思路，即按照自建和外购两种途径确定成本费用项目构成。

以外购方式获取的数据资产，购入后直接使用的数据资产，应以重新购买时所支付的现时价格作为基础进行评估，包括购买价款、相关税费、保险费，以及数据权属鉴证登记、质量评价、登记结算、安全管理等费用。购入后需加工的数据资产，企业对其加工后进行出售交易，评估除考虑重新购买时所支付的现时价格外，还需考虑数据加工费用，以及应当分摊的共担的成本。

价值调整系数是对数据资产全部投入对应的期望状况与评估基准日数据资产实际状况之间所存在的差异进行调整的系数，例如：对数据资产期望质量与实际质量之间的差异等进行调整的系数。需要注意的是，价值调整需要考虑的因素，包括但不限于质量调整因素。

（3）适用场景

评估专业人员执行数据资产评估业务，应当根据形成数据资产所需的全部投入，分析数据资产价值与成本的相关程度，考虑成本法的适用性。

成本法主要考察数据资产在全生命周期各个阶段的成本，适合那些尚未形成明确市场价格的数据资产，通过累加这些成本来估算其价值。

3. 市场法

（1）技术思路

市场法也称为市场比较法，即通过交易案例间接确定待评估数据资产的方法。数据资产市场法评估，同样需要满足市场法适用前提。

（2）计算公式

市场法可以采用分解成数据集后与参照数据集进行对比调整的方式，具体模型如下：

$$P = \sum_{i=1}^{n} (Q_i \times X_{i1} \times X_{i2} \times X_{i3} \times X_{i4} \times X_{i5})$$

式中：

P——被评估数据资产价值；

n——被评估数据资产所分解成的数据集的个数；

i——被评估数据资产所分解成的数据集的序号；

Q_i——参照数据集的价值；

X_{i1}——质量调整系数；

X_{i2}——供求调整系数；

X_{i3}——期日调整系数；

X_{i4}——容量调整系数；

X_{i5}——其他调整系数。

1）质量调整系数是指在估算被评估数据资产价值时，综合考虑数据质量对其价值影响的调整系数。

2）供求调整系数是指在估算被评估数据资产价值时，综合考虑数据资产的市场规模、稀缺性及价值密度等因素对其价值影响的调整系数。

3）期日调整系数是指在估算被评估数据资产价值时，综合考虑各可比案例在其交易时点的居民消费价格指数、行业价格指数等与被评估数据资产交易时点同口径指数的差异情况对其价值影响的调整系数。

4）容量调整系数是指在估算被评估数据资产价值时，综合考虑数据容量对其价值影响的调整系数。

5）其他调整系数主要是指在估算被评估数据资产价值时，综合考虑其他因素对其价值影响的调整系数,例如:数据资产的应用场景不同、适用范围不同等也会对其价值产生相应影响,可以根据实际情况考虑可比案例差异,选择可量化的其他调整系数。

(3) 适用场景

首先,需要一个与数据资产权利类型相对应的活跃的公开交易市场,且能够收集到与待评估数据资产相同或相似的交易案例(一般考虑数据名称、数据结构、数据规模、更新频率、权利类型、应用领域、区域和场景,交易市场、交易方式等因素相同或相似)。

其次,对具有相似性的可比性交易案例的实际成交价格进行调整时,影响交易价格的因素是明确的、可调整的。

选择交易案例后,可以采用成交价格因素调整法和价值比例法,得出待评估数据资产的评估值。

成交价格因素调整法,一般考虑的调整系数有数据质量调整、数据交易期日调整、容量调整以及其他调整等。价值比例法,是通过测算交易案例单位数据资产价格,间接得出数据资产评估价值的方法。

【提示】数据资产价值评估实践时间不长,加上数据资产本身的复杂性,现阶段,数据资产评估方法存在很大的挑战,传统的三个评估途径的局限性可能在数据资产评估中更加显著。持续深入研究和广泛借鉴,有助于更好发挥资产评估在数字经济环境中的功能。

精选练习题

一、单项选择题

1. 数据资源的核心特征不包括( )。
   A. 可访问性　　B. 可货币化
   C. 可处理性　　D. 合法性
2. 以下哪项最能体现数据资产的"依托性"( )。
   A. 数据可被无限复制
   B. 数据必须存储在磁盘或服务器等介质上
   C. 数据价值随时间波动
   D. 数据可直接用于决策分析
3. 数据资源持有权的核心特征是( )。
   A. 允许对数据进行加工和再销售
   B. 强调主体对数据的直接控制权
   C. 必须通过政府授权才能获得

   D. 仅限于个人数据的使用权
4. 下列哪项不属于数据资产评估对象的可能范围( )。
   A. 数据库
   B. 数据分析模型
   C. 办公桌椅
   D. 数据接口
5. 数据字典主要用于描述( )。
   A. 数据资产的市场价值
   B. 数据字段、类型、格式和关系
   C. 数据资产的权利归属
   D. 数据资产的获取成本
6. 电商平台利用用户数据优化库存管理,这主要体现了哪个价值影响因素( )。
   A. 成本因素　　B. 场景因素
   C. 市场因素　　D. 质量因素
7. 评估专业人员在进行数据资产清查核实时( )。
   A. 需要确认数据资产产权
   B. 只需关注数据技术特征
   C. 应明确权利类型但不界定产权
   D. 可以忽略法律合规性
8. 数据质量评价的补充指标不包括( )。
   A. 唯一性　　B. 稳定性
   C. 可信性　　D. 市场价格
9. 下列哪项不属于数据资产重置成本的构成部分( )。
   A. 前期规划成本
   B. 数据采集设备费用
   C. 数据资产未来收益
   D. 数据清洗人工成本
10. 下列哪种收益预测方法适用于数据资产应用场景及商业模式相对独立的情况( )。
    A. 分成收益预测
    B. 直接收益预测
    C. 超额收益预测
    D. 增量收益预测
11. 下列哪个不是市场法中的调整系数( )。
    A. 质量调整系数
    B. 供求调整系数
    C. 折旧调整系数
    D. 期日调整系数

12. 某数据资产预计未来5年每年产生净收益80 000元，折现率10%，该数据资产的评估价值为（　　）。

A. 303 864元　　B. 400 000元
C. 305 000元　　D. 303 264元

二、多项选择题

1. 数据资产的"可加工性"可能带来的商业价值包括（　　）。

A. 将原始销售数据转化为客户行为分析报告
B. 通过数据挖掘优化库存管理
C. 直接出售未处理的服务器日志
D. 利用AI模型预测市场趋势
E. 永久锁定数据禁止任何修改

2. 数据资源的价值实现方式包括（　　）。

A. 数据挖掘
B. 机器学习
C. 人工智能（AI）
D. 直接出售原始数据
E. 提高全要素生产率

3. 关于"三权分置"制度，正确的说法是（　　）。

A. 三种权利可以分离行使
B. 必须由同一主体同时拥有
C. 为数据流通提供制度保障
D. 限制了数据的商业价值
E. 仅适用于政府数据

4. 评估数据资产质量时考虑的维度包括（　　）。

A. 准确性　　B. 一致性
C. 完整性　　D. 时效性
E. 存储成本

5. 法律属性中需要明确的权利信息包括（　　）。

A. 权利类型　　B. 权利范围
C. 权利期限　　D. 数据质量
E. 权利限制

6. 影响数据资产市场价值的因素包括（　　）。

A. 交易平台活跃度
B. 行业竞争者数量
C. 数据字段数量
D. 市场供需状况
E. 数据字典完整性

7. 核查数据加工使用权时需要检查（　　）。

A. 加工合同　　B. 授权范围
C. 使用限制　　D. 数据质量
E. 存储介质

8. 数据质量评价可以采用的方法包括（　　）。

A. 层次分析法
B. 模糊综合评价法
C. 德尔菲法
D. 随机抽样法
E. 成本核算法

9. 增量收益预测适用的情形包括（　　）。

A. 开辟新业务
B. 提高当前业务收益
C. 降低成本费用
D. 计算总收入
E. 评估资产组合

10. 自创数据资产的成本包括（　　）。

A. 外购原始数据费用
B. 数据开发人员薪资
C. 服务器折旧费用
D. 数据存储分摊成本
E. 数据资产未来收益

11. 影响市场法应用的因素包括（　　）。

A. 交易市场活跃度
B. 案例可比性
C. 调整因素明确性
D. 数据采集难度
E. 存储成本高低

三、综合题

某电商平台通过用户画像数据集优化商品推荐系统，预计每年可增加销售收入120 000元，每年可降低库存积压成本30 000元，每年需投入数据维护费用25 000元，数据集剩余有效使用年限为7年，行业折现率为9%。

要求：计算该用户画像数据集的评估价值。

精选练习题参考答案及解析

一、单项选择题

1.【答案】B

【解析】数据资源的特征包括可访问性、可处理性、可使用性、合法性等，但"可货币化"是数据资产的特征。

2.【答案】B

【解析】依托性指数据需物理介质存储（如服务器），A 体现可共享性，C 体现价值易变性，D 体现可加工性。

3.【答案】B

【解析】数据资源持有权强调主体对数据的直接管控权利，是数据产权的基础性权利。

4.【答案】C

【解析】办公桌椅属于有形资产，不属于数据资产范畴。

5.【答案】B

【解析】数据字典是描述数据字段、数据类型、数据格式和数据关系的文档，属于信息属性中的技术特征。

6.【答案】B

【解析】这个例子展示了数据在特定业务场景（库存管理）中的应用价值，属于典型的场景因素。

7.【答案】C

【解析】评估专业人员需要明确数据资产的权利类型，但不负责产权界定，这是评估的专业边界。

8.【答案】D

【解析】补充指标包括唯一性、稳定性、可信性等，市场价格不属于质量评价指标。

9.【答案】C

【解析】未来收益属于收益法考量因素，成本法仅考虑历史成本，包括前期费用（选项A）、硬件投入（选项B）和人工成本（选项D）。

10.【答案】B

【解析】直接收益预测适用于数据资产应用场景及商业模式相对独立，且直接收益可合理预测的情形。

11.【答案】C

【解析】市场法的调整系数包括质量、供求、期日、容量等，但不包括折旧调整。

12.【答案】D

【解析】PV = 80 000 × (P/A，10%，5) = 80 000 × 3.7908 = 303 264 元。

二、多项选择题

1.【答案】ABD

【解析】可加工性体现为数据通过分析、挖掘提升价值（A、B、D），C 未体现加工，E 违背可加工性。

2.【答案】ABCE

【解析】数据资源的价值通过分析、加工（如 AI、数据挖掘）实现，直接出售原始数据通常不构成数据资源的价值实现方式。

3.【答案】AC

【解析】B 错误，权利可分属不同主体；D 错误，反而促进价值实现；E 错误，适用于各类数据主体。

4.【答案】ABCD

【解析】存储成本不属于数据质量的评价维度。

5.【答案】ABCE

【解析】数据质量属于价值属性，其他四项都是法律属性中需要明确的权利信息。

6.【答案】ABD

【解析】C 和 E 属于数据资产的技术特征，而市场价值主要受交易环境（A、D）和竞争态势（B）影响。

7.【答案】ABC

【解析】数据质量和存储介质不属于权利核查内容。

8.【答案】ABC

【解析】文中明确提到层次分析法、模糊综合评价法和德尔菲法，其他方法未被提及。

9.【答案】ABC

【解析】增量收益关注额外收益或成本节约，不直接计算总收入或评估组合。

10.【答案】ABCD

【解析】自创成本包含外购数据、人工、硬件摊销和分摊成本，E 为未来收益，不属于成本范畴。

11.【答案】ABC

【解析】市场法应用受市场条件、案例质量和调整可行性影响，与采集、存储无关。

三、综合题

【答案解析】

（1）计算年净收益：

年净收益 = 120 000（增收）+ 30 000（降本）- 25 000（成本）= 125 000 元

（2）计算现值系数（P/A，9%，7）：

查表得年金现值系数为 5.0330

（3）评估价值：

125 000 × 5.0330 = 629 125 元

第二部分

企业价值评估

第一章 企业价值评估概述

考试大纲

一、考试目的
考查考生对企业价值评估相关内容的理解、对企业价值评估要素的掌握情况，以及分析和解决企业价值评估实际问题的能力。

二、考试内容及要求
（一）掌握的内容（★★★）
1. 对企业价值内容的理解。
2. 企业价值的影响因素。
3. 企业价值评估目的。
4. 企业价值评估对象和范围的界定。
5. 企业价值评估价值类型的选择。

（二）熟悉的内容（★★）
1. 企业组织形式。
2. 企业价值评估的特点。
3. 企业价值评估假设的类型与设定。

（三）了解的内容（★）
1. 对企业内容的理解。
2. 企业的主要特点。

考情分析

本章在考试中处于较一般地位，是企业价值评估考试分值分布的区域之一。涉及的考点为企业及企业价值评估的概念，企业的主要特点、内容和组织形式，企业价值评估内容、基本事项及价值影响因素等。本章属于基础知识，应该熟练掌握企业的基本概念、企业价值评估的基本要素等内容，熟悉企业的组织形式、企业价值评估特点以及企业价值评估假设的类型与设定。复习重点：企业和企业价值评估的概念，企业价值的影响因素，企业价值评估的基本要素，特别是评估目的、评估对象、评估范围的界定、价值类型的选择以及评估假设的类型和设定。

考点精讲及典型例题解析

【知识点1】企业的概念及主要特点（★★★）

企业以营利为目的，为满足社会需要，把土地、资本、劳动力和管理等生产要素集合起来，依法从事商品生产、流通和服务等经济活动，实行独立核算、自主经营、自负盈亏、自我约束和自我发展。

1. 企业是一个经济组织。所有企业都是追求盈利的，盈利是企业创造附加价值的组成部分，也是社会认可企业所提供的产品或服务而给予企业的报酬。

2. 企业是一个社会组织，企业作为一个投入产出系统，需要从外界获得生产经营活动所需的人力、物力、财力，同时又向社会提供其所需要的产品和服务。同时，企业也是依法设立的实体，企业也是自主经营的主体。

3. 企业是依法设立的实体。企业作为社会组成部分进行生产经营活动时，必然会受到相关法律制度的规范。

4. 企业是自主经营的主体。企业能够根据市场的需要，独立自主地使用和支配其所拥有的人力、物力和财力，并能够对其经营成果独立享有相应的权益和承担相应的责任。

企业的主要特点：盈利性、持续经营性、整体性和权益可分性。企业作为一个经济组织，其经营的目的就是盈利。企业要获取盈利，必须进行经营，要对各种生产经营要素进行有效组合并保持最佳利用状态。

企业的整体性是企业作为一项特殊的资产区别于其他资产的一个重要特征，构成企业的各个要素虽然具有不同性能，但只有在特定系统目标下构成企业整体，各个要素资产功能才可能会产生相互作用。

企业权益可分性是作为生产经营能力载体和获利能力载体的企业具有整体性的特点，而与载体相对应的企业权益却具有可分性的特点。企业整体价值一般由股东全部权益和付息债务组成，而企业的股东权益又可进一步细分为股东全部权益和股东部分权益。

【提示】企业要依法设立主要表现为三个方面：一是要符合国家法律法规规定的设立条件，二是要依照国家法律法规规定的程序设立，三是其生产经营活动不能违反法律法规的规定。

【例1-1】企业是一个经济组织，是依法设立的实体，也是自主经营的主体，企业具有自身的特点，下列选项不属于企业特点的是（　　）。

A. 盈利性　　　　　　B. 持续经营性
C. 社会责任性　　　　D. 权益可分性

【答案】C

【解析】企业的主要特点：盈利性、持续经营性、整体性和权益可分性。

【知识点2】企业组织形式（★★）

按照组织形式的不同，一般可将企业划分为公司制企业、合伙企业和个人独资企业，如表1-1所示。

1. 公司制企业。公司制企业有别于其他类型的组织形式的最大特点，是公司具有独立法人资格。具体表现在：

第一，公司拥有独立的法人财产，该财产最初由股东出资形成，股东对公司财产没有直接的支配权，公司对股东出资享有法律上的财产权，且以其全部财产对外承担责任；

第二，公司独立承担民事责任，公司的责任与股东的责任相互独立，与管理人员和工作人员的责任相互独立；

第三，公司具有独立的组织机构，这些业务机构或者管理机构依照法律、公司章程或公司规章制度独立行使职权。

公司制企业主要有两种具体形式，即有限责任公司和股份有限公司。有限责任公司是指由1个以上50个以下股东出资设立，股东以其出资额为限对公司承担责任，公司以其全部财产对公司的债务承担责任的公司。股份有限公司是指其全部资本分成等额股份，股东以其所持股份为限对公司承担责任，公司以其全部财产对公司的债务承担责任的公司。

2. 合伙企业。合伙企业包括自然人、法人和其他组织依法设立的普通合伙企业和有限合伙企业。普通合伙企业由普通合伙人组成，合伙人对合伙企业债务承担无限连带责任。有限合伙企业由普通合伙人和有限合伙人组成，普通合伙人对合伙企业债务承担无限连带责任，有限合伙人以其认缴的出资额为限对合伙企业债务承担责任。

【提示】国有独资公司、国有企业、上市公司以及公益性的事业单位、社会团体不得成为普通合伙人。

表1-1　企业类型主要特点比较

比较项目＼企业类型	公司制企业	合伙企业	个人独资企业
投资人	多样化	两个或两个以上的自然人，有时也包括法人或其他组织	一个自然人
承担的责任	有限债务责任	每个合伙人对企业债务承担连带责任	无限债务责任
企业寿命	无限存续	合伙人卖出所持有的份额或死亡	受制于业主的寿命（所有者死亡即终止）
权益转让	股权便于转让	较难	较难
筹资的难易程度	容易在资本市场上筹集到资本	较难从外部获得大量资本用于经营	难以从外部获得大量资本用于经营
组建企业的成本	高	居中	低

以专业知识和专门技能为客户提供有偿服务的专业服务机构，可以设立为特殊的普通合伙企业。合伙人在执业活动中非因故意或者重大过失造成的合伙企业债务以及合伙企业的其他债务，由全体合伙人承担无限连带责任。

【提示】特殊的普通合伙企业中，一个合伙人或者数个合伙人在执业活动中因故意或者重大过失造成合伙企业债务的，应当承担无限责任或者无限连带责任，其他合伙人以其在合伙企业中的财产份额为限承担责任。

【例1-2】公司制企业主要有两种具体形式，即有限责任公司和股份有限公司。下列选项有关有限责任公司和股份有限公司的相同点是（　　）。

A. 公司的设立条件
B. 公司的股东人数限制
C. 承担有限责任
D. 公司的股权转让限制

【答案】C

【解析】有限责任公司和股份有限公司都是承担有限责任。

3. 个人独资企业。个人独资企业由一个自然人依法投资设立。企业财产为投资人个人所有，投资人以其个人财产对企业债务承担无限责任。一般而言，个人独资企业是非法人企业，它并不作为企业所得税的纳税主体，其收益应与投资人的其他收益一起计入个人所得税的纳税范畴。

【提示】个人独资企业与一人有限责任公司不同。一人有限责任公司是只有一个自然人股东或者一个法人股东的有限责任公司。

【知识点3】企业价值的概念和特点（★★）

1. 企业价值的概念

企业价值是企业获利能力的货币化体现。企业价值是企业在遵循价值规律的基础上，通过以价值为核心的管理，使企业利益相关者获得回报的能力。

【提示】企业给予其利益相关者回报的能力越高，企业价值越高，而这个价值是可以通过其经济学定义加以计量的。

2. 企业价值的特点

（1）企业价值是一个整体概念。主要表现在两个方面：第一，企业的价值通常不能通过对企业所拥有的各项资产价值进行简单相加而得到，这些资产在企业中的价值大小取决于其对企业所产生贡献的多少。企业价值所体现的是将企业的人力、物力、财力等生产经营要素整合在一起的现在和未来的获利能力。第二，按评估对象进行划分，企业价值包括企业整体权益价值、股东全部权益价值和股东部分权益价值。

（2）企业价值受企业可存续期限影响。企业的价值是依附于企业这一实体而存在的，而企业的存在不同的生命周期阶段，未来可存续的期限不确定，其企业价值也会受到影响。

（3）企业价值表现形式具有虚拟性。企业的实体价值表现为企业在商品市场上的交易价值或资产价值（包括有形资产价值和无形资产价值）。企业的虚拟价值是指在金融市场上（特别是股票市场）形成的企业虚拟资产（股票）的市场价值。

【提示】在企业生命周期中的初创、成长、成熟、衰退等不同阶段，企业的价值也会有所不同。

3. 企业价值与业务价值

业务是指企业内部某些生产经营活动或资产的组合，该组合一般具有投入、加工处理过程和产出能力，能够独立计算其成本费用或所产生的收入的部分。比如企业的分公司、不具有独立法人资格的分部等。

对于存在多种不同业务类型、经营活动涉及多种行业的企业，可以将其拆分成不同的业务（或业务单元），拆分后的各项业务之间在生产、分销和营销等方面相互独立，拆分后的各项业务的价值合计数一般等于拆分前的企业价值。业务可以模拟拆分出去成为一个独立的企业，或通过契约的方式在市场上进行交易和转让，企业价值与业务价值的比较如表1-2所示。

表1-2　企业价值与业务价值异同

相同点	（1）以获利作为出发点和归宿； （2）要考虑利益相关者的期望并承担社会责任； （3）能够独立计算经营收益。
不同点	（1）业务存在于企业内部，并非依法设立的实体，而企业是依法设立的实体； （2）业务不构成独立法人资格，而企业中的公司具有独立法人资格。

【提示】①业务价值可理解为企业价值中的一部分，或是企业价值中的一种特殊形式。②业务价值与企业价值的内涵、特征及评估方法相类似。

【知识点4】企业价值的影响因素（★★★）

在企业价值评估实务中，依次从宏观环境因素、行业发展状况和企业发展状况三个方面对影响企业价值的因素进行分析。

1. 宏观环境因素：是指对所有企业的经营管理活动都会产生影响的各种因素，属于外部的、基本不可控的因素。企业价值评估应当充分考虑宏观环境对被评估企业及其所在行业的影响。宏观环境因素主要包括政治环境、宏观与区域经济、法律法规、有关货币和财政政策、技术进步以及社会和文化等因素。

2. 行业发展状况：是指对行业内的所有企业的经营管理活动都会产生影响的各种因素。有行业政策环境、行业经济特征、行业市场特征、行业竞争情况、行业特有的经营模式、行业的周期性、区域性和季节性特征、企业所在行业与上下游行业之间的关联性、上下游行业发展对本行业发展的有利和不利影响等。

3. 企业发展状况：是指来源于企业内部并对企业价值产生影响的各种因素，分为企业层面的因素和资产层面的因素两大类。企业层面的因素包括企业发展、业务和经营战略、生产经营模式、盈利模式、业务或产品的种类及结构、生产能力、行业竞争地位、产业链关系、资本结构、会计政策、生产经营管理方式、人力资源、企业管理水平以及关联交易情况等因素。资产层面的因素主要是与企业拥有的具体资产利用方式、利用程度、利用范围以及利用效果等情况相关。

【例1-3】企业价值的影响因素较多，下列选项中属于对企业价值影响的行业发展状况因素的有（   ）。

A. 上下游行业之间的关联性
B. 行业市场特征
C. 区域性和季节性特征
D. 生产经营模式
E. 会计政策

【答案】ABC

【解析】行业发展状况是影响企业价值的中观因素。行业发展状况是指行业内的所有企业的经营管理活动都会产生影响的各种因素，这些因素主要有行业政策环境、行业经济特征、行业市场特征、行业竞争情况、行业特有的经营模式、行业的周期性、区域性和季节性特征、企业所在行业与上下游行业之间的关联性、上下游行业发展对本行业发展的有利和不利影响等。

【知识点5】企业价值评估（★★）

企业价值评估具有以下特点：

1. 评估对象载体是由多个或多种单项资产组成的资产综合体。企业价值评估的范围包括了被评估企业所拥有的全部资产，但企业价值的评估对象是这些资产有机结合形成的综合体所反映的企业整体价值或权益价值，企业价值的评估对象不是各项资产的简单集合。

2. 企业价值评估关键是分析判断企业的整体获利能力。企业价值本质上是以企业未来的收益能力为标准的内在价值。企业的获利能力通常是指企业在一定时期内获取利润或现金流量的能力，是各种能力的综合体。企业在不同的获利水平状态下价值的表现形式不同，企业价值在不同盈利状态时的价值内涵如表1-3所示。

【提示】无论是企业整体价值的评估，还是股东全部权益价值或股东部分权益价值的评估，评估对象载体均是由多个或多种单项资产组成的资产综合体。

【提示】企业价值不是企业各项单项资产价值的简单相加，企业单项资产的价值之和也并不一定是企业价值。

【提示】决定企业价值高低的核心因素是企业的整体获利能力。

表1-3 企业价值在不同盈利时的价值内涵

企业盈利状态	盈利水平	价值内涵
当企业获利能力强且超过行业平均水平时	获得超额利润	企业的价值既来源于有形资产的最佳使用价值和可确指无形资产的价值，还包括不可确指的无形资产价值
当企业的获利能力较强但还没有达到行业平均水平时	获取会计利润	企业价值的构成既包括有形资产的最佳使用价值，也包括专有技术等可确指的无形资产价值
当企业处于微利或者轻度亏损状态时	微利或轻度亏损	企业价值的构成是其有形资产的重置成本价值
企业处于将破产或已破产时	严重亏损	企业价值就只能体现为有形资产的破产清算价值

3. 企业价值评估是一种整体性评估。企业价值评估强调的是从整体上计量企业全部资产形成的整体价值，而不是简单估计单项资产的收益或估计单项资产的价值。

【提示】整体性是企业价值评估与其他资产评估的本质区别。考虑企业获利能力时，要考虑的是企业客观获利能力或客观获利水平，不能仅仅基于企业短期的实际获利能力判断企业价值的表现形式。

【例1-4】企业价值受到多种因素的影响，下列表述中有关分析企业价值评估的关键你认为正确的是（　　）。

A. 分析判断被评估企业在过去期间的经营状况
B. 分析判断被评估企业各单项资产的运营情况
C. 分析判断被评估企业的整体获利能力
D. 评估机构和评估专业人员的技术能力

【答案】C
【解析】选项C，企业价值评估的关键是分析判断被评估企业的整体获利能力。

【知识点6】企业价值评估目的（★★★）

企业价值评估的要素包括评估主体、评估对象和范围、评估目的、评估程序、评估方法、评估基准日、价值类型及评估假设等。

企业价值评估的目的，是导致企业价值评估的经济行为。主要包括：企业改制、企业并购、企业清算、财务报告、法律诉讼、税收、财务管理、考核评价以及其他目的。

企业改制：企业改制具体形式包括国有企业改制、集体企业改制和其他企业改制，以及非公司制企业按照《中华人民共和国公司法》要求改建有限责任公司或股份有限公司、经批准有限责任公司变更为股份有限公司等形式。具体有重组、联合、兼并、租赁、承包经营、合资、转让产权和股份制、股份合作制等方式。

【提示】在企业改制过程中，凡涉及企业产权变动、需要了解股权价值或企业整体价值的，均属于企业价值评估的范畴。

【提示】如果企业改制没有涉及企业产权变动，且其评估对象界定为资产负债表上列示的净资产，则该类企业改制不属于企业价值评估的范畴。

企业并购：企业并购是企业在平等自愿、等价有偿基础上，以一定的经济方式取得其他企业产权的行为。企业并购通常包括企业合并、股权收购以及资产收购等形式。企业合并又可进一步分为吸收合并、新设合并和控股合并三种方式。

企业清算：企业清算包括以下三种类型：一是依据《中华人民共和国企业破产法》的规定，在企业破产时进行清算；二是依照国家有关规定对改组、合并、撤销法人资格的企业资产进行清算；三是企业按照合同、契约、协议规定终止经营活动的清算。

【提示】为分拆出售破产财产提供价值参考而对破产财产中的各单项资产分别进行评估的，不属于企业价值评估范畴。

财务报告：随着公允价值在会计计量中的运用逐渐增多以及公允价值计量对专业性和独立性的要求，以财务报告为目的的资产评估也日益增多，如在确定权益工具的公允价值过程中，可能需要对权益工具对应的企业价值进行评估。

法律诉讼：法律诉讼时，公司股东与股东之间、股东与管理层之间、股东与债权人之间以及公司的利益相关者之间，常常会发生因公司价值变化而引起的法律诉讼，企业价值评估结论是法律案件裁决的重要依据之一。

税收：在股权的保有、交易、赠与、继承等环节，股权投资者就需要根据相关税法的确定，缴纳相应的财产税，特别是对于非上市公司的股权，其市场价值通常需要评估专业人员进行评估后确定。

财务管理：在企业的财务管理活动中，投资决策、融资决策、经营决策以及股利分配政策均是影响企业价值的重要因素，通过对企业价值进行评估，可以对已制定的财务决策进行验证和评价，也能对未来财务决策提供参考。通过企业价值评估对经营者的绩效进行考核评价已越来越得到社会的认可。

考核评价：所有权和经营权分离是公司制的一大特征，企业的所有者不再经营企业，企业的经营活动由职业经理人承担，企业所有者和经营者之间便会形成代理问题。企业经营者是否履行职责、是否为企业所有者创造价值，则需要通过绩效评价机制来做出判断。

其他目的：企业价值评估的其他目的包括，

股票公开发行、企业股利政策的制定、企业员工持股计划的制订、企业投资项目决策、企业租赁、股权的质押和担保以及债务重组等。

【例1-5】企业价值评估是常见的资产评估类型,下列经济行为中,不属于企业价值评估范畴的是(   )。

A. 评估某国有企业整体权益价值
B. 评估并购企业的股东全部权益价值
C. 评估某企业的股东部分权益价值
D. 评估破产企业出售财产中的各单项资产
E. 企业改制没有涉及企业产权变动,评估对象界定为资产负债表上列示的净资产

【答案】DE

【解析】D选项的评估对象是各个单项资产,而不是破产企业的企业价值,因此非企业价值评估范畴。其余的都属于企业价值评估范畴。在企业改制过程中,凡涉及企业产权变动、需要了解股权价值或企业整体价值的,均属于企业价值评估的范畴。如果企业改制没有涉及企业产权变动,且其评估对象界定为资产负债表上列示的净资产,则该类企业改制不属于企业价值评估的范畴。

【知识点7】评估对象和范围(★★★)

企业价值评估的对象通常包括企业整体权益、股东全部权益和股东部分权益三种。

1. 评估对象

(1) 企业整体权益

企业整体权益是公司所有出资人共同拥有的企业运营所产生的价值,即所有资本(付息债务和股东权益)通过运营形成的价值。

企业整体权益价值并不必然等于资产负债表中的资产价值的合计数,一是因为企业整体价值的评估范围包括表内和表外所有的资产、负债;二是资产负债表的资产合计数仅仅是各单项资产价值的简单相加,无法反映企业作为资产综合体的整体获利能力。

在反映了各单项资产对企业整体获利能力前提下,企业表内、表外全部资产价值的合计数称为企业的总资产价值。企业整体权益价值不等于企业的总资产价值。

【提示】从资本的运用角度看,企业整体权益价值等于企业的总资产价值减去企业负债中的非付息债务价值后的余额;从资本的来源角度看,企业整体权益价值等于股东全部权益价值加上企业的全部付息债务的价值。

(2) 股东全部权益

企业股东全部权益价值就是企业的所有者权益或净资产价值。企业价值评估实务中的股东全部权益价值、企业整体权益价值和股东全部权益价值之间的关系,可以通过表1-4直观体现。

表1-4 简化资产负债表

资产	负债和股东权益
流动资产价值(A)	非付息债务价值(C)
固定资产和无形资产价值(B)	付息债务价值(D)
其他资产价值(F)	股东全部权益价值(E)

企业总资产的价值 = A + B + F
全部负债和权益价值 = C + D + E
企业整体权益价值 = (A + B + F) - C
            = D + E
股东全部权益价值 E = (A + B + F) - (C + D)

对企业价值进行评估,得出股东全部权益价值的方式有两种:一是直接评估得出股东全部权益价值;二是先评估得出企业整体权益价值,再将企业整体权益价值减去全部付息债务价值,得出股东全部权益价值。

(3) 股东部分权益

股东部分权益价值其实就是企业一部分股权的价值或股东全部权益价值的一部分。股东部分权益价值的评估通常有两种途径:一是直接评估得出股东部分权益价值;二是先评估得出股东全部权益价值,再乘以持股比例或持股数量,并考虑必要的溢价或折价因素后得出股东部分权益价值。拥有控制权通常产生控制权溢价,缺乏控制权通常会产生折价。拥有控制权或缺乏控制权不能仅仅根据持股比例是否大于50%来判断是否具有控制权。有时即便获得了超过50%的股权,可能受公司章程与协议条款的约束,或受产业管制强度的影响,而使股东无法享有应有的控制权。

(4) 拥有控制权溢价与缺乏控制权折价

控制权是指掌握企业经营和决策的权利。控制权溢价是指在同一企业用以反映控制权大小的,按照等比例分配的具有控制权的权益价值超过不具有控制权的权益价值的数量或百

分比。

拥有控制权的股东享有一系列少数股东无法享有的权利，可以通过实施控制权改变目标企业的经营与政策，如任命或更换企业管理层的权利、达成重大投融资项目的权利、达成重大并购重组的权利等，因此控制权一般具有价值。缺乏控制权的折价是指同一企业内用以反映缺乏部分或全部控制权，在股东全部权益价值按照等比例分配的基础上扣除的数量或百分比。控制权溢价和缺乏控制权折价可以通过如下公式进行转换：

$$缺乏控制权折价 = 1 - \frac{1}{1 + 控制权溢价}$$

【提示】企业整体权益价值并不必然等于资产负债表中的资产价值的合计数。企业整体权益价值也不等于企业的总资产价值。股东部分权益价值并不必然等于股东全部权益价值与股权比例的乘积，因为还可能存在控制权溢价或者缺乏控制权折价问题。

【提示】控制权是指掌握企业经营和决策的权利，拥有控制权或缺乏控制权不能仅仅根据持股比例是否大于50%来判断是否具有控制权。

【提示】并非所有的少数股权都伴随着折价，甚至有可能因阻止权利的存在和联合实施而产生溢价。

【例1-6】有关企业整体权益价值、企业总资产价值等各类资产的相关表述，下列公式中正确的有（　　）。

A. 企业总资产 = 流动资产 + 固定资产和无形资产 + 其他资产

B. 企业总债务 = 非付息债务 + 付息债务

C. 整体企业权益价值 = 企业总资产价值 - 非付息债务价值

D. 整体企业权益价值 = 企业总资产价值 + 非付息债务价值

E. 股东全部权益价值 = 企业总资产价值 - 非付息债务价值

【答案】ABC

【解析】股东全部权益价值 = 企业总资产价值 - 非付息债务价值 - 付息债务价值。

2. 企业价值评估范围

（1）企业价值评估范围的界定

企业价值评估范围是对评估对象价值进行评定估算的工作过程中所涉及的企业资产和负债的范围。企业整体权益价值评估范围包括企业产权涉及的全部资产及非付息负债，股东全部权益和股东部分权益价值评估范围包括企业产权涉及的全部资产及全部负债。

评估专业人员在具体界定评估范围时，应根据有关文件资料进行，如企业价值评估申请报告及上级主管部门批复文件所规定的评估范围；企业有关产权转让或产权变动的协议、合同、章程中规定的企业资产变动的范围；企业有关资产产权证明、账簿、投资协议、财务报表及其他相关资料等。

【提示】一般而言，企业整体权益价值评估范围包括企业产权涉及的全部资产及非付息负债，股东全部权益和股东部分权益价值评估范围包括企业产权涉及的全部资产及全部负债。

【例1-7】企业价值评估中，控制权溢价和缺乏控制权折价是评估师需要关注的问题，下列选项中有关控制权溢价和缺乏控制权折价论述正确的是（　　）。

A. 在企业价值评估时，应在适当及切实可行的情况下考虑控制权的影响

B. 控制权是指掌握企业经营和决策的权利

C. 缺乏控制权通常会产生折价

D. 拥有控制权或缺乏控制权是非此即彼的关系

E. 持股比例大于50%就具有控制权

【答案】ABC

【解析】拥有控制权或缺乏控制权不能仅仅根据持股比例是否大于50%来判断是否具有控制权。

【例1-8】有关评估专业人员在具体界定企业价值评估范围时，应根据有关文件资料进行，下列选项不属于需要参考的文件资料有（　　）。

A. 企业价值评估申请报告及上级主管部门批复文件所规定的评估范围

B. 企业有关产权转让或产权变动的协议、合同、章程中规定的企业资产变动的范围

C. 企业有关资产产权证明、账簿、投资协议、财务报表及其他相关资料等

D. 政府发布的行业发展及经济增长的数据

【答案】D

【解析】评估专业人员在具体界定企业价值评估范围时，应根据有关文件资料进行，如企业价值评估申请报告及上级主管部门批复文件所规定的评估范围；企业有关产权转让或产权

变动的协议、合同、章程中规定的企业资产变动的范围；企业有关资产产权证明、账簿、投资协议、财务报表及其他相关资料等。企业价值评估范围的界定，应与评估对象的口径相匹配。政府发布的行业发展及经济增长的数据不属于企业的文件。

（2）企业各项资产、负债的识别

企业资产和负债不仅包括资产负债表表内资产、负债，还包括资产负债表表外资产、负债。对资产负债表表内资产、负债，主要根据企业的账簿、会计报表、审计报告等进行识别和判断。

表外资产通常包括著作权、专利权、专有技术、商标权、销售网络、客户关系、特许经营权、合同权益、域名和商誉等账面未记录或未作资本化处理的资产。表外负债主要包括法律明确规定的未来义务和合同约定的未来义务。

【提示】企业价值评估范围的界定，应与评估对象的口径相匹配。

【例1-9】对企业各项资产、负债进行识别，不仅包括资产负债表表内资产、负债，还包括资产负债表表外资产、负债，下列账面未记录或未进行资本化处理的资产中不属于表外资产的是（　　）。

A. 著作权
B. 专有技术
C. 客户关系
D. 合同约定的未来义务

【答案】D

【解析】表外资产通常包括著作权、专利权、专有技术、商标权、销售网络、客户关系、特许经营权、合同权益、域名和商誉等账面未记录或未进行资本化处理的资产。表外负债主要包括法律明确规定的未来义务和合同约定的未来义务。

（3）企业资产配置和使用情况的分析

1）根据资产和负债的经营属性进行区分

根据资产的经营属性，可以将企业的资产区分为经营性资产和非经营性资产。根据负债的经营属性，可以将企业的负债区分为经营性负债和非经营性负债。经营性资产对企业盈利能力的形成过程产生直接或间接贡献，非经营性资产对企业盈利能力的形成过程不产生直接或间接贡献。在企业盈利能力的形成过程中，如果已考虑了某项负债的偿还义务对企业盈利能力的影响，则该负债为经营性负债，否则为非经营性负债，具体如表1-5所示。

【提示】同一类资产、负债在不同行业或不同企业中的经营属性可能存在差异，在某些行业中可能是经营性资产，而在其他行业中可能是非经营性资产。

表1-5　资产与负债的区分

资产的区分（模拟抽离法）	①经营性资产，对企业盈利能力的形成过程产生直接或间接影响。②非经营性资产，对企业盈利能力的形成过程不产生直接或间接影响
负债的区分	①经营性负债，在企业盈利能力的形成过程中，已考虑了某项负债的偿还义务对企业盈利能力的影响。②非经营性负债。

【例1-10】根据资产和负债的经营属性进行区分是企业价值评估的一个重要环节，下列选项中有关资产经营和配置属性的说法中错误的是（　　）。

A. 在企业盈利能力的形成过程中，已考虑了某项负债的偿还义务对企业盈利能力的影响，则该项负债为经营性负债，否则为非经营性负债

B. 同一类资产、负债在不同行业或不同企业中的经营属性可能存在差异

C. 资产、负债的经营性或非经营性的区分，取决于资产、负债在具体企业中的具体配置和利用情况

D. 按照企业所从事日常活动的重要性，可将收入分为主营业务收入、其他业务收入等，但其他业务收入所形成的资产，或为开展其他业务而准备的资产全部为非经营性资产

【答案】D

【解析】按照企业所从事日常活动的重要性，可将收入分为主营业务收入、其他业务收入等，但其他业务收入所形成的资产，或为开展其他业务而准备的资产并非全部为非经营性资产。

2）根据资产的配置属性进行区分

根据资产的配置属性，可以将企业的资产区分为必备资产和溢余资产。根据资产规模与企业经营规模的配置关系，可将经营性资产细

分为必备的经营性资产和溢余的经营性资产。必备的经营性资产是形成企业盈利能力所必需的资产，溢余的经营性资产是超过了企业盈利能力形成的必备规模的资产。企业盈利能力是企业必备的经营性资产共同作用的结果，也决定着必备的经营性资产的价值，具体如表1-6所示。

表1-6 经营性资产与非经营性资产

经营性资产	①必备的经营性资产，形成企业盈利能力所必需的资产。②溢余的经营性资产，超过了企业盈利能力形成的必备规模的资产。
非经营性资产	因其与企业盈利能力的形成过程无关，对其按配置属性进行区分并无现实意义。

【提示】企业收入可分为主营业务收入、其他业务收入等，主营业务收入为经营性资产，其他业务收入可进一步区分为经常性收入和偶然性收入，经常性的其他业务收入对应的资产通常界定为经营性资产，而偶然性的其他业务收入对应的资产界定为非经营性资产。

【提示】必备的经营性资产和经营性负债的评估价值，与非经营性资产和溢余的经营性资产的评估价值相加，得出企业整体价值。

【例1-11】根据资产和负债的经营属性进行区分是企业价值评估的一个重要环节，有关资产经营和配置属性的说法中错误的是（　　）。

A. 根据经营属性可以将企业资产区分为经营性资产和非经营性资产

B. 根据资产的配置属性，可以将企业的资产区分为必备资产和溢余资产

C. 由于非经营性资产的偶然性，在评估企业整体价值时要将非经营性资产评估价值扣除在外

D. 经常性的其他业务收入对应的资产通常界定为经营性资产，而偶然性的其他业务收入一般界定为非经营性资产

【答案】C

【解析】企业整体价值=必备的经营性资产和经营性负债的评估价值+非经营性资产和溢余的经营性资产的评估价值。

【知识点8】企业价值评估中的主要价值类型及选择

企业价值评估中的主要价值类型有市场价值、投资价值和清算价值。

【提示】在用价值和残余价值是针对单项资产或企业要素资产的价值类型，并不适用于企业。

1. 主要价值类型

（1）市场价值

市场价值是指自愿买方和自愿卖方各自理性行事且未受任何强迫时，评估对象在评估基准日的公平交易价值。

（2）投资价值

投资价值是指评估对象对于具有明确投资目标的特定投资者或者某一类投资者所具有的价值估计数额，亦称特定投资者价值。

投资价值应具有以下要件：明确的资产、明确的投资者、特定目的、协同效应、投资回报水平、评估基准日、以货币单位表示、价值估计数额。

协同效应指买方特定协同效应，并不包括市场参与者协同效应，市场参与者协同效应因广泛适用于一般市场参与者而被包含在市场价值当中。

《企业并购投资价值评估指导意见》将协同效应分为管理协同效应、经营协同效应、财务协同效应和其他协同效应四类。

【提示】投资价值可以划分二个层级：第一层级的投资价值是基于投资者自身禀赋条件的特殊性或其交易目的的特殊性而作出的客观判断形成的价值，第二层级的投资价值是在第一层级基础上，还考虑了投资者自身的个性化和主观化判断形成的价值。

（3）清算价值

清算价值是指在评估对象处于被迫出售、快速变现等非正常市场条件下的价值估计数额。清算价值作为一种价值类型是以评估对象被快速变现或被强制出售为前提条件的，只有评估对象是在快速变现或强制出售的前提条件下评估，其评估结论的价值类型才可以选择清算价值的价值类型。

【提示】①清算价值作为一种价值类型是以评估对象被快速变现或被强制出售为前提条件的，只有评估对象是在快速变现或强制出售的前提条件下进行评估，其评估结论的价值类型才可以选择清算价值的价值类型。②以清算为目的的评估在某些情况下确实需要选择清算价

值作为价值类型,而在另外一些情况下,也可能选择其他的价值类型。

【例1-12】投资价值是企业价值评估中常见的价值类型,下列选项中有关投资价值类型表述不正确的是(　　)。

A. 投资价值是指评估对象对于具有明确投资目标的特定投资者或者某一类投资者所具有的价值估计数额

B. 投资价值可理解为某项资产在明确的投资者基于特定目的、充分考虑可能实现的增量收益和投资回报水平的情况下,在评估基准日的价值估计数额

C. 投资价值应具有明确的资产、明确的投资者、特定目的、协同效应、投资回报水平、评估基准日、以货币单位表示、价值估计数额

D. 协同效应具体指买方特定协同效应,包括市场参与者协同效应,市场参与者协同效应因广泛适用于一般市场参与者而被包含在投资价值当中

【答案】D

【解析】协同效应具体指买方特定协同效应,并不包括市场参与者协同效应,市场参与者协同效应因广泛适用于一般市场参与者而被包含在市场价值当中。市场价值是指自愿买方和自愿卖方在各自理性行事且未受任何强迫的情况下,评估对象在评估基准日进行正常公平交易的价值估计数额。

2. 价值类型的选择依据

企业价值类型的选择主要考虑资产评估目的、评估的市场条件以及评估对象自身条件。

评估目的不但决定着企业价值评估结论的具体用途,而且会直接或间接地影响企业价值评估的过程及其运作条件,包括对评估对象的利用方式和使用状态的约束,以及对企业价值评估市场条件的限定。评估目的不同,价值类型也可能不同,如一项股权并购评估业务,如果委托人是出售方,拟以评估价值作为拍卖底价的参考,则需要的是这项股权的市场价值;如果委托人是收购方,拟了解收购后标的企业能为其创造的价值,在评估业务执行过程中充分考虑并使用了仅适用于委托人的特定评估资料和经济技术参数,并以此评估结果作为确定收购价的参考,在这种情况下这项股权是投资价值。

企业价值评估依据的市场条件也是确定企业价值评估中价值类型的重要因素。在不同的市场条件下或交易环境中,即使是相同的资产也会有不同的评估结论。

企业价值评估依据的市场条件分为两大类:公开市场条件和非公开市场条件。它们的区别可以从三个方面进行划分:(1)市场参与者数量,包括自愿的买方和卖方的数量。(2)买卖双方交易的时间。(3)当事人双方的素质、信息占有情况及处事方式等。

评估对象的自身条件主要包括企业的盈利模式、经营方式、经营业绩及企业资产的使用方式和利用状态等,是影响企业价值的内因。对于处于持续经营的企业进行评估,可能选择市场价值或投资价值的价值类型;但对于经营状况不佳、面临倒闭的企业进行评估时,可能选择清算价值的价值类型。

【提示】评估目的不但决定着企业价值评估结论的具体用途,而且会直接或间接地影响企业价值评估的过程及其运作条件,包括对评估对象的利用方式和使用状态的约束,以及对企业价值评估市场条件的限定。

【例1-13】价值类型是界定资产评估结果的重要概念,下列选项中对资产评估结果价值类型选择具有制约作用的因素是(　　)。

A. 评估方法　　B. 评估原则
C. 评估程序　　D. 评估目的

【答案】D

【解析】企业价值类型的选择主要考虑资产评估目的、评估的市场条件以及评估对象自身条件经营下去。

3. 评估假设

企业价值评估的假设可分为基本假设和具体假设。企业价值评估的基本假设主要有交易假设、公开市场假设、持续经营假设和清算假设。具体假设主要包括基于企业外部环境的假设和基于企业内部环境的假设,以及评估专业人员获取资料和履行评估程序方面的假设。

(1)持续经营假设

选择使用持续经营假设需考虑三个因素:

第一,评估目的。即引起企业价值评估的经济活动是否要求企业持续经营,或评估结果的具体用途是否需要以企业持续经营为前提。

第二，企业提供的产品或服务是否能满足市场需求。若企业的产品或服务不能满足市场需求，企业无未来收益，则不适用于持续经营假设。

第三，企业要素的功能和状态。若企业各个要素资产破损严重，工艺落后或严重比例失调而不能满足企业持续经营的需要，也不能适用于持续经营假设。

企业价值评估中持续经营假设的情况主要包括存量持续经营假设、增量持续经营假设、并购整合持续经营假设这三种情况。

1) 存量持续经营假设。

存量持续经营假设一般要求企业符合下列条件：评估目的中的经济行为实现后，企业的控制权不发生变化或虽有控制权的变化但企业的主要经营方向和经营策略不发生重大变化；企业现有的财务政策，定价政策和市场份额不会因为评估目的中所涉经济行为的实现而发生重大变化；评估目的中的经济行为实现后的资本投入主要是为了弥补评估基准日存量资产的消耗，保持评估基准日存量资产的生产能力，而不形成明显的增量资产，也不会出现企业的生产经营能力大幅提高的情形，评估目的中的经济行为实现后企业不会发生转产或经济方向的根本改变。

【提示】存量持续经营假设是维持企业原有经营规模及产品结构的持续经营假设。

2) 增量持续经营假设。

增量持续经营假设一般要求企业符合下列条件：企业投入资本能够顺利形成新增生产能力，不会受到土地、厂房、设备、人员、管理等诸多因素的制约；企业的新增生产能力能够通过市场的考验，即生产的产品或服务能够被市场所接受；企业投入资本的回报率能够高于企业的债务资本成本，并成为企业新增的获利能力。

【提示】增量持续经营是企业在其存量资产对应的经营规模基础上通过追加投入以实现扩大再生产，扩大企业经营规模或丰富企业产品结构的持续经营假设。

3) 并购整合持续经营假设。

并购整合持续经营假设是通过企业并购及并购后的重组整合，考虑并购整合过程中标的企业产生的协同效应的持续经营假设。

（2）清算假设

清算假设是对资产在非公开市场条件下被迫出售或快速变现条件的假定说明。

清算假设情况下被评估资产的评估价值通常要低于在公开市场假设下或持续使用假设下同样资产的评估价值。

清算假设与持续经营假设的差异：一是企业资源自由支配方面的差异。二是资产计价方面的差异。

【提示】清算假设首先是基于被评估资产面临清算或具有潜在的被清算的事实或可能性，再根据相应数据资料推定被评估资产处于一种被迫出售或快速变现的状态。

【例1-14】20×3年2月，甲公司并购了其上游企业乙公司，并产生了"1+1>2"的协同效应，协同效应对甲公司未来的收益产生了重大影响。在对甲公司进行企业价值评估时，应该遵循（　　）。

A. 存量持续经营假设
B. 增量持续经营假设
C. 并购整合持续经营假设
D. 清算假设

【答案】C

【解析】并购整合持续经营假设是通过企业并购及并购后的重组整合，考虑并购整合过程对标的企业产生的协同效应的持续经营假设。在对该标的企业进行评估时，若考虑了协同效应对企业未来收益及企业价值的影响，则应当使用并购整合持续经营假设。

4. 企业价值评估的具体假设

（1）具体假设类别

企业价值评估的具体假设主要包括基于企业外部环境的假设和基于企业内部环境的假设，如表1-7所示。

表1-7 企业环境假设的分类

基于企业外部环境的假设	宏观环境假设	政治环境假设、宏观经济环境假设、法律法规假设、财政政策假设、货币政策假设以及产业政策假设等。
	中观环境假设	行业发展前景假设、行业政策假设、区域经济政策假设以及对被评估企业进行规范、监管、审批、规划等方面的假设（比如环保政策假设、土地政策假设、税收政策假设、政府补贴假设）等。

续表

基于企业内部（微观）环境的假设	针对被评估企业假设	主要包括对企业生产经营模式、业务或产品的种类结构、生产能力、行业竞争地位、产业链关系（与供应商和客户的关系）、资本结构、会计政策、生产经营管理方式、人力资源、企业管理水平以及关联交易情况等方面做出的假设。
	针对被评估企业具体资产假设	主要是对具体资产利用或使用的方式、程度、范围、效果所做的假设。比如，对具体资产的物理、法律、经济状况的假设；追加投资假设等，产权变动后可利用的资产范围以及资产的可能用途、利用方式和利用效果的假设，继续使用或者变现假设，原地使用或者移地使用假设，现行用途使用或者改变用途使用假设等。

【提示】企业价值评估的具体假设也包括评估专业人员获取资料和履行评估程序方面的假设。如假设委托人和被评估企业提供的资料是真实、合法、完整的，对于受条件限制未履行或无法履行相应的评估程序、采用了未经调查确认或无法调查确认的资料数据所做出的假设等。

【例1-15】在企业价值评估中通常会涉及具体假设条件，下列选项中属于企业具体假设的是（　　）。

A. 基于宏观环境的假设主要包括政治环境假设、宏观经济环境假设、法律法规假设、财政政策假设、货币政策假设以及产业政策假设等

B. 基于中观环境的假设，主要包括行业发展前景假设、行业政策假设、区域经济政策假设等

C. 评估假设是对评估条件的某种抽象，而这些评估条件通过具体评估过程最终影响或决定着企业价值的评估结果

D. 企业价值评估假设的设定与使用应建立在科学合理的基础之上，评估假设的设定不是任意的

E. 可以简单地对企业基于相关条件所可能产生的结果进行假设

【答案】ABCD

【解析】不能简单地对企业基于相关条件所可能产生的结果进行假设。企业价值评估假设应围绕被评估企业所处外部环境和内部环境进行，将市场条件及影响企业价值的相关不确定因素暂时"凝固"在某种状态下，以达到对企业价值做出判断的目的，而不是简单地对企业所处外部环境和内部环境可能产生的结果进行假设。

（2）具体假设的设定依据及应注意的问题

1）设定依据

评估专业人员执行企业价值评估业务时，应当依据评估目的、价值类型、市场条件、评估对象自身条件等因素综合分析确定评估假设，不能仅凭主观判断设定不合理的假设。即：企业价值评估假设应当与评估目的相匹配、与企业价值类型相协调、与市场条件相适应、与评估对象自身条件相契合。

企业价值评估价值类型的选择应当考虑价值类型与评估假设之间的相关性，如：在投资价值类型的企业价值评估中，可以就特定投资者对被评估企业可能产生或实施的影响做出假设；但在市场价值类型的企业价值评估中，并不能考虑股权交易行为实施后的协同效应，因而不能对被评估企业实现这些协同效应的条件做出假设，更不能假设被评估企业可以实现这些协同效应。

【提示】企业价值评估假设中，与评估对象自身条件有关的具体假设主要包括资产使用范围假设、资产利用方式假设、资产利用程度假设和资产利用效果假设等。

【例1-16】企业价值评估中通常要用到各种具体假设，下列选项中有关具体假设的说法正确的是（　　）。

A. 企业价值评估特定目的对评估对象或被评估企业的作用空间和可利用资源范畴的规范，具体是通过企业价值评估假设体现出来的

B. 评估假设作为评估条件的浓缩形式，是连接评估目的、价值基础与价值类型以及评估结论的纽带。企业价值评估价值类型的选择应当考虑价值类型与评估假设之间的相关性

C. 企业价值评估依据的市场条件是企业价值基础的重要组成部分，企业价值评估假设应当与市场条件相适应

D. 企业价值评估假设中，与评估对象自身

条件有关的具体假设主要包括资产使用范围假设、资产利用方式假设、资产利用程度假设和资产利用效果假设等

E. 评估专业人员可以在知晓委托人或其他信息来源方提供的某些信息资料不真实的情况下，用假设形式设定这些资料是真实的

【答案】ABCD

【解析】评估专业人员不得随意设定没有依据、不合情理的企业价值评估假设；不得在已知委托人或其他信息来源方提供的某些信息资料不真实的情况下，用假设形式设定这些资料是真实的，并在此基础上出具评估意见。

2）应注意的问题

①应当科学合理地设定企业价值评估假设；

②不能简单地对企业基于相关条件所可能产生的结果进行假设；

③应谨慎使用非真实性假设；

④企业价值的评估过程应当与企业价值评估假设相呼应。

【提示】只有在下列情况下，评估专业人员才应使用非真实性假设：该假设是分析并得出可靠的评估结论所必需的；该假设有合理的依据；只有使用该假设才能得以进行可靠的分析；在评估报告中对该假设进行充分披露。

【例1-17】在企业价值评估中通常会涉及具体假设条件，下列选项中对企业具体假设设定说法正确的是（　　）。

A. 基于宏观环境的假设主要包括政治环境假设、宏观经济环境假设、法律法规假设、财政政策假设、货币政策假设以及产业政策假设等

B. 基于中观环境的假设，主要包括行业发展前景假设、行业政策假设、区域经济政策假设等

C. 评估假设是对评估条件的某种抽象，而这些评估条件通过具体评估过程最终影响或决定着企业价值的评估结果

D. 企业价值评估假设的设定与使用应建立在科学合理的基础之上，评估假设的设定不是任意的

E. 可以简单地对企业基于相关条件所可能产生的结果进行假设

【答案】ABCD

【解析】不能简单地对企业基于相关条件所可能产生的结果进行假设。企业价值评估假设应围绕被评估企业所处外部环境和内部环境进行，将市场条件及影响企业价值的相关不确定因素暂时"凝固"在某种状态下，以达到对企业价值做出判断的目的，而不是简单地对企业所处外部环境和内部环境可能产生的结果进行假设。

精选练习题

一、单项选择题

1. 合伙企业包括自然人、法人和其他组织依法设立的普通合伙企业和有限合伙企业，下列选项中有关合伙企业说法正确的是（　　）。

A. 合伙制企业的合伙人只会承担有限责任

B. 合伙制企业的合伙人一定会承担无限连带责任

C. 有限合伙企业由普通合伙人和有限合伙人组成

D. 有限合伙人以其认缴的出资额为限对合伙企业债务承担责任

2. 有关整体企业权益价值的论述，下列说法中正确的是（　　）。

A. 企业的总资产价值

B. 企业的总资产价值减去企业负债中的非付息债务价值后的余额

C. 股东全部权益价值加上股东部分权益价值

D. 企业的总资产价值减去企业的负债价值

3. 影响或决定企业价值的因素众多，可以从不同角度识别影响企业价值的因素，其中决定企业价值高低的核心因素是（　　）。

A. 行业发展状况

B. 企业的经营能力

C. 企业的竞争能力

D. 企业的整体获利能力

4. 投资价值是指评估对象对于具有明确投资目标的特定投资者或者某一类投资者所具有的价值估计数额。下列选项中，不属于投资价值应具有的要件是（　　）。

A. 明确的资产、明确的投资者

B. 特定目的、协同效应

C. 投资回报水平

D. 现场勘查日期

5. 一般情况下，企业的控制权会产生溢价，

而缺乏控制权会产生折价,下列式子中正确表示缺乏控制权折价与控制权溢价之间关系的是（   ）。

A. 缺乏控制权折价 = 1 + 1/（1 – 控制权溢价）

B. 缺乏控制权折价 = 1 + 1/（1 + 控制权溢价）

C. 缺乏控制权折价 = 1 – 1/（1 – 控制权溢价）

D. 缺乏控制权折价 = 1 – 1/（1 + 控制权溢价）

6. 企业是人类经济活动发展到一定历史阶段、社会生产力发展到一定水平的产物,下列选项中不属于企业价值特点的是（   ）。

A. 企业价值是一个整体概念

B. 企业价值受企业可存续期限影响

C. 企业价值表现形式具有虚拟性

D. 企业价值包含企业股东全部权益价值和股东部分权益价值

7. 企业是企业价值的载体,要评估企业价值,首先要理解企业的概念和特征,下列关于企业概念的理解,不正确的是（   ）。

A. 企业是一个经济组织

B. 企业是人类社会出现时就存在的社会组织

C. 企业是依法设立的实体

D. 企业是自主经营的主体

8. 企业价值评估是常见的评估对象,下列选项中,不属于企业价值所具有的特点的是（   ）。

A. 企业价值是一个整体概念

B. 企业价值受企业可存续期限影响

C. 企业价值表现形式具有虚拟性

D. 企业价值是企业各项资产价值之和

9. 假如委托方是收购方,拟了解收购后标的企业能为其创造的价值,并以此作为确定收购价的参考,在这种情况下,委托方需要的是这项股权的（   ）。

A. 账面价值　　　B. 持续经营价值

C. 市场价值　　　D. 投资价值

10. 关于企业价值评估的特点,以下说法不正确的是（   ）。

A. 评估对象可以是由多种单项资产组成

B. 决定企业价值高低的因素是企业的净资产

C. 评估对象可以是由多个单项资产组成的资产综合体

D. 企业价值评估是一种整体性评估

11. 产权变动通常会引起资产的评估行为,下列经济行为中,属于以产权变动为评估目的的经济行为是（   ）。

A. 资产抵押　　　B. 企业兼并

C. 财产纳税　　　D. 财产担保

12. 企业作为盈利性的经济组织和社会组织,是经济活动的主体,下列选项中不属于企业的特点的是（   ）。

A. 独立核算　　　B. 自主经营

C. 自负盈亏　　　D. 自我设立

13. 公司是企业的一种重要组织形式,公司以其全部财产对公司的债务承担责任,下列有关公司组织形式说法不正确的是（   ）。

A. 公司拥有独立的法人财产

B. 公司独立承担民事责任

C. 公司具有独立的组织机构

D. 公司制企业股东承担无限连带责任

14. 企业的价值主要体现在股价、总资产等指标上,但从本质上讲,企业价值评估的是（   ）。

A. 企业的生产能力

B. 企业的全部资产

C. 企业整体获利能力

D. 企业有形资产

15. 企业并购重组活动在现实社会中经常发生,其焦点在企业的产权转让,企业产权转让实际上让渡的是（   ）。

A. 企业资产

B. 企业负债

C. 企业资产 + 负债

D. 企业所有者权益

16. 在我国设立的企业类型中,与个人独资企业相比较,下列选项属于公司制企业特点的有（   ）。

A. 容易转让所有权

B. 容易创立

C. 不需要缴纳企业所得税

D. 无限债务责任

17. 作为生产经营能力载体和获利能力载体的企业具有整体性的特点,而与载体相对应的企业权益却具有可分性的特点，企业权益的可分性体现在（　　）。

A. 企业整体价值由股东权益和付息债务组成

B. 企业整体价值由股东部分权益和付息债务组成

C. 企业整体价值仅仅包含了股东权益

D. 企业整体价值仅仅包含了股东全部权益

18. 业务是指企业内部某些生产经营活动或资产的组合，该组合一般具有投入、加工处理过程和产出能力，能够独立计算其成本费用或所产生的收入的部分。关于业务与企业的说法中，下列表述不正确的有（　　）。

A. 都是以获利作为出发点和归宿，都要考虑利益相关者的期望并承担社会责任

B. 都能够独立计算其经营收益

C. 业务与企业都是依法设立的实体

D. 业务价值是企业价值中的一部分，也可以说是企业价值中的一种特殊模式

19. 下列有关企业价值的说法中，正确的是（　　）。

A. 企业价值是企业所拥有各类资产价值相加

B. 企业未来的可存续期限是不确定的，企业价值会受到企业可存续期限的影响

C. 企业价值表现为企业在资本市场上表现的股价

D. 固定资产价值和无形资产价值之和构成了企业的价值

20. 企业有多种组织形式，在以下组织中，公司股东或者合伙人承担无限连带责任的有（　　）。

A. 有限责任公司　　B. 股份有限公司

C. 普通合伙企业　　D. 有限合伙企业

二、多项选择题

1. 企业价值评估假设是表现企业评估条件约束的重要形式，企业价值评估的假设可分为基本假设和具体假设，其中基本假设主要有（　　）。

A. 交易假设　　B. 公开市场假设

C. 持续经营假设　　D. 清算假设

E. 外部环境假设

2. 企业是企业价值的载体，要评估企业价值，首先要理解企业的概念和特征。下列选项中有关企业的说法正确的是（　　）。

A. 企业具有经济性的目标

B. 企业是一个社会组织

C. 企业是依法设立的实体

D. 企业是自主经营的主体

E. 企业的权益具有不可分性

3. 企业是常见的价值评估对象，下列选项中有关企业的概念理解正确的是（　　）。

A. 企业不仅是一个经济组织，而且是一个社会组织

B. 企业以参与社会服务为目的

C. 权益可分性是企业的一个特点

D. 企业是依法设立的、自主经营的主体

E. 企业价值与企业所处的经营阶段无关

4. 持续经营假设是企业价值评估中的基本假设，可以分为存量持续经营假设、增量持续经营假设、并购整合持续经营假设，下列有关存量持续经营假设说法正确的是（　　）。

A. 存量持续经营是维持企业原有经营规模及产品结构的持续经营假设

B. 存量持续经营需要保持国家现行的有关法律、法规及产业政策无重大变化

C. 存量持续经营需要维持行业的准入制度、市场分割状况不变

D. 存量持续经营需要维持被评估企业的资本结构、经营结构和产品结构不变

E. 存量持续经营需要保证企业投入资本能够顺利形成新增生产能力

5. 与个人独资企业相比较，下列选项中不属于公司制企业特点的有（　　）。

A. 容易在资本市场上筹集到资本

B. 容易转让所有权

C. 容易创立

D. 不需要缴纳企业所得税

E. 投资人只有一个自然人

6. 合伙制企业是企业存在的一种组织形式，对合伙人有一定的限制和要求，下列选项中不得成为普通合伙人的有（　　）。

A. 国有独资公司

B. 国有企业

C. 上市公司

D. 公益性的事业单位

E. 一般性的公司

7. 在企业价值评估中，持续经营假设意味

着企业在出售、兼并、重组、合并以后,其继续使用价值持续发生作用,提供的产品或服务仍能满足市场需求,并产生一定的效益。判断企业能否持续经营,需要考虑（　　）。

A. 评估的假设条件

B. 评估目的

C. 企业要素资产的功能和状态

D. 企业提供的产品或服务是否为市场所需要

E. 企业对经济资源是否有自由支配权

8. 价值类型是企业价值评估最基本的评估要素之一,评估专业人员在进行企业价值评估时,应选择恰当的价值类型。下列价值类型中,适用于企业价值评估的有（　　）。

A. 在用价值　　　B. 残余价值

C. 市场价值　　　D. 投资价值

E. 清算价值

9. 持续经营假设是企业价值评估中最常用的假设,该假设假定被评估企业在评估基准日后仍将按照原来的经营目的、经营方式持续经营下去。资产评估中的持续经营假设可以细分为（　　）。

A. 存量持续经营假设

B. 增量持续经营假设

C. 并购整合持续经营假设

D. 流量持续经营假设

E. 公开市场假设

10. 对企业各项资产、负债进行识别,不仅包括资产负债表表内资产、负债,还包括资产负债表表外资产、负债,下列选项中通常属于表外资产的有（　　）。

A. 客户关系

B. 销售网络

C. 法律明确规定的未来义务

D. 合同约定的未来义务

E. 专有技术

11. 企业价值评估是常见的资产评估类型,企业价值评估的一般范围包括被评估企业（　　）。

A. 本部拥有的资产

B. 全资子公司资产

C. 产业链上的企业

D. 控股子公司中拥有的资产

E. 拥有的非控股子公司的股份

12. 企业价值评估中持续经营假设主要包括存量持续经营假设、增量持续经营假设、并购整合持续经营假设三种情况。其中,增量持续经营假设一般要求企业符合下列哪几项条件（　　）?

A. 企业投入资本能够顺利形成新增生产能力,不会受到土地、厂房、设备、人员、管理等诸多因素的制约

B. 企业现有的财务政策、定价政策和市场份额不会因为评估目的中所涉经济行为的实现而发生重大变化

C. 企业的新增生产能力能够通过市场的考验,即生产的产品或服务能够被市场所接受

D. 企业投入资本的回报率能够高于企业的债务资本成本,并成为企业新增的获利能力

E. 评估目的中的经济行为实现后的资本投入主要是为了弥补评估基准日存量资产的消耗

13. 企业价值评估中,在判断企业能否持续经营时,需要考虑的因素包括（　　）。

A. 企业产品是否有销路

B. 评估时企业是否停产

C. 评估目的要求

D. 企业要素的功能和状态

E. 委托方的要求

14. 评估对象的自身条件是影响企业价值的内因,评估对象的自身条件主要包括（　　）。

A. 企业的盈利模式

B. 企业的经营方式

C. 企业的经营业绩

D. 企业资产的使用方式

E. 行业发展状况

15. 增量持续经营假设是企业在其存量资产对应的经营规模基础上通过追加投入以实现扩大再生产。增量持续经营假设一般要求符合下列哪几项条件（　　）?

A. 企业投入资本能够顺利形成新增资产能力,不会受到土地、厂房、设备、人员、管理等诸多因素的制约

B. 企业的新增生产能力能够通过市场的考验,即生产的产品或服务能够被市场所接受

C. 企业投入资本的回报率能够高于企业的债务资本成本,并成为企业新增的获利能力

D. 企业所处的行业处于高速发展阶段

E. 企业在原有的经营上进行简单再生产

精选练习题参考答案及解析

一、单项选择题

1. 【答案】C
【解析】合伙企业包括自然人、法人和其他组织依法设立的普通合伙企业和有限合伙企业。普通合伙企业由普通合伙人组成，合伙人对合伙企业债务承担无限连带责任。有限合伙企业由普通合伙人和有限合伙人组成，普通合伙人对合伙企业债务承担无限连带责任，有限合伙人以其认缴的出资额为限对合伙企业债务承担责任。

2. 【答案】B
【解析】从资本的运用角度看，整体企业权益价值等于企业的总资产价值减去企业负债中的非付息债务价值后的余额。

3. 【答案】D
【解析】影响企业价值高低的因素很多，但决定企业价值高低的核心因素是企业的整体获利能力。

4. 【答案】D
【解析】投资价值应具有以下要件：明确的资产、明确的投资者、特定目的、协同效应、投资回报水平、评估基准日、以货币单位表示、价值估计数额。现场勘查日期不是投资价值关注的内容，市场价值和投资价值都需要进行现场勘查，日期根据评估时实际情况确定。

5. 【答案】D
【解析】控制权溢价和缺乏控制权折价可以通过如下公式进行转换：缺乏控制权折价 = 1 − 1 / (1 + 控制权溢价)。

6. 【答案】D
【解析】企业价值包含企业股东全部权益价值和股东部分权益价值是企业价值内容，不是企业价值的特点。

7. 【答案】B
【解析】企业是人类经济活动发展到一定历史阶段、社会生产力发展到一定水平的产物。企业以营利为目的，为满足社会需要，把土地、资本、劳动力和管理等生产要素集合起来，依法从事商品生产、流通和服务等经济活动，实行独立核算、自主经营、自负盈亏、自我约束和自我发展。世界上各个国家均对企业从法律角度进行界定，如我国有关法律对企业的界定中，均强调企业是依法成立的社会经济组织，明确指出了企业的法律属性。

8. 【答案】D
【解析】企业价值不能简单看成是企业各项资产价值之和，企业价值应该能够反映出企业的整理获利能力，如果企业不再持续经营，则其价值可以用各项资产价值之和表示。

9. 【答案】D
【解析】如果委托方是收购方，拟了解收购后标的企业能为其创造的价值，并以此作为确定收购价的参考，在这种情况下，评估业务针对的是特定投资者，则委托方需要的是这项股权的投资价值。

10. 【答案】B
【解析】决定企业价值高低的因素，是企业的整体获利能力。

11. 【答案】B
【解析】企业改制通常围绕着企业的产权进行改革，因而企业改制一般通过重组、联合、兼并、租赁、承包经营、合资、转让产权和股份制、股份合作制等方式来完成。

12. 【答案】D
【解析】企业是以营利为目的的组织，实行独立核算、自主经营、自负盈亏、自我约束和自我发展。

13. 【答案】D
【解析】公司制企业股东以其出资额为限承担责任。

14. 【答案】C
【解析】经营企业的最终目的是获得利润，进行企业价值评估就是评估企业的获利能力。

15. 【答案】D
【解析】投资者购买企业实质上是取得股权，获得企业创造的收益。

16. 【答案】A
【解析】选项A属于公司制企业的特点，其他选项属于个人独资企业的特点。

17. 【答案】A
【解析】由企业价值的特点可知，企业权益的可分性体现在企业整体价值由股东权益和付息债务组成。

18. 【答案】C
【解析】业务存在于企业内部，并非依法设立的实体，而企业是依法设立的实体；业务不构成独立法人资格,而企业中的公司具有独立法人资格。

19. 【答案】B

【解析】由企业价值的特点可知,企业价值受企业可存续期限影响,其他选项都片面。

20. 【答案】C

【解析】普通合伙企业合伙人承担无限连带责任,有限责任公司、股份有限公司、有限合伙企业承担有限责任。

二、多项选择题

1. 【答案】ABCD

【解析】企业价值评估的假设可分为基本假设和具体假设。企业价值评估基本假设主要有交易假设、公开市场假设、持续经营假设和清算假设等。选项E为具体假设。

2. 【答案】ABCD

【解析】作为生产经营能力载体和获利能力载体的企业具有整体性的特点,而与载体相对应的企业权益却具有可分性的特点。

3. 【答案】ACD

【解析】选项B,企业以营利为目的,为满足社会需要,把土地、资本、劳动力和管理等生产要素集合起来,依法从事商品生产、流通和服务等经济活动,实行独立核算、自主经营、自负盈亏、自我约束和自我发展。选项E,在企业生命周期中的初创、成长、成熟、衰退等不同阶段,企业的价值也会有所不同。

4. 【答案】ABCD

【解析】存量持续经营是维持企业原有经营规模及产品结构的持续经营假设。这一假设是在宏观环境方面假设国家现行的有关法律、法规及产业政策无重大变化,行业的准入制度、市场分割状况等维持目前格局;在微观环境方面假设被评估企业的资本结构、经营结构和产品结构得以维持现状,企业的会计政策和税收政策的主要方面与评估基准日时没有发生显著变化,企业继续具有独立的生产经营地位,其现有规模的资产可继续使用下去。而增量持续经营假设一般要求企业投入资本能够顺利形成新增生产能力,所以选项E不对。

5. 【答案】CDE

【解析】公司制企业有投资人多样化、承担有限债务责任、企业寿命无限存续、股权便于转让、容易在资本市场上筹集到资金、需要缴纳企业所得税和个人所得税两种税、存在所有者与经营者之间的代理问题、组建企业的成本高的特点,选项A、B是公司制企业的特点。

6. 【答案】ABCD

【解析】国有独资公司、国有企业、上市公司以及公益性的事业单位、社会团体不得成为普通合伙人。一般性的公司可以成为普通合伙人。

7. 【答案】BCD

【解析】在进行企业价值评估时,是否选择持续经营假设需考虑以下三个方面的因素:第一,评估目的。第二,企业提供的产品或服务是否能满足市场需求。第三,企业要素的功能和状态。

8. 【答案】CDE

【解析】在用价值和残余价值是针对单项资产或企业要素资产的价值类型,并不适用于企业。企业价值评估中的主要价值类型分别为市场价值、投资价值和清算价值。

9. 【答案】ABC

【解析】企业价值评估中持续经营假设主要包括存量持续经营假设、增量持续经营假设、并购整合持续经营假设三种情况。

10. 【答案】ABE

【解析】表外资产通常包括著作权、专利权、专有技术、商标权、销售网络、客户关系、特许经营权、合同权益、域名和商誉等账面未记录或未作资本化处理的资产。表外负债主要包括法律明确规定的未来义务和合同约定的未来义务。

11. 【答案】ABDE

【解析】企业价值评估的主体范围是企业价值评估是将一个企业作为一个有机整体,依据其拥有或占有的全部资产状况和整体获利能力,充分考虑其盈利能力,对企业整体公允市场价值进行的综合性评估。C项价值链上游企业不是被评估企业拥有或控制,不能并入评估范围。

12. 【答案】ACD

【解析】增量持续经营假设一般要求企业符合下列条件:企业投入资本能够顺利形成新增生产能力,不会受到土地、厂房、设备、人员、管理等诸多因素的制约;企业的新增生产能力能够通过市场的考验,即生产的产品或服务能够被市场所接受;企业投入资本的回报率能够高于企业的债务资本成本,并成为企业新增的获利能力。选项 B 和 E 属于存量持续经营假设一般要求企业符合的条件。

13.【答案】ACD

【解析】判断企业选择持续经营假设需考虑以下三个方面的因素：评估目的、企业提供的产品或服务是否能满足市场需求、企业要素的功能和状态。

14.【答案】ABCD

【解析】评估对象的自身条件主要包括盈利模式、经营方式、经营业绩、企业资产的使用方式、企业资产的利用状态。

15.【答案】ABC

【解析】由增量持续经营假设的定义可以得到本题的正确答案是 ABC。

第二章　企业价值评估信息的收集和分析

考试大纲

一、考试目的

考查考生对企业价值评估信息获取、企业价值评估信息分析的主要内容，以及信息收集和分析中常见方法和分析框架的掌握情况及应用能力。

二、考试内容及要求

（一）掌握的内容（★★★）

1. 企业价值评估信息的种类、来源、收集原则。

2. 企业价值评估中宏观环境分析的具体内容。

3. 企业价值评估中行业发展状况分析的具体内容。

4. 企业价值评估中企业发展状况分析的具体内容。

（二）熟悉的内容（★★）

1. 企业价值评估信息收集的基本程序。

2. 行业分析中波特五力模型的应用。

3. 企业分析中 SWOT 分析框架、波士顿矩阵分析法和 VRIO 框架的应用。

（三）了解的内容（★）

1. 企业价值评估中宏观环境分析的常见要点。

2. 企业价值评估中行业发展状况分析的常见要点。

3. 企业价值评估中企业发展状况分析的常见要点。

考情分析

本章在考试中处于一般地位，是企业价值评估考试分值分布的区域之一。涉及的考点为企业价值评估信息的种类、企业价值评估中的宏观分析和行业分析、企业价值评估中的常见发展战略类型及其特点。本章属于企业价值评估需要掌握的章节，是企业价值有关信息分析的基础，应该充分了解和掌握。复习重点：企业价值评估信息种类来源、宏观分析、行业分析以及企业分析，行业分析中市场结构类型划分，以及波特五力模型、SWOT、波士顿矩阵分析和 VRIO 框架的应用。

考点精讲及典型例题解析

【知识点1】企业价值评估信息的种类（★★★）

企业价值评估收集的资料包括被评估企业内部相关信息和被评估企业外部的相关信息，包括 9 个方面的信息资料：

一是与评估对象权益状况相关的协议、章程、股权证明等有关法律文件、评估对象涉及的主要资产权属证明资料；

二是被评估企业历史沿革、控股股东及股东持股比例、经营管理结构和产权架构资料；

三是被评估企业的业务、资产、财务、人员及经营状况资料；

四是被评估企业经营计划、发展规划和收益预测资料；

五是评估对象、被评估企业以往的评估及交易资料；

六是影响被评估企业经营的宏观、区域经济因素的资料；

七是被评估企业所在行业现状与发展前景的资料；

八是证券市场、产权交易市场等市场的有关资料；

九是可比企业的经营情况、财务信息、股票价格或者股权交易价格等资料。

【知识点2】被评估企业内部相关信息（★★★）

1. 评估对象相关权属资料

（1）相关权益法律文件：包括公司投资协议、公司章程、公司制度、股权买卖协议或回购协议，以及国有资产产权登记证等。评估对象相关权属资料及有关法律文件是确定评估范围的依据，表明评估对象权益的性质、范围、条件等。

（2）主要权属证明：1）不动产相关权属证明资料，如不动产权证、国有土地使用证、房屋所有权证、建筑工程施工许可证等；2）车辆等运输设备权属证明，如行驶证；3）采掘业企业特有的权属证明，如采矿许可证、勘查许可证等；4）森林资源资产特有的权属证明，如林权证；5）企业知识产权资产特有的权属证明，如专利权证书、商标注册证、著作权（版权）相关权属证明；6）航运航空运输企业特有的权属证明，如船舶所有权登记证书、船舶国籍证书、飞机产权登记证、飞机国籍登记证、飞机电台执照等；7）权益形成的权属证明，如股权出资证明或股份持有证明、债权持有证明、有关产权转让合同等。

【例2-1】在企业价值评估中，被评估企业内部相关信息是需要搜集的资料之一，下列选项中，属于不动产相关权属证明资料的是（　　）。

A. 建筑工程施工许可证
B. 采矿许可证
C. 船舶国籍证书
D. 股权出资证明

【答案】A
【解析】不动产相关权属证明资料，如不动产权证、国有土地使用证、房屋所有权证、建筑工程施工许可证等。

2. 企业经营管理结构和产权架构资料

（1）设立和权益变更：包括企业成立和经营的时间、企业性质、主要产权所有者、业务类型、生产经营地点等历史发展和变动情况。

主要股权结构情况包括股东姓名、持股数量和比例、股东简介、特殊权益约定，以及股东之间是否存在关联关系等，通过权益变更资料的收集，还可能了解到评估对象过往评估或交易的情况等。

（2）主要股权投资情况：主要包括被投资企业名称、投资日期、投资比例、是否具有控制权、主要经营业务、经营地点、与被评估企业之间是否存在业务关系等。

（3）组织架构：通常包括企业的组织架构图及职能说明。从企业的组织架构，还能看出被评估企业管理效率、风险管理架构的合理性等企业管理方面的问题。

3. 企业资产、财务和管理资料

任何企业的经营活动，都是通过配置资源、管理利用资源而取得财务成果。企业的资产配置、经营管理和财务成果三者之间具有内在的逻辑关系。

（1）资产状况：企业价值评估中需要收集并分析企业的资产配置、资产规模、资产利用、资产新旧、资产价值等反映企业资产状况的资料。

固定资产重点收集并分析的资料包括：房屋建筑物的成新度、利用率、账面价值等；机器设备的成新度、技术先进性、利用率、账面价值，以及工艺水平等。

在建工程重点收集并分析的资料包括：工程建设可行性报告及政府批文、计划投资额、计划建设周期、建设资金来源、工程投产后的预计效益、工程进度等。

无形资产重点收集并分析的资料包括：无形资产的来源、权利状况、账面价值、技术类无形资产的先进性、品牌类无形资产的市场竞争力等。

【提示】企业的资产配置、经营管理和财务成果三者之间具有内在的逻辑关系。

（2）财务状况：财务报告资料需要收集并分析企业研发环节、采购环节、生产环节、营销环节、管理环节、投融资环节、税务环节等的状况资料，以及或有事项相关资料等。

采购环节的资料包括：原材料采购成本、原材料库存情况、关联交易情况、采购活动产生的债权债务等；

生产环节的资料包括：生产能力及利用率、产品单位成本及成本构成、产销比率、存货数量及质量、应付职工薪酬等；

销售环节的资料包括：结算方式与收入确认政策、销售价格与销售数量、关联交易情况、毛利率与营业利润率、营业费用及构成、应收款项及坏账等；

投融资环节的资料包括：投资种类及规模、投资分红或收益、债务融资的规模及结构、债务融资成本等；

税务环节的资料包括：执行的税种及税率、税收优惠、纳税记录等。

（3）管理状况：企业管理主要资料包括公

司治理、研发、采购、生产、营销、人力资源等企业经营管理各个方面状况的资料。比如公司组织结构、公司内部控制方面的资料；研发模式、核心技术人员、研发激励制度、研发环节的竞争优势或劣势方面的资料；采购模式、原材料的供应及价格的稳定性、关联交易情况、主要供应商及依赖度、采购环节的竞争优势或劣势方面的资料；生产模式、生产工艺与生产技术的先进性、生产质量管理与控制、生产环节的竞争优势或劣势方面的资料；营销模式、营销渠道、品牌宣传、产品市场定位及市场需求、主要客户及依赖度、关联交易情况、营销环节的竞争优势或劣势方面的资料；员工数量与结构、员工素质、劳动工资制度方面的资料等。

【提示】企业价值评估需要收集并分析企业的财务报告资料，除了要收集并分析企业研发环节、采购环节、生产环节、销售环节、管理环节、投融资环节、税务环节等的状况资料外，还包括或有事项相关资料等。

【例2-2】在企业价值评估信息收集中，下列选项中，属于反映企业内部信息管理状况资料的是（　　）。

A. 公司组织结构
B. 研发模式
C. 公司内部控制
D. 生产质量管理与控制
E. 营业费用及构成

【答案】ABCD
【解析】选项ABCD属于企业管理状况方面的信息，营业费用及构成属于企业财务管理方面的资料。

4. 企业发展规划和经营计划资料

企业的发展规划、年度经营计划和未来收益预测资料是企业价值评估的重要支持资料。评估专业人员应当收集并分析企业提供的发展规划（战略规划）、经营计划和未来收益预测资料，并关注企业提供的未来收益预测是否和发展规划、经营计划保持一致，企业编制这些规划和计划是否与所处经济环境相吻合，数据资料是否有理有据。

5. 以往相关评估及交易资料

被评估企业近期的股权交易可以考虑作为市场法的可比案例，或作为评估作价的参考依据。被评估企业近期的企业价值评估报告也具有一定的参考价值，通过查阅以往的评估资料，可以获取相关的参数信息，帮助评估专业人员发现可能存在的虚假资料，防范执业风险。

【提示】如果企业发生了较大业务或产权变动，但这些变动可以明确界定时，过往交易的情况对于判断最终评估结论的合理性也具有间接的验证作用。

【例2-3】企业价值评估中，搜集资料是重要的一个环节，下列选项中有关搜集资料事项说法错误的是（　　）。

A. 企业管理主要资料包括公司治理、研发、采购、生产、营销、人力资源等企业经营管理各个方面状况的资料
B. 评估专业人员应当收集并分析企业提供的发展规划（战略规划）、经营计划和未来收益预测资料，并关注企业提供的未来收益预测是否和发展规划、经营计划保持一致
C. 企业编制的规划和计划应该与所处经济环境相吻合，数据资料要有理有据
D. 被评估企业近期的企业价值评估报告是过去发生的，不能完全说明当前的企业状况，不具有参考价值

【答案】D
【解析】被评估企业近期的股权交易可以考虑作为市场法的可比案例，或作为评估作价的参考依据。被评估企业近期的企业价值评估报告也具有一定的参考价值，通过查阅以往的评估资料，可以获取相关的参数信息，帮助评估专业人员发现可能存在的虚假资料，防范执业风险。

【知识点3】被评估企业外部相关信息（★★★）

被评估企业外部信息主要包括影响被评估企业经营环境的外部因素的相关资料与评估对象所在市场的类似交易资料。外部因素主要有宏观经济状况及其未来前景、区域经济发展的状况及其特点、被评估企业所在行业的竞争状况和发展前景。市场交易资料则包括证券市场、产权交易市场的总体情况，以及各类市场中可比企业或可比交易案例的资料。

1. 影响企业经营的外部因素

（1）宏观环境因素资料：包括世界经济和企业所在国家和地区经济现状和发展趋势，经

济波动情况；企业所在国家、地区与被评估企业经营相关的法律法规；企业所在国家、地区有关财政、金融政策等。

【提示】常见宏观经济分析包括：通货膨胀预测、国民生产总值（GNP）/国内生产总值（GDP）前景、可支配收入和消费者信心、带有地域特色的人口变量、国际经济形势、经济周期分析、国家宏观经济政策、国家和地区经济发展目标等。

（2）区域经济因素资料：包括人口流动、产业分工、政策推动等因素。

（3）所在行业发展因素资料：通常包括行业主要政策规定、行业竞争情况、行业发展的有利和不利因素、行业特有的经营模式、行业的周期性、区域性和季节性特征等；企业所在行业与上下游行业之间的关联性、上下游行业发展对本行业发展的有利和不利影响等。

2. 市场交易资料

（1）证券市场资料。证券市场资料具有规范化、透明度高、公开内容丰富的特点。收益法中折现率使用的无风险报酬率、市场风险溢价等，以及市场法中的许多参数都是从证券市场等资本市场公开披露的价格统计资料和企业基本信息中得到的。

（2）产权交易市场资料。产权交易市场的有关资料是对于证券市场资料的重要补充，能为非证券市场交易、少数股权交易、单项无形资产交易等评估提供必要的信息。

（3）可比企业资料。可比企业的财务信息、股票价格或者股权交易价格等资料可以为采用市场法和收益法评估企业价值提供必要的信息。在市场法评估中，可比企业或交易案例的选取、可比企业财务报表数据的分析与调整、价值比率的确定和修正计算等都离不开可比企业的相关资料。在收益法评估中，计算折现率时使用的可比企业贝塔系数和被评估企业特别风险调整系数等，也离不开可比企业的财务信息、股票价格等资料。

【提示】被评估企业外部信息主要包括影响被评估企业经营环境的外部因素的相关资料、评估对象所在市场的类似交易资料等。

【例2-4】企业价值评估过程中，外部信息也是重要的评估依据，下列选项中属于需要搜集的外部信息主要包括（　　）。

A. 影响被评估企业经营环境的外部因素的相关资料、评估对象所在市场的类似交易资料

B. 宏观经济状况及其未来前景

C. 企业的资产、财务资料

D. 被评估企业所在行业的竞争状况和发展前景

E. 证券市场、产权交易市场的总体情况，以及各类市场中可比交易案例的资料

【答案】ABDE

【解析】外部信息主要包括：影响被评估企业经营环境的外部因素的相关资料、评估对象所在市场的类似交易资料等。影响企业经营的外部因素主要有宏观经济状况及其未来前景，区域经济发展的状况及其特点，被评估企业所在行业的竞争状况和发展前景；市场交易资料则包括证券市场、产权交易市场的总体情况，以及各类市场中可比交易案例的资料。

【知识点4】企业价值评估信息收集的意义（★）

1. 信息收集是企业价值评估的基础。

信息收集是企业价值评估的基础，评估专业人员应当独立分析、判断评估所需要的信息。

2. 信息收集是解决信息不对称的要求。

信息不对称表现在三个方面：

（1）从信息的传递来讲，信息传递的方法、路径不同导致相关各方获取信息的程度不一、获得时间不同，导致信息不对称。

（2）从影响企业价值的各项因素来讲，由于影响企业价值的各项因素的复杂性、不确定性、与企业价值之间关系的模糊性，导致信息的不对称。

（3）从影响企业价值的各项因素来看，信息所有者和非所有者掌握的信息资料多少不一致形成信息的不对称。

【知识点5】企业价值评估信息收集的来源（★★★）

企业价值评估信息收集的来源可以分为公开信息来源和非公开信息来源。

1. 公开信息来源

公开信息包括政府、数据服务机构、专业研究机构、高等院校等在网站、刊物、书籍等出版物发布的信息。

【提示】收费的商业数据服务项目，是企业价值评估很好的信息来源，一般可以作为评估

依据进行披露。

公开信息资料可以从行业协会网站、商业化行业分析报告、证券公司行业分析报告、单一行业专业网站、行业专业期刊、金融数据服务商、证券交易所、产权交易中心或著名研究学者的个人网站等处获得。

【提示】评估专业人员在选择证券市场、产权交易市场等市场资料时，要考虑市场的成熟度、证券交易的活跃性和数据的可获得性，通常应当选择具有一定规模且交易比较活跃、管理比较规范的资本市场。

2. 非公开信息来源

非公开信息来源主要是企业非公开的财务报告、可行性研究报告、商业计划书、年度计划、战略规划、业务推广计划、工作总结、专项内部研究报告（如市场调研报告、竞争状况分析报告、竞争对手分析报告、媒体及舆情监测报告等）、其他类似评估项目（评估报告、评估说明、工作底稿等）、价值咨询报告；企业提供的第三方专项调查报告（财务尽职调查、法律尽职调查、市场调查报告等）、评估专业人员针对评估项目所作的现场访谈、市场调查等。

【例2-5】一般而言，企业价值评估信息收集的来源分为公开信息来源和非公开信息来源，下列选项中属于非公开信息来源的是（　　）。

A. 可行性研究报告
B. 工作总结
C. 财务尽职调查
D. 舆情监测报告
E. 产权交易中心

【答案】ABCD

【解析】非公开信息来源主要是企业非公开的财务报告、可行性研究报告、商业计划书、年度计划、战略规划、业务推广计划、工作总结、专项内部研究报告（如市场调研报告、竞争状况分析报告、竞争对手分析报告、媒体及舆情监测报告等）、其他类似评估项目（评估报告、评估说明、工作底稿等）、价值咨询报告；企业提供的第三方专项调查报告（财务尽职调查、法律尽职调查、市场调查报告等）。

【知识点6】企业价值评估信息收集的原则（★★）

评估专业人员在进行信息的收集和筛选时，应把握可靠性、相关性、有效性、客观性、经济性五个原则。

1. 可靠性原则

一是评估专业人员应当尽可能从具有社会公信力的规范专业机构处获取相关信息资料；二是对于被评估企业直接提供的资料，虽然资产评估法和资产评估准则明确规定保证所提供资料的真实性、合法性、完整性是委托人和相关当事方的责任，评估专业人员也仍需对此进行核查验证；三是上述信息不能构成企业价值评估的唯一来源，评估专业人员可能仍然需要进行其他独立的信息调查，方式包括询问、函证、核对、监盘、勘查、检查等。

【提示】信息收集应关注引用数据涉及的法律问题，如是否有著作权限制（得到许可使用授权），是否要承担保守相关当事方商业秘密的要求，引用许可使用的专业机构的信息的责任划分等。

2. 相关性原则

收集的资料应与被评估企业所属行业相关。可比企业的信息资料与被评估企业具有相关性，可比企业应与被评估企业属于同一行业，或者受相同经济因素的影响，这是考虑资料来源相关性首先要考虑的内容。同时根据数据来源计算可比企业各种风险溢价、资本结构、价值比率时，应当关注其业务结构、经营模式、企业规模、资产配置和使用情况、企业所处经营阶段、成长性、经营风险、财务风险等因素与被评估企业的相关性。

【提示】切忌从网络等公开渠道收集行业覆盖过宽的信息，这些信息不能从逻辑上推断企业价值评估过程中需要的分析结论。

3. 有效性原则

数据和资料应充分接近评估基准日。评估其后可能影响评估结论的事实和事件信息，也应尽可能接近评估报告日，对数据来源中的部分资源还必须定期更新，更新的频率也应符合企业价值评估业务的需要。如对于可比公司的基本资料，应保证有实时监测和定期的财务报告；各类风险溢价、宏观经济数据、经济政策动向等应至少保证季度或月度的内容有所更新。

4. 客观性原则

数据资料必须具有客观性，能真实、准确地反映各类市场经济主体的各项活动。公开上市公司和产权交易平台挂牌交易的信息披露资料和市场表现反映资料，应该全面翔实。非公开交易特别是私募股权交易的交易背景与成交情况应为第一手资料。市场交易数据直接来自于交易平台，数据使用转换接口方便易用，能够有效避免数据引用过程中产生的差错。

5. 经济性原则

获取评估需要的数据资料所花费的代价或费用要尽可能低，并符合成本收益原则。一般宏观经济、产业政策和资本市场等可采用专业数据服务商的数据，细分市场、特殊专业技术、关键交易案例、关键参数等，可以采用自行访谈或聘请外部专家的方式取得。

【例2-6】某城市污水处理厂股权转让项目，仅仅收集全国和本地的宏观经济情况，不收集本地污水处理的历史情况、相关规定，违背了信息收集和筛选的原则中的（　　）。

A. 相关性　　　　B. 有效性
C. 客观性　　　　D. 经济性

【答案】A

【解析】某城市污水处理厂股权转让项目，仅仅收集全国和本地的宏观经济情况，不收集本地污水处理的历史情况、相关规定，信息的相关性就相对较弱。

【知识点7】企业价值评估信息收集的基本程序（★★）

1. 明确目标需求，制订信息收集计划

评估专业人员可以根据项目资料需求，制订资料收集计划，完整的信息收集计划包括收集信息的内容、选择资料的来源以及信息的收集方法三个方面。

2. 实施信息收集计划

对于典型企业价值评估项目，信息收集计划的实施一般包括评估信息申报、现场访谈和外部调研。

（1）评估信息申报：根据委托人和评估机构在资产评估委托合同中的约定，评估所需信息资料，特别是有关评估对象、资产和负债的清单，包括企业资产负债表账面的资产和负债等内容，由委托人或资产占有方向评估机构"申报"。

【提示】评估机构及其资产评估专业人员评估的标的和内容以委托人和资产占有方申报的为准。

【提示】对于申报的重要评估信息，评估专业人员应当要求委托人和资产占有方盖章确认，或履行必要的送达和接受手续。

（2）现场访谈：现场访谈的内容有助于后续资产价值估算参数的确定以及对资产价值变动性质等做出专业判断；现场访谈记录则是评估机构和评估专业人员整理评估档案资料的重要内容，以便于机构内外部的复核、检查和取证。

现场访谈前要编写访谈提纲，将预期需要了解的事项列入问题清单。

【提示】评估工作的现场安排（评估计划）应该对现场访谈对象、调查内容、参加人员等做出安排。

（3）外部调研：根据对评估需要资料的收集情况，评估专业人员可能需要在被评估企业所在城市进行其他的调查。如到相关权属管理部门、登记机关等查看企业注册登记的最新资料，核实不动产权属证明及瑕疵事项等；在保守被评估企业有关商业秘密的前提下，走访政府监管部门、行业协会、工业园区管委会、外部专家等，调查当地政府相关政策、行业发展情况、园区规划和管理政策，企业面对的市场、技术状况等查看类似资产的状况（如可比不动产项目）、类似企业经营情况、被评估企业重要关联方企业情况、重要供货方或销售客户的经营情况等。

3. 补充和追踪信息

评估专业人员还需要从公开的社会资料或商业性数据服务商处获取所需资料。在信息收集过程中，往往会出现新问题或新情况需要补充收集或追踪收集信息资料。在评估大型、复杂项目的执行过程中，由于工作时间较长，有关信息可能发生变化，这就要求进行信息的补充收集或追踪收集。

4. 信息分类与分析

访谈资料经过整理，可以作为评估档案予以保存。对于国有资产评估、证券相关业务资产评估，评估专业人员应当组织、编辑、整理访谈资料，作为支持评估结论的资料，并便于接受行业协会、监管部门的执业质量检查。

【例2-7】企业价值评估信息收集遵循基本的程序，下列选项中有关资料搜集的程序排序正确的是（　　）。

①明确目标需求②制订信息收集计划③实

施信息收集计划④补充和追踪信息⑤信息整理和分类

A．①②③④⑤　　B．②①③④⑤
C．③②①④⑤　　D．④②①③⑤

【答案】A

【解析】企业价值评估中的信息收集是一项有步骤、有计划、连续性很强的工作。在实务中，评估专业人员根据项目的复杂程度来安排信息收集的工作量，一般遵循明确目标需求、制订信息收集计划、实施信息收集计划、补充和追踪信息、信息整理和分类顺序进行。

【知识点8】企业价值评估中的宏观环境分析（★）

1. 企业价值评估中宏观环境分析的意义

宏观环境直接和间接地引导、促进或约束微观经济的运行，企业价值实现过程直接和间接地受到宏观环境的影响。在对企业价值进行评估时，评估专业人员应以宏观环境分析为基础，充分考虑到宏观环境对该企业乃至整个行业的影响，识别环境给企业带来的机遇和挑战，进而为被评估企业的前景预测打下基础，这样才能保证评估结论的合理性。

2. 企业价值评估中宏观环境分析的常见要点

（1）国家、地区有关企业经营的法律法规。国家、地区有关企业经营的法律法规可能关系到被评估企业的建设、生产、经营、环保、法律责任等重要方面。

（2）国家、地区经济形势及未来发展趋势。企业的业务活动与国家、地区经济形势及未来发展趋势密切相关，应当分析国家、地区经济形势，了解国家的宏观经济调控目标和调控政策，判断国家、地区的未来经济发展趋势。

（3）有关财政与货币政策。财政政策的变化可能会引起企业所在行业的税收、需求等发生变化，或者引起企业所在区域的经济形势等发生变化。货币政策的变化则会对货币供求关系、资金成本等带来影响，对于资金密集型企业、高财务杠杆企业、成长型企业等可能会带来较大的影响。

【知识点9】宏观环境分析的具体内容（★★★）

宏观环境因素主要包括政治和法律因素、宏观与区域经济因素、社会和文化因素、技术因素。

1. 政治和法律因素

政治和法律因素对企业产生影响的特点如下：一是直接性，即国家政治法律环境直接影响着企业的经营状况；二是难以预测性，对于企业来说，很难预测国家政治法律环境的变化趋势；三是不可逆转性，政治法律环境因素一旦影响到企业，就会使企业发生十分迅速和明显的变化，而这一变化往往是企业难以改变的。

（1）政治体制与稳定性

政治体制涉及国家的基本制度及国家为有效运转而设立的一系列制度，政治体制的稳定性包括政局和政策等方面的稳定性。

政局的稳定性是指国家由于领导人的更换是否会导致国家政体和政治主张的变化，以及国家领导人之间的关系、民族关系的稳定等。

政策的稳定性是指国家所制定的各项政策是否会经常发生变动。

（2）法律法规

法律对企业的影响方式由法的强制性特征所决定。法律对企业的影响可以从制约和保障两个方面考虑。一方面，法律保护依法成立的公司的合法地位、经营权利、正当竞争行为、合法权益等。另一方面，执法机关有权依据法律对经济行为主体的违法行为追究其经济责任、行政责任、刑事责任。

1）企业经营涉及的法律法规：我国广义的法律是指法的整体，包括法律、有法律效力的解释及行政机关为执行法律而制定的规范性文件（如规章）。狭义的法律专指拥有立法权的国家权力机关依照立法程序制定的规范性文件。我国与企业经营密切相关的法律有《中华人民共和国公司法》《中华人民共和国民法典》《中华人民共和国专利法》《中华人民共和国商标法》《中华人民共和国企业所得税法》《中华人民共和国企业破产法》等。

2）行使司法职能的机关：司法机关是行使司法权的国家机关。狭义仅指法院，广义还包括检察机关。行政机关是国家机构的基本组成部分，包括政府以及有关职能部门。与企业关系较为密切的行政执法机关有工商行政管理机关、税务机关、物价机关、计量管理机关、技术质量机关、专利机关、环境保护管理机关、政府审计机关以及一些临时性的行政执法机关。

【提示】法律不仅从积极方面对企业的存在和经营进行保护，而且还从消极方面防止违法活动的发生。

【例2-8】法律对企业的影响方式由法的强制性特征所决定，执法机关有权依据法律对经济行为主体的违法行为追究其经济责任、行政责任、刑事责任，下列选项中与企业关系较为密切的行政执法单位有（　　）。

A. 工商行政管理局
B. 税务局
C. 环境保护管理局
D. 物价局
E. 中国资产评估协会

【答案】ABCD

【解析】选项E中国资产评估协会属于资产评估行业的全国性自律组织，不属于行政单位。

（3）政府的经济管理

政府对经济的管理可以分为宏观和微观两个方面。政府干预经济的宏观目标是经济增长、充分就业、通货膨胀和国际收支平衡；微观目标是保障市场公平和提高市场效率。

1）宏观经济管理。主要通过财政政策、货币政策、收入—价格政策等实现。

财政政策涉及政府的支出与收入控制。货币政策指政府通过调节货币供应来影响利率的变动，从而间接影响总需求。收入—价格政策是政府利用法律、行政等强制力对特定收入群体的工资和特定商品的价格设定上限或下限，以维持宏观经济和市场秩序的稳定。

2）微观经济管理。政府对企业的直接干预主要作用于国有企业和关乎国计民生的大型、特大型企业。原因一方面是国有企业的性质决定了它必须承担政府的部分职能，如社会稳定、保持垄断等，另一方面则源于大型企业的某些经营行为可以引发整个行业甚至市场秩序的震动，政府希望对其严格控制。

3）产业政策。包括产业结构政策和产业组织政策。产业结构政策的作用是使资源配置朝着有利于结构升级的方向倾斜。产业组织政策的作用是通过对企业规模结构、企业之间竞争与协作关系的限制与引导，形成一种适度竞争的市场组织结构。

4）国际环境。国际环境包括：国际政治格局和国际关系以及境外法律环境。境外投资、经营的法律环境主要指投资目标国的国内法律体系和制度，协调国家间政治、经济实务的国际法律体系。目标国的国内法律环境指的是企业的业务所涉及的国家的法规规范的总体。国际法指适用主权国家之间以及其他具有国际人格的实体之间的法律规则的总体。

【提示】除宏观与微观管理政策外，政府还有一些介于宏观与微观、直接与间接之间的干预手段，主要是产业政策。

【例2-9】甲公司为国内上市的电信公司。甲公司正在研究收购某发展中国家的乙移动通信公司。下列各项因素中，属于甲公司在宏观环境分析中应当考虑的有（　　）。

A. 甲公司收购乙移动通信公司符合其总体公司战略
B. 乙移动通信公司所在国政府历来对企业实施高税收政策
C. 甲公司在国内提供电信服务积累的经验与技术有助于管理乙移动通信公司的业务
D. 乙移动通信公司所在国的电信行业十年来发展迅速，移动通信业务过去10年增长了300倍
E. 甲公司资金、人员充足，能够满足业务需求

【答案】BD

【解析】选项B属于政治环境因素分析；选项D属于经济环境因素分析。

2. 宏观与区域经济因素

企业的经济环境主要由社会经济结构、经济发展水平、宏观经济政策、经济运行状况等方面构成。

（1）社会经济结构

社会经济结构主要包括产业结构、分配结构、交换结构、消费结构和技术结构。其中最重要的是产业结构。

1）产业结构

产业结构是指各产业的构成及各产业之间的联系和比例关系。产业结构包括产业结构本身、技术结构、产业布局、产业组织和产业链五个要素。按生产活动性质，把产业部门分为物质资料生产部门和非物质资料生产部门两大领域。根据社会生产活动历史发展的顺序对产业结构划分为三大产业：产品直接取自自然界

的部门称为第一产业，对初级产品进行再加工的部门称为第二产业，为生产和消费提供各种服务的部门称为第三产业。

2）分配结构

分配结构是国民收入实际使用额的具体去向及其相互之间的构成比例，可分为基本结构和具体结构。基本结构是指积累基金与消费基金的比例关系，显示出国民收入分配最直接、最概括的总体结构状态，属于表层结构；具体结构是指积累基金内部和消费基金内部的分配比例关系，该结构表明了国民收入使用额最终的具体去向，因而又可看作是国民收入分配的深层结构。

3）交换结构

交换结构主要指社会消费构成。生产结构的性质、形式和规模，决定了交换结构的性质、形式和规模，交换结构必须与生产结构衔接，它反作用于生产结构。

4）消费结构

消费结构是在一定的社会经济条件下，人们（包括各种不同类型的消费者和社会集团）在消费过程中所消费的各种不同类型的消费资料（包括劳务）的比例关系。有实物和价值两种表现形式。

5）技术结构

技术结构是指国家、部门、地区或企业在一定时期内不同等级、不同类型的物质形态和知识形态技术的组合和比例。它反映技术水平和状况，影响甚至决定产业结构和经济发展。技术结构和生产力的发展有着密切的相互制约、相互促进的关系。一方面，生产力发展水平是技术结构形成和发展的决定性因素；另一方面，技术结构的状况对生产力发展又有很大影响。

（2）经济发展水平

经济发展水平是指一个国家经济发展的规模、速度和所达到的水平。反映经济发展水平的常用指标有国内生产总值、国民收入、人均国民收入和经济增长速度。

一般将国内生产总值（GDP）、人均值和变化率，作为衡量经济可持续发展的核心指标。当人均GDP值超过3 000美元/年时，经济发展处于稳定上升阶段。对一个国家或地区经济发展的水平，可以从其规模（存量）和速度（增量）两个方面来进行测量。在对经济规模的测量中，最常用的绝对规模指标是GDP，它综合性地代表了一个国家或地区在一定时期内所生产的财富（物品和服务）的总和。在相对规模指标中，最常用的是"人均GDP"指标。在经济发展速度方面，最常用的指标是"GDP年增长率"。

（3）宏观经济政策

1）宏观经济政策的目标

宏观经济政策的主要目标有四个：持续均衡的经济增长；充分就业；物价水平稳定；国际收支平衡。

①经济增长。是指在一个特定时期内经济社会所生产的人均产量和人均收入的持续增长。它包括两个方面：一是维持一个高经济增长率；二是培育一个经济持续增长的能力。一般认为，经济增长与就业目标是一致的。经济增长通常用一定时期内实际国内生产总值年均增长率来衡量。

【提示】经济增长会增加社会福利，但并不是增长率越高越好。

②充分就业。是指劳动力作为生产要素以愿意接受的价格参与生产活动的状态。充分就业包含两种含义：一是指除了摩擦失业和自愿失业之外，所有愿意接受各种现行工资的人都能找到工作的一种经济状态，即消除了非自愿失业就是充分就业；二是指劳动力作为生产要素，按其愿意接受的价格，全部用于生产的经济状态。

③价格稳定是指物价总水平的稳定。一般用价格指数来衡量一般价格水平的变化。价格稳定不是指每种商品价格的固定不变，也不是指价格总水平的固定不变，而是指价格指数的相对稳定。价格指数又分为消费物价指数、批发物价指数、生产者价格指数和国民生产总值平减指数。所谓稳定，是指在相当时期内能使通货膨胀率维持在大致相等的水平上。这种通货膨胀率能为社会所接受，对经济也不会产生不利的影响。

【提示】物价稳定并不是通货膨胀率为零，而是允许保持一个低而稳定的通货膨胀率，一般指通货膨胀率在1%~3%之间。

④国际收支平衡。其目标要求做到汇率稳定，外汇储备有所增加，进出口平衡。国际收支平衡具体分为静态平衡与动态平衡、自主平

衡与被动平衡。静态平衡，是指一国在一年的年末，国际收支不存在顺差也不存在逆差；动态平衡，不强调一年的国际收支平衡，而是以经济实际运行可能实现的计划期为平衡周期，保持计划期内的国际收支均衡。自主平衡，是指由自主性交易即基于商业动机，为追求利润或其他利益而独立发生的交易实现的收支平衡；被动平衡，是指通过补偿性交易即一国货币当局为弥补自主性交易的不平衡而采取调节性交易而达到的收支平衡。

⑤目标间平衡。是指以上四大目标相互之间既存在互补关系，也存在交替关系。如为了实现充分就业，就要维护必要的经济增长。为了实现充分就业，必须刺激总需求，扩大就业量，这一般要实施扩张性的财政和货币政策，由此就会引起物价水平的上升。为了抑制通货膨胀，就必须实施紧缩的财政和货币政策，由此又会引起失业率的上升。为了实现国内均衡，就可能降低本国产品在国际市场上的竞争力，从而不利于国际收支平衡。为了实现国际收支平衡，又可能不利于实现充分就业和稳定物价的目标。

【例2-10】企业价值评估的宏观分析中，宏观经济政策的主要目标有（   ）。

　　A. 持续均衡的经济增长
　　B. 充分就业
　　C. 物价水平稳定
　　D. 国际收支平衡
　　E. 利率稳定

【答案】ABCD

【解析】宏观经济政策的主要目标有四个：持续均衡的经济增长；充分就业；物价水平稳定；国际收支平衡。

2）宏观经济政策工具

宏观经济政策工具是用来达到政策目标的手段。在宏观经济政策工具中，常用的有需求管理、供给管理、国际经济政策。

①需求管理政策。是指通过调节总需求来达到一定政策目标的宏观经济政策工具，包括财政政策和货币政策。需求管理政策是以凯恩斯的总需求分析理论为基础制定的，通过对总需求的调节，实现总需求等于总供给，达到既无失业又无通货膨胀的目标。基本政策有实现充分就业政策和保证物价稳定政策。

②供给管理政策。供给管理是通过对总供给的调节，来达到一定的政策目标。在短期内影响供给的主要因素是生产成本，特别是生产成本中的工资成本。在长期内影响供给的主要因素是生产能力，即经济潜力的增长。供给管理政策具体包括收入政策、就业政策、经济增长政策等。

收入政策：是指通过限制工资收入增长率从而限制物价上涨率的政策。目的是制止通货膨胀。主要形式：①工资与物价指导线。根据劳动生产率和其他因素的变动，规定工资和物价上涨的限度，其中主要是规定工资增长率。企业和工会都要根据这一指导线来确定工资增长率，企业也必须据此确定产品的价格变动幅度，如果违反，则以税收形式以示惩戒；②工资物价的冻结。即政府采用法律和行政手段禁止在一定时期内提高工资与物价，这些措施一般是在特殊时期采用，在严重通货膨胀时也被采用；③税收刺激政策。即以税收来控制增长。

就业政策：是旨在改善劳动市场结构，以减少失业的政策。主要有：①人力资本投资。由政府或有关机构向劳动者投资，以提高劳动者的文化技术水平与身体素质，适应劳动力市场的需要；②完善劳动市场。政府通过不断完善和增加各类就业介绍机构，为劳动的供求双方提供迅速、准确而完全的信息，使劳动者找到满意的工作，企业也能得到其所需的员工；③协助劳动力进行流动。劳动者在地区、行业和部门之间的流动，有利于劳动的合理配置与劳动者人尽其才，也能减少由于劳动力的地区结构和劳动力的流动困难等原因而造成的失业。

经济增长政策：主要有四个方面。一是增加劳动力的数量和质量。增加劳动力数量的方法包括提高人口出生率、鼓励移民入境等，提高劳动力质量的方法有增加人力资本投资。二是资本积累。资本的积累主要来源于储蓄，可以通过减少税收，提高利率等途径来鼓励人们储蓄。三是技术进步。促进技术进步是各国经济政策的重点。四是计划化和平衡增长。现代经济中各部门之间协调的增长是经济本身所要求的，国家的计划与协调要通过间接的方式来实现。

③国际经济政策：是对国际经济关系的调节。一国的宏观经济政策目标中有国际经济关

系的内容（即国际收支平衡），其目标的实现不仅有赖于国内经济政策，而且也有赖于国际经济政策。

【提示】 宏观经济政策也应该包括国际经济政策。

(4) 经济运行状况

经济运行分析是指国家宏观经济当前的运行状况，是经济决策的核心。主要的指标形式有先行指标、主要国际经济先行指标、同步指标、经济景气调查分析指标和区域经济运行指标。

1) 先行指标：主要用于判断短期经济总体的景气状况和转变情况。我国一般采用的先行指标包括轻工业总产值、一次能源生产总量、钢产量、铁矿石产量、10 种有色金属产量、国内工业品纯购进、国内钢材库存、国内水泥库存、新开工项目数、基建贷款、海关出口额、出口成交额、狭义货币 M1、工业贷款、工资和对个人其他支出、农产品采购支出、现金支出、商品销售收入等。

2) 主要国际经济先行指标：有波罗的海干散货综合运费指数（BDI）、采购经理人指数（PMI）、人民币远期无交割汇率（NDF）等。BDI 反映了全球对矿产、粮食、煤炭、水泥等初级商品的需求，与这些初级商品市场的价格正相关。PMI 综合反映了就业、订单、库存等情况，是一段时期以来广为人们提及的一个指标。这一指标低于 50% 表明经济景气不足，高于 50% 则表明经济正常和活跃。NDF 向来被视为即期汇率的先行指标，从长期看，人民币 NDF 的变化会对人民币汇率变化产生正向影响。人民币 NDF 价格的形成特点决定了其升贴水点数能反映交易双方对人民币的预期升贬值幅度。

3) 同步指标：其变动时间一般与经济情况基本一致，可以显示经济发展的总趋势，并确定或否定先行指标预示的经济发展趋势。主要有工业总产值、全民工业总产值、预算内工业企业销售收入、社会商品零售额、国内商品纯购进、国内商品纯销售、海关进口额、广义货币 M2 等。

4) 经济景气调查分析指标：景气调查通过对定性问题出现的频率进行计算分析比较，从而达到判断宏观经济景气和企业生产经营景气的目的。目前已建立的景气调查分析制度有 5 000 户企业问卷调查制度、银行家问卷调查制度、居民储蓄问卷调查制度以及进出口调查问卷制度。

5) 区域经济运行指标：观察区域经济金融运行走势有助于对宏观政策进行适当的动态微调。

3. 社会和文化因素

社会和文化因素主要包括人口因素、生活方式和消费趋势、文化传统和价值观等。

(1) 人口因素

人口因素是指企业所在地居民的人口总数及地理分布、年龄、性别、密度、教育水平等。人口因素对市场的结构、容量及潜力都有重要影响。

(2) 生活方式和消费趋势

生活方式可以理解为在一定的历史时期与社会条件下，各个民族、阶级和社会群体的生活模式，主要包括当前及新兴的生活方式与时尚。生活方式的改变能够给某些行业带来机会，也会给某些行业带来风险。

消费心理是指消费者进行消费活动时所表现出的心理特征与心理活动的过程。消费者心理体现在消费需求上，并对企业生产经营产生影响。

消费习俗是指人们在长期经济与社会生活中形成的消费方式和习惯，具有一定的倾向性，消费习俗反映了人们的消费特征。消费习俗具有特定性、长期性、继承性和社会性等特征，一旦形成不易改变。

【提示】 消费习俗对消费者心理与行为的影响：①消费习俗使消费者形成稳定性的消费心理和普遍性的消费行为。②消费习俗使消费心理的变化减慢。

(3) 文化传统与价值观

文化是指人们通过社会实践活动，适应、利用、改造世界客体而逐步实现自身价值的过程。价值观是指人们对社会生活中各种事物的态度和看法。文化蕴含着一个社会的价值观和心理习惯，影响人口、经济、政治法律、技术的变革。各国都有独具特色的文化传统，文化的各个要素对消费行为都有一定的影响，从而影响人们的购买决策和企业经营方式。文化传统与价值观对消费行为产生影响，价值观促使人们在长期经济与社会活动中形成一种消费方式和习惯。企业价值评估应关注研究目标市场社会行业准则、社会习俗、社会道德观念、价值观等因素的变化对企业的影响，准确预测企业的发展前景和收益。

4. 技术因素

技术因素是指企业所处环境中的科技因素及与科技因素有关的各种社会现象的集合，包括科技水平、科技力量、科技政策和科技体制。

（1）科技水平。是构成科技环境的首要因素，包括科技研究的领域、科技研究成果门类分布及先进程度、科技成果的推广和应用三个方面。

（2）科技力量。科技力量是指一个国家或地区的科技研究与开发的实力。包括基础研究、应用研究与技术开发三项。基础研究主要是为获得关于现象和可观察事实的基本原理而进行的实验性或理论性工作。其作用主要是为新技术的创造和发明提供理论前提。应用研究是为获取新知识而进行的创造性研究，较之基础研究有明确的目的性，是连接基础研究和技术开发的桥梁。技术开发是指利用从研究和实际经验中获得的现有知识，或从外部引进的技术、知识，为生产新的材料、产品和装置，建立新的工艺和系统，以及对已生成和建立的上述工作进行实质性改进而进行的系统性工作。

（3）科技政策。科技政策与科技立法是指国家凭借行政权力与立法权力，对科技事业履行管理、指导职能的途径。政府的直接资助、科技政策实施、政府采购都对市场竞争、市场需求以及科学技术有着重要的影响。一是政府政策会直接作用于企业家精神。二是政府政策也直接作用于高技术企业的创新资源。

（4）科技体制。科技体制是一个国家社会科技系统的结构、运行方式及其与国民经济其他部门的关系状态的总称，主要包括科技事业与科技人员的社会地位、科技机构的设置原则与运行方式、科技管理制度、科技发展战略等。

【例2-11】甲企业是一家电生产企业，在研究某地市场需求时，该公司市场人员首先搜集了该地区近几年家庭数量及每年新婚数量的数据。根据以上信息可以判断甲企业在做决策时非常看重（　　）。

A. 政治因素　　B. 经济因素
C. 社会文化因素　D. 技术因素

【答案】C

【解析】家庭数量及每年新结婚数量属于人口因素，属于社会和文化因素。

【知识点10】企业价值评估中的行业发展状况分析的意义与常见要点（★★★）

1. 企业价值评估中行业发展状况分析的意义

行业是指从事国民经济活动中同质的生产或其他经济社会活动的经营单位和个体等构成的组织结构体系，按照不同的分类方式，可分为采矿业、制造业、批发和零售业、金融业、房地产业等。行业发展状况分析是连接宏观环境分析与企业发展状况分析的桥梁，是中观经济分析的主要内容。

2. 行业发展状况分析的常见要点

（1）行业主要政策规定。能为企业所在行业分析、企业业务分析、企业资产与财务分析等提供政策依据和支持。

（2）行业竞争情况。为企业业务分析、企业资产与财务分析等提供行业背景支持。

（3）行业发展的有利和不利因素。有利于把握行业竞争结构的演变趋势和预测行业的发展前景，有利于更好地进行企业业务分析和财务预测。

（4）行业特有的经营模式和特征。分析行业特有的经营模式有利于把握行业的业务特点和盈利模式，分析行业的周期性、季节性特征有利于把握行业的盈利波动水平，分析行业的区域性特征有利于把握行业的市场分布情况等。

（5）企业所在行业与上下游行业之间的关联性。上游行业不仅影响产品的原材料成本和其他投入成本，还影响原材料等的供应量和供应稳定性等；下游行业不仅影响产品的价格、产品质量或服务成本，还影响产品的需求量和需求稳定性等。

【知识点11】行业发展状况分析的具体内容（★★★）

主要包括对行业经济特性、行业市场结构、行业生命周期和行业景气程度等内容的分析和预测。

1. 行业经济特性

行业分析是指对行业经济特性、行业市场结构、行业生命周期和行业景气程度等内容的分析和预测。

通过分析行业的主要经济变量，可以对行业整体情况进行刻画。行业的主要经济变量如表2-1所示。

表2-1　行业主要经济变量及其表现形式

主要经济变量	表现形式
市场规模	主要产品的年需求或销售总量的绝对值
市场增长率	市场增长率 = $\dfrac{当年市场需求量 - 上年市场需求量}{上年市场需求量} \times 100\%$
生命周期阶段	分为初创、成长、成熟、衰退四个阶段
竞争范围	分为全球性、全国性、地方性三档
竞争状况	竞争规模、竞争力等
消费者状况	消费习惯、消费数量、消费能力

2. 行业市场结构

市场结构是市场竞争或垄断的程度。是某一市场中各种要素之间的内在联系及其特征，包括市场供给者之间（包括替代品）、需求者之间、供给和需求者之间以及市场上现有的供给者、需求者与正在进入该市场的供给者、需求者之间的关系。

根据各行业拥有的企业数量、产品性质、企业控制价格的能力、新企业进入行业的难易程度、是否存在非价格竞争等各种因素，可以对市场结构类型进行划分，划分依据有三种：一是本行业内部的生产者数目或企业数目；二是本行业内各企业生产的产品差别程度；三是进入障碍的大小。

市场可分为完全竞争市场、垄断竞争市场、寡头垄断市场和完全垄断市场四种市场类型，如表2-2所示。

3. 行业生命周期

行业生命周期一般可以分为初创阶段（幼稚期）、成长阶段、成熟阶段和衰退阶段，如表2-3所示。

表2-2　四种市场结构类型特征的比较

市场结构	生产者的数量	单个厂商对价格的控制程度	产品差别程度	进出的难易程度
完全竞争市场	很多	价格的接受者	无差别	容易
垄断竞争市场	较多	有一定程度的控制	有差别	比较容易
寡头垄断市场	少数几个	有较大程度的控制	有一定的差别或者完全无差别	比较困难
完全垄断市场	一个	价格的决定者	无相近替代品	非常困难

表2-3　行业生命周期比较

所处阶段	特点
初创阶段	资本来源有限，投入不足；收益较低；风险较大。
成长阶段	一是由于消费者对产品的要求不断提高以及进入该行业的公司不断增多，引起行业内竞争日趋激烈。二是公司规模的不断扩大引致对于融资方式及渠道的选择带来财务风险。三是经营风险和财务风险引起的公司破产和兼并风险。
成熟阶段	生产技术和工艺逐渐成熟；市场需求比较稳定；利润较高；风险较小；行业增长速度放缓。
衰退阶段	一是新产品和大量替代品的出现。二是原行业的市场需求开始逐渐萎缩，产品的销售量也开始下降。三是行业内企业着手退出向其他成长性更强或利润更高的行业转移。

按性质划分，行业衰退可以分为自然衰退和偶然衰退。自然衰退是行业本身内在的衰退规律起作用而发生的衰退；偶然衰退是指在偶然的外部因素作用下，提前或者延后发生的衰退。

按程度划分，行业衰退还可以分为绝对衰退和相对衰退。绝对衰退与自然衰退的概念比较接近；相对衰退是指行业因结构性原因或者无形原因引起行业地位和功能发生衰减的状况，而并不一定是行业实体发生了绝对的衰退。

按成因划分，行业衰退可以分为资源型衰退、效率型衰退、弹性降低型衰退和聚集过度型衰退。资源型衰退是由于生产所依赖的资源的枯竭所导致的衰退；效率型衰退，即由于效率低下的比较劣势而引起的行业衰退；弹性降低型衰退，即因需求—收入弹性较低而衰退的行业；聚集过度型衰退，即因经济过度聚集的弊端所引起的行业衰退。

【例2-12】行业生命周期一般可以分为初创阶段（幼稚期）、成长阶段、成熟阶段和衰退阶段，下列选项中属于成长阶段特点的是（　　）。

A. 生产技术和工艺逐渐成熟
B. 新产品和大量替代品的出现
C. 资本来源有限，投入不足
D. 经营风险和财务风险引起的公司破产和兼并风险

【答案】D

【解析】处于成长阶段的行业一般表现出以下几个特点：一是由于消费者对产品的要求不断提高以及进入该行业的公司不断增多，引起行业内竞争日趋激烈。二是公司规模的不断扩大引致对于融资方式及渠道的选择带来财务风险。三是经营风险和财务风险引起的公司破产和兼并风险。

4. 行业景气程度

行业景气分析主要通过对行业景气指数的变动规律分析，找出行业经济所处周期性波动的状态，预测未来一个时期行业经济发展趋势。景气指数又称为景气度，是通过对行业统计数据进行分析和定量处理，或通过对企业景气调查中的定性指标进行定量处理，编制出综合反映行业经济状况的一组指数。可以对行业统计指标进行数学处理，分解数据中的趋势因素、周期因素、季节性因素和不规则因素后，编制出不同的行业景气指数。常见的"企业家信心指数"就是一种景气指数，如果按企业家所处行业进行调查和编制指数，"企业家信心指数"就是典型的"行业调查景气指数"。

【提示】景气指数一般以100为临界值，范围在0~200点之间，即景气指数高于100表明经济状态趋于上升或改善，处于景气状态，景气指数低于100表明经济状况处于下降或恶化趋势中，处于不景气状态。

处于周期波动不同节点的行业有明显的表现差异。处于周期上升期的行业会出现需求旺盛、生产满负荷、买卖活跃的景象；反之，处于周期下降期的行业会出现需求萎靡、生产能力过剩、产品滞销、应收款增加、价格下跌、多数企业亏损的景象。

【知识点12】行业发展状况分析的具体方法（★★★）

1. 波特五力模型

波特五力模型中的五力是指供应商的议价能力、购买者的议价能力、潜在竞争者进入的能力、替代品的竞争能力和行业内竞争者现有竞争能力。

（1）上游供应商：1）上游产品市场上供应商的集中程度；2）上游产品是否存在替代品；3）供应商对被评估企业的依赖性；4）被评估企业对供应商的依赖性；5）被评估企业转嫁成本的能力；6）供应商纵向并购的威胁。

（2）下游买方：1）下游产品市场上购买者的集中程度；2）被评估企业产品是否存在替代品；3）被评估企业对购买者的依赖性；4）购买者对被评估企业的依赖性；5）购买者转嫁成本的能力；6）购买者纵向并购的威胁。

（3）潜在进入者：1）规模经济效应；2）差异产品程度；3）进入资本门槛；4）原材料来源及产品销售渠道；5）政策限制因素。

（4）替代品：替代品是指具有相同或相似功能的产品，其中一种产品价格的上升会引起另一种产品需求的增加。主要有：1）替代品的可替代程度；2）替代品的价格；3）替代品对于其生产企业的重要性。

（5）现有同业竞争对手：1）行业内现有竞争者的规模；2）行业成长速度；3）固定成本水平；4）产能释放状况；5）退出障碍。

【提示】各种力量的作用是不同的，常常是最强的某个力量或某几个力量处于支配地位，起着决定性作用。

【例2-13】纳爱斯集团曾经提出"让雕牌洗衣粉一统天下"的宏伟目标，但是洗衣粉市场竞争日益激烈，越来越多的竞争者进入。下列属于其替代品的有（　　）。

A. 汰渍洗衣粉　　B. 奥妙洗衣粉
C. 立白肥皂　　　D. 洗洁精
E. 超能肥皂

【答案】ABCE

【解析】替代品是指具有相同或相似功能的产品，其中一种产品价格的上升会引起另一种产品需求的增加。

【知识点13】企业价值评估中的企业发展状况分析（★★★）

1. 企业价值评估中企业发展状况分析的意义

第一，评估专业人员在进行企业价值评估时，应当对企业现状和历史状况进行了解和掌握，才能对其形成过程、成熟程度、发展状况等情况进行分析，从而有利于正确评估其价值。

第二，评估专业人员在进行企业价值评估时，应当了解企业过去的价值评估资料和过去交易的信息，并结合当前评估的有关情况加以考虑和分析。有利于验证过去进行的评估中所做的未来预测与其实际情况是否相吻合，了解被评估企业的可交易性、以前交易对目前状况的限制等情况，供进一步评估时参考。

第三，评估专业人员在进行企业价值评估时，应当进行市场调查并注意了解和掌握现时或近期的类似企业产权交易的市场价格、交易条件等有关信息。

2. 企业价值评估中企业发展状况分析的常见要点

（1）主要产品或服务的用途。熟悉了解企业的主要产品或者服务及其用途是进行业务分析的前提条件，是判断企业产品或服务的市场需求、市场竞争、盈利水平等的基础。

（2）经营模式与经营管理状况。经营模式通常分为研发模式、采购模式、生产模式、营销模式等，分析企业的经营模式及经营管理状况，有利于识别企业的优劣势和竞争战略，有利于企业的资产和财务分析。

（3）企业在行业中的地位、竞争优势及劣势。

（4）企业竞争战略及经营策略。企业竞争战略通常包括成本领先战略、差异化战略、集中化战略等。

（5）企业的资产和财务状况。

1）资产配置和使用的情况。评估专业人员应当了解企业资产的构成和分类，并重点关注企业的核心资产。评估专业人员还应当结合企业所在行业的现状与发展前景，根据企业的经营模式、行业地位、竞争战略、竞争优劣势、管理水平等因素，了解、分析、判断企业资产的综合利用率和使用效益以及影响因素等。

2）历史财务资料的分析总结，一般包括历史年度财务分析、与所在行业或者可比企业的财务比较分析等。

3）对财务报表及相关申报资料的重大或者实质性调整。对财务报表的分析和调整事项通常包括：财务报表编制基础，非经常性收入和支出，非经营性资产、负债和溢余资产及其相关的收入和支出。

【例2-14】 企业发展状况分析是企业价值评估分析的重要内容之一，下列选项中属于企业价值评估中企业发展状况分析意义在于（　　）。

A. 了解和掌握企业现状和历史状况

B. 了解企业过去的价值评估资料和过去交易的信息，并结合当前评估的有关情况加以考虑和分析

C. 有利于提高被评估企业的价值

D. 了解市场调查的进行，掌握现时或近期的类似企业产权交易的市场价格、交易条件等有关信息

E. 有利于维护市场秩序的有序进行

【答案】 ABD

【解析】 被评估企业价值受宏观经济及企业自身运营等因素的影响，企业发展状况的分析研究只能提高企业价值评估结果的客观性；企业发展状况的研究不能起到维护市场秩序的作用。

企业价值评估中企业发展状况分析的常见要点主要包括：主要产品或服务的用途、经营模式与经营管理状况、企业在行业中的地位、竞争优势及劣势、企业竞争战略及经营策略、企业的资产和财务状况。

【提示】 根据评估业务的具体情况，对财务报表的分析和调整事项通常包括：财务报表编制基础，非经常性收入和支出，非经营性资产、负债和溢余资产及其相关的收入和支出。

【例2-15】 对财务报表及相关申报资料的重大或者实质性调整是企业价值评估的重要内容之一，下列选项中属于企业价值评估中对财务报表的分析和调整事项的是（　　）。

A. 财务报表编制基础分析和调整

B. 非经常性收入和支出分析和调整

C. 负债和溢余资产分析和调整
D. 相关的收入和支出分析和调整
E. 经营模式分析和调整

【答案】ABCD

【解析】根据评估业务的具体情况，对财务报表的分析和调整事项通常包括：财务报表编制基础，非经常性收入和支出，非经营性资产、负债和溢余资产及其相关的收入和支出。

【知识点14】企业发展状况分析的具体内容（★★★）

企业发展状况分析可以概括为业务分析、战略分析和财务报表分析。

1. 企业业务分析

（1）盈利模式分析。盈利模式是指企业在市场竞争中逐步形成的赖以盈利的特有商务结构及其对应的业务结构。企业的商务结构主要指企业外部选择的交易对象、交易内容、交易规模、交易方式、交易渠道、交易环境、交易对手等商务内容及其时空结构。企业的业务结构主要指企业内部满足商务结构需要而从事的包括科研、采购、生产、储运、营销等在内的业务内容及其时空结构。业务结构反映的是企业内部资源的配置情况，决定企业资源配置的效率，而商务结构反映的是企业内部资源整合的对象及其目的，决定企业资源配置的效益。

1）价值驱动要素。企业盈利模式分析一般包含五个要素，即利润来源、利润产品、利润活动、利润屏障和利润前瞻。

利润来源又分为主要利润源、辅助利润源和潜在利润源。良好的企业利润来源一般需要满足三个条件：一是要有足够的规模；二是企业对利润源的需求和偏好有比较深的认识和了解；三是企业在挖掘利润源时与竞争对手比较有一定的竞争优势。

利润产品是指企业可以获取利润的产品或服务，反映的是企业的产出。利润产品一般需要满足三个条件：一是能够清晰地满足客户的需求偏好；二是能够为构成利润源的客户创造价值；三是能够为企业创造价值。

利润活动是指企业通过生产产品或提供服务，吸引客户购买和使用企业产品或服务所开展的一系列业务活动，反映的是企业为提高营利进行的各项投入。

利润屏障是指企业为防止竞争对手掠夺本企业的利润而采取的防范措施，它与利润活动同样表现为企业的投入。

利润前瞻是企业内部有人对企业如何营利具有极强的敏感性和预见性，这些通常是企业家本人，但也可能是企业家的盟友或者是职业经理人。

2）盈利模式特征。成功的盈利模式至少具有三个共同的特征：独特的价值；难以模仿；脚踏实地。

（2）市场需求分析。市场需求分析主要包括两部分内容：一是明确市场需求的主要影响因素；二是把握市场需求分析的基本步骤。市场需求构成要素有两个：一是消费者的购买意愿；二是消费者的支付能力。影响其因素具体体现在消费者偏好、消费者收入、产品价格、消费者预期。

（3）竞争能力分析。企业的市场竞争力主要包括成本优势、技术优势及质量优势。成本优势是指公司的产品依靠低成本获得高于同行业其他企业的竞争力。技术优势是指企业拥有比同行业其他竞争对手更强的技术实力及研发新产品的能力。技术优势一般体现在以下几个方面：研制出新的核心技术，开发出新一代产品；研究出新的工艺，降低现有的生产成本；根据细分市场开发出更深层次的细分产品等。质量优势是指企业的产品以高于其他企业同类产品的质量赢得市场，从而取得竞争优势。

【提示】盈利模式是指企业在市场竞争中逐步形成的赖以实现盈利的特有商务结构及其对应的业务结构。

2. 企业战略分析

（1）公司层战略分析。公司层战略要解决的主要问题是整个企业的经营范围和企业资源在不同经营单位间的分配，决定了企业未来的发展方向，直接影响着业务层战略和职能层战略的选择。根据战略的进攻性可以将公司层战略分为稳定型战略、发展型（进攻型）战略、紧缩型战略。

1）稳定型战略：稳定型战略的风险相对较小，一般适用于以下情况：宏观经济总体上保持总量不变或总量低速增长；企业所在行业产业技术相对成熟，技术更新速度较慢；消费者的需求偏好变动较为稳定；企业处于成熟期，产品需求、市场规模趋于稳定；竞争格局也相稳定型战略的表现形式：一是企业对过去的经营业绩表示满意，决定追求既定的或与过去相似的经营目标。二是企业战略规划期内所追求的绩效按常规意义上的比例增长。三是坚持前期战略对产品和市场领域的选择，并以前期战略所达到的目标作为本期希望达到的目标。

稳定型增长战略的优势：①企业基本维持原有的产品和市场领域，减少新产品和新市场开发的资金投入，经营风险会相对较低；②避免因较大的战略改变而面临改变资源配置的困难；③避免由于企业发展过快而忽视潜在危机；④战略实施阶段可以给企业一个较好的修整期，以便以后更好、更快地发展。

稳定型战略的不足：①企业维持现有产品和市场领域的战略举措可能丧失外部环境提供的快速发展的机会；②该战略在外部环境基本稳定下实施才会有好的效果，不利于提高企业对外部环境的适应性；③管理者风险规避的态度容易导致企业风险意识淡薄，降低企业抗风险的能力。

【提示】企业实施稳定型战略不是不发展或不增长，而是稳步地、缓慢地增长。

2）发展型战略：也称增长型战略、进攻型战略或者扩张型战略，是一种快速增长的战略。属于主动型、发展型战略，典型的类型有横向一体化、纵向一体化和多样化。

发展型战略的特点：①实施发展型战略的企业不一定比经济整体增长速度快，但通常比其产品所在市场的增长速度快，发展型战略体现在绝对市场份额或相对市场份额的增加。②实施发展型战略通常会取得大大超过社会平均的利润率水平。由于发展速度较快，这些企业更容易获得较好的规模经济效益。③采用发展型战略的企业倾向于采用非价格的竞争手段同对手抗衡。该类企业不仅仅注重开发市场，而且在新产品研发、管理模式上都力求具有竞争优势。④采用发展型战略的企业倾向于主动出击，通过创造以前并不存在的产品或服务来改变外部环境，并使之适合企业自身发展。

3）紧缩型战略：是指企业收缩战线，或放弃部分或全部业务。表现的形式为：①规模缩小；②大量裁员；③明显的过渡性。紧缩型战略类型主要有：①转向战略；②放弃战略；③清算战略。

放弃战略的实施具有一定的难度：主要障碍是：①结构或内部依存关系上的障碍；②管理人员的影响形成的障碍；③专用资产的退出障碍。

（2）业务层战略分析

业务层战略也称竞争战略，是指在公司层战略的制约下，指导和管理具体战略经营单位的计划和行动。可分为成本领先战略、差异化战略和集中战略。

1）成本领先战略：亦称低成本战略，其核心是在追求规模经济的基础上，把成本降到最低，成为行业中的成本领先者。优势是：①价格优势形成的竞争地位；②对其他潜在竞争者进入市场形成障碍；③提高企业的议价能力，降低替代品的威胁。风险是：①显著的技术变革可以消除企业成本优势；②容易被竞争者学习模仿；③将目光集中于成本，可能会忽视消费者偏好的变化。

2）差异化战略：亦称差别化战略，是指企业向市场提供全行业范围内与众不同的产品和服务，用以满足顾客的特殊需求，从而形成独有的竞争优势。实现方式包括：①实物产品差别化；②服务差别化；③人员差别化；④渠道差别化；⑤形象差别化。优势是：①提高顾客对企业（品牌）忠诚度，降低价格敏感性，有效抵御竞争对手的挑战；②提高企业的边际收益，增强企业对供应商讨价还价的能力；③通过产品差异化使客户具有较高的转换成本，增强对企业的依赖性，削弱客户讨价还价的能力。风险是：竞争对手采取成本领先战略导致差异化的优势丧失、其他厂家模仿以及过度差异化导致成本高于收益。企业价值评估时，分析企业差异化战略的实施效果，可以通过三个原则：①效益原则，②适当原则，③有效原则。

3）集中战略：也称目标聚焦战略，是指把经营战略的重点放在某个特定的目标市场上，集中使用资源，为特定的地区或客户群提供特殊的产品或服务，以较高的增长速度来提高某种产品的销售额和市场占有率。可遵循产品差别化或成本领先的方法实施该战略。

【例2-16】在分析企业经营战略时，一般认为企业实施发展型战略其主要特点是（　　）。

A. 实施发展型战略的企业不一定比经济整体增长速度快，但通常比其产品所在市场的增

长速度快

B. 实施发展型战略通常会取得大大超过社会平均的利润率水平

C. 采用发展型战略的企业倾向于采用非价格的竞争手段同对手抗衡

D. 采用发展型战略的企业倾向于主动出击

E. 指减少公司在某一特定领域（战略经营单位、产品线、特定产品等）的投资，以削减费用支出和改善现金流量，把资金投入到更需要的领域中去

【答案】ABCD

【解析】发展型战略也称增长型战略、进攻型战略或者扩张型战略，是一种快速增长的战略。选项E属于紧缩型战略中的转向战略。

（3）职能层战略分析

职能层战略又称职能支持战略，是按照企业总体战略或业务战略对企业内部各项职能活动进行的谋划。与评估密切相关的职能层战略主要是生产战略、研发战略、营销战略、人力资源战略、财务战略等。

生产战略是企业在生产成本、质量流程等方面建立和发展相对竞争优势的基本途径，它规定了企业生产制造和采购部门的工作方向，为实现企业总体战略服务。

企业采取的研发战略通常有三种：研发战略有三种：1）保持正常经营的基本型研发战略；2）以新技术作为进入新市场的渗透型研发战略；3）竞争对手产生技术威胁时的反应型研发战略。

研发战略会直接影响企业的研发费用支出，进而影响对企业现金流的预测。

【提示】研发主要涉及技术、产品和生产方面的研究与开发。

营销战略涉及市场营销活动过程整体，包括调研、预测、分析市场需求，确定目标市场，制定营销战略，实施和控制具体营销战略等活动的方案或谋划，它决定着市场营销的主要活动和主要方向。人力资源战略主要集中在人才战略。财务战略是根据公司战略、竞争战略和其他职能战略的要求，对企业资金进行筹集、运用以取得最大经济效益的方略。

【知识点15】企业发展状况分析的具体方法（★★）

常用的企业发展状况分析方法包括SWOT分析、波士顿矩阵分析等具体方法、VRIO框架等具体分析工具。

1. SWOT分析法

SWOT分析是通过对被评估企业的优势、劣势、机会和威胁进行综合评估，对企业未来增长情况做出合理的预测。

优势（S）：优势是指一个企业超越其竞争对手的能力，或者指企业特有的能提高市场竞争力的资源条件。①技术技能优势，包括独特的生产技术、低成本的生产方法、领先的革新能力、雄厚的技术实力、完善的质量控制体系、丰富的营销经验、上乘的客户服务、卓越的大规模采购技能等。②有形资产优势，包括先进的生产流水线、现代化的车间和设备、丰富的自然资源储存、有吸引力的办公地点、充足的资金等。③无形资产优势，包括优秀的品牌形象、良好的商业信用、积极进取的公司文化。④人力资源优势，包括经验丰富的高层管理者、强大的研发团队、在关键领域具有专长的员工队伍等。⑤组织体系优势，包括高效的内部控制体系、完善的信息管理系统、强大的融资能力。⑥竞争能力优势，包括产品开发周期短、强大的经销商网络、与供应商良好的伙伴关系、忠诚的客户群、对市场环境变化的灵敏反应、市场份额的领导地位。

劣势（W）：劣势是指企业缺乏或难以获得的资源或能力，或是会使企业处于劣势的各种因素与条件。可能导致企业竞争劣势的因素有：缺乏具有竞争力的技能或技术；缺乏有竞争力的有形资产、无形资产、人力资源、组织资产等；关键领域里的竞争能力正在丧失。

机会（O）：潜在的发展机会有：①客户群的扩大趋势或产品细分市场；②技能技术向新产品新业务新客群转移；③前向或后向整合；④新市场进入壁垒降低；⑤获得购并竞争对手的能力；⑥市场需求增长强劲；⑦出现向其他地理区域扩张或扩大市场份额的机会等。

威胁（T）：是指公司的外部环境中存在的某些对企业盈利能力和市场地位构成威胁的因素。主要包括：①出现将进入市场的强大的新竞争对手；②替代品抢占公司销售额；③主要产品市场增长率下降；④汇率和外贸政策的不利变动；⑤人口特征和社会消费方式的不利变动；⑥客户或供应商的谈判能力提高；⑦市场

需求减少;⑧可能受到经济萧条和业务周期的冲击等。

【例 2-17】甲公司准备并购鸿泰公司,现聘请某资产评估机构对鸿泰公司的内外部环境进行了 SWOT 分析。下列各项中,属于鸿泰公司外部威胁的是( )。

A. 有经验丰富的高层管理者
B. 关键领域里的竞争能力正在丧失
C. 市场需求增长强劲
D. 市场上出现了强大的新竞争对手

【答案】D

【解析】选项 A 属于优势。选项 B 属于劣势。选项 C 属于机会。

企业未来战略定位:利用 SWOT 分析矩阵可以形成 SO 战略、WO 战略、ST 战略和 WT 战略四种类型的战略。具体如表 2-4 所示。

表 2-4 SWOT 矩阵表

优势—strengths 弱点—weaknesses 机会—opportunities 威胁—threats	优势—S 列出优势	弱点—W 列出弱点
机会—O 列出机会	SO 战略 发挥优势, 利用机会	WO 战略 利用机会,克服弱点
威胁—T 列出威胁	ST 战略 利用优势, 回避威胁	WT 战略 克服弱点,回避威胁

步骤如下:

(1)列出企业的关键内部优势和关键内部弱点;(2)列出企业的重大外部机会和重大外部威胁;(3)将内部优势和外部机会相匹配,形成 SO 战略;(4)将内部弱点和外部机会相匹配,形成 WO 战略;(5)将内部优势和外部威胁相匹配,形成 ST 战略;(6)将内部弱点与外部威胁相匹配,形成 WT 战略。

【提示】SWOT 分析的目的在于产生可行的备选战略,而不是选择或确定最佳战略。

【例 2-18】SWOT 分析法是企业分析中常用的一种战略分析框架,SWOT 通过对被评估企业的优势(Strengths)、劣势(Weaknesses)、机会(Opportunities)和威胁(Threats)进行综合评估,有关 SWOT 分析下列各项中说法不正确的是( )。

A. 优势(S)是指一个企业超越其竞争对手的能力,或者指企业特有的能提高市场竞争力的资源条件
B. 劣势(W)是指企业缺乏或难以获得的资源或能力,或是会使企业处于劣势的各种因素与条件
C. 威胁(T)是指企业的内部环境中存在的某些对企业盈利能力和市场地位构成威胁的因素
D. 机会(O)是影响公司战略的重大因素,进行企业价值评估时应当确认目标企业目前存在的发展机会,并评价每一个发展机会的成长和利润前景

【答案】C

【解析】威胁(T)是指企业的外部环境中存在的某些对企业盈利能力和市场地位构成威胁的因素,进行企业价值评估时应当及时确认影响目标企业未来收益和风险的不利因素。

2. 波士顿矩阵分析法

波士顿矩阵分析法是一种产品结构分析方法,也是一种用于评估公司投资组合的有效模式。这种方法把企业生产经营的全部产品或业务的组合作为一个整体进行分析,常用来分析企业相关经营业务之间现金流量的平衡问题。在企业价值评估中,评估专业人员可以采用波士顿矩阵分析法对被评估企业的业务进行分析,从而了解和认识企业在行业中的地位、业务组合状况及发展前景,从而预测其未来的收益情况。

波士顿矩阵法可将一个公司的业务分成以下四种类型:

(1)问题业务:问题业务是指高增长、低市场份额的公司业务。大多数业务都是从问题业务开始,这类业务通常处于最差的现金流状态。一方面由于公司必须增加工厂、设备和人员,以跟上迅速发展的市场,因此需要大量的投资支持其生产经营活动;另一方面,该业务市场份额较低,能够产生的现金较少。

(2)明星业务:如果问题业务成功了,它就变成了一项明星业务。明星业务是高速增长市场中的市场领导者。这并不意味着明星业务一定会给公司带来滚滚财源。为了保护或拓展明星业务在增长的市场中占主导地位,公司必须花费大量资金以跟上高速增长的市场,并击退竞争者。明星业务常常是有利可图的,并且

是公司未来的现金牛业务。

（3）现金牛业务：当市场的年增长率下降到一定比率以下，但继续保持较大的市场份额，那么明星业务就变成了现金牛业务。现金牛业务会为企业带来大量财源。由于市场增长率下降，公司不必大量投资扩展市场规模，同时也因为该业务是市场领导者，它还享有规模经济和高边际利润的优势。公司用现金牛业务支付所需要的资金支出并支持明星类、问题类和瘦狗类业务，因此这些业务常常需要大量的资金支持。

（4）瘦狗业务：指市场增长率低，市场份额也低的公司业务。一般来说，这类业务处于饱和的市场当中，竞争激烈，可获得利润极小，不能成为公司主要资金来源。如果这类业务还能自我维持，则应缩小经营范围，加强内部管理；如果这类业务已彻底失败，公司应当及时采取措施，清理业务或退出经营领域。

利用波士顿矩阵的分析方法，公司可以进行财务战略的选择。面对矩阵中不同类型的业务单位，公司可有以下选择：

发展：目的是扩大战略业务单位的市场份额，甚至不惜放弃近期收入来达到这一目标。这一战略特别适用于问题业务，如果它们要成为明星业务，其市场份额必须有较大增长。为此，公司应尽财力扩大投资。财务部门应进一步分析，判断使其转移到明星业务所需的投资资金量，分析其未来是否盈利，研究是否值得投资等问题。

维持：此目标是要保持战略业务单位的市场份额。这一目标适用于强大的现金牛业务，由此可以继续为公司产生大量的现金流量。

收获：此目标在于增加战略业务单位的短期现金收入，而不考虑长期影响。这一战略适用于处境不佳的现金牛业务，这种业务前景黯淡而又需要从它身上获得大量现金收入。收获战略也适用于问题业务和瘦狗业务。

放弃：此目标在于出售或清理业务，以便把资源转移到更有利的领域。它适用于瘦狗业务和问题业务，这类业务经常拖公司盈利的后腿。对于处于"明星"位置的，应珍惜机会，加强力量；处于"瘦狗"位置的，假如没有非常站得住脚的理由来维持，就必须果断放弃。

【提示】评估专业人员通过波士顿矩阵对被评估企业进行分析，不仅可了解其竞争对手的未来发展方向，而且有助于预测其自身未来发展趋势。根据被评估企业的业务单位在矩阵图中的分布情况，对照其发展战略规划，可判断其未来的发展前景。

3. VRIO框架分析法

VRIO框架是针对企业内部资源与能力，分析企业竞争优势和弱点的工具。VRIO代表了四个问题：价值（value）问题、稀缺性（rarity）问题、可模仿性（imitability）问题和组织（organization）问题。

（1）价值问题：如果某种资源和能力有助于企业开发外部环境中蕴含的机会或化解环境中存在的威胁，那么该资源和能力是有价值的，且可以被视为企业的优势，反之该资源和能力即为企业的劣势。不能孤立地讨论企业资源和能力的价值问题，同样的资源和能力在某种情景下是企业的优势，但在另外一个情景下完全可能变为劣势。随着社会的变革、顾客需求的变化、技术的进步，原先有价值的资源和能力在现在或未来可能没有什么价值，应当动态地看待资源的价值。

（2）稀缺性问题：稀缺性是指只有极少数竞争对手拥有的资源或能力。当一种资源或能力即使是有价值的，但如果为众多的企业所拥有，也不可能为任何一家企业带来竞争优势。

（3）可模仿性问题：拥有有价值且稀缺的资源能否给企业带来持续的竞争优势，关键在于那些不具有此类资源的企业在尝试获得或开发此类资源时是否面临成本劣势，如果其他企业需要付出极大的成本才能取得这些资源，即在资源获取上处于劣势，这些资源就给现有企业创造了取得持续竞争优势的可能。

企业资源是否具有可模仿性，主要取决于特定的历史条件、因果不明、社会复杂性、专利权四个因素。

（4）组织问题：一个企业如果拥有价值、稀有且难以模仿的资源和能力，便具有取得竞争优势的潜力。但实现这一潜力企业必须进行有效的组织来利用这些资源和能力。组织是利用资源和能力以创造竞争优势的管理架构，包括组织结构、管理控制体系和报酬政策。

【提示】组织问题是针对整个企业而言的，价值、稀缺、模仿是针对某种特定的资源或能力。

(5) VRIO 框架分析

对价值性、稀缺性、难以模仿性以及组织问题可以归纳为一个独立的框架。具体如表 2-5 所示。

表 2-5 VRIO 框架及其竞争意义

该资源或能力：

是否有价值	是否稀缺	是否模仿成本高	是否被组织利用	优势或劣势	对竞争力的影响	经济绩效
否	—	—	否↓是	劣势	竞争劣势	低于正常
是	否	—		优势	竞争均势	正常
是	是	否		优势及独特竞争能力	暂时竞争优势	暂时高于正常
是	是	是		优势及持续独特竞争能力	持续竞争优势	高于正常

综上所述，只有将那些有价值的、稀缺的、难以模仿的资源和能力组织起来加以开发利用，企业才有可能获得持续竞争优势。

精选练习题

一、单项选择题

1. 信息收集是评估的基础，信息收集和筛选的原则不包括（　　）。

A. 相关性原则　　B. 有效性原则
C. 高效性原则　　D. 经济性原则

2. 行业发展阶段对企业价值会产生重要的影响，下列各项中，属于某行业初创阶段特点的是（　　）。

A. 市场需求比较稳定
B. 利润较高
C. 风险较小
D. 资本来源有限

3. 企业内部信息是企业价值评估中的重要信息，下列有关评估企业内部信息论述正确的是（　　）。

A. 在企业基本经营状况没有发生变化的情况下，评估对象或被评估企业以往的评估及交易资料不可以作为评估作价的参考依据或可比交易案例

B. 如果企业发生了较大业务或产权变动，过往交易的情况对于判断最终评估结论的合理性，也具有间接的验证作用

C. 被评估企业近期的企业价值评估报告也具有一定的参考价值，通过查阅以往的评估资料，可以直接获取相关的参数

D. 企业内部信息不能帮助评估专业人员发现可能存在的虚假资料，防范执业风险

4. 财政政策涉及政府的支出与收入控制，它的作用是利用经济学中的（　　）。

A. 科斯定理　　B. 有效需求原理
C. 乘数原理　　D. 纳什均衡理论

5. 企业分析中常用的一种战略分析框架，对被评估企业的优势、劣势、机会和威胁进行综合评估，称为（　　）。

A. 波士顿矩阵分析
B. SWOT 分析
C. "五力"模型分析
D. "SCP" 模型分析

6. 我国知名饮品企业 M 的某款产品的市场规模迅速增长，年销售额高达 5 亿元人民币，且该产品在同类产品的市场份额争夺战中处于优势地位，市场份额高达 31.2%。根据波士顿矩阵分析，企业 M 的该款产品属于（　　）。

A. 明星产品　　B. 现金牛产品
C. 问题产品　　D. 瘦狗产品

7. 企业价值评估通常需要搜集信息资料，对于企业信息的分类和分析，下列选项错误的是（　　）。

A. 有利于分析、判断信息收集是否系统、完整

B. 信息分类和分析的过程，不同于对收集

到的信息进行整理的过程

C. 访谈资料经过整理，可以作为评估档案予以保存

D. 对于国有资产评估、证券相关业务资产评估，评估专业人员应当按照有关部门的监管要求，组织、编辑、整理访谈资料

8. 企业价值评估中，通常会采用波特五力模型分析，下列选项中属于波特五力模型中"五力"的是（　　）。

A. 供应商的购买原材料的议价能力

B. 潜在竞争者进入的能力

C. 互补品的竞争能力

D. 行业外其他产业的竞争状况

9. 宏观环境分析是企业价值评估分析的重要内容，下列选项中不属于宏观环境分析的关键要素的是（　　）。

A. 政治法律环境因素

B. 经济环境因素

C. 社会和文化环境因素

D. 生活环境因素

10. 宏观目标是政府努力的方向，政府干预经济会起到较好的效果，下列选项中不属于政府干预经济宏观目标的是（　　）。

A. 经济持续增长

B. 全部就业

C. 稳定的物价水平

D. 国际收支平衡

11. 在企业价值评估中，常常会使用波特的五力模型，该模型中的"五力"不包括（　　）。

A. 购买者的议价能力

B. 潜在竞争者进入的能力

C. 行业内竞争者现有竞争能力

D. 企业的生产能力

12. 波士顿矩阵的分析方法是企业价值评估常用的方法，下列选项中属于波士顿矩阵中高增长、低市场份额的公司业务是（　　）。

A. 明星型业务　　B. 瘦狗业务

C. 现金牛业务　　D. 问题型业务

13. 企业的发展通常需要经历几个阶段，下列选项中属于处于企业初创阶段的特点的是（　　）。

A. 资本来源较广泛

B. 经营风险较大

C. 市场需求比较稳定

D. 新产品和大量替代品出现

14. 行业景气指数通常可以用来表示该行业的经济状况，下列选项中属于行业景气指数的范围是（　　）。

A. 0—100　　B. 100—200

C. 0—200　　D. 0—300

15. 甲为一家玩具公司，未来五个月原材料价格将不断上涨，作为甲公司原材料供应商的乙公司要求提高供应价格，甲公司不得不同意乙公司的涨价要求。乙公司的影响力属于波特五力模型中的（　　）。

A. 购买商的议价能力

B. 替代品的威胁

C. 供应商的议价能力

D. 产业内现有企业的竞争

16. 企业价值评估中使用分析企业发展状况VRIO框架时，如果该企业的资源有价值且稀缺，模仿成本高且可以被组织利用，则该资源对企业竞争力的影响为（　　）。

A. 竞争劣势　　B. 竞争均势

C. 暂时竞争优势　　D. 持续竞争优势

17. 评估专业人员针对企业的具体特点和资产状况，就需要进一步了解或核实的信息，与被评估企业相关人员进行面对面交谈的一种信息收集方式指的是（　　）。

A. 评估信息申报　　B. 现场访谈

C. 外部调研　　D. 追踪信息

18. 企业价值评估中，有关权益变更资料收集的论述中，错误的是（　　）。

A. 权益变更资料是指评估对象过往产权抵质押状况

B. 权益变更资料有助于评估专业人员最终确定评估结论时的合理性判断

C. 权益变更资料有助于评估专业人员了解被评估企业的历史沿革

D. 权益变更资料包括企业成立和经营的时间、企业性质等

二、多项选择题

1. 在企业价值评估中，被评估企业内部相关信息是需要搜集的资料之一，下列选项中，属于知识产权资产特有的权属证明资料的是（　　）。

A. 专利权证书

B. 商标注册证

C. 著作权相关权属证明

D. 采矿许可证

E. 船舶国籍证书

2. 企业价值评估中，通常需要分析的社会经济结构主要包括（　　）。

 A. 产业结构 B. 分配结构

 C. 交换结构 D. 消费结构

 E. 土地结构

3. 宏观管理是政府干预经济的常用手段，下列选项中，政府的宏观管理主要是通过（　　）实现的。

 A. 财政政策 B. 货币政策

 C. 产业政策 D. 自贸区政策

 E. 雄安新区政策

4. 价格指数是衡量一般价格水平变化的指标，价格指数通常可以分为（　　）。

 A. 消费价格指数

 B. 批发价格指数

 C. 生产者价格指数

 D. 国民生产总值平减指数

 E. 原材料价格指数

5. 非公开信息是企业价值评估重要的搜集资料，下列选项属于非公开信息来源的内容的是（　　）。

 A. 包括企业公开的可行性研究报告、商业计划书、专项内部研究报告

 B. 包括企业提供的第三方专项调查报告

 C. 包括评估专业人员针对评估项目所作的现场访谈、市场调查

 D. 包括其他类似评估项目如评估报告、评估说明、工作底稿等

 E. 包括上市公司的财务报告书、高级管理人员及独立董事

6. 对企业价值进行评估时，一般需要收集的信息资料包括（　　）。

 A. 被评估企业的业务、资产、财务、人员及经营状况资料

 B. 被评估企业经营计划、发展规划和收益预测资料

 C. 企业员工收入的构成

 D. 可比企业的经营情况、财务信息、股票价格或者股权交易价格等资料

 E. 被评估企业历史沿革、实际控制股东及股东持股比例、经营管理结构和产权架构资料

7. 供给管理政策一般包括收入政策、就业政策、经济增长政策等。下列选项中属于就业政策中人力资本投资政策的是（　　）。

 A. 提高劳动者的文化技术水平

 B. 提高劳动者的身体素质

 C. 协助劳动力合理流动

 D. 提升劳动力的数量

 E. 为劳动的供求双方提供迅速、准确而完全的信息

8. 企业价值评估过程中，固定资产中的机器设备重点收集并分析的资料包括（　　）。

 A. 房屋建筑物的成新度

 B. 利用率

 C. 账面价值

 D. 机器设备的成新度

 E. 技术先进性

9. 现实生活中，常有一些企业的经济行为发生，下列企业的经济行为中，适合进行企业价值评估的方式有（　　）。

 A. 联营或组建企业集团

 B. 整体转让

 C. 被其他企业兼并

 D. 企业用部分资产对外投资

 E. 企业将不需用的资产拍卖

10. VRIO 框架最早由美国管理学会院士杰恩·巴尼（Jay B. Barney, 1991）提出，是针对企业内部资源与能力，分析企业竞争优势和弱点的工具。以下属于 VRIO 框架必须仔细审视的四个问题是（　　）。

 A. 价值问题 B. 稀缺性问题

 C. 可模仿性问题 D. 组织问题

 E. 机会问题

11. 对于宏观环境的分析，重点在于对外部环境进行调查、分析，影响企业经营管理活动的宏观、区域环境因素，主要包括（　　）。

 A. 政治和法律因素

 B. 宏观与区域经济因素

 C. 社会和文化因素

 D. 技术因素

 E. 行业因素

12. 甲公司为了扩大市场占有率，决定并购乙公司，聘请某资产评估机构对乙公司的内外部环境进行了 SWOT 分析。下列各项中，属于乙公司内部优势的有（　　）。

A. 高效的内部控制体系
B. 低竞争力的无形资产
C. 与供应商良好的伙伴关系
D. 市场需求增长强劲
E. 供应商的谈判能力提高

13. 企业经营的目的是盈利,对于盈利企业一般具有某些共同的特征,下列属于成功的盈利模式共同的特征的有(　　)。
A. 具有独特的价值
B. 难以被模仿
C. 脚踏实地
D. 都能获得垄断利润
E. 都能占据垄断地位

精选练习题参考答案及解析

一、单项选择题

1.【答案】C
【解析】评估专业人员在进行信息的收集和筛选时,应把握可靠性、相关性、有效性、客观性、经济性五个原则,但不包括高效性原则。

2.【答案】D
【解析】处于初创阶段的行业主要有以下三个特点:一是资本来源有限,投入不足;二是收益较低;三是风险较大。

3.【答案】B
【解析】在企业基本经营状况没有发生较大变化的情况下,评估对象或被评估企业以往的评估及交易资料可以作为评估作价的参考依据或可比交易案例。如果企业发生了较大业务或产权变动,但这些变动可以明确界定时,过往交易的情况对于判断最终评估结论的合理性,也具有间接的验证作用。

4.【答案】C
【解析】财政政策涉及政府的支出与收入控制。它的作用就在于利用经济学中的"乘数原理",在萧条时刺激经济的复苏,在高涨时遏制过度的膨胀。

5.【答案】B
【解析】SWOT分析是企业分析中常用的一种战略分析框架,通过对被评估企业的优势、劣势、机会和威胁进行综合评估,清晰地确定被评估企业的资源优势和劣势以及所面临的机会和挑战,从而对企业未来增长情况做出合理的预测。

6.【答案】A
【解析】市场迅速增长,具有很大市场份额的产品属于明星产品,因此选项A正确。

7.【答案】B
【解析】信息分类和分析的过程,就是对收集到的信息进行整理的过程。

8.【答案】B
【解析】"五力"分别是供应商的议价能力,购买者的议价能力,潜在竞争者进入的能力,替代品的竞争能力和行业内竞争者现有竞争能力。

9.【答案】D
【解析】宏观环境分析中的关键要素包括:政治和法律环境因素;经济环境因素;社会和文化环境因素;技术因素。

10.【答案】B
【解析】一般而言,政府干预经济的宏观目标是经济持续增长、充分就业、物价稳定和国际收支平衡。

11.【答案】D
【解析】波特五力模型中的五力分别是指供应商的议价能力、购买者的议价能力、潜在竞争者进入的能力、替代品的竞争能力和行业内竞争者现有竞争能力。

12.【答案】D
【解析】问题业务是指高增长、低市场份额的公司业务。大多数业务都是从问题业务开始,这类业务通常处于最差的现金流状态。

13.【答案】B
【解析】处于初创阶段的行业主要有以下三个特点:一是资本来源有限,投入不足。二是收益较低。三是风险较大。

14.【答案】C
【解析】景气指数一般以100为临界值,范围在0—200之间。

15.【答案】C
【解析】上游供应商是指被评估企业上游产品的提供者。供应商主要通过提高上游产品价格对被评估企业及其所在行业的盈利能力与产品竞争力施加影响。

16.【答案】D
【解析】VRIO框架及其竞争意义如下表所示。

VRIO 框架及其竞争意义

该资源或能力：

是否有价值	是否稀缺	是否模仿成本高	是否被组织利用	优势或劣势	对竞争力的影响	经济绩效
否	—	—	否 ↕ 是	劣势	竞争劣势	低于正常
是	否	—		优势	竞争均势	正常
是	是	否		优势及独特竞争能力	暂时竞争优势	暂时高于正常
是	是	是		优势及持续独特竞争能力	持续竞争优势	高于正常

17.【答案】B

【解析】现场访谈是评估专业人员针对企业的具体特点和资产状况，就需要进一步了解或核实的信息，与被评估企业相关人员进行面对面交谈的一种信息收集方式。

18.【答案】A

【解析】通过权益变更资料的收集，可以了解到评估对象过往评估或交易的情况。

二、多项选择题

1.【答案】ABC

【解析】不动产相关权属证明资料，如不动产权证、国有土地使用证、房屋所有权证、建筑工程施工许可证等；企业知识产权资产特有的权属证明，如专利权证书、商标注册证、著作权（版权）相关权属证明；权益形成的权属证明，有股权出资证明或股份持有证明、债权持有证明、有关产权转让合同等。

2.【答案】ABCD

【解析】社会经济结构主要包括五个方面的内容：产业结构、分配结构、交换结构、消费结构和技术结构。其中，最重要的是产业结构。

3.【答案】AB

【解析】政府的宏观管理主要通过财政政策、货币政策等实现，其他政策属于微观政策。

4.【答案】ABCD

【解析】价格指数又分为消费价格指数、批发价格指数、生产者价格指数和国民生产总值平减指数。

5.【答案】BCD

【解析】非公开信息来源，主要是企业非公开的财务报告、可行性研究报告、商业计划书、年度计划、战略规划、业务推广计划、工作总结、专项内部研究报告（如市场调研报告、竞争状况分析报告、竞争对手分析报告、媒体及舆情监测报告等）；其他类似评估项目（评估报告、评估说明、工作底稿等）、价值咨询报告；企业提供的第三方专项调查报告（财务尽职调查、法律尽职调查、市场调查报告等）。还有一类重要的非公开信息，即评估专业人员针对评估项目所作的现场访谈、市场调查等。上市公司的财务信息、高管人员的情况属于公开信息来源内容。

6.【答案】ABDE

【解析】企业价值评估一般需要收集的资料包括9个方面：（1）评估对象权益状况相关的协议、章程、股权证明等有关法律文件、评估对象涉及的主要资产权属证明资料；（2）被评估企业历史沿革、实际控制股东及股东持股比例、经营管理结构和产权架构资料；（3）被评估企业的业务、资产、财务、人员及经营状况资料；（4）被评估企业经营计划、发展规划和收益预测资料；（5）评估对象、被评估企业以往的评估及交易资料；（6）影响被评估企业经营的宏观、区域经济因素的资料；（7）被评估企业所在行业现状与发展前景的资料；（8）证券市场、产权交易市场等市场的有关资料；（9）可比企业的经营情况、财务信息、股票价格或者股权交易价格等资料。

7.【答案】AB

【解析】就业政策又称人力政策，是旨在改善劳动市场结构以减少失业的政策，主要有以下几种形式：一是人力资本投资。由政府或有关机构向劳动者投资，以提高劳动者的文化技术水平与身体素质，适应劳动力市场的需要。二是完善劳动市场。政府通过不断完善和增加各类就业介绍机构，为劳动的供求双方提供迅速、准确而完全的信息，使劳动者找到满意的工作，企业也能得到其所需的员工。三是协助劳动力进行流动。劳动者在地区、行业和部门之间的流动，有利于劳动的合理配置与劳动者人尽其才，也能减少由于劳动力的地区结构和劳动力的流动困难等原因而造成的失业。对劳动力流动的协助包括提供充分的信息、必要的物质帮助与鼓励。

8. 【答案】 BCDE

【解析】 固定资产重点收集并分析的资料包括：房屋建筑物的成新度、利用率、账面价值等；机器设备的成新度、技术先进性、利用率、账面价值以及工艺水平等。题中列示的是机器设备，所以 A 选项不能选。

9. 【答案】 ABC

【解析】 一般而言，涉及到企业产权变更和转让的行为都需要进行企业价值评估，D 和 E 属于企业内部的经营行为，不涉及产权变更，所以只有 ABC 需要确定企业价值。

10. 【答案】 ABCD

【解析】 VRIO 代表了它们必须仔细审视的四个问题：价值（value）问题、稀缺性（rarity）问题、可模仿性（imitability）问题和组织（organization）问题

11. 【答案】 ABCD

【解析】 对于宏观环境的分析，重点在于对外部环境进行调查、分析，预测其发展趋势，掌握其变化规律。影响企业经营管理活动的宏观、区域环境因素，主要包括政治和法律因素、宏观与区域经济因素、社会和文化因素、技术因素。

12. 【答案】 AC

【解析】 低竞争力的无形资产属于内部劣势；市场需求增长强劲属于外部机会；供应商的谈判能力提高属于外部威胁。

13. 【答案】 ABC

【解析】 成功的盈利模式至少具有三个共同的特征：第一，独特的价值；第二，难以模仿；第三，脚踏实地。

第三章 收益法在企业价值评估中的应用

考试大纲

一、考试目的

考查考生对收益法评估理论与方法的掌握情况,以及采用收益法分析和解决企业价值评估实际问题的能力。

二、考试内容及要求

(一)掌握的内容(★★★)

1. 股权自由现金流量的计算、股权自由现金流量折现模型的具体形式、应用条件、折现率的选择、永续价值的计算。

2. 企业自由现金流量的计算、企业自由现金流量折现模型的具体形式、应用条件、折现率的选择、资本结构的计算、永续价值的计算、付息债务价值的评估。

3. 收益形式、收益范围与调整、企业收益期的确定与划分、企业未来收益的具体预测。

4. 采用资本资产定价模型测算股权资本成本的方法。

5. 债务资本成本、优先股资本成本和加权平均资本成本的测算方法。

(二)熟悉的内容(★★)

1. 股利折现模型的具体形式、应用条件,非经营性资产、负债和溢余资产的处理方式。

2. 经济利润的计算,经济利润折现模型的具体形式、应用条件、折现率的选择。

3. 收益法应用的操作步骤。

4. 收益预测步骤。

5. 企业未来收益的主要预测方法。

6. 采用风险累加法测算股权资本成本的方法。

7. 股权自由现金流量折现模型与股利折现模型的对比。

8. 企业自由现金流量折现模型与股权自由现金流量折现模型的对比。

9. 收益法的适用前提和局限性。

(三)了解的内容(★)

1. 企业股利分配的相关规定和主要模式。

2. 采用套利定价模型、三因素模型测算股权资本成本的方法。

3. 经济利润折现模型与自由现金流量折现模型的对比。

考情分析

本章在考试中处于重要的地位,是企业价值评估考试分值分布的重点区域。涉及的考点为收益预测的主要内容、经济利润的计算、加权平均资本成本的计算、股权自由现金流计算、企业自由现金的计算、折现率的确定。本章属于企业价值评估必须掌握的具体评估方法运用,应该充分掌握收益法评估理论、具体参数的求取以及收益法适用前提和局限性。复习重点:股权自由现金流的计算、企业自由现金流的计算和经济利润的计算,以及与现金流对应的折现率模型的具体形式、应用条件、折现率的选择、资本成本的计算、永续价值的计算。企业收益期的确定,企业收益法评估的假设条件、具体模型、参数公式、注意事项以及股权资本成本、加权资本成本的计算。

考点精讲及典型例题解析

收益法的技术思路是通过对未来收益加以折现来评估企业价值。主要的模型有股利折现模型、股权自由现金流量折现模型、企业自由现金流量折现模型以及经济利润折现模型。

【知识点1】股利及股利分配(★★)

1. 股利的概念

股利是企业向投资者分配的利润,股利的获得要通过企业的利润分配过程来实现。

2. 股利分配

(1)根据《中华人民共和国合伙企业法》的规定,不同组织形式的企业,其股利分配和利润分配的要求也存在差异。合伙企业的利润分配、亏损分担，按照合伙协议的约定办理；合伙协议未约定或者约定不明确的，由合伙人协商决定；协商不成的，由合伙人按照实缴出资比例分配、分担；无法确定出资比例的，由合伙人平均分配、分担。

【提示】合伙协议不得约定将全部利润分配给部分合伙人或者由部分合伙人承担全部亏损。

（2）根据《中华人民共和国公司法》的规定，公司制企业利润分配的顺序为：首先计算可供分配的利润；其次按税后利润的10%计提法定公积金；再次计提任意公积金；最后向股东支付股利。法定公积金累计额达到公司注册资本的50%时，可不再继续提取。公司的法定公积金不足以弥补以前年度亏损的，在按规定提取法定公积金之前，应当先用当年利润弥补亏损。

【提示】法定公积金从净利润中提取形成，用于弥补公司亏损、扩大公司生产经营或者转为增加公司资本。

【例3-1】根据《中华人民共和国公司法》的规定，公司利润分配的说法，下列选项正确的是（　　）。

A. 法定公积金从净利润中提取形成，用于弥补公司亏损、扩大公司生产经营或者转为增加公司资本

B. 公司从税后利润中提取法定公积金后，经股东会或者股东大会决议，还可以从税后利润中提取任意公积金

C. 公司弥补亏损和提取公积金后所余税后利润，有限责任公司股东按照实缴的出资比例分取红利，但全体股东约定不按照出资比例分取红利的除外

D. 股份有限公司向投资者分配利润，按照股东持有的股份比例分配，但股份有限公司章程规定不按持股比例分配的除外

E. 公司制企业利润分配的顺序为：首先计算可供分配的利润；其次计提任意公积金；再次计提法定公积金；最后向股东（投资者）支付股利（分配利润）

【答案】ABCD

【解析】公司制企业利润分配的顺序为：首先，计算可供分配的利润；其次，计提法定公积金；再次，计提任意公积金；最后，向股东（投资者）支付股利（分配利润）。股东会、股东大会或者董事会违反上述利润分配顺序，在公司弥补亏损和提取法定公积金之前向股东分配利润的，股东必须将违反规定分配的利润退还公司。

公司从税后利润中提取法定公积金后，经股东会或者股东大会决议，还可以从税后利润中提取任意公积金。

公司弥补亏损和提取公积金后所余税后利润，有限责任公司股东按照实缴的出资比例分取红利，但全体股东约定不按照出资比例分取红利的除外；股份有限公司按照股东持有的股份比例分配，但股份有限公司章程规定不按持股比例分配的除外。

【提示】股东会、股东大会或者董事会在公司弥补亏损和提取法定公积金之前向股东分配利润的，股东必须将违反规定分配的利润退还公司。

（3）在公司制企业中，股利分配政策通常有以下主要模式：

1）剩余股利政策。根据一定的目标资本结构（最佳资本结构），测算出投资所需的股权资本，先从盈余当中留用，然后将剩余的盈余作为股利予以分配。剩余股利政策是公司只将剩余的盈余用于发放股利。

2）固定或持续增长股利政策。将每年发放的股利固定在某一相对稳定的水平上并在较长时间内不变，只有当公司认为未来盈余会显著地、不可逆转地增长时，才提高年度的股利发放额。固定或持续增长股利政策的主要目的是避免出现由于经营不善而削减股利的情况，有利于投资者安排股利收入与支出。但当公司盈余较低时仍要支付固定的股利，这可能导致资金短缺，财务状况恶化；同时不能像剩余股利政策那样保持较低的资本成本。

3）固定股利支付率政策。该政策是公司确定一个股利占盈余的比率，长期按此比率支付股利的政策。这种政策体现多盈多分、少盈少分、无盈不分的原则，但这种政策下各年的股利变动较大，容易造成公司不稳定的感觉，对于稳定股票价格不利。

4）低正常股利加额外股利政策。每年只支付固定的、数额较低的股利，在盈余多的年份，再根据实际情况向股东发放额外股利。这种股利政策使公司具有较大的灵活性，又可使那些

依靠股利度日的股东每年至少可以得到虽然较低但比较稳定的股利收入,从而吸引住这部分股东。

【提示】利润分配决策是股东当前利益与企业未来发展之间权衡的结果,将引起企业的资金存量与股东权益规模及结构的变化,也将对企业内部的筹资活动和投资活动产生影响。

【例3-2】股利是企业向投资者分配的利润,下列关于股利的说法正确的是(   )。

A. 股利的发放是向企业所有投资者发放报酬

B. 股利是股权投资者的报酬,与债务投资人无关

C. 优先股股利一般定额发放,优先股股东比普通股股东有优先偿还权

D. 利润分配的顺序为:计算可供分配的利润,计提法定公积金,计提任意公积金,向股东支付股利

E. 企业出现亏损时,应当首先考虑用以后年度的税前利润进行弥补

【答案】BCDE

【解析】股利是对股权投资者发放的,与债务投资人无关,故A错误,B正确;优先股股利一般定额发放,优先股股东比普通股股东有优先偿还权,但优先股股东一般无表决权,C正确;利润分配的顺序先计提法定公积金,计提任意公积金,向股东支付股利,企业可自行决定是否分配股利,没有强制要求,D正确。企业出现亏损时,应当首先考虑用以后年度的税前利润进行弥补,其次是以后年度的税后利润或法定盈余公积,最后是实收资本弥补亏损,但用法定盈余公积或实收资本弥补亏损时必须由董事会提议,并经股东大会批准。

【知识点2】股利折现模型(★★)

1. 基本模型

威廉姆斯1938年首先提出了股利折现模型,认为股票的投资价值是未来全部股利的现值。

$$V = \sum_{t=1}^{\infty} \frac{DPS_t}{(1+R_e)^t}$$

其中,V为股票价值;DPS_t为第t年每股预期股利;R_e为股权资本成本。

【提示】模型基本变量有期望股利和股权资本成本,期望股利取决于对企业未来收益、股利支付率和收益增长率的假设;股权资本成本,即股权投资者的期望回报率,由股票的风险决定。

【例3-3】在企业价值评估时,下列关于股利折现模型说法不正确的是(   )。

A. 股利折现模型基本变量有期望股利和股权资本成本

B. 期望股利取决于对企业未来收益、股利支付率和收益增长率的假设

C. 股利折现模型是由威廉姆斯提出,认为股票的投资价值是现在的股利价值所决定的

D. 股权资本成本是由股票的风险决定

【答案】C

【解析】威廉姆斯1938年首先提出了股利折现模型,认为股票的投资价值是未来全部股利的现值。

2. 零增长模型

零增长模型也称为固定股利模型,该模型假设企业的收益期限为无限期且企业收益期中各年的股利固定不变。其公式为:

$$V = \frac{DPS}{R_e}$$

【提示】由于普通股的股利一般情况下不会是永续不变的,该模型常用于对优先股或处于成熟阶段的企业价值评估。

3. 固定股利增长模型

戈登和夏皮罗在威廉姆斯股利折现模型的基础上,提出了固定增长模型,也称为戈登模型,其公式如下:

$$V = \frac{DPS_1}{R_e - g}$$

DPS_1为下期期望股利;R_e为股权资本成本;g为持续稳定的股利增长率,且$g < R_e$。

在使用固定股利增长模型时,应注意两个问题:一是股利增长率要和企业的利润指标增长率相一致。要保证股利在一个足够长的时期内固定增长,企业其他主要绩效指标如盈利指标也应按相同的比率增长。二是要注意任何企业都很难维持一个高于经济平均增长水平的增长率的规律,长期看企业的增长率也不可能超过所在行业的平均增长速度。

【提示】固定股利增长模型适用于收益期限为无限期且稳定成长的企业价值评估,它要求股利增长率保持永久不变。如果股利零增长,即$g = 0$,固定增长模型就变成了零增长模型。

【例3-4】A公司财务杠杆比率稳定,20×4

年的每股收益为2元,股利支付率为50%,预期股利和每股收益以每年3%的速度永续增长,公司的β值为0.8,无风险利率为3%,市场收益率为10%。则采用股利增长模型计算的公司股价为( )元。

A. 18.39　　　　　B. 12.5
C. 13　　　　　　D. 13.52

【答案】A

【解析】每股股利DPS_0=每股收益×股利支付率=2×50%=1(元)

股利增长率g=3%

股权资本成本$R_e = R_f + \beta \times (R_m - R_f)$=3% + 0.8×(10% - 3%)=8.6%

股票价值$V = \dfrac{DPS_1}{R_e - g} = \dfrac{1 \times (1 + 3\%)}{8.6\% - 3\%}$=18.39(元)

4. 两阶段增长模型

麦克林(Malkiel)1963年提出的两阶段增长模型将增长率分成两个阶段:非常增长阶段(预测期)和稳定增长阶段(永续期)。两阶段增长模型适用于在相当一个时期将保持高速增长,然后进入稳定增长阶段且稳定增长阶段的收益期限为无限期的企业。

两阶段增长模型的公式如下:

$$V = \sum_{t=1}^{n} \dfrac{DPS_t}{(1+R_{e,ex})^t} + \dfrac{DPS_{n+1}}{(R_{e,st} - g_n)(1+R_{e,ex})^n}$$

其中,DPS_t为第t期每股期望股利;$R_{e,ex}$为非常增长阶段的股权资本成本;$R_{e,st}$为稳定增长阶段的股权资本成本;g_n为n年以后稳定的股利增长率。

如果在前n年股利增长率和股利支付比例不变,假设前n年增长率为g,两阶段增长模型如下:

$$V = \dfrac{DPS_0(1+g)\left[1 - \dfrac{(1+g)^n}{(1+R_{e,ex})^n}\right]}{R_{e,ex} - g} + \dfrac{DPS_{n+1}}{(R_{e,st} - g_n)(1+R_{e,ex})^n}$$

【提示】两阶段增长模型适用于在相当一个时期将保持高速增长,然后进入稳定增长阶段且稳定增长阶段的收益期限为无限期的企业。

【例3-5】一个投资人持有某公司的股票,投资必要报酬率为15%。预计某公司未来3年的股利将高速增长,增长率为20%。在此以后转为正常增长,增长率为12%。公司最近支付的股利是2元。则该公司股票价值为( )元。

A. 91.37　　　　　B. 91.73
C. 82.28　　　　　D. 92.37

【答案】A

【解析】$\dfrac{2 \times 1.2}{1 + 15\%} + \dfrac{2 \times 1.2^2}{(1 + 15\%)^2} + \dfrac{2 \times 1.2^3}{(1 + 15\%)^3} + \dfrac{2 \times 1.2^3 \times (1 + 12\%)}{(15\% - 12\%) \times (1 + 15\%)^3}$=91.37(元)

5. 三阶段增长模型

在两阶段增长模型的基础上,增加一个过渡期,可形成三阶段增长模型。在稳定增长阶段的收益期为无限时,三阶段增长模型的具体公式如下:

$$V = \sum_{t=1}^{n_1} \dfrac{DPS_t}{(1+R_{e,ex})^t} + \sum_{t=n_1+1}^{n} \dfrac{DPS_{t-1} \times (1+g)}{(1+R_{e,ex})^t} + \dfrac{DPS_n(1+g_n)}{(R_{e,st} - g_n)(1+R_{e,ex})^n}$$

【例3-6】一个投资人持有某公司的股票,投资必要报酬率为15%。预计某公司未来3年的股利将高速增长,增长率为20%。4到6年股利增长率为16%。在此以后转为正常增长,增长率为12%。公司最近支付的股利是2元。则该公司股票价值为( )元。

A. 91.21　　　　　B. 100.54
C. 78.77　　　　　D. 121.23

【答案】B

【解析】股票价值=$\dfrac{2 \times 1.2}{(1 + 15\%)}$ + $\dfrac{2 \times 1.2^2}{(1 + 15\%)^2}$ + $\dfrac{2 \times 1.2^3}{(1 + 15\%)^3}$ + $\dfrac{2 \times 1.2^3 \times (1 + 16\%)}{(1 + 15\%)^4}$ + $\dfrac{2 \times 1.2^3 \times (1 + 16\%)^2}{(1 + 15\%)^5}$ + $\dfrac{2 \times 1.2^3 \times (1 + 16\%)^3}{(1 + 15\%)^6}$ + $\dfrac{2 \times 1.2^3 \times (1 + 16\%)^3 \times 1.12}{(0.15 - 0.12) \times (1 + 15\%)^6}$=100.54(元)

6. 股利折现模型使用注意事项

(1)股利折现模型的应用条件。

股利折现模型理论的实质是股利决定股票

价值。该理论认为到手的股利比用于再投资的留存收益更有价值，股东投资股票的根本目的在于获取股利，在永久持有股票的条件下，股利是股东投资股票获得的唯一现金流量。

股利折现模型的应用，要求企业的股利分配政策较为稳定，且能够对股东在预测期及永续期能够分得的股利金额做出合理预测。

【提示】该理论认为股利是决定股票价值的主要因素，而盈利等其他因素对股票价值的影响只能通过股利间接地表现出来。

【提示】在企业价值评估实务中，股利折现模型通常适用于缺乏控制权的股东部分权益价值的评估。

(2) 股利折现模型中非经营性资产、负债和溢余资产的处理。

在运用股利折现模型计算股权价值时，若被评估企业存在较大的非经营性资产、负债和溢余资产时，应恰当考虑这些项目的影响。若被评估企业已制定对这些项目的处置及分配计划的，应当考虑其处置及分配因素带来的影响。若并无处置及分配计划的，且无法通过合理的方法将这些项目对股利的影响考虑在内，则应当重新评价和判断运用股利折现模型的适用性。

【提示】在运用股利折现模型对缺乏控制权的股权价值进行评估时，不能将非经营性资产、负债和溢余资产从被评估企业中分离出来单独进行评估后，计入特定股东的股权价值，因为缺乏控制权的股东往往无法影响或决定被评估企业非经营性资产、负债和溢余资产的处置和分配。

(3) 股利增长率与股利支付率的关系。

运用两阶段增长模型，要注意股利增长率与股利支付率的区别。一般而言，在非常增长阶段，股利支付率较低；在稳定增长阶段，股利支付率较高。

【提示】在投入资本回报率大于资本成本且股利分配政策不变的前提下，股利支付率较低，表示更多的收益留存用于扩大再生产，则股利的增长率较大；股利支付率较高，表示较少的收益留存用于扩大再生产，则股利的增长率较低。

【例3-7】股利折现模型是常用的企业价值评估模型，下列关于股利折现模型的说法中，不正确的是（　　）。

A. 股利折现模型理论的实质是股利决定股票价值

B. 股利折现模型通常适用于缺乏控制权的股东部分权益价值的评估

C. 只要企业的股利分配政策稳定，就可以采用股利折现模型

D. 股利折现模型有期望股利和股权资本成本两个基本变量

E. 对缺乏控制权的股东部分权益价值的评估时，可以将非经营性资产、负债和溢余资产从被评估企业中分离出来单独进行评估后，再乘以特定股东的持股比例加上股利折现值

【答案】CE

【解析】股利折现模型的应用，要求标的企业的股利分配政策较为稳定，且能够对股东在预测期及永续期可以分得的股利金额做出合理预测，选项C不正确。在运用股利折现模型对缺乏控制权的股权价值进行评估时，不能将非经营性资产、负债和溢余资产从被评估企业中分离出来单独进行评估后，计入特定股东的股权价值，因为缺乏控制权的股东往往无法影响或决定被评估企业非经营性资产、负债和溢余资产的处置和分配，E选项不正确。

【例3-8】股利折现模型通常可以用于企业股权价值评估，运用股利折现模型对缺乏控制权的企业股权价值进行评估时，下列说法不正确的是（　　）。

A. 若被评估企业存在较大的非经营性资产、负债和溢余资产时，应恰当考虑这些资产的影响

B. 若被评估企业并无对非经营性资产、负债和溢余资产的处置及分配计划，则应当重新评价模型的适用性

C. 缺乏控制权的股东往往无法影响或决定被评估企业非经营性资产、负债和溢余资产的处置和分配

D. 若被评估企业暂无对非经营性资产的处置计划，对股利预测时应当考虑非经营性资产、带来的影响

【答案】D

【解析】若被评估企业已制订对非经营性资产、负债和溢余资产的处置及分配计划，在对股东未来预计能够分得的股利进行预测时，应当考虑非经营性资产、负债和溢余资产的处置

及分配因素带来的影响。

【知识点3】股权自由现金流量（★★★）

1. 股权自由现金流量的概念

股权自由现金流量可理解为股东可自由支配的现金流量，即拥有企业在满足了全部财务要求和投资要求后的剩余现金流量。它是在扣除经营费用、偿还债务资本对应的本息支付和为保持预定现金流量增长所需的全部资本性支出后的现金流量。

2. 股权自由现金流量的计算

股权自由现金流量 =（税后净营业利润+折旧及摊销）-（资本性支出+经营营运资金增加）-税后利息费用-付息债务的净偿还

= [净利润+利息费用×（1-所得税税率）+折旧及摊销] -（资本性支出+营运资金增加）-利息费用×（1-所得税税率）-（偿还付息债务本金-新借付息债务）

=（净利润+折旧及摊销）-（资本性支出+营运资金增加）-（偿还付息债务本金-新借付息债务）

=净利润+折旧及摊销-资本性支出-营运资金增加-偿还付息债务本金+新借付息债务

或

股权自由现金流量 = 企业自由现金流量-债权现金流量

= 企业自由现金流量-税后利息费用-偿还债务本金+新借付息债务

【提示】①税后净营业利润=净利润+利息费用×（1-所得税税率）；②税后利息费用=利息费用×（1-所得税税率）；③付息债务的净偿还=偿还付息债务本金-新借付息债务。

【提示】 企业自由现金流量=股权自由现金流量+债权现金流量

债权现金流量=税后利息费用+偿还债务本金-新借付息债务

（1）折旧和摊销属于税前列支的费用，折旧和摊销属于非现金费用，在计提时并不会产生现金流出，只是会计核算上的一种成本费用分摊过程。在计算股权自由现金流量过程中，需要在净利润基础上，加计折旧和摊销金额。

（2）资本性支出是企业用于购建固定资产和无形资产等长期资产的支出金额。企业的持续经营往往伴随着资本性支出的发生，资本性支出通常由两部分组成：一是为维持企业的生产或服务能力，对消耗或损耗的固定资产和无形资产等长期资产进行弥补，以实现这些长期资产的更新和改造；二是当企业需要增加生产或服务能力时，需要追加投入形成企业新增生产或服务能力的长期资产。

（3）营运资金增加额。营运资金其实是经营营运资金的简称，在财务管理领域，通常将营运资金表述为企业流动资产减流动负债后的余额。在采用收益法对企业价值进行评估的过程中，通常需要将企业的价值区分为经营性资产价值和非经营性资产价值，并分别进行评估，非经营性资产价值是指非经营性资产、非经营性负债和溢余资产价值的合计净额。对非经营性资产，需单独进行评估后，与经营性资产价值相加，得到企业价值评估结果。

企业营运资金的需要量在很大程度上取决于被评估企业所在的行业类型以及被评估企业的资产和经营规模的增长情况、生产效率及信用政策等因素。

【提示】①折旧和摊销是权责发生制原则的体现。②收益法在企业价值评估中的运用，其实仅针对经营性资产。

经营性流动资产包括经营性现金和其他经营性流动资产。经营性现金是指经营周转所必需的现金，不包括超过经营需要的金融资产（有价证券等）。其他经营性流动资产包括存货和应收账款等经营活动中占用的非金融流动资产。

经营性流动负债是指应付职工薪酬、应交税费、应付账款等依据法规和惯例形成的负债。

【例3-9】 采用股权自由现金流量测算企业价值时，有关折旧摊销和资本性支出说法不正确的是（　　）。

A. 折旧和摊销属于非现金费用

B. 计算股权自由现金流量过程中，需要在净利润基础上，加计折旧和摊销金额

C. 企业的持续经营往往伴随着资本性支出的发生

D. 当企业需要增加生产或服务能力时，需要对消耗或损耗的固定资产和无形资产等长期资产进行弥补

【答案】 D

【解析】 企业的持续经营往往伴随着资本性

支出的发生，资本性支出通常由两部分组成：一是为维持企业的生产或服务能力，对消耗或损耗的固定资产和无形资产等长期资产进行弥补，以实现这些长期资产的更新和改造；二是当企业需要增加生产或服务能力时，需要追加投入形成企业新增生产或服务能力的长期资产。

（4）债务资本。债务资本是企业向债务资本投资者筹集的资金，通常包括短期借款、长期借款、应付债券等需要支付债务利息的项目，债务资本也称为付息债务或付息负债。

【提示】经营营运资本=经营性流动资产-经营性流动负债。经营性流动资产不包括超过经营需要的金融资产（有价证券等）。

3. 股权自由现金流量与净利润的对比

（1）股权自由现金流量可在净利润基础上，加上折旧与摊销金额，再减去资本性支出、营运资金增加额和付息债务的净偿还金额得到。而折旧与摊销、资本性支出、营运资金增加额和付息债务的净偿还金额等项目均系影响现金流量但不影响净利润的项目。

【提示】股权自由现金流量是收付实现制的一种体现，而净利润的核算则遵循了权责发生制原则。

（2）净利润受会计政策影响较大。选择不同的会计政策，会产生不同的净利润。相比于净利润，股权自由现金流量以收付实现制原则进行核算，不会受到涉及成本费用归集的会计政策的影响。

（3）净利润比较容易受到人为操纵。

所以在衡量股权资本收益时，股权自由现金流量往往优于净利润。

【例3-10】股权自由现金流量与净利润是常见的企业现金流形式，下列选项中有关股权自由现金流量与净利润说法不正确的是（　　）。

A. 股权自由现金流量可在净利润的基础上加上折旧与摊销金额，再减去资本性支出、营运资金增加额和付息债务的净偿还金额而得到

B. 折旧与摊销、资本性支出、营运资金增加额和付息债务的净偿还金额等项目均系影响现金流量但不影响净利润的项目

C. 股权自由现金流量是权责发生制的一种体现，而净利润的核算则遵循了收付实现制原则

D. 在衡量股权资本收益能力方面，股权自由现金流量往往优于净利润

【答案】C

【解析】股权自由现金流量可在净利润的基础上，加上折旧与摊销金额，再减去资本性支出、营运资金增加额和付息债务的净偿还金额而得到，而折旧与摊销、资本性支出、营运资金增加额和付息债务的净偿还金额等项目均系影响现金流量但不影响净利润的项目。因此，股权自由现金流量是收付实现制的一种体现，而净利润的核算则遵循了权责发生制原则。即C选项不正确。

【知识点4】股权自由现金流量折现模型的具体形式（★★）

1. 基本公式

股权自由现金流量折现模型是以股权自由现金流量为收益口径进行折现求取股东全部权益价值的模型。

股权自由现金流量折现模型的基本公式如下：

$$V = \sum_{t=1}^{n} \frac{FCFE_t}{(1+R_e)^t}$$

式中，V为股东全部权益价值；R_e为股权资本成本；$FCFE_t$第t年的股权自由现金流量。此式中隐含着这样一个假设：企业未来收益期的股权自由现金流量是在每期的期末进行折现的。

【提示】如果企业未来预期股权自由现金流量并非在每期的期末产生，则应当对上述具体模型中的折现年数进行调整。如果在年中发生，可以将分母中的折现年数减去半年，即分母中的t变成$t-0.5$。

即：$V = \sum_{t=1}^{n} \frac{FCFE_t}{(1+R_e)^{t-0.5}}$

2. 资本化公式

如果企业的股权自由现金流量以一个不变的增长率持续增长且收益期限为无限期，那么就可以用稳定增长的股权自由现金流量评估股东全部权益价值，即资本化公式如下：

$$V = \frac{FCFE_1}{C}$$

式中，$FCFE_1$为评估基准日之后第一期的股权自由现金流量；C为资本化率。$C = R_e - g$，g为固定增长率。

股权自由现金流量处于稳定状态的企业应符合拥有稳定状态的特征，固定增长率应该与

宏观经济增长率相协调，企业的资本性支出与折旧和摊销之间基本抵消，并且企业平稳运行，风险适中。

【提示】如果企业未来预期股权自由现金流量并非在每期的期末产生，则应当对上述具体模型中的折现年数进行调整。

3. 两阶段模型

（1）如果被评估企业的未来收益预计会在一定时间内快速波动然后进入稳定发展阶段且稳定发展阶段的收益期是无限的，则适用于两阶段模型。两阶段模型的计算公式如下：

$$V = \sum_{t=1}^{n} \frac{FCFE_t}{(1+R_e)^t} + \frac{FCFE_{n+1}}{(R_e - g) \times (1+R_e)^n}$$

式中，$FCFE_t$ 为预计第 t 年的股权自由现金流量；$FCFE_{n+1}$ 为第 $(n+1)$ 年的股权自由现金流量。

也可以表示为：

$$V = \sum_{t=1}^{n} \frac{FCFE_t}{(1+R_e)^t} + \frac{FCFE_n \times (1+g)}{(R_e - g) \times (1+R_e)^n}$$

（2）若第一阶段（前 n 年）的固定增长率为 g，第二阶段（稳定增长期）的固定增长率 g_n，则两阶段增长模型如下：

$$V = \frac{FCFE_0 \times (1+g)}{R_e - g} \times \left[1 - \left(\frac{1+g}{1+R_e}\right)^n\right] + \frac{FCFE_0 \times (1+g)^n \times (1+g_n)}{(R_e - g_n) \times (1+R_e)^n}$$

【例 3 - 11】某公司预计未来 3 年的股权自由现金流量为 100 万元、150 万元、200 万元，第四年起，股权自由现金流量将在第三年的基础上以 3% 的增长率持续增长，假定投资报酬率为 10%，则某公司的股权价值为（　　）万元。

A. 2 576.15　　B. 2 375.15
C. 2 775.15　　D. 2 875.15

【答案】A

【解析】$\frac{100}{(1+10\%)} + \frac{150}{(1+10\%)^2} + \frac{200}{(1+10\%)^3} + \frac{200 \times 1.03}{(10\% - 3\%) \times (1+10\%)^3} = 2\,576.15$（万元）

4. 三阶段模型

三阶段包括初始高增长阶段、增长率下降的转换阶段和稳定增长阶段，股东全部权益价值是三个阶段的股权自由现金流量的现值之和。在稳定增长阶段的收益期为无限时，三阶段模型的计算公式如下：

$$V = \sum_{t=1}^{n_1} \frac{FCFE_t}{(1+R_e)^t} + \sum_{t=n_1+1}^{n} \frac{FCFE_{t-1} \times (1+g)}{(1+R_e)^t} + \frac{FCFE_n \times (1+g_n)}{(R_e - g_n) \times (1+R_e)^n}$$

【例 3 - 12】在采用股权自由现金流折现模型评估企业价值时，下列有关资本性支出说法不正确的是（　　）。

A. 资本性支出是企业用于购建固定资产和无形资产等长期资产的支出金额

B. 资本性支出可以是为维持企业的生产或服务能力，对消耗或损耗的固定资产和无形资产等长期资产的弥补

C. 资本性支出可以是当企业需要增加生产或服务能力时，需要追加投入形成企业新增生产或服务能力的长期资产

D. 资本性支出可以是维持企业正常经营时发生的固定资产日常维修

【答案】D

【解析】资本性支出是企业用于购建固定资产和无形资产等长期资产的支出金额。企业的持续经营往往伴随着资本性支出的发生，这是因为企业的生产经营活动会消耗或损耗企业的固定资产和无形资产等长期资产，而这些长期资产往往是形成企业生产或服务能力的基础资产，为维持或扩大企业的生产或服务能力，必须保持或增加这些长期资产。因此，资本性支出通常由两部分组成：一是为维持企业的生产或服务能力，对消耗或损耗的固定资产和无形资产等长期资产进行弥补，以实现这些长期资产的更新和改造；二是当企业需要增加生产或服务能力时，需要追加投入形成企业新增生产或服务能力的长期资产。

5. 股权自由现金流折现模型使用的注意事项

（1）股权自由现金流折现模型应用条件。

1）能够对企业未来收益期的股权自由现金流量做出预测；2）能够合理量化股权自由现金流量

预测值的风险。

在计算股权自由现金流量过程中，除了净利润、折旧及摊销、资本性支出和营运资金增加额以外，新发行债务和偿还本金等参数也是股权自由现金流量的重要构成内容，能否对这些参数做出合理预测或判断，决定着能否采用股权自由现金流量折现模型。

(2) 股权自由现金流折现模型中折现率的选择。股权自由现金流量是企业股东可自由支配的现金流量，属于股权资本口径的收益指标。按照折现率应当与其对应的收益口径相匹配的原则，对股权自由现金流量进行折现，应采用股权资本成本。

【提示】股权资本成本通常可采用资本资产定价模型、套利定价模型、三因素模型以及风险累加法等方法进行计算。

【例3-13】股权自由现金流折现模型使用时，通常需要测算股权资本成本，下列选项中属于股权资本成本计算方法的有（　　）。

A. 资本资产定价模型
B. 套利定价模型
C. 三因素模型
D. 资产基础法
E. 实物期权法

【答案】ABC

【解析】股权资本成本通常可采用资本资产定价模型、套利定价模型、三因素模型以及风险累加法等方法进行计算。

(3) 永续价值的计算。计算永续价值的 $FCFE_n$ 不必然等于预测期最后一期的股权自由现金流量，计算永续价值的 $FCFE_n$ 应在预测期最后一期的股权自由现金流量基础上进行标准化调整，消除一个或者多个偶然因素的影响。比如，进行非经常性损益调整，将资本性支出和营运资金的金额调整至反映永续增长率所要求的水平。

【提示】在永续价值的计算过程中，通常假设永续期的资本化支出与当期的折旧及摊销金额的合计数保持平衡，这种假设仅适用于永续期增长率为零值的情形；若永续增长率大于零，则应在估算永续期的资本化支出的增长后，在使用逐期明细表计算预估折旧和摊销的基础上，合理确定永续期的资本化支出金额与折旧摊销金额。

【例3-14】股权自由现金流模型是企业价值评估常见的模型，关于股权自由现金流模型，下列说法错误的是（　　）。

A. 对股权自由现金流量进行折现，应采用加权平均资本成本
B. 对股权自由现金流量进行折现，应采用股权资本成本
C. 计算永续价值股权自由现金流量一定等于预测期最后一期的股权自由现金流量
D. 模型假设企业未来收益期的股权自由现金流量是在每期的期末产生或实现的，即进行年末折现
E. 在永续价值的计算过程中，通常假设永续期的资本化支出与当期的折旧及摊销金额的合计数保持平衡，适用于永续期增长率为零值的情形

【答案】AC

【解析】按照折现率应当与其对应的收益口径相匹配的原则，股权自有现金流模型应采用股权资本成本。计算永续价值股权自由现金流量应在预测期最后一期的股权自由现金流量基础上进行标准化调整，消除一个或者多个偶然因素的影响。

【知识点5】企业自由现金流折现模型（★★★）

1. 企业自由现金流量概念

企业自由现金流量也称为实体自由现金流量，可理解为全部资本投资者共同支配的现金流量，包括普通股股东、优先股股东和付息债务的债权人。

2. 企业自由现金流量的计算

(1) 企业自由现金流量 = [净利润 + 利息费用 × (1 - 所得税税率) + 折旧及摊销] - (资本性支出 + 营运资金增加)

= (税后净营业利润 + 折旧及摊销) - (资本性支出 + 营运资金增加)

(2) 企业自由现金流量 = 股权自由现金流量 + 债权现金流量

= 股权自由现金流量 + 税后利息费用 + 偿还债务本金 - 新借付息债务

= 普通股股东的自由现金流量 + 优先股股东的自由现金流量 + 债权现金流量

(3) 企业自由现金流量 = 经营活动产生的现金净流量 - 资本性支出

【提示】当企业的资本投资者包括普通股股东、优先股股东和付息债务的债权人时，企业自由现金流量=普通股股东的自由现金流量+优先股股东的自由现金流量+债权现金流量。

【例3-15】某公司20×4年的税后净营业利润（NOPAT）3 800万元，利息费用200万元，所得税率25%，折旧及摊销800万元，偿还债务本金900万元，新借付息债务600万元；营运资金没有变化，资本支出为300万元。下列说法中不正确的是（　　）。

A. 股权自由现金流量4 300万元
B. 企业自由现金流量4 300万元
C. 债权自由现金流量为450万元
D. 股权自由现金流量3 850万元

【答案】A

【解析】债权自由现金流量=200×(1-25%)+900-600=450（万元），所以C正确。股权自由现金流量=(3 800+800)-(300+0)-200×(1-25%)-(900-600)=3 850（万元），所以D正确。企业自由现金流量=3 850+450=4 300（万元），所以B正确。

3. 企业自由现金流量与股权自由现金流量的对比

（1）企业自由现金流量=股权自由现金流量+债权自由现金流量；在股权自由现金流量计算过程中，不论是以净利润还是以企业自由现金流量为基础，均需要计算债权现金流量。在企业自由现金流量计算过程中，若是以净利润为基础进行计算，不需要计算债权现金流量。

（2）企业自由现金流量与股权自由现金流量均是企业收益的一种形式，但两者归属的资本投资者不同。企业自由现金流量是归属于企业全部资本提供方，用于直接计算企业整体价值；而股权自由现金流量是归属于企业股权资本提供方，用于直接计算股东全部权益价值。

（3）与企业自由现金流量相比，股权自由现金流量显得更为直观。企业自由现金流量可能使人们忽略企业所面临的生存困境，如果企业当期需要偿还一笔大额的到期债务，虽然企业自由现金流是正数，但股权自由现金流量可能是负值，在这种情况下，股权自由现金流量能够提示企业关注资金链问题。

【提示】企业自由现金流量是归属于企业全部资本提供方的收益指标，股权自由现金流量

是归属于企业股权资本提供方的收益指标。

4. 企业自由现金流折现模型的具体形式

（1）基本公式

以企业自由现金流量为收益口径进行折现求取企业整体价值，或在此基础上减去付息债务的价值，得到股东全部权益价值的模型，即为企业自由现金流量折现模型。

企业自由现金流量折现模型的基本公式如下：

$$OV = \sum_{t=1}^{n} \frac{FCFF_t}{(1+WACC)^t}$$

$$V = OV - D = \sum_{t=1}^{n} \frac{FCFF_t}{(1+WACC)^t} - D$$

式中，OV为企业整体价值；V为股东全部权益价值；D为付息债务；$FCFF_t$为第t年的企业自由现金流量；$WACC$为加权平均资本成本。

（2）基本公式的演化

1）资本化公式。若企业自由现金流量以一个不变的增长率持续增长且收益期限为无限期，那么就可以用稳定增长的企业自由现金流量评估企业整体价值，即资本化公式如下：

$$OV = \frac{FCFF_1}{C}$$

式中，$FCFF_1$为评估基准日之后第一期的企业自由现金流量；C为资本化率，$C = WACC - g$，g为固定增长率。

【提示】企业自由现金流量模型折现率是加权平均资本成本，通常低于股权自由现金流量模型的股权资本成本，因此前者得到的评估值对固定增长率敏感程度更高。

2）两阶段模型

企业自由现金流量预计会在一定时间内快速波动然后进入稳定发展阶段且稳定发展阶段的收益期是无限的，则适用于两阶段模型。两阶段模型的计算公式如下：

$$OV = \sum_{t=1}^{n} \frac{FCFF_t}{(1+WACC)^t}$$
$$+ \frac{FCFF_{n+1}}{(WACC-g) \times (1+WACC)^n}$$

其中，$FCFF_{n+1}$是指预测期下一年度的企业自由现金流量。若永续增长率$g>0$，则$FCFF_{n+1}$应考虑营运资金的增加额和资本性支出大于折旧和摊销的那部分金额。

两阶段模型中的第二个阶段中，$\frac{FCFF_{n+1}}{WACC-g}$

的结果也称为永续价值。

$$FCFF = NOPAT - 新增投资净额$$
$$= NOPAT - (NOPAT \times IR)$$
$$= NOPAT \times (1 - IR)$$
$$= NOPAT \times \left(1 - \frac{g}{ROIC}\right)$$

则，永续价值的计算公式也可以演化为：

$$永续价值_t = \frac{NOPAT_{t+1} \times \left(1 - \frac{g}{ROIC}\right)}{WACC - g}$$

其中：新增投资净额 = 资本性支出 + 营运资金增加额 - 折旧和摊销；再投资率（IR）= 新增投资净额÷税后净营业利润（NOPAT）；收益增长率（g）= 新投入资本回报率（ROIC）× 再投资率（IR）。

【提示】在对永续价值进行折现过程中，实务中的常见错误是将永续价值按 n+1 年进行折现，正确的做法应该是按 n 期折现。因为假设是各期的自由现金流量均在期末收到，则第 n 期的自由现金流量是在第 n 期期末收到，永续价值是将企业在第 n 期期末（或是 n+1 期的期初）卖出所能够得到的估计数额。

【例 3-16】某公司预期未来三年的现金净流量为 100 万、150 万、200 万，第四年现金净流量为 4% 的固定增长率增长，企业的加权平均资本成本为 10%，则某公司的整体价值为（　　）万元。

A. 2 969.70 B. 2 710.15
C. 2 882.75 D. 2 321.34

【答案】A

【解析】整体价值 = $\frac{100}{1+10\%}$ + $\frac{150}{(1+10\%)^2}$ + $\frac{200}{(1+10\%)^3}$ + $\frac{200 \times 1.04}{(0.1-0.04) \times (1+10\%)^3}$ = 2 969.70（万元）

3）三阶段模型

三阶段包括初始高增长阶段、增长率下降的转换阶段和稳定增长阶段，在稳定增长阶段的收益期为无限时，三阶段模型的计算公式如下：

$$OV = \sum_{t=1}^{n_1} \frac{FCFF_t}{(1+WACC)^t}$$
$$+ \sum_{t=n_1+1}^{n} \frac{FCFF_{t-1} \times (1+g)}{(1+WACC)^t}$$

$$+ \frac{FCFF_n \times (1+g_n)}{(WACC - g_n) \times (1+WACC)^n}$$

5. 企业自由现金流量折现模型使用的注意事项

（1）企业自由现金流量折现模型的应用条件

企业自由现金流量折现模型的应用条件主要包括：一是能够对企业未来收益期的企业自由现金流量做出预测，二是能够合理计算加权平均资本成本。在计算加权平均资本成本过程中，需要明确资本结构。

（2）企业自由现金流量折现模型折现率的选择

企业自由现金流量是企业股权资本投资者和债务资本投资者共同可自由支配的现金流量，属于全投资口径的收益指标。按照折现率应当与其对应的收益口径相匹配的原则，对企业自由现金流量进行折现，应采用加权平均资本成本。如果债务资本对应的利息是采用税后数据，则在计算加权平均资本成本过程中，债务资本成本也应采用税后口径。

（3）资本结构的确定

资本结构是影响加权平均资本成本的主要因素之一，对资本结构的确定，应区分企业实际资本结构与目标资本结构。

1）若评估基准日的实际资本结构已经与目标资本结构差距很小，或实际资本结构与目标资本结构之间存在差异，但预计能在较短时间调整至目标资本结构的水平并维持，通常可采用目标资本结构计算加权平均资本成本，且收益期各年的资本结构保持不变。

2）如果被评估企业评估基准日的实际资本结构与目标资本结构差异很大，且预计需要经过较长时间才能将资本结构逐步调整至目标资本结构的水平，或预计被评估企业未来各年度的资本结构波动幅度很大，则在被评估企业能够达到目标资本结构之前，需逐年分别确定当年的资本结构，进而计算当年的加权平均资本成本。

【提示】企业自由现金流量折现模型中，要特别重视资本结构的取值，它与实际资本结构与目标资本结构差距、能在多长时间调整至目标资本结构的水平密切相关。

（4）永续价值的计算

计算永续价值的 $FCFF_n$ 不必然等于预测期最后一期的企业自由现金流量。计算永续价值

的 $FCFF_n$ 应在预测期最后一期的企业自由现金流量的基础上进行标准化调整，消除一个或者多个偶然因素的影响。在运用企业自由现金流量折现模型计算企业整体价值过程中，因为：

$$永续价值_t = \frac{NOPAT_{t+1} \times \left(1 - \frac{g}{ROIC}\right)}{WACC - g}$$

假设 ROIC = WACC，则：

$$永续价值_t = \frac{NOPAT_{t+1} \times \left(1 - \frac{g}{WACC}\right)}{WACC - g}$$

$$= \frac{NOPAT_{t+1} \times \left(\frac{WACC - g}{WACC}\right)}{WACC - g}$$

$$= \frac{NOPAT_{t+1}}{WACC}$$

上述计算永续价值的最终公式中并没有增长率 g 这个参数，并不意味着永续期企业的税后净营业利润的名义增长率为零，而是由于与增长相关的新投入资本的回报率等于加权平均资本成本，因此税后净营业利润的增长并不会引起价值的变化。

【提示】对于完全竞争行业，可预计在永续期企业新投入资本的回报率最终会趋于资本成本的水平。然而，对于那些具备可持续竞争优势的企业来说，假定新投入资本的回报率大于资本成本，可能会低估这些具备可持续竞争优势的企业的价值。

【提示】在企业价值评估实务中，一方面假设企业税后净营业利润持续增长，但另一方面并未考虑使税后净营业利润持续实现增长所必需的追加投入，两者不相匹配。就可能会出现税后净营业利润在没有任何增量投入资本的情况下实现增长的错误认识。

【例 3-17】企业自由现金流折现模型通常用于评估企业整体价值，下列选项有关企业自由现金流模型说法正确的是（　　）。

A. 计算永续价值的最终公式中并没有增长率 g 这个参数，意味着永续期企业的税后净营业利润的名义增长率为零

B. 与增长相关的新投入资本的回报率等于加权平均资本成本，企业新增投资资本回报为零

C. 与增长相关的新投入资本的回报率等于加权平均资本成本，税后净营业利润的增长会引起企业价值的变化

D. 对于那些具备品牌优势、专利优势的企业来说，将永续期的新投入资本的回报率设定为与加权平均资本成本相等的做法可能并不合理

【答案】D

【解析】计算永续价值的最终公式中没有增长率 g 参数，并不意味着永续期企业的税后净营业利润的名义增长率为零，而是由于与增长相关的新投入资本的回报率等于加权平均资本成本，因此税后净营业利润的增长并不会引起价值的变化。对于那些具备可持续竞争优势（品牌优势、专利优势）的企业来说，将永续期的新投入资本的回报率设定为与加权平均资本成本相等的做法可能并不合理。在这种情况下，如果假定新投入资本的回报率等于资本成本，可能会低估这些具备可持续竞争优势企业的价值。

(5) 付息债务价值的评估

付息债务价值的评估方法因付息债务类别的不同而存在差异。比如，对短期借款和长期借款等向银行借款项目，通常根据其评估基准日的账面价值作为其评估价值，其前提条件是企业承担的债务利息与债务资本投资者期望的回报率是一致的。

对于其他与账面价值不相等的付息债务，应在了解付息债务账面会计计量方法的基础上，采用恰当的方法评估企业在评估基准日应承担的付息债务价值。

【例 3-18】企业自由现金流模型通常用于评估企业整体价值，下列选项中，关于企业自由现金流模型说法正确的是（　　）。

A. 企业自由现金流量进行折现，应采用股权资本成本

B. 计算永续价值的企业自由现金流量必然等于预测期最后一期的企业自由现金流量

C. 对付息债务价值进行评估时，都将其评估基准日的账面价值作为其评估价值

D. 若评估基准日后被评估企业的实际资本结构虽与目标资本结构之间存在差异，但预计能在较短时间调整至目标资本结构的水平并维持，可采用目标资本结构计算加权平均资本成本

【答案】D

【解析】A 选项企业自由现金流量进行折

现，应当采用加权平均资本成本；B选项计算永续价值的$FCFF_n$不必然等于预测期最后一期的企业自由现金流量，计算永续价值的$FCFF_n$应在预测期最后一期的企业自由现金流量的基础上进行标准化调整，消除一个或者多个偶然因素的影响。C选项并非所有的付息债务的评估价值都会与评估基准日的账面价值相等，评估专业采用恰当的方法评估企业在评估基准日应承担的付息债务价值。

【知识点6】经济利润折现模型（★★）

1. 经济利润

（1）经济利润概念

经济利润也称为经济增加值（EVA），是指企业税后净营业利润减去资本成本后的余额。

（2）经济利润与会计利润、自由现金流量对比

1）在衡量企业经营绩效的能力方面，经济利润显著优于财务报表中的会计利润。会计利润并未对股东享有的经营业绩与股东投入资本的机会成本进行比较和衡量，无法直观体现股东享有经营业绩而相应付出的代价。经济利润是在企业经济收入基础上，减去债务资本成本和股权资本成本，衡量企业为全部资本方创造的经营业绩。

【提示】会计利润是股权资本口径的利润指标，经济利润是全投资口径的利润指标。

2）相比于自由现金流量，经济利润也更适于作为企业绩效的评价指标。经济利润可以对短期的企业绩效做出衡量，但自由现金流量通常不适于用作对短期的企业绩效进行评价。经济利润在衡量企业经营绩效方面的优越之处，在于它把投资决策必需的现金流量法与业绩考核必需的权责发生制统一起来。

【例3-19】 经济利润是衡量企业经营绩效的方法，下列关于经济利润说法正确的是（　　）。

A. 在衡量企业经营绩效的能力方面，财务报表中的会计利润优于经济利润

B. 经济利润是基于股权资本视角定义的利润指标

C. 经济利润是全投资口径的利润指标

D. 经济利润是企业税后净营业利润减去股权资本成本后的余额

【答案】 C

【解析】 经济利润也称为经济增加值（EVA），是指企业税后净营业利润减去资本成本后的余额。在衡量企业经营绩效的能力方面，经济利润显著优于财务报表中的会计利润。会计利润是基于股权资本视角定义的利润指标，仅扣除了债务资本成本，反映了企业股东所享有的经营业绩，并未对股东享有的经营业绩与股东投入资本的机会成本进行比较和衡量，无法直观地体现股东享有经营业绩而相应付出的代价。

（3）经济利润的计算

1）经济利润＝税后净营业利润－投入资本的成本

其中，税后净营业利润＝净利润＋利息费用×（1－所得税税率）＝息税前利润×（1－所得税税率）

投入资本的成本＝债务资本成本＋股权资本成本＝利息费用×（1－所得税税率）＋股权资本成本

2）经济利润＝净利润－股权资本成本

3）经济利润＝投入资本×（投入资本回报率－加权平均资本成本）

＝税后净营业利润－投入资本×加权平均资本成本

其中，投入资本回报率＝税后净营业利润÷投入资本；税后净营业利润＝投入资本×投入资本回报率；投入资本的成本＝投入资本×加权平均资本成本。

投入资本和投入资本回报率计算的注意事项：

①投入资本的计算

对投入资本可以从资金来源和资金运用两个方面分别做出计算。

在不考虑非经营性资产、非经营性负债和溢余资产前提下：

投入资本＝股权资本＋债务资本

＝非流动资产＋营运所需资金

＝非流动资产＋流动资产

－非付息债务

若企业存在非经营性资产、非经营性负债和溢余资产等情形，且对其单独进行评估，则有：

投入资本＝股权资本＋债务资本－非经营性资产、非经营性负债和溢余资产的净额

②投入资本回报率的计算

将税后净营业利润除以投入资本得到的值即为投入资本回报率。计算投入资本回报率，应注意税后净营业利润和投入资本的口径相匹配。投入资本回报率是衡量企业绩效的重要指标之一，也是企业价值的关键驱动因素之一。

投入资本回报率 = 税后净营业利润/投入资本 = 息税前利润收入 × 收入投入资本 × (1 - 企业所得税税率)

= 经营利润率 × 平均资本周转率 × (1 - 企业所得税税率)

【提示】如果企业的投入资本回报率与资本成本相同，则不论企业的业绩规模如何变化，企业价值是恒定不变的。如果投入资本回报率大于资本成本，则企业价值随着企业规模的扩大而增长；如果投入资本回报率小于资本成本，则企业价值随着企业规模的扩大而下降。

【例 3 - 20】经济利润是评估企业价值的方法之一，下列选项中关于投入资本的说法中，不正确的是（　　）。

A. 从资金来源的角度计算投入资本，投入资本等于股权资本和债务资本的和

B. 从资金运用的角度看，投入的资本通常购建生产经营所需的长期资产以及补充企业运营所需的营运资金

C. 从资金来源和资金运用两个方面计算的投入资本数额是相等的

D. 股权资本 + 债务资本 = 非流动资产 + 流动资产

【答案】D

【解析】股权资本 + 债务资本 = 非流动资产 + 流动资产 - 非付息负债

2. 经济利润折现模型的具体形式

（1）基本公式

经济利润折现模型的基本公式如下：

$$OV = IC_0 + \sum_{t=1}^{n} \frac{IC_{t-1} \times (ROIC - WACC)}{(1 + WACC)^t}$$

式中，OV 为企业整体价值；IC 为投入资本，其中 IC_0 指评估基准日投入资本；$ROIC$ 为投入资本回报率；$WACC$ 为加权平均资本成本；t 为收益年期。

（2）基本公式的演化

1）资本化公式

在企业经济利润呈等比级数变化，收益年期无限的条件下，采用经济利润折现模型计算企业整体价值的公式如下：

$$OV = IC_0 + \frac{IC_0 \times (ROIC - WACC)}{WACC - g}$$

$$= IC_0 + \frac{EVA_1}{WACC - g}$$

式中，EVA 为经济利润；g 为等比级数增长率。

【提示】资本化公式运用前提是企业在新项目上的投入资本回报率等于历史投入资本回报率。

【例 3 - 21】对于经济利润折现模型的资本化公式，其运用前提是企业在新项目上的投入资本回报率等于（　　）。

A. 加权平均资本成本

B. 历史投入资本回报率

C. 预计的资本回报率

D. 最低的投资报酬率

【答案】B

【解析】经济利润折现模型的资本化公式，其运用前提是企业在新项目上的投入资本回报率等于历史投入资本回报率。

2）两阶段模型

用于计算企业整体价值的两阶段经济利润折现模型公式如下：

$$OV = IC_0 + \sum_{t=1}^{n} \frac{IC_{t-1} \times (ROIC - WACC)}{(1 + WACC)^t}$$

$$+ \frac{IC_n \times (ROIC - WACC)}{(WACC - g) \times (1 + WACC)^n}$$

3）三阶段模型

用于计算企业整体价值的三阶段经济利润折现模型公式如下：

$$OV = IC_0 + \sum_{t=1}^{n_1} \frac{EVA_t}{(1 + WACC)^t}$$

$$+ \sum_{t=n_1+1}^{n} \frac{EVA_{t-1} \times (1 + g_a)}{(1 + WACC)^t}$$

$$+ \frac{EVA_{n+1}}{(WACC - g) \times (1 + WACC)^n}$$

式中，g_a 为增长率下降转换阶段的增长率；g 为稳定增长阶段的增长率。

3. 经济利润折现模型使用的注意事项

（1）经济利润折现模型的应用条件

1）能够准确计算评估基准日的投入资本；

2）能够合理估计企业的收益期以及收益期的经济利润；

3）能够对企业未来经济利润的风险进行合

理量化。

（2）经济利润折现模型中折现率的选择

对企业收益期的经济利润进行折现，应采用加权平均资本成本。因为企业收益期的经济利润折现值与投入资本的归属口径是一致的，均属于全投资口径指标。

【提示】应注意收益额与折现率之间结构与口径上的匹配和协调。

【例3-22】在运用经济利润折现模型评估企业价值时，下列有关该模型说法错误的是（　　）。

A. 运用经济利润折现模型时，应当考虑是否能够准确计算评估基准日的投入资本

B. 对企业收益期的经济利润进行折现，一般采用股权资本成本

C. 运用经济利润折现模型时，应当考虑是否能够合理估计企业的收益期以及收益期的经济利润

D. 运用经济利润折现模型时，应当考虑是否能够对企业未来经济利润的风险进行合理量化

【答案】B

【解析】B选项中，对企业收益期的经济利润进行折现，应当采用加权平均资本成本。

【知识点7】收益法评估模型的对比与选择（★★）

1. 股权自由现金流量折现模型与股利折现模型的对比

股权自由现金流量和股利均属于权益口径的收益指标，均采用股权资本成本进行折现。当企业收益期的股权自由现金流量和分配的股利相等时，运用股权自由现金流量折现模型和股利折现模型可得出相同的结果，但在实务中，企业收益期的股权自由现金流量和分配的股利相等的情形往往并不存在。

相比于股利折现模型，通常适用于对缺乏控制权的股权进行评估的特征，股权自由现金流量折现模型一般适用于对具有控制权的股权进行评估，也适用于对战略型投资者的股权进行评估。

【提示】运用股权自由现金流量折现模型，被评估企业可以不必具有成熟而稳定的股利分配政策。

【提示】当企业收益期的股权自由现金流量和分配的股利相等时，运用股权自由现金流量折现模型和股利折现模型可得出相同的结果。

2. 企业自由现金流量折现模型与股权自由现金流量折现模型的对比

在评估股东全部权益价值的过程中，企业自由现金流量折现模型称为间接法，即首先通过对企业自由现金流量进行折现，得出企业整体价值，在此基础上再减去付息债务价值，得出股东全部权益价值。股权自由现金流量折现模型称为直接法，即直接对股权自由现金流量进行折现得出股东全部权益价值。

在评估股东全部权益价值的过程中，企业自由现金流量折现模型称为间接法，股权自由现金流量折现模型称为直接法。

企业自由现金流量折现模型在计算企业自由现金流量时，虽然不需要考虑付息债务增减及对应利息对现金流量的影响，但在计算加权平均资本成本时，要在对付息债务增减变动情况进行预测的基础上确定企业未来的资本结构。因此，从两个模型运用过程中需要计算的参数和指标的对比看，不能认为采用企业自由现金流量折现模型就一定是简单和经济的。

在企业价值评估实务中，究竟应选择企业自由现金流量折现模型还是股权自由现金流量折现模型对股东全部权益价值进行评估，关键是对比两种模型运用过程中的工作效率和可能存在的计算误差等情况。在对银行、保险公司、证券公司等金融企业进行评估时，一般优先选择股权自由现金流量折现模型，这些金融企业的财务杠杆通常很高且付息负债变动频繁，运用企业自由现金流量折现模型会使评估工作过程冗长而低效。

【提示】若财务杠杆假设一致，采用企业自由现金流量折现模型与股权自由现金流量折现模型评估得出的股东全部权益的价值应当是相等。

3. 经济利润折现模型与自由现金流量折现模型的对比

在实务中，运用经济利润折现模型和企业自由现金流量折现模型得出的评估结果若不相等，原因可能是：（1）经济利润的计算方法有误；（2）企业自由现金流量的计算方法有误；（3）经济利润折现模型和企业自由现金流量折现模型所采用的加权平均资本成本及折现系数

不同。

经济利润折现模型可以动态反映企业在收益期是否创造价值，通过对企业收益期经济利润的动态变化及其原因进行剖析，还可以对收益预测的合理性做出检验。

【提示】从理论上讲，经济利润折现模型、股权自由现金流量折现模型和企业自由现金流量折现模型是完全等价。运用经济利润折现模型、股权自由现金流量折现模型和企业自由现金流量折现模型得出的评估结果应该是相等的。

运用经济利润折现模型和企业自由现金流量折现模型得出的评估结果若不相等，原因可能包括以下几种：一是经济利润的计算方法有误。二是企业自由现金流量的计算方法有误。三是经济利润折现模型和企业自由现金流量折现模型所采用的加权平均资本成本及折现系数不同。

【例3-23】同时采用经济利润折现模型和企业自由现金流量折现模型评估企业价值，如果两者得出的评估结果若不相等，则可能存在的问题是（　　）。

A. 使用当年年末的投入资本计算当年的经济利润

B. 计算经济利润和投入资本回报率并非使用同一投入资本作为计算基数

C. 当永续增长率大于零时，直接以预测期最后一年的企业自由现金流量作为永续期的企业自由现金流量

D. 经济利润折现模型和企业自由现金流量折现模型所采用的加权平均资本成本及折现系数不同

E. 经济利润折现模型比自由现金流量折现模型表达出更丰富的内涵

【答案】ABCD

【解析】运用经济利润折现模型和企业自由现金流量折现模型得出的评估结果若不相等，原因可能包括以下几种：一是经济利润的计算方法有误。比如，使用当年年末的投入资本计算当年的经济利润、计算经济利润和投入资本回报率并非使用同一投入资本作为计算基数等均是错误的。二是企业自由现金流量的计算方法有误。比如，当永续增长率大于零时，直接以预测期最后一年的企业自由现金流量作为永续期的企业自由现金流量是错误的，而应考虑永续增长率对应的投入资本增加额对企业自由现金流量的影响。三是经济利润折现模型和企业自由现金流量折现模型所采用的加权平均资本成本及折现系数不同。从折现模型的计算过程看，经济利润折现模型比自由现金流量折现模型表达出更丰富的内涵不是造成该问题的原因。

【知识点8】收益法应用的操作步骤（★★）

收益法评估程序一般包括以下八个操作步骤：

1. 确定评估思路和模型

首先区分评估对象是缺乏控制权的股权，还是具有控制权的股权，并且判断是直接评估股权价值，还是间接求取股权价值，然后结合收益法评估模型的应用条件选择相应的模型。

2. 分析和调整历史财务报表

对企业历史财务报表进行分析，了解企业各项收入、费用、资产、负债等会计要素的构成状况，推断影响企业历史收益的各类因素及其影响方式和影响程度等。同时需要对企业历史财务报表进行必要的调整。

3. 确定和划分收益期

根据法律法规、被评估企业所在行业现状与发展前景、协议与章程约定、经营状况、资产特点和资源条件等的影响，合理确定收益期，在对企业收入成本结构、资本结构、资本性支出、投资收益和风险水平等综合分析的基础上，结合宏观政策、行业周期及其他影响企业进入稳定期的因素合理确定预测期。

4. 预测未来收益

结合评估企业的人力资源、技术水平、资本结构、经营状况、历史业绩、发展趋势，考虑宏观经济因素、所在行业现状与发展前景，分析未来收益预测资料与评估目的及评估假设的适用性并进行未来收益的预测。

【提示】当委托人和其他相关当事人未提供收益预测，评估专业人员应当收集和利用形成未来收益预测的相关资料，并履行核查验证程序，在具备预测条件的情况下编制收益预测表。

5. 确定折现率

通过综合考虑评估基准日的利率水平、市场投资收益率等资本市场相关信息和所在行业、被评估企业的特定风险等相关因素，对折现率

进行测算。

6. 测算经营性资产及负债价值

经营性资产及负债价值 = 预测期收益现值 + 永续期收益现值

7. 识别和评估溢余资产、非经营性资产及负债

如果被评估企业在评估基准日拥有非经营性资产、非经营性负债和溢余资产,评估专业人员应恰当考虑这些项目的影响,并采用合适的方法单独予以评估。

8. 得出评估结果

在运用选择的评估模型测算出被评估企业的经营性资产及负债价值后,还应加上单独评估的非经营性资产、非经营性负债和溢余资产的价值,才能得出股东全部权益价值或企业整体价值。

【提示】如果运用企业自由现金流量折现模型或经济利润折现模型对股东全部权益价值进行评估,还需将企业自由现金流量或经济利润折现得到的企业整体价值,减去企业的付息债务价值才能得到股东全部权益价值。

【例3-24】采用收益法评估企业价值时,下列关于收益法应用的操作步骤说法正确的是（　　）。

A. 在收益法进行评估时,直接可以采用历史财务报表

B. 在收益法评估时,不需要考虑非经营性资产的影响

C. 经营性资产与负债的价值考虑预测期收益现值即可

D. 当委托人和其他相关当事人未提供收益预测,评估专业人员应当收集和利用形成未来收益预测的相关资料,并履行核查验证程序,在具备预测条件的情况下编制收益预测表

【答案】D

【解析】A选项中,收益法进行操作时,首先是要确定评估思路及模型；B选项收益法评估中,需要考虑非经营性资产的影响；C选项经营性资产与负债的价值为预测期收益现值再加上永续期收益现值。

【知识点9】收益的界定（★★★）

在企业价值评估中,企业的收益额需要从两个方面来认识和把握:其一,在将企业收益额作为企业获利能力的标志来认识和把握的时候,企业的收益额是指企业在合法的前提下,所获得的归属于企业的所得额。其二,在将企业收益额作为运用收益法评估企业价值的一种媒介的时候,企业的收益额有多种表现形式。

【提示】作为企业获利能力标志的企业收益额,是评估专业人员衡量企业价值的根本依据。

1. 收益的主要形式

企业收益有多种形式,如股利、净利润、息前税后利润、企业自由现金流、股权自由现金流、经济利润等。

(1) 根据企业收益属性,企业收益分为净利润、自由现金流量和经济利润；经济利润的计算考虑了当期投入资本增加或减少带来的影响,反映了当期资本性支出和营运资金增加额的变化对资本成本的影响,且经济利润折现模型与自由现金流量折现模型可相互转换并得出相同的评估结果。

【提示】经济利润也可视为是一种扩展后的现金流量指标。

(2) 根据企业收益的直接享有主体,可分为全投资资本收益指标和股权资本收益指标。全投资资本收益指标是指由股权资本（股东）和债务资本（付息债务）所共同拥有的收益,股权资本收益指标是指由股权资本（股东）所拥有的收益,全投资资本收益减去债务资本（付息债务）的利息后即可得出股权资本收益。股利、净利润、股权自由现金流量属于股权资本的收益指标；息前税后利润、企业自由现金流量、经济利润则属于全投资资本的收益指标。

【例3-25】收益预测是收益法评估企业价值的一个重要环节,下列选项中属于股权资本的收益指标的是（　　）。

A. 股利

B. 经济利润

C. 净利润

D. 股权自由现金流量

E. 息前税后利润

【答案】ACD

【解析】股利、净利润、股权自由现金流量属于股权资本的收益指标；息前税后利润、企业自由现金流量、经济利润则属于全投资资本的收益指标。

2. 收益形式的选择

（1）对比收益指标本身所具有的特征

以净利润和自由现金流量为例的主要差异：第一，自由现金流量比净利润具有更高的可靠性。在短期内，基于会计处理的原因，自由现金流量与净利润往往不一致，折旧方法的选择影响净利润，但对自由现金流量并不产生影响。第二，自由现金流量比净利润具有更高的与企业价值的相关性。

【提示】企业价值最终由其现金流量决定而非由其利润决定。

【例3-26】在评估企业价值时，有关自由现金流与净利润的说法，下列选项正确的是（　　）。

A. 企业价值最终是由利润决定而不是现金流量

B. 一般认为自由现金流量比净利润更可靠

C. 需用不同的折旧方法对净利润影响不大

D. 净利润与自由现金流量相比对企业价值具有更高的相关性

【答案】B

【解析】A选项中企业价值最终是由现金流量而不是由利润；C选项中折旧方法的选择会影响到净利润；D选项中自由现金流量比净利润与企业价值具有更高的相关性。

（2）对比收益折现过程的效率和效果

不同口径的收益额，其折现值的价值内涵和数量是有差别的。在折现率口径与收益额口径保持一致的前提下，净利润或股权自由现金流量折现或资本化为企业股东全部权益价值（所有者权益价值）；净利润或股权自由现金流量加上扣税后的长期负债利息折现或资本化为企业投资资本价值（所有者权益和长期负债之和）；净利润或股权自由现金流量加上扣税后的全部利息（企业自由现金流量）折现或资本化为企业整体价值（所有者权益价值和付息债务之和）。

选择不同口径的收益额都能评估出股东全部权益价值，但评估时应对以股权自由现金流量和企业自由现金流量进行折现求取企业价值的过程进行对比分析，分析其在提高评估效率、减少评估误差方面的差异，从而选出更能客观反映出企业获利能力的自由现金流量指标。

（3）对比收益指标与企业的适用性

虽然不同的收益指标其本身的可靠性存在差异，但并不能因此而摒弃那些可靠性较低的收益指标，还需要将收益指标结合企业的实际情况做出判断。

【提示】在银行、保险公司、证券公司的控股性产权变动业务中，通常选择股权自由现金流量，一般不宜选择企业自由现金流量作为其收益指标。

【例3-27】收益法经常用于企业价值进行评估，下列说法有关企业价值评估时的收益说法正确的是（　　）。

A. 净利润或股权自由现金流量加上扣税后的全部利息折现为企业股东全部权益价值

B. 在银行、保险公司、证券公司的控股性产权变动业务中，通常选择企业自由现金流量

C. 净利润或股权自由现金流量折现为企业股东全部权益价值

D. 收益指标其本身的可靠性存在差异，所以可以直接摒弃那些可靠性较低的指标

【答案】C

【解析】A选项中净利润或股权自由现金流量加上扣税后的全部利息（企业自由现金流量）折现或资本化为企业整体价值；B选项中在银行、保险公司、证券公司的控股性产权变动业务中，通常选择股权自由现金流量；D选项中，虽然不同的收益指标其本身的可靠性存在差异，但并不能因此而摒弃那些可靠性较低的收益指标，还需要将收益指标结合企业的实际情况做出判断。

3. 收益范围与调整

（1）收益范围。收益范围进行具体界定时，应首先注意两个方面：一是从企业价值决定因素的角度上讲，虽由企业创造和收取但并非由企业权益主体所拥有的收入，并不能作为企业价值评估中的企业收益。二是凡是企业权益主体所拥有的企业收支净额，都可视为企业的收益。无论是营业收支、资产收支、还是投资收支，只要形成净现金流入量，就应纳入企业收益范围当中。

【提示】税收不论是流转税还是所得税都不能视为企业收益。

（2）收益的调整。收益调整涉及三个方面：财务报表编制基础，非经常性收入和支出，非

经营性资产、负债和溢余资产及其相关的收入和支出。

对企业收益进行预测前，需要对企业历史财务报表进行必要调整，使企业未来收益预测与企业历史收益具有相同的比较基础。将非经常性收入和支出从利润表中调整出去，需要注意的是，其他业务收入和支出并不一定是非经常性收入和支出。按照企业所从事日常活动的重要性，可将收入分为主营业务收入、其他业务收入等，企业的其他业务收入可进一步区分为经常性收入和偶然性收入，只有偶然性的其他业务收入才属于非经常性收入。将非经营性资产、非经营性负债和溢余资产从资产负债表中调出，同时将非经营性资产、负债和溢余资产相关的收入和支出从利润表中调出。

【提示】企业权益主体所拥有的收入才能作为企业价值评估中的企业收益，企业创造和收取但并非由企业权益主体所拥有的收入，不能作为企业价值评估中的企业收益。

【例3-28】收益法评估企业价值时，需要对企业的收益额进行必要调整，下列选项属于企业价值评估中需要对收益进行调整的是（　　）。

A. 经常性收入
B. 经常性支出
C. 非经常性收入和支出
D. 溢余资产
E. 主营业务收入

【答案】CD

【解析】收益调整涉及三个方面：财务报表编制基础，非经常性收入和支出，非经营性资产、负债和溢余资产及其相关的收入和支出。非经常性收入和支出的发生具有偶然性，一般不具有持续性且无法预测，并不能代表企业正常的盈利能力，因此对企业历史财务状况进行分析比较时，需要将非经常性收入和支出从利润表中调整出去。为准确测算企业经营性资产、经营性负债所产生的收益情况，需将非经营性资产、负债和溢余资产从资产负债表中调出，需将非经营性资产、负债和溢余资产相关的收入和支出从利润表中调出。

【知识点10】收益预测（★★★）

资产评估专业人员应当对委托人和其他相关当事人提供的企业未来收益资料进行必要的分析、判断和调整，结合被评估企业的人力资源、技术水平、资本结构、经营状况、历史业绩、发展趋势，考虑宏观经济因素、所在行业现状与发展前景，合理确定评估假设，形成未来收益预测。

【提示】当委托人和其他相关当事人未提供收益预测，评估专业人员应当收集和利用形成未来收益预测的相关资料，并履行核查验证程序，在具备预测条件的情况下编制收益预测表。

1. 收益预测步骤

（1）对影响企业收益的因素进行分析，包括宏观因素（政治和法律因素、经济因素、社会和文化因素、技术因素等）；行业因素（行业经济特性、行业市场结构、行业生命周期、行业景气情况等）；以及企业内部因素（历史业绩情况、现有业务在所处行业中的竞争地位以及未来的经营方向与经营效果等因素）。

（2）对企业历史收益进行分析和调整，主要包括三方面：一是对财务报表编制基础进行分析和调整，使历史各年度的业绩具有相同的编制基础；二是对非经常性收入和支出进行分析和调整，使历史各年度的业绩均反映经常性的收入和支出；三是对非经营性资产、负债和溢余资产及其相关的收入和支出进行分析和调整，使历史各年度的业绩均反映经营性资产和经营性负债的贡献。

（3）对未来收益趋势进行总体分析和判断，包括企业当前所处发展周期及未来的走势、未来收益进入稳定状态所需的时间以及进入稳定状态后的趋势等。

（4）未来收益的具体预测，具体预测内容主要包括收入预测、成本及费用预测、折旧和摊销预测、营运资金预测、资本性支出预测、负债预测、溢余资产分析、非经营性资产和非经营性负债分析等。

【提示】企业未来收益的具体预测，主要是对企业未来利润表的情况进行预测，也可能需要对企业未来资产负债表的内容进行预测。

【例3-29】采用收益法评估企业价值评估时，有关收益预测步骤的排序正确的是（　　）。

①对企业历史收益进行分析和调整；②未来收益的具体预测；③未来收益趋势进行总体分析和判断；④对影响企业收益因素进行分析

A. ④①③②　　　　B. ④③①②
C. ③①④②　　　　D. ①③④②

【答案】A

【解析】收益预测分为四个步骤，首先，对影响企业收益的因素进行分析；其次，对企业历史收益进行分析和调整；再次，对未来收益趋势进行总体分析和判断；最后，对未来收益进行具体预测。

【例3－30】为了对未来收益进行合理预测，需要对（　　）进行分析，了解企业各项会计要素的构成状况以及各项指标随时间变化的规律及发展趋势。

A. 企业历史财务报表
B. 企业预计财务报表
C. 行业发展现状
D. 行业发展前景

【答案】A

【解析】为了对未来收益进行合理预测，需要对企业历史财务报表进行分析，了解企业各项收入、费用、资产、负债等会计要素的构成状况以及各项指标随时间变化的规律及发展趋势，进而推断出影响企业历史收益的各类因素及其影响方式和影响程度等。

【例3－31】在企业价值评估中，下列有关收益影响因素和调整事项说法正确的是（　　）。

A. 技术因素属于影响企业收益的宏观因素
B. 如果存在溢余资产，对企业存在的溢余资产不予考虑
C. 对企业实际收益调整时，需要对企业销售产品收入进行调整
D. 预期收益是包含了非经营性资产和溢余资产的预测收益

【答案】A

【解析】B选项中，如果存在溢余资产，应该要对其进行单独评估；C选项中，销售收入属于日常性收入，不予调整；D选项中，预期收益应该剔除非经营性资产和溢余资产。

2. 收益期的确定与划分

（1）收益期的确定

收益期是指资产具有获利能力的期间，企业的收益期是指企业未来获得收益的年限，即从评估基准日到企业收益结束日的时间长度。包括有限年期和永续年期两种情况，对于大多数正常经营的企业，在没有信息证明其企业经营有年限的限制时，均适用于永续经营假设，收益期限为无限期；对于生产经营受到一些因素的制约、无法维持永续经营的企业，其收益期限为有限期。对企业收益期的确定，通常应考虑影响因素如下：

1）法律法规。对企业收益期的确定，应首先考虑国家有关法律法规、产业政策、行业准入政策、企业所在行业现状与发展前景等因素。通常情况下，对于国家鼓励的产业，可以理解为企业的收益期不会因为行业产业政策而受到影响；对于国家限制的产业，应慎重考虑企业的收益期限制；对于国家禁止的行业，企业的收益期会受到限制或影响。

【提示】企业开展多种经营活动且某项经营活动受法律法规或产业政策的影响而被限制发展或禁止发展的，应将企业各种经营活动对应的收益进行区分，分别确定各类经营活动对应的收益期。若企业整体受到限制或禁止，则企业的收益期限应不长于相关法律法规所规定的可经营期限。

2）公司协议和章程。企业投资者在协议或章程中对企业收益期做出具体约定的，通常不能仅根据这些协议或章程中的约定做出企业收益期为有限期的认定，应考虑协议或章程中约定的期限届满后是否可以延长经营期限以及企业投资者的经营规划等因素后，合理确定企业收益期。

3）企业主要资产的使用期限。当企业主要资产的可使用或利用期限为有限期，且无法通过更新换代使这些资产持续为企业所使用或利用的，企业收益期将受这些资产使用期限的影响或制约。

第一，企业生产经营所必需的主要生产资料能否持续取得具有不确定性，则该类企业的收益期通常为评估基准日企业已取得生产资料的可使用或可供利用期。房地产开发企业收益期的确定，通常确定为有限期，收益期至评估基准日所拥有的全部土地资源开发完毕为止。租赁等房地产自营业务可视为永续经营，收益期可视为无限期。

第二，企业经营依赖于耗竭性的、不可再生的自然资源的，应根据其所依赖的自然资源的可利用期限确定企业的收益期。采掘企业或采选联合企业的收益期，直接取决于资源储量的大小，资源储量大，矿山服务年限长，企业收益期长。以耗竭性资源为主要原料的生

产企业（如金属冶炼企业、石化企业等），其收益期应考虑原料采购途径、资源的可回收性以及资源储量是否丰富等因素后进行合理确定。

第三，企业主要资产的可经营期受法律法规或合同的规范或制约的，收益期取决于该主要资产的可经营期。政府与社会资本合作（PPP）、特许经营的项目公司等基于政府与社会资本合作协议或特许经营协议而设立，对可经营期限及经营期届满后项目设施的移交方式做出明确约定，收益期取决于相关法律法规的规定以及协议的约定。如基础设施和公用事业特许经营企业，其收益期应根据签署的特许经营协议确定且不超过30年。

4）企业所处生命周期及其经营状况。采用收益法对企业价值进行评估隐含着一项基本假设，即企业能够持续经营，但企业持续经营并不意味着企业永续经营，任何企业都有其生命周期，应在分析企业生命周期的基础上，结合企业经营状况，合理确定企业收益期。

【提示】一个企业的生命周期通常包括初创、成长、成熟和衰退这几个阶段。

【例3-32】在企业价值评估中，收益期限是经常需要考虑的因素，下列有关收益期限说法不正确的是（　　）。

A. 房地产开发企业持续获得开发用地具有较大的不确定性，房地产开发销售业务收益期限为在评估基准日所拥有的全部土地资源开发完毕时截止

B. 企业经营依赖于耗竭性的、不可再生的自然资源的，应根据其所依赖的自然资源的可利用期限确定企业的收益期

C. 企业主要资产的可经营期受法律法规或合同规范或制约的，企业的收益期取决于该主要资产的可经营期

D. 当企业主要资产的可使用或利用期限为有限期，且可以通过更新换代使这些资产持续为企业所使用或利用的，企业收益期将受这些资产使用期限的影响或制约

【答案】D

【解析】当企业主要资产的可使用或利用期限为有限期，且无法通过更新换代使这些资产持续为企业所使用或利用的，企业收益期将受这些资产使用期限的影响或制约。

（2）收益期的划分

不论企业的收益期是有限期还是无限期，通常需要将企业收益期划分为详细预测期和稳定期。详细预测期也称为明确的预测期，是指从评估基准日到企业达到稳定状态的收益期限。企业收益的不稳定时期有多长，详细预测期就应当有多长。对处于周期性行业的企业来说，详细预测期通常与净现金流量到达整个业务周期的期望平均净现金流量时所需要的年度数量或者期间数量一致。若企业已进入平稳期，详细预测期可淡化周期性的影响，但对尚处于波动期的企业，通常需要适当延长详细预测期，使详细预测期结束时企业的经营状况能达到稳定状态。

【提示】企业从详细预测期过渡至稳定期通常是一个平滑或平稳的过程，若详细预测期最后一年的收入或收益增长率还很高，而稳定期的收入或收益却按零增长考虑，若无足够的理由（如产能受到限制、企业规模扩大存在瓶颈等）支持这样的判断，则详细预测期与稳定期的划分就存在不合理之处。

【提示】详细预测期和稳定期划分的理论基础是竞争均衡理论。

【提示】预测期时间长度的选择并不影响企业的价值，只影响企业价值在预测期和永续期的分布。

企业达到稳定状态，通常应同时具备以下五项特征：①企业收入成本的结构较为稳定且基本接近行业平均水平；②企业的资本结构逐渐接近行业平均水平或企业目标资本结构水平；③企业除为维持现有生产能力而进行更新改造的资本性支出以外，不再有新增投资活动；④企业的投资收益水平逐渐接近行业平均水平或市场平均水平；⑤企业的风险水平逐渐接近行业平均水平或市场平均水平。

3. 主要预测方法的介绍

预测的方法归纳起来有定性预测方法和定量预测方法。定性预测方法是指建立在经验、逻辑思维和推理基础上的预测方法。定量预测方法是建立在统计学、数学、系统论、控制论、信息论、运筹学及计量经济学等学科基础上，运用方程、图表、模型和计算机仿真等技术进行预测的方法。

（1）定性预测方法

1）一般调查预测法。也称为直接归纳预测

法，采用的调查方式多样，有会议调查、采访调查、表报调查、典型调查、联系网调查及咨询调查等。具体步骤如下：确立调查目的，明确调查原则和准则；成立调查工作小组；制订调查方案，设计调查问题与表格；实地调查，并研究和处理调查过程中出现的各种问题；整理调查资料；提出调查成果或调查报告。

2）集体意见预测法。集体意见预测法是指把预测者的个人意见通过加权平均而汇集成集体意见的预测方法。具体步骤如下：①要求每一位预测者就预测结果的最高限、最低限和最可能的值加以判断，并对这三种情况出现的概率进行估计。②根据预测者对预测结果最高限、最可能值和最低值的估计及对三种情况出现的概率的估计，计算每一位预测者的意见平均值。③根据每位预测者个人意见的重要程度，通过加权平均，得出集体意见。

3）头脑风暴预测法。也称为专家会议预测法，可分为直接头脑风暴预测法和质疑头脑风暴预测法。具体步骤如下：确定议题；会前准备；确定人数；制定纪律；掌握时间。

4）德尔菲预测法。也称专家调查预测法，以匿名的方式，通过轮番征询专家意见，最终得出预测结果的一种经验意见综合预测方法。具体步骤如下：预测准备阶段；预测实施阶段；预测结果处理阶段；提出预测报告。

5）因素分析预测法。它是凭借经济理论和实践经验，通过分析影响预测目标的各种因素的作用的大小与方向，对预测目标未来的发展变化做出推断的方法。因素分析预测法具体包括因素列举归纳法、相关因素推断法和因素分解推断法。

因素列举归纳法具体步骤如下：第一步，列举能观察到的影响预测目标变化的各种主要因素，并搜集有关资料。第二步，分析评价各种因素作用的大小、方向和程度，区分各种因素的性质。第三步，归纳、推断预测目标未来变化的趋向。当有利因素居主导地位时，则未来前景看好；若不利因素居主导地位时，则未来前景暗淡。

相关因素推断法是根据经济现象间的相互联系和相互制约关系，由相关因素的变动方向推断预测目标的变动趋向的一种预测方法，又可分为正相关关系判断法和负相关关系判

断法。正相关关系是指两个现象间的变动方向为同增或同减的关系。负相关关系是指两个现象间的变动方向表现为此长彼消或一增一减的关系。

因素分解推断法是指将预测目标按照一定的联系形式分解为若干因素指标，然后分别研究各种因素未来变动的方向和程度，最后综合各种因素变动的结果，推断预测目标的变动趋势和结果的方法。预测目标与影响因素之间的关系一般有乘积和相加两种。

6）对比类推预测法。对比类推预测法利用预测目标与类似事物在不同时间、地点、环境下具有相似的发展变化过程的特点，把已发生事物的表现过程类推到后发生或将发生的事物上去，从而对后继事物的前景做出预测的一种方法。对比类推预测法包括产品类推法、地区类推法和局部总体类推法。

7）主观概率预测法。主观概率是指根据分析者的主观判断而确定的事件发生的可能性的大小，反映个人对某件事的信念程度。主观概率是对经验结果所做主观判断的度量，也是个人信念的度量。

【提示】分析者的经验和其他信息是现实客观情况的具体反映，因此不能把主观概率看成纯主观的东西。任何客观概率在测定过程中也难免带有主观因素，因为在实际工作中所取得的数据资料很难达到大数定律的要求。所以，在现实中，既无纯客观概率，又无纯主观概率。

主观概率预测法又分为主观概率加权平均预测法和累计概率中位数预测法。

【例3-33】在企业价值评估中，经常会使用定性预测方法，它是指建立在经验、逻辑思维和推理基础上的预测方法，下列方法属于定性预测方法的是（　　）。

A. 一般调查预测法
B. 集体意见预测法
C. 头脑风暴预测法
D. 德尔菲预测法
E. 趋势外推法

【答案】ABCD

【解析】趋势外推法，也叫趋势延伸法，它是根据时间序列数据的变化规律（或趋势）加以延伸，对市场未来状况做出预测的方法，该方法属于时间序列预测法。

(2) 定量预测方法

1) 时间序列预测法

①平均预测法。平均预测法包括简单平均预测法和移动平均预测法。简单平均预测法又包括算术平均预测法、加权算术平均预测法和几何平均预测法，移动平均预测法包括一次移动平均预测法（简单移动平均预测法、加权移动平均预测法）及二次移动平均预测法等。

②指数平滑预测法。指数平滑预测法是一种特殊的加权平均法，其加权的特点是对离预测期较近的历史数据给予较大的权数，对离预测期较远的历史数据给予较小的权数，权数由近到远按指数规律递减。指数平滑预测法按时间数列资料被平滑的次数，可分为一次指数平滑法、二次指数平滑法和二次以上的多次指数平滑法。

③趋势外推法。它是根据时间序列数据的变化规律（或趋势）加以延伸，对市场未来状况做出预测的方法。必须满足两个条件：第一，预测对象的过去、现在和未来的客观条件基本保持不变，过去发生过的规律会延续到未来。第二，预测对象的发展过程是渐变的，而不是跳跃式的、大起大落。趋势外推法包括直线趋势外推预测法和曲线趋势外推预测法。

2) 回归分析预测法

回归分析预测法是从各种经济现象之间的相互关系出发，通过对与预测对象有联系的现象变动趋势的分析，推算预测对象未来数量状态的一种预测法。

回归分析预测法可根据自变量的个数分为一元回归分析预测法、二元回归分析预测法和多元回归分析预测法。据自变量和因变量之间是否存在线性关系，可分为线性回归预测和非线性回归预测。根据回归分析预测模型是否带虚拟变量，可分为普通回归分析预测模型和带虚拟变量的回归分析预测模型。普通回归分析预测模型的自变量都是数量变量。在带虚拟变量的回归分析预测模型中，自变量既有数量变量又有品质变量。根据回归分析预测模型是否用滞后的因变量作自变量，又可分为无自回归现象的回归分析预测模型和自回归预测模型。

【例3-34】企业价值评估中，下列关于主要预测方法说法正确的是（　　）

A. 定量预测方法是指建立在经验、逻辑思维和推理基础上的预测方法

B. 因素分析预测法具体包括因素列举归纳法、相关因素推断法和因素分解推断

C. 指数平滑预测法对离预测期较近的历史数据给予较小的权数，对离预测期较远的历史数据给予较大的权数，权数由近到远按指数规律递减

D. 因素列举归纳法，是凭借经济理论和实践经验，通过分析影响预测目标的各种因素的作用的大小与方向，对预测目标未来的发展变化做出推断的方法

【答案】B

【解析】A选项定性预测方法是指建立在经验、逻辑思维和推理基础上的预测方法。定性预测方法。定量预测方法是建立在统计学、数学、系统论、控制论、信息论、运筹学及计量经济学等学科基础上，运用方程、图表、模型和计算机仿真等技术进行预测的方法。C选项指数平滑预测法是对离预测期较近的历史数据给予较大的权数，对离预测期较远的历史数据给予较小的权数，权数由近到远按指数规律递减。D选项因素分析预测法，是凭借经济理论和实践经验，通过分析影响预测目标的各种因素的作用的大小与方向，对预测目标未来的发展变化做出推断的方法。

【知识点11】企业未来收益的具体预测（★★★）

1. 收益预测基础

(1) 历年及当期收益对未来收益的影响。对企业历年及当期收益应进行分析，并对非经常性收入和支出，以及非经营性资产、负债和溢余资产及其相关的收入和支出进行必要的调整。企业未来收益的预测，应以经调整后的企业历年及当期收益作为出发点。为较为客观地判断企业的正常盈利能力，还必须结合影响企业盈利能力的内部及外部因素进行分析。

(2) 新产权主体对未来收益的影响。企业的未来收益预测值能否考虑新产权主体的贡献或影响，取决于企业价值评估所确定的价值类型是市场价值还是投资价值。若企业价值类型为市场价值，只能基于企业现有产权主体的经营管理方式和能力，以企业存量资产为出发点，若为投资价值，则不仅要考虑企业现有产权主体的行为及存量资产的运作因素，而且还要考

虑新产权主体这一特定投资者对企业可能实施的影响而给企业带来的协同效应。

2. 收益预测的假设条件

企业未来收益预测的假设条件主要包括：（1）国家的政治、经济等政策变化对企业未来收益的影响，除已经出台未实施的以外，通常假定其将不会对企业未来收益构成重大影响；（2）不可抗拒的自然灾害或其他无法预期的突发事件，不作为企业收益的相关因素考虑；（3）企业经营管理者的某些个人行为也不在预测企业收益时考虑。

【提示】评估专业人员对企业未来收益预测的假设条件设定必须符合法律法规的规定并具有合理性，否则的话，这些假设条件不能构成合理预测企业未来收益的前提和基础。

3. 收益预测的表现形式

企业的收益预测不能简单地等同于企业利润表或现金流量表的编制，而是利用利润表或现金流量表的已有栏目或项目，通过对影响企业收益的各种因素变动情况的分析，在评估基准日企业收益水平的基础上，对利润表或现金流量表表内各栏目或项目进行合理测算、汇总分析得到所预测年份的各年企业收益。

【提示】用企业利润表或现金流量表来表现企业未来收益的结果，并不等于说企业未来收益预测就相当于企业利润表或现金流量表的编制。

4. 企业收益构成项目的预测

企业未来收益的预测，应在企业历年及当期调整后收益水平及发展趋势的基础上，结合企业的人力资源、技术水平、资本结构、经营状况、历史业绩、发展趋势，考虑宏观经济因素、所在行业现状与发展前景，合理确定评估假设，形成企业未来收益预测。

（1）营业收入的预测方法及注意事项。企业未来收益预测的关键目标均是合理预测出企业的营业收入。一般有以下两种不同的预测顺序：一是自上而下法，通过预测市场总量的大小，确定企业能够占有的市场份额，然后再预测销售单价，得出营业收入预测值，该方法是从市场总量入手预测市场渗透率、价格变化和市场份额；二是自下而上法，以企业现有客户的需求、客户流失率和潜在新客户的发展情况进行预测，该方法是将企业新增客户与现有客户结合起来进行预测的方法。

【提示】对营业收入预测所涉及的各项参数的估计和预测，均可分别选择定性预测方法或定量预测方法。

对营业收入预测应重点关注企业产品或服务的销售数量、销售单价及未来走势情况。如企业产品或服务的市场需求情况及未来变化趋势情况；消费群体的构成及未来变化情况；影响消费者消费的主要因素；企业产品或服务的生产要素情况（包括劳动力、资金、技术、生产或服务设施、原材料、能源供应情况等）及其与未来销售量变化的匹配关系；企业的产品开发和营销策略；企业产品或服务的定价方式；供需关系及未来变化趋势；价格需求弹性对企业营业收入的影响情况；企业未来销售价格的预测依据及同类企业竞争情况；企业营业收入预测值及增长率与企业未来经营状况趋势的对比情况；企业未来引入新产品或采取新的策略或淘汰老产品情况；企业预期的营业收入增长与行业增长率的对比情况；企业目前的市场份额及预测的变化趋势情况等。

【提示】对营业收入预测应重点关注企业产品或服务的销售数量、销售单价及未来走势情况。

【例3-35】在企业价值评估中，下列选项关于未来收益的具体预测说法正确的是（　　）。

A. 若企业价值类型为投资价值，则预测考虑的是企业现有产权主体经营管理方式和能力

B. 营业收入预测按照自上而下方法，从企业新增客户进行预测

C. 企业收入成本的结构较为稳定属于收益预测假设

D. 企业未来收益的预测，应以经调整后的企业历年及当期收益作为出发点

【答案】D

【解析】A选项中，若企业价值类型为投资价值，则不仅要考虑企业现有产权主体的行为及存量资产的运作因素，而且还要考虑新产权主体这一特定投资者对企业可能实施的影响而给企业带来的协同效应；B选项营业收入按照自上而下的预测方法从市场总量入手预测市场渗透率、价格变化和市场份额；C选项企业收入成本的结构较为稳定不属于收益预测假设。

(2) 成本费用的预测方法及注意事项。主要包括对营业成本、税金及附加、销售费用、管理费用、研发费用、财务费用、所得税费用等内容做出估计。可分别选择定性预测方法或定量预测方法。对可变成本费用的预测，通常基于企业历年及当期该成本费用项目与产量、销量、营业收入或其他相关参数之间的比例，选择恰当的定量预测方法进行预测。对固定成本费用的预测，通常以该固定成本费用在评估基准日的水平为基础，并经必要的调整（如非经营性资产对应的支出）。

【提示】固定成本费用只是在一定时期和一定范围内保持不变，超过一定时期或范围，固定成本费用将会发生变化。

【提示】通常不宜基于企业总成本费用与企业营业收入之间的比例关系笼统地对企业成本费用进行预测。

企业成本费用与企业收入之间的比例可能随着时间的改变而发生变化：第一，成本费用发生了变化，而企业收入保持不变。第二，成本费用没有发生变化，而企业收入发生了变化。第三，两者同时发生同向变化，但两者变化幅度有明显差异。第四，二者同时发生反向变化。

成本费用预测具体注意：预测产品或服务的成本费用结构（人工成本、材料成本、制造费用、变动成本、固定成本）与历史数据的对比情况；预测的毛利率与历史毛利率的对比情况；预测的毛利率与行业中其他企业的毛利率水平的对比情况；企业未来产品结构的变化情况及其对成本结构的影响；企业历史及未来各项变动成本费用占收入的比例的对比情况；企业未来收益与企业未来实行的会计政策和税收政策保持一致的情况等。

【提示】对成本费用预测应重点关注企业成本费用变化的规律及其与营业收入的关系。

(3) 资本性支出的预测方法及注意事项。资本性支出包括两类：一是为了弥补企业现有生产能力对应资产的损耗而作出的维修或以旧换新等投资，称作存量资本性支出或更新资本性支出；二是为了扩大企业生产能力而新增的投资，称作增量资本性支出或新增资本性支出。

对资本性支出预测应重点关注企业未来的资本性支出与企业生产能力、企业预计产量之间的匹配关系。在详细预测期，若企业预计产量高于评估基准日的企业生产能力，则资本性支出不仅包括存量资本性支出，也包括增量资本性支出；若企业预计产量低于评估基准日企业生产能力，则资本性支出仅包括存量资本性支出。在稳定期，若企业的收益预计按一定金额或一定比例持续增长且该增长有赖于企业生产能力的不断扩大，则资本性支出不仅包括存量资本性支出，也包括增量资本性支出；若企业的生产能力和收益均预计保持平稳，则资本性支出仅包括存量资本性支出。

【提示】若企业收益期为无限年期，该企业稳定期的资本性支出，不宜简单采用详细预测期最后一年的预测值，一般可通过年金化法进行测算。

对资本性支出的预测，还需注意：预测的资本性支出的具体构成情况（用于扩大再生产的资本性支出、用于更新现有固定资产的资本性支出）；预测的资本性支出的预测依据和测算过程（总投资额、投资明细、分年度投资额、投产时间和投产后的收益等的预测依据以及审核批准情况）；预测用于更新现有固定资产的资本性支出所采用的经济寿命年限与行业惯例的对比情况；企业为满足资本性支出所需要准备的资金情况等。

(4) 营运资金的预测方法及注意事项。营运资金是经营营运资金的简称，是指经营性流动资产与经营性流动负债的差额。可选择定性或定量预测方法进行预测。

【提示】对营运资金预测应重点关注营运资金与企业生产和销售规模的关系。如：预测营运资金水平与企业经营预测情况（业务经营模式、结算方式、信用账期）的匹配关系；企业营运资金涉及项目（存货、应收账款、应付账款）的周转天数计算方法；最佳现金持有量的计算方法；详细预测期营运资金水平与预测的企业增长情况的相关关系；企业为满足营运资金增加额所需要准备的资金情况等。

(5) 收益期是有限期时现金流量预测的注意事项。当企业收益期为有限期时，不仅要对详细预测期里每年持续经营所产生的现金流量进行逐年预测，还需预测企业经营到期时残余资产的价值，作为收益结束日当年可回收的现金流量。详细预测期现金流量现值和到期时可回收现金流量现值之和即为被评估企业经营性资产和负债的价值。

【例3-36】企业价值评估中，下列关于企业收益构成项目的预测说法正确的是（　　）。

A. 收益期为有限期时，仅需要对详细预测期里每年持续经营所产生的现金流量进行逐年预测

B. 收益期为无限期时，企业稳定期的资本性支出，采用简单采用详细预测期最后一年的预测值

C. 对固定成本费用的预测，通常以该固定成本费用在评估基准日的水平为基础，并经必要的调整

D. 成本预测分析只能采用定量的预测方法进行预测

【答案】C

【解析】A选项为收益期为有限期时，不仅要对详细预测期里每年持续经营所产生的现金流量进行逐年预测，还需预测企业经营到期时残余资产的价值，作为收益结束日当年可回收的现金流量。B选项收益为无限期时，该企业稳定期的资本性支出，不宜简单采用详细预测期最后一年的预测值，而一般可通过年金化法进行测算。D选项，成本预测分别选定定性预测方法或定量预测方法。

5. 收益预测合理性的分析

对企业未来收益的初步预测结果进行检验和分析，通常可以从以下几个方面进行：第一，将详细预测期企业收益的发展方向和变化趋势与企业历史收益进行对比。如预测的结果与企业历史收益的平均趋势明显不符，或出现较大变化又无充分理由加以支持，则该预测的合理性值得怀疑。第二，对影响企业价值的敏感性因素进行严格检验。敏感性因素通常具有两方面的特征：一是该类因素未来存在多种变化；二是该类因素的小幅变化就会对企业价值产生明显影响。第三，对所预测的企业收入与成本费用变化的一致性进行检验。成本费用中的可变成本与收入之间往往呈现较强的相关性，成本费用中的固定成本虽与收入之间并无明显的相关性，但也会受企业规模的影响。若企业未来的收入变化而成本费用并无变化，则该预测值不合理。第四，将收益法评估结果与其他方法的评估结果进行比较，进而对收益预测值的合理性做出检验。

【例3-37】企业价值评估中，下列关于收益预测合理性的说法正确的是（　　）。

A. 详细预测期企业收益与企业历史收益进行对比意义不大

B. 影响企业价值的敏感性因素一般存在该因素的未来方向变化和幅度变化

C. 企业收入与成本费用一般不存在较强的相关性

D. 得出收益法的评估结果后，一般没必要将收益法评估结果与其他方法评估结果进行比较

【答案】B

【解析】A选项中，将详细预测期企业收益的发展方向和变化趋势与企业历史收益进行对比。C选项中，对所预测的企业收入与成本费用变化的一致性进行检验。成本费用中的可变成本与收入之间往往呈现较强的相关性，成本费用中的固定成本虽与收入之间并无明显的相关性，但也并非一成不变的，也会受企业规模的影响。若企业未来的收入变化而成本费用并无变化，则该预测值不合理。D选项，将收益法评估结果与其他方法的评估结果进行比较，进而对收益预测值的合理性做出检验。

【例3-38】企业价值评估中，下列关于未来收益预测说法正确的有（　　）。

A. 投资价值类型的企业估值中，在进行收益预测时还需要考虑新产权主体对未来收益的影响

B. 通常可以基于企业总成本费用与企业营业收入之间的比例关系笼统地对企业成本费用进行预测

C. 企业未来收益的预测，应以经调整后的实际收益作为出发点

D. 企业的收益预测等同于企业利润表或现金流量表的编制

E. 不可抗拒的自然灾害或其他无法预期的突发事件，不作为企业收益的相关因素考虑是未来收益预测的假设条件

【答案】ACE

【解析】B选项，通常不宜基于企业总成本费用与企业营业收入之间的比例关系笼统地对企业成本费用进行预测。企业成本费用与企业收入之间的比例可能随着时间的改变而发生变化。D选项企业的收益预测不能简单地等同于

企业利润表或现金流量表的编制，而是利用利润表或现金流量表的已有栏目或项目，通过对影响企业收益的各种因素变动情况的分析，在评估基准日企业收益水平的基础上，对利润表或现金流量表表内各栏目或项目进行合理测算、汇总分析得到所预测年份的各年企业收益。

【例 3-39】在进行企业价值评估时，对未来的收益进行预测时，下列说法正确的有（　　）。

A. 若企业价值类型为投资价值，只能基于企业现有产权主体的经营管理方式和能力，以企业存量资产为出发点

B. 资本性支出预测应重点关注企业未来的资本性支出与企业生产能力、企业预计产量之间的匹配关系

C. 若企业收益期为无限年期，该企业稳定期的资本性支出不宜简单采用详细预测期最后一年的预测值，一般可通过年金化法进行测算

D. 营业收入预测应重点关注企业产品或服务的销售数量、销售单价及未来走势情况

E. 成本费用预测应重点关注企业成本费用变化的规律及其与营业收入的关系

【答案】BCDE

【解析】若企业价值类型为市场价值，只能基于企业现有产权主体的经营管理方式和能力，以企业存量资产为出发点，所以 A 选项错误。

【知识点 12】折现率的确定（★★）

从本质上讲，折现率是一种期望投资报酬率，是投资者在投资风险一定的情况下，对投资所期望的回报率，即投资者要求的报酬率。折现率由无风险报酬率和风险报酬率组成。

无风险报酬率是指没有投资限制和障碍，任何投资者都能投资并能够获得的投资报酬率，是对资金时间价值的转换和反映。风险报酬率是对投资风险的一种补偿，由于不确定性的存在和人们风险回避的态度，需要对投资风险给予一定的补偿。

【提示】从数量上看，风险报酬率是超过无风险报酬率的那部分投资报酬率。

如果一项投资的收益恒定不变且永续存在，则该项投资的现值即等于年度收益除以折现率，此时的折现率即为资本化率。

折现率与收益口径的匹配关系如表 3-1 所示。

表 3-1　折现率与收益口径的匹配关系表

收益口径	匹配的折现率	对收益折现得出的价值内涵
权益投资形成的税后收益，如净利润、股权自由现金流量	税后的股权资本成本	股东全部权益价值
全投资形成的税后收益，如息前税后利润、企业自由现金流量	根据税后股权资本成本和税后债务资本成本计算的加权平均资本成本	企业整体价值
权益投资形成的税前收益，如利润总额	税前的股权资本成本	股东全部权益价值
全投资形成的税前收益，如息税前利润	根据税前股权资本成本和税前债务资本成本计算的加权平均资本成本	企业整体价值

【提示】要求资本化率的口径应当与年投资收益的口径保持一致。

【提示】资本化率是一种特殊的折现率，资本化率与投资收益、投资现值的关系：产生收益的投资的现值 = 年投资收益 ÷ 资本化率。

【例 3-40】折现率是企业价值评估中的重要参数，下列选项对企业价值评估有关折现率说法正确的是（　　）。

A. 股权折现率由无风险报酬率和风险报酬率组成

B. 息前税后利润对应折现率为税前股权资本成本和税前债务资本成本计算的加权平均资本成本

C. 折现率本质上是一种期望报酬率

D. 折现率应当与收益口径相匹配

E. 折现率就是资本化率

【答案】ACD

【解析】息前税后利润对应税后股权资本成本和税后债务资本成本计算的加权平均资本成本，所以 B 选项错误。折现率与资本化率存在差异。

【例 3-41】从折现率与投资收益、投资现值的关系看，折现率的口径应当与投资收益的口径保持一致，下列选项有关收益口径、折现

率与价值内涵说法正确的是（　　）。

A. 净利润采用税后的股权资本成本折现可以得出股东全部权益价值

B. 息前税后利润采用税前股权资本成本和税前债务资本成本计算的加权平均资本成本，可以得出企业整体价值

C. 利润总额采用税前的股权资本成本可以得出股东全部权益价值

D. 息税前利润采用税前股权资本成本和税前债务资本成本计算的加权平均资本成本，可以得出企业整体价值

E. 权益投资形成的税后收益采用税前的股权资本成本可以得出股东全部权益价值

【答案】ACD

【解析】

收益口径	匹配的折现率	对收益折现得出的价值内涵
权益投资形成的税后收益，如净利润、股权自由现金流量	税后的股权资本成本	股东全部权益价值
全投资形成的税后收益，如息前税后利润、企业自由现金流量	根据税后股权资本成本和税后债务资本成本计算的加权平均资本成本	企业整体价值
权益投资形成的税前收益，如利润总额	税前的股权资本成本	股东全部权益价值
全投资形成的税前收益，如息税前利润	根据税前股权资本成本和税前债务资本成本计算的加权平均资本成本	企业整体价值

【知识点13】股权资本成本（★★★）

测算股权资本成本的常用方法有资本资产定价模型、套利定价模型、三因素模型和风险累加法。

1. 资本资产定价模型（CAPM）

（1）资本资产定价模型的计算公式

$R_e = R_f + \beta \times (R_m - R_f) + R_S$

式中，R_e为股权资本成本；R_f为无风险报酬率；β为企业风险系数，指相对于市场收益率的敏感度；R_m为市场的预期报酬率；$R_m - R_f$为市场风险溢价；R_S为企业特有风险调整系数。

1）无风险报酬率（R_f）

无风险报酬率是投资无风险资产所获得的投资回报率，表示即使在风险为零时，投资者仍期望就资本的时间价值获得的补偿。无风险（或风险为零）必须具备两个条件：一是没有违约风险或违约风险可以忽略，投资者可以毫无损失地获得投资本金和投资收益；二是没有投资和再投资风险，能够在特定时间内按预期完成投资或再投资。

在企业价值评估中，国际上通行的做法是参考不存在违约风险的政府债券利率确定，通常不宜选择短期债券利率作为无风险报酬率，理想的做法是对应每一个现金流量使用一个到期日与之相同的政府债券利率。国际上，企业价值评估中最常选用的为10年期政府债券利率。不同年份发行的、票面利率和计息期不等的上市债券，根据当前市价和未来现金流量计算的到期收益率只有很小的差别。各种长期政府债券的到期收益率与票面利率会有很大区别。

【提示】通常不适宜选用票面利率作为无风险报酬率，而是选取与企业收益期相匹配的中长期国债的市场到期收益率；应当选择上市交易的政府长期债券的到期收益率作为无风险报酬率的代表。

在我国企业价值的评估实务中，通常收益期在10年以上的企业选用距评估基准日10年的长期国债到期收益率，收益期在10年以下的企业选用距评估基准日对应年限的长期国债到期收益率。

2）β系数

资本市场理论把风险分为系统风险和非系统风险。系统风险由综合因素导致，个别企业或投资者无法通过多样化投资予以分散。非系统风险由单个的特殊因素所引起，这些特殊因素的发生是随机的，因此可以通过多样化投资来分散。

β系数是衡量一种证券或一个投资组合相对于总体市场的波动性的一种风险评价工具，是衡量系统风险的指标。一般来说，一个公司β系数的大小取决于该公司的业务类型、经营杠杆和财务杠杆等因素。

【提示】在其他因素相同的情况下，周期性公司的β系数高于非周期性公司，经营杠杆较高的公司的β系数高于经营杠杆较低的公司，

财务杠杆较高的公司的 β 系数也高于财务杠杆较低的公司。

股票的 β 系数计算公式为：

$$\beta_i = \frac{Cov(R_i, R_m)}{\sigma_m^2}$$

式中，$Cov(R_i, R_m)$ 为一定时期内股票 i 的收益率和市场收益率的协方差；σ_m^2 为一定时期内市场收益率的方差。

采用上述回归分析方法计算 β 系数，影响 β 系数的因素主要有三个：一是反映股票市场整体价格水平的指数种类的选择，选择的市场指数应该具有充分的代表性，以保证反映整个市场的价格动向。二是观察间隔期的选择，一般采用周或者月度的数据。三是样本期间长度的选择。一般情况下，公司风险特征无重大变化时，可以采用 5 年或更长的样本期间长度；如果公司风险特征发生重大变化，应当使用变化后的年份作为样本期间长度。

评估实务中，对非上市公司进行评估时，一般是通过在公开交易市场中选择与被评估企业类似的公司作为可比公司，用可比公司的 β 系数并经一定的调整后间接地得出非上市公司的 β 系数。主要步骤是：

首先，估算可比上市公司的原始 β 系数。采用回归分析法计算可比公司的 β 系数，也可以通过一些专业财经资讯平台、证券投资机构、投资咨询机构所发布的数据产品中查询可比公司的 β 系数。

其次，对可比上市公司的原始 β 系数进行必要的调整，得出可比上市公司调整后 β 系数。

再次，将可比上市公司调整后 β 系数去财务杠杆，得出可比上市公司调整后无财务杠杆 β 系数。调整公式如下：

$$\beta_u = \frac{\beta_l}{1 + (1-T) \times \frac{D_i}{E_i}}$$

式中，β_u 为可比上市公司调整后无财务杠杆 β 系数；β_l 为可比上市公司调整后有财务杠杆 β 系数；T 为企业所得税税率；D_i 为可比公司的付息债务；E_i 为可比公司的股权资本。

最后，根据可比上市公司调整后无杠杆 β 系数和被评估企业的资本结构，计算得出被评估企业的有财务杠杆 β 系数。计算公式如下：

$$\beta_e = \beta_u \times \left[1 + (1-T) \times \frac{D_m}{E_m}\right]$$

式中，β_e 为被评估企业有财务杠杆 β 系数；D_m 为被评估企业的付息债务；E_m 为被评估企业的股权资本。

【提示】被评估企业的资本结构通常不宜直接采用被评估企业的历史或评估基准日的资本结构，而应选择目标资本结构。最终确定的资本结构应是能反映企业整个收益期内的综合预期水平。

【例 3-42】企业价值评估中，有时需要测算非上市公司的 β 系数，下列关于测算非上市公司的 β 系数步骤中顺序正确的是（　　）。

①可比上市公司的原始 β 系数进行必要的调整，得出可比上市公司调整后 β 系数；②将可比上市公司调整后 β 系数去财务杠杆，得出可比上市公司调整后无财务杠杆 β 系数；③根据可比上市公司调整后无杠杆 β 系数和被评估企业的资本结构，计算得出被评估企业的有财务杠杆 β 系数；④估算可比上市公司的原始 β 系数

A. ④①②③　　B. ④②①③
C. ②③①④　　D. ②④①③

【答案】A

【解析】计算非上市公司 β 系数，正确步骤顺序为：首先，估算可比上市公司的原始 β 系数。其次，对可比上市公司的原始 β 系数进行必要的调整，得出可比上市公司调整后 β 系数。再次，将可比上市公司调整后 β 系数去财务杠杆，得出可比上市公司调整后无财务杠杆 β 系数。最后，根据可比上市公司调整后无杠杆 β 系数和被评估企业的资本结构，计算得出被评估企业的有财务杠杆 β 系数。

3）市场风险溢价

市场风险溢价也称为股权超额风险回报率，是对于一个充分风险分散的市场投资组合，投资者所要求的高于无风险报酬率的回报率。目前国际上的估算方法主要有三类：

①面向未来的方法（贴现现金流量法），是根据已知估值结果反向推算市场风险溢价的方法，但不同的预测方法往往会产生很大的差异。

②基于当前的方法（回归分析），基于当前的测算方法通常是把当前的市场变量（如股息额—股价比）彼此联系起来进行回归分析，以预测市场风险溢价。

③基于历史的方法（收益变现法）。是运用

历史收益来估计未来收益，运用投资者在一些持有期已经实现的平均收益溢价来计算。

在实务中，基于历史的收益变现法运用较为普遍，应注意以下两个问题：一是时间跨度的选择，应选择较长的时间跨度。二是权益市场平均收益率是选择算术平均数还是几何平均数，多数人倾向于采用几何平均法。

【提示】一般情况下，几何平均法得出的预期风险溢价比算术平均法要低一些。

【例3-43】已知被评估企业的β系数为1.2，资本结构为付息债务占50%，股权资本占50%，目标公司A的资本结构为付息债务占60%，股权资本占40%，可比公司和目标公司的所得税税率均为25%。则目标公司A的β值为（　　）。

A. 1.52　　　　　B. 1.47
C. 0.75　　　　　D. 0.69

【答案】B

【解析】可比公司B的无财务杠杆β值为：

$$\beta_u = \frac{\beta_l}{1+(1-T) \times \frac{D_i}{E_i}}$$

$$= \frac{1.2}{1+(1-25\%) \times \frac{0.5}{0.5}} = 0.69$$

目标公司的β值为：

$$\beta_e = \beta_u \times \left[1+(1-T) \times \frac{D_m}{E_m}\right] = 0.69$$

$$\times \left[1+(1-25\%) \times \frac{0.6}{0.4}\right] \approx 1.47$$

4）企业特定风险调整系数

企业特定风险调整系数是衡量被评估企业与可比上市公司风险差异的一个指标。不同企业之间β系数的差异，不仅受财务杠杆差异的影响，而且会受到不同企业在业务类型、企业发展阶段、行业竞争地位、经营杠杆等其他因素方面存在差异的影响，所以要进行特定风险的调整。

与可比上市公司相比，被评估企业的特定风险因素主要包括企业规模、企业所处经营阶段、主要产品所处的发展阶段、企业经营业务或产品的种类及区域分布、企业历史经营状况、企业内部管理和控制机制、管理人员的经验与资历、对主要客户及供应商的依赖等。

【例3-44】已知被评估企业的β系数为1.2，市场期望报酬率为11.5%，无风险报酬率为4%，企业特定风险调整系数为2%，则被评估企业的股权资本成本为（　　）。

A. 11%　　　　　B. 15%
C. 13%　　　　　D. 13.9%

【答案】B

【解析】$R_e = 4\% + 1.2 \times (11.5\% - 4\%) + 2\% = 15\%$

（2）资本资产定价模型的适用性

资本资产定价模型通过β系数的引入，能够衡量企业的超额收益对于市场超额收益的敏感程度，较好地解释了企业风险与其未来收益之间的关系。但资本资产定价模型的基本假设主要包括市场的信息是完全充分的和对称的、金融市场是完全有效的、理性预期成立、投资者属于风险厌恶等内容，这些基本假设在整体市场、特定企业中难以完全满足，使得资本资产定价模型受到一定的挑战。

【提示】当企业所属经济环境内的资本市场数据充分，且可找到与目标企业可比的上市公司数据时，可选用资本资产定价模型测算股权资本成本。

【例3-45】资本资产定价模型是测算股权资本成本的重要模型，下列选项中，有关资本资产定价模型说法正确的是（　　）。

A. 企业价值评估中，通常可以选择短期债券利率作为无风险报酬率

B. 资本资产定价模型通过β系数的引入，能够衡量企业的超额收益对于市场超额收益的敏感程度，较好地解释了企业风险与其未来收益之间的关系

C. β系数是衡量非系统风险的指标

D. 无风险报酬率时，通常可以使用上市交易的政府长期债券的票面利率

【答案】B

【解析】企业价值评估中，通常不宜选择短期债务利率作为无风险报酬率，并且无风险报酬率可以使用上市交易的政府长期债券的到期收益率，而不是票面利率，所以A选项以及D选项错误。β系数衡量系统风险的指标，所以C选项错误。

2. 套利定价模型

（1）套利定价模型的计算公式

该模型以收益率形成过程的多因子模型为

基础，认为证券收益率与一组因子线性相关，这组因子代表资产收益率的一些基本因素，且假设均衡中的资产收益取决于多个不同的外生因素。套利定价模型拓展了更多影响风险资产收益的因素，并根据无套利原则，得到风险资产均衡收益与多个因素之间存在线性关系的结论。则有：

$$E(r_i) = \lambda_0 + \beta_{i_1}\lambda_1 + \beta_{i_2}\lambda_2 + \cdots + \beta_{ik}\lambda_k$$

上式中，$E(r_i)$ 为资产 i（$i=1,2,\cdots,n$）的预期报酬率；λ_0 为零系统风险（$\beta_{i_1} = \beta_{i_2} = \cdots = \beta_{ik} = 0$）资产或零 β 组合的期望收益率；λ_j 为（$j=1,2,\cdots,k$）k 个相互独立的因子风险溢价；β_{ij} 为第 j 个风险溢价和资产 i 之间的定价关系，反映资产 i 对于第 j 个影响因素的敏感度。

如果市场有无风险资产，则上式即为套利定价模型。套利定价模型的公式如下：

$$E(r_i) = r_f + \beta_{i_1}\lambda_1 + \beta_{i_2}\lambda_2 + \cdots + \beta_{ik}\lambda_k$$

或：

$$E(r_i) = r_f + \beta_{i_1}(\delta_1 - r_f) + \beta_{i_2}(\delta_2 - r_f) + \cdots + \beta_{ik}(\delta_k - r_f)$$

上式中：r_f 为无风险报酬率；δ_j 为（$j=1,2,\cdots,k$）因素 j 对应的因素资产收益率。

筛选通常采用以下两种方法：一是采用因素分析或主成分分析的统计方法求解真正独立的理想状态的共同因素；二是人为设定一组宏观经济变量，用这些变量对资产收益率进行回归，并通过拟合程度的显著性检验确定最终的共同因素。

【提示】建立套利定价模型的关键在于影响风险资产收益因素的筛选。

（2）套利定价模型的适用性

在某种意义上，套利定价模型是资本资产定价模型（单变量）的多变量扩展形式，或者说资本资产定价模型可看成是套利定价模型的特例。但是，套利定价模型在实务中尚未被广泛采用，其原因主要有：①套利定价模型虽然指出了通过多种因素判断系统风险的思路，但并没有归纳出具体的变量或因素，也没有指出哪些变量或因素是最有效的；②套利定价模型的运用过程较为复杂，因为不同因素的 β 系数比单因素的 β 系数更难确定。

【例3-46】套利定价模型是测算股权资本成本的模型之一，下列选项中，有关套利定价模型说法正确的是（　　）。

A. 套利定价模型（APT）是由罗斯（Stephen A. Ross）于1986年提出

B. 当且仅当期望收益率是敏感性的线性函数时，才会存在套利机会，此时市场是不均衡的

C. 每项资产的期望收益率都可以表示成无风险报酬率和该资产对多个共同因子风险溢价的线性组合

D. 套利定价模型的关键在于影响因素，该模型已经确定了影响证券的具体因素及数量

【答案】C

【解析】套利定价模型（APT）是由罗斯（Stephen A. Ross）于1976年提出的，当且仅当期望收益率是敏感性的线性函数时，不存在套利机会，这时市场达到均衡。资产的期望收益率是建立在资产的因子敏感系数和因子的风险溢价之上的，每项资产的期望收益率都可以表示成无风险报酬率和该资产对多个共同因子风险溢价的线性组合。套利定价模型虽然较为全面地解释了收益率，在形式上能更好地依靠数理统计，但该模型并没有指出影响证券的具体因素及数量。

3. 三因素模型

三因素模型认为，一个投资组合（包括单个股票）的超额回报率按照以下三个因素进行回归计算得出：市场的超额回报率、期望的规模风险溢价、期望的价值风险溢价。

（1）三因素模型的计算公式

$$E(r_i) = r_f + (B_i \times ERP) + (s_i \times SMBP) + (b_i \times HMLP)$$

上式中，$E(r_i)$ 为目标证券 i 的预期报酬率；r_f 为无风险报酬率；B_i 为公司 i 的 β 系数，并不等同于资本资产定价模型中的 β 系数；ERP 为市场风险溢价；s_i 为股票的预期报酬率对于公司大小的敏感程度；$SMBP$ 为期望的规模风险溢价，用小规模股票市值组合与大规模股票市值组合的历史年回报率的差额进行估计；b_i 为股票的预期报酬率对于账面价值市值比的敏感程度；$HMLP$ 为期望的价值风险溢价，用高账面价值市值比相对于低账面价值市值比的超额回报率。

（2）三因素模型的适用性

相比于套利定价模型在变量选择方面的随意性和主观性，三因素模型实证性检验了许多

因素之后才发现能够解释目标证券期望回报率的三个因素。明确指出了公司收益率的决定因素，运用历史数据，根据目标公司的收益率以及市场收益率、规模因素模拟组合收益率、账面价值市值比因素模拟组合收益率，就可以回归求出相应的β系数。

4. 风险累加法

（1）风险累加法的计算公式

风险累加法求取股权资本成本的思路是股权资本成本等于无风险报酬率加上各种风险报酬率。

其计算公式为：

$R_e = R_f + R_r$

上式中，R_e 为股权资本成本；R_f 为无风险报酬率；R_r 为风险报酬率。

或者

风险报酬率 = 行业风险报酬率 + 经营风险报酬率 + 财务风险报酬率 + 其他风险报酬率

行业风险主要指企业所在行业的市场特点、投资开发特点，以及国家产业政策调整等因素造成的行业发展不确定性给企业未来收益带来的影响。

经营风险是指企业在经营过程中，由于市场需求变化、生产要素供给条件变化以及同类企业间的竞争给企业的未来收益带来的不确定性影响。

财务风险是指企业在经营过程中的资金融通、资金调度、资金周转可能出现的影响企业未来收益的不确定性因素。

其他风险是指除行业风险、经营风险、财务风险以外的企业其他个别风险。

【提示】运用风险累加法估算股权资本成本，关键在于企业所面临的各种风险报酬率的确定。

（2）风险累加法的适用性

风险累加法比较直观地反映了资本成本的组成内容。由于各项风险报酬率的量化主要依赖经验判断，粗略性和主观性明显。只有在评估专业人员充分了解和掌握国民经济的运行态势、行业发展方向、市场状况、同类企业竞争情况以及被评估企业的特征的基础上，进行判断才可能较为合理。

【例3-47】风险累加法是测算股权资本成本的方法，下列选项中，有关风险累加法说法不正确的是（　　）。

A. 风险累加法求取股权资本成本的思路是股权资本成本等于无风险报酬率加上各种风险报酬率

B. 风险累加法中风险报酬率 = 行业风险报酬率 + 经营风险报酬率 + 财务风险报酬率 + 其他风险报酬率

C. 风险累加法中无风险报酬率和风险溢价是资本成本的两个主要构成成分

D. 风险累加法中经营风险是指企业在经营过程中的资金融通、资金调度、资金周转可能出现的影响企业未来收益的不确定性因素

【答案】D

【解析】经营风险是指企业在经营过程中，由于市场需求变化、生产要素供给条件变化以及同类企业间的竞争给企业的未来收益带来的不确定性影响。财务风险是指企业在经营过程中的资金融通、资金调度、资金周转可能出现的影响企业未来收益的不确定性因素。

【知识点14】加权平均资本成本（★★★）

加权平均资本成本是股权资本成本和债务资本成本综合而成。

1. 债务资本成本

债务资本成本是被评估企业融资时所发行债券、向银行借款、融资租赁等所借债务的成本，也是被评估企业的债权投资者投资被评估企业所期望得到的投资回报率。债务资本成本主要受即期利率水平、企业违约风险以及贷款期限的长短等因素的影响。

（1）估算债务资本成本的主要方法

1）基于银行贷款利率估算债务资本成本

以评估基准日现行的银行贷款利率市场行情结合被评估企业的偿债能力，估算债务资本成本。

在基于银行贷款利率估算债务资本成本过程中，通常可在全国银行间同业拆借中心公布的贷款市场报价利率基础上，考虑被评估企业的贷款期限、经营业绩、资本结构、信用等级、抵质押情况及第三方担保等情况后，综合进行分析和判断。

【提示】在基于银行贷款利率估算债务资本成本过程中，不宜直接将贷款市场报价利率（LPR）作为被评估企业的债务资本成本。但中国人民银行授权全国银行间同业拆借中心公布

的贷款市场报价利率仍然具有较强的导向和信号作用。

2）基于企业债券利率估算债务资本成本

以评估基准日企业发行债券的到期回报率为基础估算债务资本成本。

这种方法要求具有较为发达的债券交易市场。如果企业目前有上市的长期债券，则可使用到期收益率法计算税前债务资本成本。如果企业没有上市债券，通常需要在债券市场上找到与被评估企业类似的债券发行主体企业发行的债券作为参照，计算参照债券的到期回报率，并经适当修正后，得出被评估企业债券的期望投资回报率。

目前在美国主要有标准普尔公司和穆迪投资服务公司提供评级服务。标准普尔公司信用等级标准由高到低划分为 AAA 级、AA 级、A 级、BBB 级、BB 级、B 级、CCC 级、CC 级、C 级和 D 级；穆迪投资服务公司信用等级标准由高到低划分为 Aaa 级、Aa 级、A 级、Baa 级、Ba 级、B 级、Caa 级、Ca 级、C 级和 D 级。

3）风险调整法

在同期国债到期收益率的基础上加上企业的信用风险补偿率。

债务资本成本 = 国债到期收益率 + 企业的信用风险补偿率

企业的信用风险补偿率的大小可以根据信用级别来估计。具体做法如下：

①选择若干信用级别与被评估企业相同的上市公司债券；

②计算这些上市公司债券的到期收益率；

③计算与这些上市公司债券同期的国债到期收益率；

④计算上述两个到期收益率的差额，即信用风险补偿率；

⑤计算信用风险补偿率的平均值，作为被评估企业的信用风险补偿率。

（2）估算债务资本成本的注意事项

在估算债务资本成本时，应考虑企业融资过程中需要支付的各项成本费用，避免遗漏。债务资本成本作为财务费用在税前进行列支，债务的税后成本是税率的函数，而究竟要选择税前债务资本成本还是税后债务资本成本，取决于对应的利息支出额的口径。

【提示】按债务资本成本是否考虑抵税作用的影响，可以将债务资本成本区分为税前债务资本成本（不考虑节税效应）和税后债务资本成本（考虑节税效应），两者的转换公式为：税后债务资本成本 = 税前债务资本成本 ×（1 − 企业所得税税率）。

【例 3 − 48】甲公司采用风险调整法估计债务成本，在选择上市公司债券以确定信用风险补偿率时，应当选择（　　）。

A. 与本公司债券期限相同的债券

B. 与本公司信用级别相同的债券

C. 与本公司所处行业相同的公司债券

D. 与本公司商业模式相同的公司债券

【答案】B

【解析】信用风险的大小可以用信用级别来表示，因此应选择若干信用级别与本公司相同的上市的公司债券。

【例 3 − 49】债务资本成本是企业价值评估中需要测算的参数之一，下列各项中不属于对债务资本成本进行估算的方法是（　　）。

A. 基于银行贷款利率估算法

B. 基于企业债券利率估算法

C. 资本资产定价模型估算法

D. 风险调整法估算法

【答案】C

【解析】对债务资本成本进行估算主要有基于银行贷款利率进行估算、基于企业债券利率进行估算以及风险调整法这三种方法。

【例 3 − 50】企业价值评估中，债务资本是重要的参数之一，下列有关债务资本说法不正确的是（　　）。

A. 一般而言企业债务资本成本率高于银行贷款利率或债券票面利率

B. 债务资本成本作为财务费用在税前进行列支，债务的税后成本是税率的函数

C. 利息的抵税作用使得债务的税后成本低于税前成本

D. 在运用收益法的过程中，究竟要选择税前债务资本成本还是税后债务资本成本，取决于债权人的要求

【答案】D

【解析】在运用收益法的过程中，究竟要选择税前债务资本成本还是税后债务资本成本，取决于对应的利息支出额的口径。若对企业支付给债权投资者的利息金额进行折现，应采用

税前债务资本成本；若对企业承担的税后利息费用进行折现，则应采用税后债务资本成本。

2. 优先股资本成本

优先股是指依照公司法，在一般规定的普通种类股份之外，另行规定的其他种类股份，其股份持有人优先于普通股股东分配公司利润和剩余财产，但参与公司决策管理等权利受到限制。

优先股资本成本主要根据其股息率进行测算，具体公式如下：

$$R_p = \frac{D}{P_0(1-f)}$$

式中，R_p 为优先股的资本成本率；D 为每年支付的优先股股利；P_0 为优先股的筹资总额；f 为优先股的筹资费率。

【提示】优先股资本成本一方面体现了优先股股东可以优先分配公司利润和剩余财产所对应的收益风险水平，另一方面也要体现对优先股股东因参与公司决策管理等权利受到限制而应当给予的补偿因素。

【例3-51】公司现有优先股：面值100元，股息率10%，每季付息的永久性优先股。其当前市价116.79元。如果新发行优先股，需要承担每股2元的发行成本，则该公司发行优先股的资本成本为（ ）。

A. 9.01% B. 2.18%
C. 4.41% D. 6.68%

【答案】A

【解析】$100 \times 10\% = 10$（元），每季度股利 $= 10 \div 4 = 2.5$（元）；季度优先股成本 $= 2.5 \div (116.79 - 2) = 2.18\%$；年优先股成本 $= (1 + 2.18\%)^4 - 1 = 9.01\%$。

估算优先股资本成本的注意事项：优先股资本成本通常用优先股的市场利率表示。如无法直接获取市场利率，可通过可比风险的上市公司的优先股收益率，并经必要修正后，测算被评估企业的优先股资本成本。

【提示】优先权所针对事项的不同，可以将优先股进一步区分为表决权优先股、公司盈余分配优先股以及公司剩余财产分配优先股等。

【例3-52】优先股是指其股东在公司盈余分配、公司剩余财产分配以及表决权行使等方面不同于普通股的股东，下列选项中有关优先股说法不正确的是（ ）。

A. 股份持有人优先于普通股股东分配公司利润和剩余财产，但参与公司决策管理等权利受到限制

B. 优先股股东按照约定的票面股息率，优先于普通股股东分配公司利润

C. 公司应当以现金的形式向优先股股东支付股息，在完全支付约定的股息之前，不得向普通股股东分配利润

D. 优先股股东对公司的利润和剩余财产分配方面优于普通股股东，所以优先股资本成本通常也高于普通股资本成本

【答案】D

【解析】优先股股东对公司的利润和剩余财产分配方面优于普通股股东，优先股股东获得回报的风险较低，按风险与收益对等的原则，相应地，优先股资本成本通常也低于普通股资本成本。

3. 加权平均资本成本

加权平均资本成本也称为全投资折现率，是指将企业来自于各种渠道的资本成本，按照各自在总资本中的比重进行加权平均。即企业股权资本成本与债务资本成本的加权平均值。

（1）加权平均资本成本的计算公式为：

$$WACC = \frac{E}{D+E} \times R_e + \frac{D}{D+E} \times R_d \times (1-T)$$

上式中，R_e 为股权资本成本；R_d 为债务资本的投资回报率。

当企业的股权资本由普通股和优先股构成时，加权平均资本成本计算公式可扩展如下：

$$WACC = \frac{C}{D+C+P} \times R_c + \frac{P}{D+C+P} \times R_P + \frac{D}{D+C+P} \times R_d \times (1-T)$$

上式中，

C 为普通股股本；P 为优先股股本；R_c 为普通股的投资回报率；R_P 为优先股的投资回报率。

推广到一般情况，加权平均资本成本的计算公式为：

$$WACC = \sum R_j W_j$$

式中，R_j 为第 j 种个别资本成本；W_j 为第 j 种个别资本占全部资本的比重。

【提示】假设债务资本不变，$\dfrac{FCFF - 债务利息 \times (1-T)}{E}$ 实际就是股权资本成本 R_e。

【例3-53】A公司长期资金共有1 000万

元，其中债务资本为400万元，股权资本为600万元。企业借入债务年利率为5%，β值为1.0，所得税税率为25%，且无风险报酬率为4%，市场平均的预期报酬率为12%，则该企业的加权平均资本成本为（　　）。

A. 8.7%　　　　　B. 6.2%
C. 12.5%　　　　D. 12.0%

【答案】A

【解析】计算股权资本成本 R_e：
$R_e = R_f + \beta \times (R_m - R_f) = 4\% + 1.0 \times (12\% - 4\%) = 12.0\%$

计算加权平均资本成本 WACC：
$$WACC = \frac{E}{D+E} \times R_e + \frac{D}{D+E} \times R_d \times (1-T)$$
$= \frac{600}{1000} \times 12.0\% + \frac{400}{1000} \times 5\% \times (1-25\%) = 8.7\%$

（2）资本结构对加权平均资本成本的影响

资本结构的取值对加权平均资本成本至关重要，主要是看企业当前资本结构与目标资本结构的差距，以及由当前资本结构调整到目标资本结构的时间，用当年的资本结构测算当年的加权平均资本成本。在企业自由现金流量不变的前提下，企业价值最大化的目标要通过加权平均资本成本最小化来实现。

通常情况下，债务资本成本要低于股权资本成本，在企业资本结构中，降低股权资本、增加债务资本可以降低加权平均资本成本，但与此同时，债务资本在总资本中的比重上升将提高企业的财务风险，债务资本成本将随之上升，企业风险的加大也将推高企业的β系数，在两种趋势共同作用下，在某一资本结构下，加权平均资本成本将达到最小，这一资本结构就是目标资本结构。

【提示】加权平均资本成本匹配于企业自由现金流量等全投资口径的收益指标。在计算资本结构时，股权资本和债务资本的价值通常指市场价值。

通常不宜直接将可比企业的资本结构或行业平均资本结构作为被评估企业的目标资本结构，而应分析被评估企业与可比企业或行业在融资能力、融资渠道、融资成本等方面的差异后，进行修正得出被评估企业的目标资本结构。

当企业未来年度的资本结构变化幅度很大，或企业当前资本结构还没有达到目标资本结构、预期要经过很长时间才能把资本结构调整到目标资本结构的水平，则每年应使用能反映企业当年情形的资本结构计算加权平均资本成本，直至达到目标资本结构后才将资本结构和加权平均资本成本固定下来。

【提示】在其他条件相同的条件下，上市公司通常比非上市公司具有更强的融资能力和更低的融资成本。

【例3-54】资本结构的取值对加权平均资本成本至关重要，下列有关资本结构测算的说法正确的是（　　）。

A. 当被评估企业在评估基准日的实际资本结构已经接近其目标资本结构，通常可采用目标资本结构计算加权平均资本成本

B. 当被评估企业在评估基准日的实际资本结构会很快调整并维持在目标资本结构，通常可采用目标资本结构计算加权平均资本成本

C. 当企业未来年度的资本结构变化幅度很大，则每年应使用能反映企业当年情形的资本结构计算加权平均资本成本

D. 当企业预期要经过很长时间才能把资本结构调整到目标资本结构的水平，则每年应使用能反映企业当年情形的资本结构计算加权平均资本成本

E. 在企业资本结构中，降低股权资本、增加债务资本一定可以降低加权平均资本成本

【答案】ABCD

【解析】通常情况下，债务资本成本要低于股权资本成本，在企业资本结构中，降低股权资本、增加债务资本可以降低加权平均资本成本，但与此同时，债务资本在总资本中的比重上升将提高企业的财务风险，债务资本成本将随之上升，企业风险的加大也将推高企业的β系数，在两种趋势共同作用下，在某一资本结构下，加权平均资本成本将达到最小，这一资本结构就是目标资本结构。

【知识点15】收益法的适用前提（★★）

收益法的应用需要能够对被评估企业未来收益进行合理预测，且能够对企业未来收益的风险程度相对应的期望收益率进行合理估算。

收益法的运用需要具备一定的前提条件：

1. 被评估企业满足持续经营假设

被评估企业满足持续经营假设是收益法适用的基本前提，即该企业可以按照现状或按既

定的状态持续经营下去，在可预见的将来不会因企业经营管理本身的原因而破产或倒闭。

2. 被评估企业未来收益可预测

收益法的应用需要能够对被评估企业未来收益进行合理预测，且能够对企业未来收益的风险程度相对应的期望收益率进行合理估算。企业未来收益可预测情况包括三部分内容：

（1）企业未来收益期的判断；
（2）企业未来收益额的预测；
（3）收益风险的量化。

【提示】收益期、收益额和收益风险的量化三个预测内容缺一不可，任何一项无法预测时运用收益法都是不恰当的。

【提示】被评估企业未来收益可预测情况是决定能否运用收益法进行企业价值评估的关键因素。

3. 所获取评估资料的充分性

评估资料是一切评估工作的基础，评估方法的运用需要以评估资料的支持作为前提。不能人为地将资料限制作为不采用收益法的理由，也不能简单地将企业处于"利润亏损"状态作为不采用收益法进行评估的理由。对于处于"利润亏损"状态的企业，一般要具体分析该企业是属于"会计亏损"还是"实际亏损"，企业亏损的原因以及判断企业的亏损是暂时性还是长期性的、是周期性的还是趋势性的，还要关注企业净利润与自由现金流量的差异，辩证看待企业历史经营情况和未来经营预期之间的关系，然后才能对收益法是否具有适用性做出判断。

【例3-55】应用收益法进行企业价值评估时，收益法的适用性主要体现在（　　）。

A. 被评估企业满足持续经营假设
B. 有一个充分发育、活跃的资产市场
C. 所获取评估资料的充分性
D. 被评估企业未来收益可预测
E. 参照物及其与被评估资产可比较的指标、技术参数等资料是可搜集到的

【答案】ACD

【解析】收益法的应用需要被评估企业满足持续经营假设、所获取评估资料的充分性、被评估企业未来收益可预测。

【知识点16】收益法的局限性（★★）

1. 受市场条件制约

收益法的运用需要具备一定的市场条件。比如，在运用资本资产定价模型估算股权资本成本时，要求证券市场的发展比较完善，这样计算得出的股权资本成本的准确性才会高。

2. 受企业营运期影响

企业历史营运期的不足和未来营运期的不确定性，都会对收益法运用造成限制或对收益法评估结果产生影响。

3. 部分评估参数对评估结果的影响非常敏感

从收益法的具体评估模型看，折现率、长期增长率等评估参数对企业评估结果的影响非常敏感，这些参数的微小变化可能引起评估结果的大幅波动。

4. 具有较强的主观性

在运用收益法评估企业价值过程中，收益期、未来收益额以及折现率的预测，都需要评估专业人员进行专业判断，具有较强的主观性。

【例3-56】企业价值评估中，下列选项中不属于收益法在应用过程中的局限性的是（　　）。

A. 受市场条件制约
B. 资本市场波动较大
C. 部分评估参数对评估结果的影响非常敏感
D. 受企业营运期影响

【答案】B

【解析】资本市场波动较大属于市场法的局限性。

精选练习题

一、单项选择题

1. 向股东支付股利是企业常用的分配利润方式之一，下列有关固定股利支付率政策说法正确的是（　　）。

A. 公司确定一个股利占盈余的比率，并长期按此比率支付股利的政策
B. 公司一般情况下每年只支付固定的、数额较低的股利
C. 股利政策要受到投资机会及其资本成本的双重影响
D. 每年发放的股利固定在某一相对稳定的水平上并在较长时间内不变

2. 某公司在基期的股利为每股6元，其每年的股利增长率为3%，公司的股权资本成本为9%，

加权资本成本为8%，其股票价格为（　　）。

A. 103元/股　　B. 100元/股
C. 120元/股　　D. 123.6元/股

3. 以企业自由现金流量为收益口径进行折现求取企业整体价值，下列关于企业自由现金流量折现模型的说法错误的是（　　）。

A. 如果企业自由现金流量以一个不变的增长率持续增长且收益期限为无限期，那么就可以用稳定增长的企业自由现金流量评估企业整体价值

B. 在两阶段模型中，一般认为第二个阶段的价值为永续价值

C. 如果被评估企业预期自由现金流量不在每年年末实现，则需要按照年末进行折现

D. 如果企业自由现金流量在年度中差不多是均匀产生的，可使用年中折现法进行调整

4. 企业价值评估中，对未来收益的预测的方法较多，下列选项中，预测方法属于定性预测方法的是（　　）。

A. 收益趋势外推法
B. 二次移动平均预测法
C. 德尔菲预测法
D. 指数平滑预测法

5. 在企业价值评估中，股权现金流与实体现金流的计算都可能涉及投资资本，投资资本是指（　　）。

A. 所有者权益＋负债
B. 所有者权益＋流动负债
C. 所有者权益＋长期负债
D. 长期投资

6. 企业价值评估中，β系数是衡量一种证券或一个投资组合相对于总体市场的波动性的一种风险评价工具，它是衡量（　　）的指标。

A. 非系统风险　　B. 财务风险
C. 行业风险　　　D. 系统风险

7. 在企业价值评估中经济利润是企业绩效评价的重要指标，下列有关计算公式正确的是（　　）。

A. 经济利润＝净利润－投入资本的成本
B. 经济利润＝净利润－股权资本成本
C. 经济利润＝税前净营业利润－投入资本×加权平均资本成本
D. 投入资本的成本＝投入资本×投入资本回报率

8. A企业预计未来4年的预期股权自由现金流量为100万元、130万元、150万元、180万元，第5年起，股权自由现金流量将在第4年的水平上以2%的增长率保持增长，假定权益资本的投资回报率为8%，平均资本报酬率为10%，则A企业的价值为（　　）万元。

A. 2 705　　B. 3 178
C. 2 819　　D. 2 674

9. 已知企业的所有者权益为4 000万元，付息债务为6 000万元，且以后期间保持该资本结构不变。股权资本成本为8%，债务资本成本为5%，企业所得税税率为25%，则企业价值评估要求的加权平均资本成本为（　　）。

A. 6.4%　　B. 5.63%
C. 5.45%　　D. 5.12%

10. 某下列有关经济利润的计算公式，错误的是（　　）。

A. 经济利润＝税后净营业利润－投入资本的成本
B. 经济利润＝净利润－股权资本成本
C. 经济利润＝投入资本×（投入资本回报率－加权平均资本成本）
D. 经济利润＝税前净营业利润－投入资本×加权平均资本成本

11. 股权自由现金流量折现模型与股利折现模型都是计算企业的股权价值，下列关于两者的说法错误的是（　　）。

A. 股权自由现金流量折现模型也可以被看作是股利折现模型的另一种形式，两者均采用股权资本成本进行折现

B. 股利折现模型和股权自由现金流量折现模型都适用于对具有控制权的股权进行评估，也适用于对战略型投资者的股权进行评估

C. 股利折现模型通常适用于对缺乏控制权的股权进行评估

D. 若企业的股权自由现金流量呈稳定增长状态，而企业的利润分配政策并不稳定，运用股权自由现金流量折现模型对股权进行评估比股利折现模型更具可操作性

12. 企业自由现金流量与股权自由现金流量是评估企业价值的两个重要参数，下列关于两者之间相对比的说法中错误的是（　　）。

A. 企业自有现金流量＝股权自由现金流量＋债权自有现金流量

B. 股权自由现金流量是归属于企业股权资本提供方，可以用于直接计算股东全部权益价值

C. 与企业自由现金流量相比，股权自由现金流量显得更为直观。企业自由现金流量是正数，但股权自由现金流量可能是负值，在这种情况下，股权自由现金流量能够提示企业关注资金链问题

D. 企业自由现金流量是归属于企业全部资本提供方，只能用于直接计算企业整体价值

13. 在利用收益法进行企业价值评估时，不仅需要谨慎选择模型的参数，还要注意模型运用的条件，在运用经济利润折现模型时，下列说法中错误的是（　　）。

A. 运用经济利润折现模型时，应当考虑是否能够准确计算评估基准日的投入资本

B. 运用经济利润折现模型时，应当考虑是否能够合理估计企业的收益期以及收益期的经济利润

C. 运用经济利润折现模型时，应当考虑是否能够对企业未来经济利润的风险进行合理量化

D. 对企业收益期的经济利润进行折现，应当采用股权资本成本

14. 已知无风险报酬率为 3.5%，市场平均报酬率为 7%，甲企业 β 系数为 1.3，特定风险为 1.6%，债务成本为 8%，资产负债率为 0.75，所得税税率为 25%。则 A 企业加权平均资本成本为（　　）。

A. 11.1%　　　　B. 7.51%
C. 6.91%　　　　D. 8.53%

15. 自由现金流是企业整体价值评估预测的参数之一，下列选项中，企业自由现金流量的计算公式正确的是（　　）。

A. 企业自由现金流量＝［净利润＋利息费用×（1－所得税税率）＋折旧及摊销］－（资本性支出＋营运资金增加）

B. 企业自由现金流量＝税后净营业利润＋折旧及摊销－资本性支出

C. 企业自由现金流量＝经营活动产生的现金净流量

D. 企业自由现金流量＝股权自由现金流量＋税后利息费用＋偿还债务本金

16. 企业自由现金流量折现模型、股权自由现金流量折现模型以及经济利润折现模型的论述，正确的是（　　）。

A. 企业自由现金流量折现模型与股权自由现金流量折现模型均可以采用 WACC 模型

B. 从理论上讲，经济利润折现模型、股权自由现金流量折现模型和企业自由现金流量折现模型是完全等价

C. 在评估股东全部权益价值时，不能采用企业自由现金流量折现模型间接求取其价值

D. 对银行、保险公司、证券公司等金融企业进行评估时，一般优先选择企业自由现金流量折现模型

17. 在企业价值评估中，有关营运资金的论述不正确的是（　　）。

A. 营运资金是经营营运资金的简称，是指经营性流动资产与经营性流动负债的差额

B. 经营性流动资产是指经营周转所必需的流动资产，不包括超过经营需要的金融资产

C. 经营性流动负债是经营活动中自发形成的，不需要支付利息的负债

D. 经营性流动负债需要偿还，一般不能抵减经营性流动资产的投资额

18. 净利润或股权自由现金流量加上扣税后的长期负债利息折现或资本化为（　　）。

A. 企业股东全部权益价值
B. 企业投资资本价值
C. 所有者权益价值
D. 企业整体价值

19. 债务资本成本是被评估企业融资时所发行债券、向银行借款、融资租赁等所借债务的成本，下列选项中不属于对债务资本成本进行估算的主要方法的是（　　）。

A. 基于银行贷款利率估算债务资本成本
B. 时间序列估算法
C. 基于企业债券利率估算债务资本成本
D. 同期国债到期收益率的风险调整法

20. 关于企业价值评估中收益的调整，不需要调整的是（　　）。

A. 财务报表编制基础
B. 非经常性收入和支出
C. 经常性收入和支出
D. 非经营性资产、负债和溢余资产及其相关的收入和支出

21. 利用企业的净利润或净现金流量加上扣

税后的全部利息作为企业价值评估的收益额，其直接资本化的结果是（　　）。

A. 股东全部权益
B. 投资资本价值
C. 股东部分权益价值
D. 企业整体价值

22. 运用经济增加值评估企业价值时，在不考虑非经营性资产、非经营性负债和溢余资产的前提下，下列等式错误的是（　　）。

A. 投入资本＝非流动资产＋营运所需资金
B. 股权资本＋债务资本＝非流动资产＋营运所需资金
C. 股权资本＋债务资本＝非流动资产＋流动资产－非付息债务
D. 债务资本＝付息债务＋非付息债务

23. 在计算企业整体价值时，收益指标使用的是全投资形成的税后收益，如息前税后利润、企业自由现金流量，相匹配的折现率应使用（　　）。

A. 税后的股权资本成本
B. 税前的股权资本成本
C. 根据税后股权资本成本和税后债务资本成本计算的加权平均资本成本
D. 根据税前股权资本成本和税前债务资本成本计算的加权平均资本成本

24. A公司发行面值100元的优先股，规定的年股息率为6%，该优先股溢价发行，发行价为每股110元，筹资费率为发行价的4%，则该公司发行的优先股的资本成本为（　　）。

A. 5.68%　　B. 5.16%
C. 6.68%　　D. 5.48%

25. 在计算股东全部权益价值时，收益指标使用的是权益投资形成的税后收益，如净利润、股权自由现金流量，相匹配的折现率应使用（　　）。

A. 税后的股权资本成本
B. 根据税后股权资本成本和税后债务资本成本计算的加权平均资本成本
C. 税前的股权资本成本
D. 根据税前股权资本成本和税前债务资本成本计算的加权平均资本成本

二、多项选择题

1. 企业价值评估中常常需要对企业未来收益进行预测，下列选项中关于未来收益预测说法正确的是（　　）。

A. 股利、股权自由现金流量属于权益资本的收益指标
B. 息前税后利润、净利润、企业自由现金流量、经济利润属于全投资资本的收益指标
C. 只要形成净现金流入量，就应纳入企业收益范围当中
D. 在企业价值评估中，企业的收益期是指企业从开始盈利到企业收益结束日的时间长度
E. 若企业整体受到限制或禁止，则企业的收益期限应不长于相关法律法规所规定的可经营期限

2. 股利是企业向投资者分配的利润，下列关于股利的说法正确的是（　　）。

A. 股利的发放是向企业所有投资者发放报酬
B. 股利是股权投资者的报酬，与债务投资人无关
C. 优先股股利一般定额发放，优先股股东比普通股股东有优先偿还权
D. 利润分配的顺序为：计算可供分配的利润，计提法定公积金，计提任意公积金，向股东支付股利
E. 企业出现亏损时，应当首先考虑用以后年度的税前利润进行弥补

3. 企业价值评估中，下列关于债务资本特点的说法正确的有（　　）。

A. 债务资本会形成企业固定的负担
B. 资本成本一般比普通股筹资成本高
C. 债务资本不会分散投资者对企业的控制权
D. 债务资本筹集的资金需到期偿还
E. 债务资本会稀释股权

4. 收益法是评估企业价值常用的方法，应用收益法评估企业价值时，其局限性主要体现在（　　）。

A. 受市场条件制约
B. 没有考虑企业成本
C. 受企业营运期影响
D. 部分评估参数对评估结果的影响非常敏感
E. 具有较强的主观性

5. 下列属于测算股权资本成本的常用方法的有（　　）。

A. 资本资产定价模型
B. 套利定价模型
C. 三因素模型
D. 年金现值法
E. 风险累加法

6. 从投资回报的角度讲，企业投资资本收益体现的权益包括（　　）。
A. 所有者的权益
B. 劳动者的权益
C. 债权人的权益
D. 政府的权益
E. 消费者的权益

7. 根据股权自由现金流量与企业自由现金流量之间的关系分析，以下计算公式表达正确的是（　　）。
A. 股权自由现金流量＝净利润＋利息费用×（1－所得税税率）＋折旧及摊销－资本性支出－营运资金增加－偿还付息债务本金＋新借付息债务
B. 股权自由现金流量＝（税后净营业利润＋折旧及摊销）－（资本性支出＋营运资本增加）－利息费用×（1－所得税税率）－（偿还付息债务本金－新借付息债务）
C. 企业自由现金流量＝税后净营业利润＋折旧和摊销－（资本性支出＋营运资本增加）
D. 企业自由现金流量＝净利润＋折旧和摊销－（资本性支出＋营运资本增加）
E. 企业自由现金流量＝经营活动产生的现金净流量－资本性支出

8. 关于股权自有现金流模型，下列说法正确的是（　　）。
A. 对股权自由现金流量进行折现，应采用加权平均资本成本
B. 对股权自由现金流量进行折现，应采用股权资本成本
C. 计算永续价值时，股权自由现金流量一定等于预测期最后一期的股权自由现金流量
D. 模型假设企业未来收益期的股权自由现金流量是在每期的期末产生或实现的，即进行年末折现
E. 在永续价值的计算过程中，通常假设永续期的资本化支出与当期的折旧及摊销金额的合计数保持平衡，适用于永续期增长率为零值的情形

9. 经济利润，也称为经济增加值，是指企业税后净营业利润减去资本成本后的余额。下列关于经济增加值的计算公式正确的有（　　）。
A. 经济利润＝税后净营业利润－投入资本的成本
B. 经济利润＝息税前利润×（1－所得税税率）－利息费用×（1－所得税税率）－股权资本成本
C. 经济利润＝净利润－股权资本成本
D. 经济利润＝投入资本/（投入资本回报率＋加权平均资本成本）
E. 经济利润＝税后净营业利润－投入资本×加权平均资本成本

10. 收益形式的选择中，对比收益指标本身所具有的特征，以下说法正确的有（　　）。
A. 自由现金流量比净利润具有更高的可靠性
B. 自由现金流量与净利润基本一致
C. 折旧方法的选择影响自由现金流量，但对净利润并不产生影响
D. 净利润比自由现金流量具有更高的可靠性
E. 自由现金流量比净利润与企业价值具有更高的相关性

11. 在企业价值评估中，确定企业收益期是需要预测的关键因素之一，下列选项中属于通常情况下预测收益期时需要考虑到的因素是（　　）。
A. 公司协议和章程对企业收益期的影响
B. 类似可比公司的寿命周期长短
C. 企业主要资产的使用期限对企业收益期的影响
D. 法律法规对企业收益期的影响
E. 企业所处生命周期及其经营状况对企业收益期的影响

12. 在运用收益法对企业整体价值进行评估时，可以作为整体价值评估的收入（　　）。
A. 销售产品形成的业务收入
B. 提供服务形成的业务收入
C. 处置固定资产形成的收入
D. 偶然性的其他业务收入
E. 对外股权投资形成的收入

13. 企业价值评估中，在对评估基准日企业

实际收益进行调整时需调整的项目包括（　　）。

A. 企业销售产品收入
B. 企业对灾区的捐款、支出
C. 一次性税收减免
D. 应摊未摊费用
E. 应提未提费用

14. 股利分配是常见的股东获得回报的方式，下列选项中有关股利分配政策说法正确的是（　　）。

A. 剩余股利政策是为了保持理想的资本结构，使加权平均资本成本最低
B. 采用固定或持续增长股利政策可以避免出现由于经营不善而削减股利的情况，但资本成本较高，在盈利较低时可能会发生财务危机
C. 固定股利支付率政策下各年的股利变动不大，给人公司经营稳定的感觉，有利于公司股票的稳定
D. 低正常股利加额外股利政策可使那些依靠股利度日的股东每年至少可以得到虽然较低但比较稳定的股利收入，从而吸引住这部分股东
E. 股利分配政策对投资者的决策有重大影响

15. 在运用收益法对企业价值进行评估时，收益预测的假设条件一般包括（　　）。

A. 国家的政治变化
B. 国家的经济变化
C. 地质灾害
D. 某些个人行为
E. 无法预期的突发事件

16. 在企业自由现金流的测算过程中会涉及折旧及摊销、资本性支出等的计算，在预测企业未来经营期的折旧额时需要考虑的因素有（　　）。

A. 账面原值
B. 实际已使用期限
C. 预计使用期限
D. 加权折旧率
E. 预测期追加投资形成的生产线账面价值和折旧情况

17. 企业价值评估中，永续期一般适用于企业进入了稳态，下列选项可以作为企业进入稳态的特征的是（　　）。

A. 企业收入成本的结构较为稳定且基本接近行业平均水平
B. 企业的资本结构逐渐接近行业平均水平或企业目标资本结构水平
C. 企业除为维持现有生产能力而进行更新改造的资本性支出以外，新增投资活动有所增加
D. 企业的投资收益水平逐渐接近行业平均水平或市场平均水平
E. 企业的风险水平逐渐接近行业平均水平或市场平均水平

18. 在企业股权价值评估中，资本资产定价模型会涉及无风险报酬率，对无风险报酬率分析中，如果无风险或者风险为零需满足（　　）条件。

A. 在风险为零时，投资者不能获得的补偿
B. 没有违约风险或违约风险可以忽略，投资者可以毫无损失地获得投资本金和投资收益
C. 没有投资和再投资风险，能够在特定时间内按预期完成投资或再投资
D. 在风险为零时，投资者也会存在违约风险
E. 在风险为零时，投资者也会存在再投资风险

19. 企业价值评估中，对企业未来的收益进行预测，预测的主要内容通常包括（　　）。

A. 对被评估企业未来收益主要影响因素的估计
B. 市场需求及市场供给的估计
C. 未来销售收入的估计
D. 未来成本费用及税金的估计
E. 未来筹资的估计

20. 资产评估收益法是指通过估算被评估资产的未来预期收益并折算成现值，借以确定被评估的资产价格的一种常用的评估方法。应用收益法进行资产评估必须具备的基本条件有（　　）。

A. 被评估资产的未来预期收益可以预测并可以用货币衡量
B. 市场上要有可以比较的交易对象
C. 持有资产获得预期收益所承担的风险可以预测
D. 资产的获利年限可以预测
E. 资产的成新率可判断

三、综合题

1. 某公司目前处于高速增长阶段，预期未

来 5 年每年的股利增长率是 5%、6%、6%、7%、5%，今年每股收益为 8 元，股利支付率为 60%。从第六年开始，甲公司进入稳定增长阶段，股利增长率稳定在 4%。且该公司的 β 值是 1.3，无风险利率是 3%，市场平均收益率是 9%。求该公司的股票价值为多少？

2. 甲企业预计未来 5 年的预期股权自由现金流量为 100 万元、130 万元、160 万元、200 万元、240 万元，第 6—10 年，每年股权自由现金流量将在前一年的水平上以 5% 的增长率保持增长，第 11 年开始，企业股权现金流量保持第 10 年不变。假定股权资本成本为 10%，平均资本报酬率为 12%，所得税税率 25%。则 A 企业的价值为多少？

3. A 企业欲进行重大资产重组，委托 B 评估事务所进行股权评估。已知评估基准日 A 企业总资产账面价值 5 500 万元，其中负债账面价值为 2 000 万元，资本成本为 7%，预计未来资本结构保持不变。评估专业人员预计 A 企业未来 5 年股权现金净流量分别为 330 万元、380 万元、440 万元、500 万元、550 万元，第 6 年起年现金净流量保持 4% 增长率稳定增长，A 企业特定风险为 1%，无风险报酬率 5%，市场平均报酬率为 10%，β 系数为 1.4，所得税税率 25%，试计算 A 企业评估价值。

4. 可比上市公司调整后有财务杠杆 β 系数 $\beta_1=1.1$，可比上市公司资产负债率为 0.35，甲公司资产负债率为 0.5，负债资本成本为 6%，无风险利率为 3%，市场平均报酬率 8.1%，所得税税率均为 25%，评估基准日为 20×4 年 12 月 31 日，预计未来 3 年企业现金流为 500 万元、670 万元、850 万元，从第 4 年起公司保持 5% 的稳定增长。（最后结果保留两位小数）

①求甲公司 β 系数。
②求甲公司企业整体价值。

5. 甲公司欲购买 A 企业股权，A 企业委托某事务所进行评估。已知评估基准日 A 企业总资产账面价值 9 000 万元，有息长期负债账面价值为 1 000 万元，有息流动负债账面价值为 2 500 万元，有息长期负债与有息流动负债的投资报酬率分别为 7%、5%，预计未来资本结构保持不变。评估专业人员预计 A 企业未来 4 年股权现金净流量分别为 400 万元、480 万元、560 万元、650 万元，第 5 年起年现金净流量保持第 4 年水平，A 企业特定风险为 1.5%，无风险报酬率为 4%，市场平均报酬率为 9%，可比上市公司调整后有财务杠杆 β 系数为 1.3，可比上市公司资产负债率为 0.6，所得税率为 25%。试计算 A 企业评估值。

精选练习题参考答案及解析

一、单项选择题

1. 【答案】A

【解析】固定股利支付率政策是公司确定一个股利占盈余的比率，并长期按此比率支付股利的政策。在这一股利政策下，各年股利额随公司经营的好坏而上下波动，获得较多盈余的年份股利额高，获得盈余少的年份股利额就低。

2. 【答案】A

【解析】

$$V = \frac{DPS_1}{R_e - g} = \frac{6 \times (1 + 3\%)}{9\% - 3\%} = 103（元/股）$$

3. 【答案】C

【解析】如果假设被评估企业未来预期企业自由现金流量并非在每年年末产生和实现，则应当对上述具体模型中的折现年数进行调整。比如，如果企业自由现金流量在年度中差不多是均匀产生的，可使用年中折现法进行调整。

4. 【答案】C

【解析】ABD 选项都属于定量预测方法。

5. 【答案】C

【解析】流动资产 + 长期资产 = 流动负债 + 长期负债 + 所有者权益则：长期负债 + 所有者权益 = 流动资产 − 流动负债 + 长期资产 = 营运资本 + 长期资产 = 投资资本。

6. 【答案】D

【解析】β 系数是衡量系统风险的指标。

7. 【答案】B

【解析】经济利润 = 税后净营业利润 − 投入资本的成本 = 净利润 + 利息费用 × (1 − 所得税率) − 债务资本成本 − 股权资本成本 = 净利润 − 股权资本成本；

投入资本的成本 = 投入资本 × 加权平均资本成本；

税后净营业利润 = 投入资本 × 投入资本回报率；

经济利润 = 税后净营业利润 − 投入资本 × 加权平均资本成本。

8. 【答案】A

【解析】股权现金流对应的折现率为权益资本的投资回报率8%，运用两阶段股权价值计算公式：

$$EV = \sum_{t=1}^{n} \frac{FCFE_t}{(1+R_e)^t} + \frac{FCFE_n \times (1+g)}{(R_e - g) \times (1+R_e)^n}$$

$$= \frac{100}{(1+8\%)} + \frac{130}{(1+8\%)^2} + \frac{150}{(1+8\%)^3} + \frac{180}{(1+8\%)^4} + \frac{180 \times (1+2\%)}{(1+8\%)^4 \times (8\% - 2\%)}$$

$$\approx 2\,705（万元）$$

9. 【答案】C

【解析】加权平均资本成本 = 40% × 8% + 60% × (1 − 25%) × 5% = 5.45%。

10. 【答案】D

【解析】正确公式应改为：经济利润 = 税后净营业利润 − 投入资本 × 加权平均资本成本

11. 【答案】B

【解析】股权自由现金流量折现模型一般适用于对具有控制权的股权进行评估，也适用于对战略型投资者的股权进行评估，股利折现模型通常适用于对缺乏控制权的股权进行评估。

12. 【答案】D

【解析】企业自由现金流量是归属于企业全部资本提供方，不仅可以用于直接计算企业整体价值，还能间接计算企业股权价值。

13. 【答案】D

【解析】经济利润折现模型的应用需满足三项条件：能够准确计算评估基准日的投入资本；能够合理估计企业的收益期以及收益期的经济利润；能够对企业未来经济利润的风险进行合理量化。故A、B、C选项正确。D选项，对企业收益期的经济利润进行折现，应采用加权平均资本成本。

14. 【答案】C

【解析】Re = 3.5% + 1.3 × (7% − 3.5%) + 1.6% = 9.65%

WACC = 9.65% × 0.25 + 8% × 0.75 × (1 − 25%) = 6.91%

15. 【答案】A

【解析】企业自由现金流量 = （税后净营业利润 + 折旧及摊销）−（资本性支出 + 营运资金增加）；企业自由现金流量可以近似地认为是经营活动产生的现金净流量 − 资本性支出；企业自由现金流量 = 股权自由现金流量 + 税后利息费用 + 偿还债务本金 − 新借付息债务。

16. 【答案】B

【解析】选项A，企业自由现金流量折现模型采用WACC模型；选项C，在评估股东全部权益价值时，可以采用企业自由现金流量折现模型间接求取其价值；选项D，对银行、保险公司、证券公司等金融企业进行评估时，一般优先选择股权自由现金流量折现模型，因为这些金融企业的财务杠杆通常很高且付息负债变动频繁，运用企业自由现金流量折现模型会使评估工作过程冗长而低效。

17. 【答案】B

【解析】经营性流动负债需要偿还，但可以视为一项长期资金来源，可以抵减经营性流动资产的投资额。

18. 【答案】B

【解析】在折现率口径与收益额口径保持一致的前提下，净利润或股权自由现金流量折现或资本化为企业股东全部权益价值（所有者权益价值）；净利润或股权自由现金流量加上扣税后的长期负债利息折现或资本化为企业投资资本价值（所有者权益和长期负债之和）；净利润或股权自由现金流量加上扣税后的全部利息（企业自由现金流量）折现或资本化为企业整体价值（所有者权益价值和付息债务之和）。

19. 【答案】B

【解析】对债务资本成本进行估算的主要方法有：基于银行贷款利率估算债务资本成本、基于企业债券利率估算债务资本成本、风险调整法。时间序列估算法属于一种定量预测方法，与题干无关。

20. 【答案】C

【解析】收益调整的三个方面：财务报表编制基础，非经常性收入和支出，非经营性资产、负债和溢余资产及其相关的收入和支出。不包含经常性收入和支出。

21. 【答案】D

【解析】资本化时，净利润或净现金流量 + 全部扣税利息为企业实体现金流，故计算结果为企业整体价值。

22. 【答案】D

【解析】债务资本是付息债务资本，非付息债务等于流动资产减去营运资金。

23.【答案】C

【解析】在计算企业整体价值时，收益指标使用的是全投资形成的税后收益，如息前税后利润、企业自由现金流量，相匹配的折现率应使用根据税后股权资本成本和税后债务资本成本计算的加权平均资本成本。

24.【答案】A

【解析】$R_p = \dfrac{D}{P_0(1-f)} = 5.68\%$

25.【答案】A

【解析】在计算股东全部权益价值时，收益指标使用的是权益投资形成的税后收益，如净利润、股权自由现金流量，相匹配的折现率应使用税后的股权资本成本。

二、多项选择题

1.【答案】ACE

【解析】净利润属于股权口径的收益指标；在企业价值评估中，企业的收益期是指从评估基准日到企业收益结束日的时间长度。

2.【答案】BCDE

【解析】股利是对股权投资者发放的，与债务投资人无关，故 A 错误，B 正确；优先股股利一般定额发放，优先股股东比普通股股东有优先偿还权，但优先股股东一般无表决权，C 正确；利润分配的顺序先计提法定公积金，计提任意公积金，向股东支付股利，企业可自行决定是否分配股利，没有强制要求，D 正确。企业出现亏损时，应当首先考虑用以后年度的税前利润进行弥补，其次是以后年度的税后利润或法定盈余公积，最后是实收资本弥补亏损，但用法定盈余公积或实收资本弥补亏损时必须由董事会提议，并经股东大会批准。

3.【答案】ACD

【解析】债务资本是与股权资本不同的资本筹集方式。与后者相比，债务资本的特点表现为：筹集的资金具有使用上的时间性，需到期偿还；不论企业好坏，需要固定支付债务利息，从而形成企业固定的负担；其资本成本一般比普通股筹资成本低，且不会分散投资者对企业的控制权。

4.【答案】ACDE

【解析】应用收益法进行企业价值评估时，其局限性主要体现在：受市场条件制约、受企业营运期影响、部分评估参数对评估结果的影响非常敏感以及具有较强的主观性。

5.【答案】ABCE

【解析】测算股权资本成本的常用方法有资本资产定价模型、套利定价模型、三因素模型和风险累加法。

6.【答案】AC

【解析】企业的投资人分为权益投资人和债权投资人，投资资本收益只与他们有关。

7.【答案】BCE

【解析】税后净营业利润＝净利润＋利息费用×（1－所得税率）；

股权自由现金流量＝［净利润＋利息费用×（1－所得税率）＋折旧和摊销］－资本性支出－营运资金增加－利息费用×（1－所得税率）－（偿还付息债务本金－新借付息债务）；

股权自由现金流量＝企业自由现金流量－债权现金流量＝企业自由现金流量－税后利息费用－偿还债务本金＋新借付息债务。

8.【答案】BDE

【解析】股权自由现金流模型应采用股权资本成本。计算 $FCFE_n$ 应在预测期最后一期的股权自由现金流量基础上进行标准化调整，消除一个或者多个偶然因素的影响。

9.【答案】ABCE

【解析】经济利润＝投入资本×（投入资本回报率－加权平均资本成本）。

10.【答案】AE

【解析】以净利润和自由现金流量为例的主要差异：第一，自由现金流量比净利润具有更高的可靠性。基于会计处理的原因，自由现金流量与净利润往往不一致，折旧方法的选择影响净利润，但对自由现金流量并不产生影响。第二，自由现金流量比净利润与企业价值具有更高的相关性。

11.【答案】ACDE

【解析】在企业价值评估实务中，对企业收益期的确定，通常应考虑法律法规的规定、协议和章程的约定、企业主要资产的使用期限以及企业经营状况等因素的影响。

12.【答案】AB

【解析】只有正常生产经营产生的收入才能作为整体价值评估的收入，处置固定资产、偶然性的其他业务收入以及对外股权投资形成的收入都属于企业非生产经营产生的收入。

13. 【答案】BCDE

【解析】企业销售产品收入是企业的日常性收入，对实际收益进行调整不包含对日常性收入与支出的调整。

14. 【答案】ABDE

【解析】股利政策的目的和优缺点，详见股利分配政策的四种主要模式。

15. 【答案】AB

【解析】未来收益预测的假设条件主要包括：国家的政治、经济等政策变化，除已经出台未实施的以外，通常假定其将不会对未来收益构成重大影响；不可抗拒的自然灾害或其他无法预期的突发事件和经营管理者的某些个人行为，不作为企业收益的相关因素考虑。

16. 【答案】ACDE

【解析】预测企业未来的现金流量过程中需要预测的固定资产、无形资产的折旧摊销等是对未来的情况作出的预测，由评估基准日向未来而不是向过去，所以不需要考虑过去实际已使用期限。

17. 【答案】ABDE

【解析】企业达到稳定状态，通常应具备以下五项特征：①企业收入成本的结构较为稳定且基本接近行业平均水平；②企业的资本结构逐渐接近行业平均水平或企业目标资本结构水平；③企业除为维持现有生产能力而进行更新改造的资本性支出以外，不再有新增投资活动；④企业的投资收益水平逐渐接近行业平均水平或市场平均水平；⑤企业的风险水平逐渐接近行业平均水平或市场平均水平。

18. 【答案】BC

【解析】无风险（或风险为零）必须具备两个条件：一是没有违约风险或违约风险可以忽略，投资者可以毫无损失地获得投资本金和投资收益；二是没有投资和再投资风险，能够在特定时间内按预期完成投资或再投资。因此，所谓的无风险（或风险为零）投资是指既没有违约风险也没有投资和再投资风险的投资。

19. 【答案】ABCD

【解析】预测估计的主要内容通常包括：未来收益主要影响因素，市场需求及市场供给，未来销售收入，未来成本费用及税金，投入资本，资本性支出，营运资金。ABCD包含在内。

20. 【答案】ACD

【解析】资产评估是通过估算被评估资产对象在未来期间的预期收益，选择使用一定的折现率，将未来收益一一折成评估基准日的现值，用各期未来收益现值累加之和作为评估对象重估价值的一种方法。应用收益法进行资产评估时，会涉及对收益期限、收益额和折现率等主要参数指标的确定问题，即考察收益法的适用性时，取决于这三个参数的可获得性。

三、综合题

1. 【答案解析】

企业的股权报酬率：

$R = 3\% + (9\% - 3\%) \times 1.3 = 10.8\%$

前股利五年折现价值：

$$V_1 = \frac{8 \times 60\% \times (1+5\%)}{1+10.8\%}$$

$$+ \frac{8 \times 60\% \times (1+5\%) \times (1+6\%)}{(1+10.8\%)^2}$$

$$+ \frac{8 \times 60\% \times (1+5\%) \times (1+6\%) \times (1+6\%)}{(1+10.8\%)^3}$$

$$+ \frac{8 \times 60\% \times (1+5\%) \times (1+6\%) \times (1+6\%) \times (1+7\%)}{(1+10.8\%)^4}$$

$$+ \frac{8 \times 60\% \times (1+5\%) \times (1+6\%) \times (1+6\%) \times (1+7\%) \times (1+5\%)}{(1+10.8\%)^5}$$

$= 20.89$（元）

稳定增长阶段价值：

$$V_2 = \frac{8 \times 60\% \times (1+5\%) \times (1+6\%) \times (1+6\%) \times (1+7\%) \times (1+5\%) \times (1+4\%)}{(1+10.8\%)^5 \times (10.8\% - 4\%)}$$

$= 58.27$（元）

股票价值：

$20.89 + 58.27 = 79.16$ 元/股

2. 【答案】2 434.58 万元

【解析】现金流对应的折现率为股权资本成本10%，运用两阶段股权价值计算公式：

$NPV_{1-5} = 100 \div (1+10\%) + 130 \div (1+10\%)^2 + 160 \div (1+10\%)^3 + 200 \div (1+10\%)^4 + 240 \div (1+10\%)^5$

$= 604.18$（万元）

$NPV_{6-10} = 240 \times (1+5\%) \div (1+10\%)^6 + 240 \times (1+5\%)^2 \div (1+10\%)^7 + 240 \times (1+5\%)^3 \div (1+10\%)^8 + 240 \times (1+5\%)^4 \div (1+$

$10\%)^9 + 240 \times (1+5\%)^5 \div (1+10\%)^{10}$
　　$= 649.45$（万元）
　　$NPV_{10年以后} = 240 \times (1+5\%)^5 \div [10\% \times (1+10\%)^{10}]$
　　$= 1\,180.95$（万元）
　　$V = 604.18 + 649.45 + 1\,180.95 = 2\,434.58$（万元）

3.【答案解析】
　　权益报酬率 $= 5\% + 1.4 \times (10\% - 5\%) + 1\% = 13\%$

$$V = \sum_{t=1}^{n} \frac{FCFE_t}{(1+R_e)^t} + \frac{FCFE_n \times (1+g)}{(R_e - g) \times (1+R_e)^n}$$

$= \dfrac{330}{(1+13\%)} + \dfrac{380}{(1+13\%)^2}$
$+ \dfrac{440}{(1+13\%)^3} + \dfrac{500}{(1+13\%)^4}$
$+ \dfrac{550}{(1+13\%)^5}$
$+ \dfrac{550 \times (1+4\%)}{(1+13\%)^5 \times (13\% - 4\%)}$
$= 4\,949.29$（万元）

4.【答案】① 1.37；② 33 891.60 万元

【解析】① $\beta_u = \dfrac{\beta_l}{1 + (1-T) \times \dfrac{D_l}{E_l}}$

$= \dfrac{1.1}{1 + (1-25\%) \times \dfrac{0.35}{0.65}}$

$= 0.7836$

$\beta_e = \beta_u \times \left[1 + (1-T) \times \dfrac{D_m}{E_m}\right]$

$= 0.7836 \times \left[1 + (1-25\%) \times \dfrac{0.5}{0.5}\right]$

$= 1.37$

② $R_e = R_f + \beta \times (R_m - R_f) = 3\% + 1.37 \times (8.1\% - 3\%) = 10\%$
　　$WACC = 10\% \times 0.5 + 6\% \times 0.5 \times (1-25\%)$
　　$= 7.25\%$
　　$V = 500 \div (1+7.25\%) + 670 \div (1+7.25\%)^2 + 850 \div (1+7.25\%)^3 + 850 \times (1+5\%) \div [(1+7.25\%)^3 \times (7.25\% - 5\%)] = 33\,891.60$（万元）

5.【答案解析】

$\beta_u = \dfrac{\beta_l}{1 + (1-T) \times \dfrac{D_l}{E_l}}$

$= \dfrac{1.3}{1 + (1-25\%) \times \dfrac{0.6}{0.4}} = 0.6118$

$\beta_e = \beta_u \times \left[1 + (1-T) \times \dfrac{D_m}{E_m}\right]$

$= 0.6118 \times \left[1 + (1-25\%) \times \dfrac{3500}{5500}\right]$

$= 0.9038$

A企业股权报酬率 $= 4\% + 0.9038 \times (9\% - 4\%) + 1.5\% = 10\%$

$$V = \sum_{t=1}^{n} \frac{FCFE_t}{(1+R_e)^t} + \frac{FCFE_n \times (1+g)}{(R_e - g) \times (1+R_e)^n}$$

$= \dfrac{400}{(1+10\%)} + \dfrac{480}{(1+10\%)^2}$
$+ \dfrac{560}{(1+10\%)^3} + \dfrac{650}{(1+10\%)^4}$
$+ \dfrac{650}{(1+10\%)^4 \times 10\%}$
$= 6\,064.61$（万元）

第四章 市场法在企业价值评估中的应用

考试大纲

一、考试目的
考查考生对市场法评估理论与方法的掌握情况,以及采用市场法分析和解决企业价值评估实际问题的能力。

二、考试内容及要求
(一)掌握的内容(★★★)
1. 可比对象选择的一般关注要点,上市公司比较法和交易案例比较法选择可比对象的关注要点。
2. 价值比率的基本分类及其测算。
3. 价值比率的选择原则、选择方法、调整内容、调整方法、计算的时间区间。

(二)熟悉的内容(★★)
1. 市场法的基本模型。
2. 市场法应用的操作步骤。
3. 市场法应用的基本原则。
4. 对上市公司比较法和交易案例比较法内容的理解。
5. 市场法的适用前提和局限性。

(三)了解的内容(★)
1. 价值比率计算的统计方法。

考情分析

本章在考试中处于较为重要的地位,是企业价值评估考试分值分布的主要区域。涉及的考点为价值比率的分类、价值比率选择的原则与方法、价值比率测算以及调整的内容和方法,对交易案例比较法和交易案例比较法计算的实践区间理解等。本章是基本方法的运用,在考试中占有较为重要的地位。复习重点:企业价值市场法可比对象选择的一般标准,上市公司比较法与交易案例比较法选择可比对象的关注点,价值比率的分类、选择、调整、测算和确定,以及这两种方法的适用前提和局限性。

考点精讲及典型例题解析

【知识点1】市场法评估的基本模型(★★★)

企业价值评估中的市场法也称为相对估值法,是指将评估对象与可比上市公司或者可比交易案例进行比较,确定评估对象价值的评估方法。

市场法依据的基本原理是市场替代原理,即一个正常的投资者为一项资产支付的价格不会高于市场上具有相同用途的替代品的现行市价,相似的企业应该具有类似的价值。具有相似性的被评估企业价值与可比对象价值可以通过同一经济指标联系在一起,其价值比例关系为:

$$\frac{V_1}{X_1} = \frac{V_2}{X_2}$$

$$V_1 = \frac{V_2}{X_2} \times X_1 = \frac{P_2}{X_2} \times X_1$$

其中,$\frac{V}{X}$ 为价值比率,V_1 为被评估企业的价值,V_2 为可比对象的价值,P_2 为可比对象市场交易价格。X 为其计算价值比率所选用的经济指标。在有效市场中,企业的市场交易价格可以在一定程度上反映其价值。

【提示】价值比率的确定是市场法应用的关键。

市场法常用的两种具体方法是上市公司比较法和交易案例比较法。

上市公司比较法是指获取并分析可比上市公司的经营和财务数据,计算适当的价值比率,在与被评估企业比较分析的基础上,确定评估对象价值的具体方法。

交易案例比较法是指获取并分析可比对象的买卖、收购及合并案例资料,计算适当的价值比率,在与被评估企业比较分析的基础上,确定评估对象价值的具体方法。

上市公司比较法来源于公开交易的证券市

场，基本模型中的 V_2 可选取上市公司的股权价值或企业价值。交易案例比较法来源于个别的股权交易案例，基本模型中的 V_2 可选取案例的交易价格。

由于证券市场和产权交易市场在运行效率、价格形成机制、可比对象数量、信息透明度存在较大差异，评估专业人员应该清楚两种不同方法的适用情形、应用前提及调整重点。

【提示】两种方法相同点：都是通过对市场上可比交易数据的分析得出被评估企业的价值。不同点：可比对象的来源不同，上市公司比较法来源于公开交易的证券市场，交易案例比较法来源于个别的股权交易案例。

【例 4-1】市场法分为上市公司比较法和交易案例比较法两种具体方法，下列选项中有关这两种具体方法的说法不正确的是（ ）。

A. 两者依据的基本原理都是市场替代原理
B. 上市公司比较法的价值比率来源于公开交易的证券市场
C. 交易案例比较法的价值比率来源于个别的股权交易案例
D. 由于证券市场的信息透明度高于产权交易市场，上市公司比较法一般情况下优于交易案例比较法

【答案】D

【解析】由于证券市场和产权交易市场在运行效率、价格形成机制、可比对象数量、信息透明度方面存在较大差异，因此评估专业人员应该清楚上述方法的适用情形、应用前提及调整重点。没有说上市公司比较法优于交易案例比较法。

【知识点2】市场法应用的基本原则（★★）

市场法评估的基本原则是评估专业人员在评估过程中应当遵循的基本思想。包括可比性原则、可获得性原则、及时性原则、透明度原则及有效性原则。

1. 可比性原则。要求被评估企业与可比公司在价值决定因素方面具有可比性，主要包括行业可比、规模可比、成长预期可比、经营风险可比、财务风险可比等方面。

2. 可获得性原则。是指案例的市场交易信息及可比对象的产品信息、财务信息等可以通过正常途径获取。

3. 及时性原则。是指评估专业人员运用市场法进行评估时应当将最新的市场情况纳入评估过程中。由于市场行情变化频繁，信息的及时性对评估结果的准确性至关重要。

4. 透明度原则。意味着信息的开放、良好的沟通及对信息的充分解释。信息的透明度将影响市场法结果的可靠性。

5. 有效性原则。建立在市场是合理有效的假设基础之上。有效市场假设认为，在一个活跃、有效的市场上有许多充分了解信息和理性的投资者，证券价格完全反映了所有可获取的信息，证券能够被合理定价。

交易案例比较法是指获取并分析可比对象的买卖、收购及合并案例资料，计算适当的价值比率，在与被评估企业比较分析的基础上，确定评估对象价值的具体方法。

两种方法相同点是：通过对市场上可比交易数据的分析得出被评估企业的价值。不同点是可比对象的来源不同，上市公司比较法来源于公开交易的证券市场，基本模型中的 V_2 可选取上市公司的股权价值或企业价值。交易案例比较法来源于个别的股权交易案例，基本模型中的 V_2 可选取案例的交易价格。

【例 4-2】市场法是企业价值评估常用的方法，在运用市场法对企业价值进行评估时，市场法所依据的基本原则有（ ）。

A. 可比性原则　　B. 可获得性原则
C. 及时性原则　　D. 透明度原则
E. 替代原则

【答案】ABCD

【解析】市场法评估的基本原则是评估专业人员在评估过程中应当遵循的基本思想，包括可比性原则、可获得性原则、及时性原则、透明度原则及有效性原则。

【知识点3】市场法常用的两种具体方法（★）

1. 上市公司比较法

上市公司比较法的核心是选择上市公司作为被评估企业的"可比对象"，通过将被评估企业与可比上市公司对比分析，确定被评估企业的价值。

【提示】上市公司比较法的关键和难点是选取可比上市公司及选择恰当的价值比率。

（1）可比公司的选择

由于可比公司与被评估企业具有严格可比

性的情况较为少见，评估专业人员需要分析了解被评估企业自身的业务特性、市场情况、经营绩效以及其所在行业的、行业同类型公司的特点及差异，以确定合适的可比公司。

在可比公司选择的数量方面，若是采用主观调整法修正价值比率，选择可比公司的"质量"重于"数量"，当确定好可比标准后，若可供选择的可比公司较多，则可以进一步增加对比标准，选择更可比的可比对象；若采用回归法进行调整，且能将影响企业价值或价值比率的因素尽可能纳入考虑，则应当保证可比公司的数量，满足回归样本数量的充足性、代表性及覆盖范围的全面性。

【提示】上市公司比较法涉及的可比公司通常是公开市场上正常交易的上市公司，且须考虑流动性对评估对象价值的影响。

(2) 价值比率的选择和调整

由于价值比率的确定是市场法应用的关键，在选择和应用价值比率时应特别注意：

1) 价值比率的选择

价值比率种类众多，对于价值的最佳估计常常是通过运用最合适的价值比率得出的。一般选择价值比率的方法包括基本因素方法、统计方法及常规方法。

2) 口径的一致性

口径一致包含内涵的一致性和数据口径的一致性。

内涵的一致性是指在选择价值比率时，价值比率的分子、分母应匹配，当分子是权益类时，分母的指标也应当与其对应。

数据口径的一致性是指可比公司之间可能会存在会计核算方式（如折旧方法）、计量方法（如公允价值计量）、税率、非经常性损益和非经营性资产等方面的差异，在计算价值比率时应当剔除差异因素的影响。

3) 应用价值比率时应进行调整

每个可比公司与被评估企业在成长性和风险性等方面都会存在差异，需要采用多种方法对价值比率进行分析调整，常用的方法包括主观调整、矩阵法及回归法。

(3) 缺乏流动性因素的影响

缺乏流动性包含两个层面的含义：第一，对于具有控制权的股权，缺少流动性实际主要表现在股权"缺少变现性"，即该股权在转换为现金的能力方面存在缺陷，也就是股权缺少流动性折扣就是体现该股权在转换为现金的能力方面与具有流动性的股权相比其价值会出现的一个贬值；第二，对于少数股权，缺少流动性实际主要表现在股权"缺少交易市场"，由于这类股权没有一个系统的、有效的交易市场及定价机制，造成这类股权交易在竞争定价以及交易活跃程度等方面受到制约，不能与股票市场上的股票交易一样具有系统的市场交易及定价机制，因此这类股权的交易价值与股票市场上交易的股票相比存在一个交易价值的贬值。

国际上对缺乏流动性折扣的研究主要有限售股交易价格法、IPO前交易价格法、新股发行定价法及期权定价法等；国内对于缺乏流动性折扣主要采用法人股交易价格法、股权分置改革支付对价法、新股发行定价法及非上市公司并购市盈率与上市公司市盈率对比法等。其中，新股发行定价估算方式就是研究国内上市公司新股IPO的发行定价与该股票正式上市后的交易价格之间的差异来研究缺少流动性折扣的方式；采用非上市公司并购市盈率与上市公司市盈率对比方式估算缺少流动性折扣率的基本思路是收集分析非上市公司少数股权的并购案例的市盈率（P/E），然后与同期的上市公司的市盈率进行对比分析，通过上述两类市盈率的差异来估算缺少流动性折扣。

【提示】被评估企业若为非上市公司，采用上市公司比较法对非上市公司进行评估时，需要调整缺乏流动性因素的影响。

2. 交易案例比较法

交易案例比较法的核心就是选择交易案例作为被评估企业的"可比对象"，通过将被评估企业与交易案例进行对比分析，确定被评估企业的价值。

运用交易案例比较法时，应当考虑评估对象与交易案例的差异因素对价值的影响。

(1) 交易情况差异调整

交易案例比较法采用的可比公司一般为非上市公司，在流动性方面一般不进行调整，差异调整主要是对交易的交易条件差异和时间性差异等因素进行定量和定性分析，并进行适当的调整。

交易条件差异调整主要包括交易条款调整和交易方式调整。交易条款调整涉及交易附带条款，注意其差异进行调整。交易方式调整涉及公开或非公开市场交易，公开交易中投资价值的协同效应会对价值产生影响，非公开的协议交易方式则可能存在影响交易价值的公允性，需要对这些影响进行调整。另外，由于交易时间可能与基准日相距时间较长，需要进行时间因素调整，调整时可以参考市场相关价格指数。

（2）案例获取渠道

交易案例信息的获取难度相对较大，目前国际上信息获取的渠道主要有汤森路透、彭博、Capital IQ 和 Dealogic 等服务商。国内的各产权交易所也是信息获取的途径之一，但产权交易所内交易数据最核心的问题是披露的财务、经营信息不够全面，产权交易所信息对市场法评估应用发挥的作用有限。相比之下，上市公司的收购案例对收购对象情况的披露则较为全面。

【提示】评估专业人员可通过上市公司披露的公告获取收购案例的财务、经营及行业数据，同时也可获取交易背景、协议安排等其他相关资料。

【例4-3】市场法依据的基本原理是市场替代原理，下列选项中有关市场法的论述不正确的是（   ）。

A. 市场法可比性原则要求被评估企业及可比上市公司或并购交易案例在价值决定因素方面具有可比性

B. 市场法也被称为相对估值法，是指将评估对象与可比上市公司进行比较，确定评估对象价值的评估方法

C. 并购交易案例比较法的关键和难点是选取可比上市公司及选择恰当的价值比率

D. 采用上市公司比较法对非上市公司进行评估时，可以不需要调整缺乏流动性因素的影响

【答案】D

【解析】上市公司比较法的关键和难点是选取可比上市公司及选择恰当的价值比率。市场法也被称为相对估值法，是指将评估对象与可比上市公司或者可比交易案例进行比较，确定评估对象价值的评估方法。采用上市公司比较法对非上市公司进行评估时，需要调整缺乏流动性因素的影响。国际上对缺乏流动性折扣的研究主要有限售股交易价格法、IPO 前交易价格法、新股发行定价法及期权定价法等。

【知识点4】市场法应用的操作步骤（★★）

市场法评估程序一般包括以下九个操作步骤：

1. 选择可比对象

市场法作为一种相对估值法，需要找出市场上公开交易的可比公司或交易案例。选择可比对象的指导思想是业务相同或相似，并力求现金流、成长潜力和风险水平方面的相似，可以从行业因素、规模因素、成长预期、经营风险、财务风险等角度加以考虑，分析比较。在采用某些特定方法的情形下，例如，采用估值扩张倍数法（VM 指数法）对科创企业进行评估，即参考评估对象前次股权融资的投后估值，以及评估基准日与前次股权融资之间的间隔月数、融资背景、规模以及股权性质，确定评估对象于评估基准日价值，被评估企业自身也可以作为可比企业。

2. 统一被评估企业和可比对象的财务报表编制基础

为了能顺利地进行对比分析，需要将可比对象和被评估企业的相关财务数据整合到一个相互可比的基础上。评估专业人员需要根据相关会计准则或会计政策等方面存在的差异，对财务数据进行一定的调整和修正，主要包括会计政策差异调整和特殊事项调整两个方面。

（1）会计政策差异调整内容

可比对象和被评估企业财务报告中由于执行的会计政策不同会影响价值比率中各参数统计口径的一致性，在计算价值比率之前有必要对可比对象和被评估企业的财务数据进行模拟调整，统一会计政策。在会计政策差异调整时主要应关注的方面如下：

1）存货成本核算

存货成本核算主要包括先进先出法、移动平均法、加权平均法及个别计价法等多种方式。如果核算方法差异会影响到企业价值比率的可比性水平，则需要对存货成本核算的方法进行统一调整，计算调整后的净利润等盈利指标。

2）收入确认

收入确认主要包括确认的时点和金额两个方面。确认时点可能涉及商品销售的售前、售中及售后确认；同时也会涉及劳务收入的完工百分比或者完成合同率确认。确认金额可能涉

及商品销售的总额法或净额法确认。

3）折旧差异

固定资产的折旧主要有平均年限法、工作量法、双倍余额递减法及年数总和法等。一旦折旧方法对企业业绩产生较大影响时，评估专业人员应当考虑选用折旧方法影响性较小的价值比率。

4）税收差异

可比对象与被评估企业之间在税收水平上可能也会有较大差异，有些企业可能因为某方面的特殊原因而享受到税收优惠（如西部大开发等），评估专业人员应当通过相应的调整对税收差异的影响加以消除。

5）其他差异

除上述方面外，差异调整可能还涉及股份支付、期权激励等成本费用、计提坏账准备政策以及其他特殊事项的调整。评估专业人员应尽可能详细了解可比对象和被评估企业的主要会计政策差异，并进行必要的调整。

【例4-4】市场法评估中，可比对象和被评估企业的财务数据进行模拟调整，统一会计政策，下列选项中不属于会计政策固定资产折旧选用方法的是（　　）。

A. 平均年限法
B. 工作量法
C. 双倍余额递减法
D. 完工百分比法

【答案】D

【解析】固定资产的折旧主要有平均年限法、工作量法、双倍余额递减法及年数总和法等。一旦折旧方法对企业业绩产生较大影响时，评估专业人员应当考虑选用折旧方法影响性较小的价值比率。完工百分比法一般是收入确认的方法。

（2）特殊事项调整内容

1）非经常性项目调整

对非经常性项目进行规范调整，目的是使历史财务报表能够更好地预测未来的经营业绩，也使不同企业之间更加具有可比性。如果某些项目未来不再发生，则应当将其从企业的财务报表中剔除。

【提示】常见的非经常性项目包括停止经营业务、一次性重组成本、历史上形成的商誉的摊销、其他一次性费用等。

2）非经营性及溢余资产调整

企业中资产负债表可能既包括经营性资产、负债，又包括非经营性资产、负债和溢余资产；利润表可能既包括与经营性资产相关的营业收入和支出，又包括与非经营性资产、负债和溢余资产相关的收入和支出。

在运用市场法进行评估时，通常是将可比对象和被评估企业财务报表中的非经营性资产、负债和溢余资产及其相关的收入和支出进行剥离，然后在最终的评估结果中加回非经营性资产、负债以及溢余资产的价值。

3. 计算各种价值比率

首先计算价值比率应当考虑其内涵的一致性，分子及分母的匹配；其次计算价值比率采用的数据口径应保持一致性，应剔除各类会计政策或会计估计方式差异因素的影响。同时，还应该在数据的时间跨度应保持一致。另外，计算价值比率的方式应保持一致性。

4. 选择用于被评估企业的价值比率

选择及计算恰当的价值比率的过程是影响评估结果准确性的重要环节。价值比率有很多种类：

以分母的性质来分类，主要包括盈利比率、资产比率、收入比率和其他特定比率。需要结合企业的业务特点选择合适的价值比率。

【提示】制造业企业的评估一般选择市盈率乘数；银行业企业价值评估一般选择市净率乘数；服务业企业评估一般选择市销率乘数；医院一般选择单位床位收入乘数。

以分子的性质来分类，主要包括股权价值比率及企业整体价值比率。一般若是评估缺乏控制权的股东部分权益价值，或是被评估企业与可比对象资本结构相似时，采用股权价值比率较为合适。而若评估具有控制权的股权价值，或被评估企业与可比对象资本结构差异较大时，则适合采用企业整体价值比率。

【例4-5】市场法评估中，可比对象和被评估企业的财务数据进行模拟调整，统一会计政策，下列选项中不属于非经营性资产评估范围的是（　　）。

A. 非经营性收入　　B. 溢余资产
C. 非经营支出　　　D. 其他业务收入

【答案】D

【解析】在运用市场法进行评估时，通常是

将可比对象和被评估企业财务报表中的非经营性资产、负债和溢余资产及其相关的收入和支出进行剥离，然后在最终的评估结果中加回非经营性资产、负债以及溢余资产的价值。A、B、C 三选项属于非经营性的资产或者收入支出，所以选 D。

5. 将被评估企业与可比对象进行比较

每个可比对象与被评估企业在成长性及风险等方面会存在差异，评估专业人员应当采用各类定性和定量分析方法，对差异进行分析，常用的方法包括定性的 SWOT 分析、定量的财务经营状况分析等。

【例 4-6】采用收益法评估企业价值时，对于价值比率乘数分子分母的选择一般存在一定的规律性，下列有关乘数说法正确的是（   ）。

A. 制造业企业的评估一般选择市盈率乘数

B. 银行业企业价值评估一般选择市销率乘数

C. 服务业企业评估一般选择市净率乘数

D. 医院一般选择单位床位收入乘数

E. 若评估具有控制权的股权价值，或被评估企业与可比对象资本结构差异较大时，则适合采用企业整体价值比率乘数

【答案】ADE

【解析】制造业企业的评估一般选择市盈率乘数；银行业企业价值评估一般选择市净率乘数；服务业企业评估一般选择市销率乘数；医院一般选择单位床位收入乘数等。以分子的性质分类，主要包括股权价值比率及企业整体价值比率。一般若是评估缺乏控制权的股东部分权益价值，或是被评估企业与可比对象资本结构相似时，采用股权价值比率较为合适。而若评估具有控制权的股权价值，或被评估企业与可比对象资本结构差异较大时，则适合采用企业整体价值比率。

6. 对价值比率进行调整

根据对可比对象及被评估企业差异的分析，评估专业人员可以对价值比例进行适当调整。调整的方式主要有主观调整、矩阵法及回归法。在调整的内容上，应当全方位考虑财务绩效、规模风险、成长性以及其他风险因素对可比性产生的影响。

【提示】核心的调整思路是需要找到各类影响因素与价值比率或企业价值的相关性，构建

调整模型。

7. 将调整后的价值比率应用于被评估企业

根据被评估企业的财务经营指标或相关经济变量，将调整后的价值比率应用于被评估企业以获得评估结果。

8. 综合考虑市场法评估结果的差异

针对各种价值比率得到的不同评估结果，评估专业人员应当综合分析其中的差异，合理选择其中一个结果或者对各评估结果进行加权平均，作为评估结论。服务性企业通常基于收入评估价值，资本密集型企业基于净利润或净资产，房地产企业基于毛现金流评估价值等。

【提示】对于不同价值比率计算结果赋予权重的大小往往依赖于评估专业人员的评估经验。

9. 进行溢价和折价的调整

评估专业人员在确定评估结果时应当综合考虑各种溢价和折价因素的影响。例如，当采用上市公司比较法评估企业股权价值时，由于可比对象都是上市公司，并且交易的市场价格采用的是证券交易市场上成交的流通股交易价格，上市公司流通股一般都是代表小股东权益的，不具有对公司的控制权，但被评估企业的股权则可能是具有控制权的，当采用上市公司比较法评估的被评估企业的股权包含控制权时，需要对上市公司比较法评估的价值进行控制权溢价调整。

【例 4-7】采用市场法评估企业价值时，有时需要对评估结果进行溢价和折价的调整，下列有关溢价和折价的调整说法不正确的是（   ）。

A. 当采用上市公司比较法评估被评估企业的股权价值时，上市公司流通股一般都是代表小股东权益的，不具有对公司的控制权

B. 当采用上市公司比较法评估被评估企业的股权不包含控制权时，一般不需要对上市公司比较法评估的价值进行控制权溢价调整

C. 当采用上市公司比较法评估被评估企业的股权包含控制权时，一般需要对上市公司比较法评估的价值进行控制权溢价调整

D. 当采用上市公司比较法评估被评估企业的股权不包含控制权时，一般需要对上市公司比较法评估的价值进行控制权溢价调整

【答案】D

【解析】当采用上市公司比较法评估企业股

权价值时,由于可比对象都是上市公司,并且交易的市场价格采用的是证券交易市场上成交的流通股交易价格,上市公司流通股一般都是代表小股东权益的,不具有对公司的控制权,但被评估企业的股权则可能是具有控制权的,当采用上市公司比较法评估的被评估企业的股权包含控制权时,需要对上市公司比较法评估的价值进行控制权溢价调整。

【知识点 5】可比对象的选择(★★★)

【提示】采用市场法进行企业价值评估最关键的两个因素是可比对象的选择以及价值比率的选择。

可比对象的一般关注点分为两个层次:一是可比对象应当与被评估企业属于同一行业,或者受相同经济因素的影响,并且在企业注册地与业务活动地域范围、业务结构、经营模式、企业规模、资产配置和使用情况、企业所处经营阶段、成长性、经营风险、财务风险等方面具备可比性;二是上市公司比较法和交易案例比较法对于可比对象的选择有一些需进一步关注的要点。

1. 一般关注要点

可比对象与评估对象应在以下方面是相同、相似或者接近,差异性比较小。

(1) 行业性质或者经济影响因素。应尽量在相同或相似的行业中寻找可比对象。如果难以找到足够的可比对象时,可将选择范围扩展到受相同经济因素影响的企业。若被评估企业为多元化经营企业,不宜简单地归入某一行业,而应对被评估企业各业务板块分别选取同行业可比对象进行评估并加总,然后在考虑多元化折价/溢价的基础上综合确定评估结果。

(2) 企业注册地与业务活动地域范围。可比对象注册地点不同,相应的会计、税收、产业政策可能也会有较大差异。在不同的地域范围经营业务,其面临的经营风险、客户群体、政策优惠、行业壁垒均有较大差异。

(3) 业务结构。业务结构的可比性标准是指可比对象与被评估企业在主要业务收入、利润的结构上相似,并且已稳定经营一段时间。若可比对象与被评估企业在同一个行业,但是业务结构或不同产品、服务的利润构成方面存在较大差异会导致可比性减弱。

如 IT 行业,有些企业以销售设备和提供技术服务为主营业务,销售设备的毛利率明显低于提供技术服务的毛利率。当被评估企业的销售收入 90% 来自于设备销售时,即使是同样的收入,利润可能差异很大,会削弱可比性。

(4) 经营模式。经营模式的可比性标准是指,同行业的企业即使从事于同一业务,也会因不同的经营模式可能导致财务指标上的巨大差异和经营风险的差异。如传统的零售业和电子商务。评估专业人员应当关注不同企业的经营模式,寻找经营模式最接近的可比对象进行比较。

(5) 企业规模。企业规模大小可以按照其销售收入、资产总额、从业人员数量或产能等指标来判断,不同行业的划分标准略有不同。

【提示】被评估企业与可比对象如果在规模上存在重大差异,则它们之间可能还会存在业务结构、资产配置情况等方面的差异,影响可比性。

【例 4 - 8】 运用市场法对企业价值进行评估,业务结构的可比性是比较的重要内容,下列选项中有关业务结构的比较说法不正确的是( )。

A. 可比对象应当与被评估企业在主要业务收入、利润的结构上相似

B. 可比对象已经稳定经营一段时间

C. 同属于一个行业如果业务结构上存在较大差异将导致可比性变弱

D. 同属于一个行业如果不同服务的利润构成存在较大差异则可比对象不可用

【答案】D

【解析】业务结构的可比性标准是指可比对象应当与被评估企业在主要业务收入、利润的结构上相似,并且已稳定经营一段时间。可比对象与被评估企业同属于一个行业,但是业务结构上存在较大差异或者在不同产品或服务的利润构成方面存在较大差异将导致可比性变弱。

(6) 资产配置和使用情况。在选择可比对象时应当关注企业的资源配置是否合理以及资源是否有效使用。如何合理配置资源,使现有资源得到充分利用对企业是否具有竞争力与发展潜力是至关重要的。

【提示】企业资源如果不能得到合理配置和

充分使用，多余的资源也会增加企业成本，降低经营效率。

（7）企业所处经营阶段。企业的经营阶段大致可分为初创、成长、成熟及衰退四个阶段。初创阶段发展较慢，成长阶段发展快速，成熟阶段则稳定，衰退期消减。初创阶段的企业，未来发展的不确定性比成熟阶段的企业更大，面临的风险也更大。

（8）成长性。指公司实现可持续成长的能力，处于同一经营阶段的企业，其成长性也可能有较大差异。成长性的可比性标准是指对于高成长性的公司，其市场占有率、总资产增长率、主营业务收入增长率、主营业务利润增长率和利润率指标均呈持续增长。

（9）经营风险。指由于市场需求的变化、生产要素供给条件的变化以及同类企业间的竞争给企业的未来收益带来的不确定性的影响。影响经营风险的因素主要包括可控及不可控风险。在选择可比对象时应当重点考察可控风险的差异。

（10）财务风险。可比对象应当在财务风险上尽可能的相似，对可比对象和被评估企业的财务报表应做调整，使他们基于相似的编制基础。主要有保持财务业绩指标、资本结构等一致，消除非经常性项目以及存货核算方式的影响。

【提示】评估专业人员在选择可比对象时，应注意筛选的标准统一性、筛选的对象全面性。在选择可比对象时应制定统一的筛选标准。标准确定后，应尽可能从所有满足标准的待选公司中进行筛选。

2. 上市公司选择的关注要点

（1）股票交易历史数据充分性。在选择可比上市公司时，除了要有一定时期的经营历史以外，可比对象一般还需要有一定时期的上市交易历史。

（2）股票交易活跃程度。上市公司股权交易活跃表明其股价形成是在竞价机制基础上对内在价值的反映，一旦股价偏离内在价值，则能够迅速向内在价值回归。

3. 交易案例选择的关注要点

可比对象的选择除了一般关注要点外，还应注意：

（1）交易日期应尽可能与基准日接近。

（2）关注可比交易案例资料的可获得性和充分性。

【提示】不同交易案例在企业经营、交易条款方面可能与被评估企业存在较大差异，如果未能充分收集案例资料，可能会无法消除相关差异的影响，引起价值判断上的偏差。

【例4-9】运用市场法对企业价值进行评估，对于可比上市公司的选择从财务风险的角度看，下列选项说法正确的是（　　）。

A. 可比对象应当在财务风险上尽可能相似

B. 需要可比对象和被评估企业的财务报表进行调整，使它们基于相似的编制基础

C. 可比对象应当消除非经常性项目的影响

D. 对于利润率、周转率、投资回报率等财务业绩指标上的差异也应当进行分析比较

E. 有财务杠杆与没有财务杠杆的公司在财务风险上差异一般不明显

【答案】ABCD

【解析】可比对象应当在财务风险上尽可能相似，在进行此比较前，应对可比对象和被评估企业的财务报表进行调整，使它们基于相似的编制基础。例如，应当消除非经常性项目以及存货核算方式的影响。同时，对于利润率、周转率、投资回报率等财务业绩指标上的差异也应当进行分析比较、加以考虑。另外，被评估企业与可比对象在资本结构方面的可比性也很重要。一个有较高财务杠杆与没有财务杠杆的公司在财务风险上差异很大。

【知识点6】价值比率的概念与分类（★★★）

1. 价值比率的概念

价值比率是指以价值或价格作为分子，以财务数据或其他特定非财务指标等作为分母的比率。是市场法对比分析的基础，它由企业价值与一个与资产价值密切相关的指标之间的比率倍数表示，即

$$价值比率 = \frac{企业价值}{与企业价值密切相关的指标}$$

2. 价值比率的基本分类

（1）按照价值比率分子的计算口径，可分为股权价值比率与企业整体价值比率。

1）股权价值比率

股权价值比率主要指以股权价值作为分子的价值比率，主要包括市盈率（P/E）、市净率（P/B）等。

2）企业整体价值比率

企业整体价值比率主要指以企业整体价值作为分子的价值比率，主要包括企业价值与息税前利润比率（EV/EBIT）、企业价值与息税折旧摊销前利润比率（EV/EBITDA）、企业价值与销售收入比率（EV/S）等。

（2）盈利价值比率、资产价值比率、收入价值比率和其他特定价值比率

盈利价值比率＝企业整体价值/股权价值盈利类参数

资产价值比率＝企业整体价值/股权价值资产类参数

收入价值比率＝企业整体价值/销售收入

其他特定价值比率＝企业整体价值/股权价值特定类参数

常用的价值比率如表 4-1 所示。

表 4-1　常用价值比率

价值比率分类	权益价值比率	企业整体价值比率
盈利价值比率	P/E PEG P/FCFE	EV/EBITDA EV/EBIT EV/FCFF
资产价值比率	P/B Tobin Q	EV/TBVIC
收入价值比率	P/S	EV/S
其他特定价值比率		EV/制造业年产量 EV/医院的床位数 EV/发电厂的发电量 EV/广播电视网络的用户数 EV/矿山的可采储量等

【提示】①选择的价值比率应有利于合理确定评估对象的价值；②计算价值比率的口径应保持一致；③应用价值比率时，对可比对象和被评估企业间的差异进行合理调整。

【例 4-10】运用市场法对企业价值进行评估，价值比率的选择至关重要，下列选项中有关价值比率论述正确的是（　　）。

A. 价值比率是指以价值或价格作为分子，以财务数据或其他特定非财务指标等作为分母的比率

B. 股权价值比率主要指以股权价值作为分子的价值比率，主要包括收入价值比率等

C. 企业整体价值比率主要指以企业整体价值作为分子的价值比率，主要包括企业价值与息税前利润比率（EV/EBIT）等

D. 在选择、计算、应用价值比率时，计算价值比率的口径应保持一致

E. 应用价值比率时对可比对象和被评估企业间的差异进行合理调整

【答案】ACDE

【解析】股权价值比率主要指以股权价值作为分子的价值比率，主要包括市盈率（P/E）、市净率（P/B）等，收入价值比率不属于股权价值比率。

3. 盈利价值比率的测算

（1）市盈率（P/E）

市盈率是市场比较法中最为广泛运用的价值比率。该价值比率等于每股市场价格与每股收益之比。其计算公式如下：

P/E＝企业股权价值/利润＝股价/每股收益

当公司收益以稳定的增长率（g）增长时，我们可以利用股利固定增长模型，得到稳定增长公司的股权资本价值：

$$P_0 = \frac{DPS_1}{r-g}$$

同时，因为 $DPS_1 = EPS_0 \times b \times (1+g)$，其中 b 为股利支付率，所以股权资本的价值公式可以写成：

$$P_0 = \frac{EPS_0 \times b \times (1+g)}{r-g}$$

等式两边同时除以后得到市盈率 P/E 的表达式，如下所示：

$$P/E = \frac{P_0}{EPS_0} = \frac{b \times (1+g)}{r-g}$$

上述式中，DPS_1 为下一年预期的每股股利，EPS_0 为本年的每股收益，P_0 为股权资本价值，b 为股利支付率，g 为预期股息增长率，r 为股权资本成本。

【提示】市盈率指标的确定因素为企业的增长潜力、股利支付率、风险等。其中最主要的驱动因素是企业的增长潜力。

【例 4-11】采用市盈率指标评估企业价值时，该指标与下列选项不直接相关的是（　　）。

A. 企业的增长潜力
B. 企业的股利支付率
C. 企业的风险
D. 企业的净资产

【答案】D

【解析】根据公式 $P/E = \dfrac{P_0}{EPS_0} = \dfrac{b \times (1+g)}{r-g}$，可知市盈率指标与企业的增长潜力、股利支付率、风险等密切相关。

(2) PEG

PEG 指标（市盈率相对盈利增长比率）是公司的市盈率与公司的盈利增长速度的比率。其计算公式如下：

$$PEG = \dfrac{\text{市盈率}}{\text{企业年盈利增长率} \times 100}$$

【提示】PEG 指标以市盈率指标为基础，弥补了市盈率对企业动态成长性估计的不足。该指标适用于生物制药、奢侈品及信息技术等高增长行业，对于成熟、亏损或正在衰退的行业则不适用。

(3) EV/EBITDA

EV/EBITDA 是企业价值与企业息税折旧摊销前利润的比率。其计算公式：

息税折旧/摊销前（EBITDA）价值比率 = $\dfrac{EV}{EBITDA} = \dfrac{\text{股权价值} + \text{债权价值}}{\text{息税折旧摊销前利润}}$

【提示】EV/EBITDA 乘数被最广泛地运用于具备巨额基础设施投资的资本密集型公司，且当折旧方法在各公司间差异较大时，使用该乘数更为合理。

(4) EV/EBIT

EV/EBIT 是企业价值与企业息税前利润的比率，其计算公式如下：

息税前收益（EBIT）价值比率 = $\dfrac{EV}{EBIT}$ = $\dfrac{\text{股权价值} + \text{债权价值}}{\text{息税前利润}}$

4. 资产价值比率测算

(1) P/B

市净率（P/B）指的是每股股价与每股净资产的比率。

$P/B = \dfrac{\text{企业股权价值}}{\text{净资产价值}} = \dfrac{\text{股价}}{\text{每股净资产}}$

与市盈率一样，可以通过该价值乘数的计算公式推导，获知市净率这一权益乘数的决定因素。根据戈登增长模型，一家稳定增长企业的权益价值可以表示为：

$$P_0 = \dfrac{DPS_1}{r-g}$$

式中，P_0 为股权资本价值；DPS_1 为下一年预期的每股股利；r 为股权资本成本；g 为预期股息增长率。

由于 $DPS_1 = EPS_0 \times b \times (1+g)$，其中 b 为股利支付率，代入上式，股权资本的价值公式可以写成：

$$P_0 = \dfrac{EPS_0 \times b \times (1+g)}{r-g}$$

如果净资产收益率（ROE）= EPS/权益账面价值，即 ROE = EPS/BV（每股净资产账面价值），则 $EPS_0 = BV_0 \times ROE$，那么权益价值：

$$P_0 = \dfrac{BV_0 \times ROE \times b \times (1+g)}{r-g}$$

由此可得出市净率（P/B）：

$$P/B = \dfrac{P_0}{BV_0} = \dfrac{ROE \times b \times (1+g)}{r-g}$$

P_0 为股权资本价值，b 为股利支付率，g 为预期股息增长率，r 为股权资本成本，ROE 为净资产收益率，BV_0 为每股净资产账面价值。

【提示】市净率指标的驱动因素为净资产收益率、股利支付率、增长率及风险等。

【例4-12】A公司20×4年的每股净收益为5元，股利支付率为40%。每股权益的账面价值为50元，公司在长期时间内将维持5%的年增长率，公司的β值为0.75，假设无风险报酬率为3%，市场风险溢价为7%。测算该公司的市净率（P/B）为（ ）。

A. 1.29   B. 1.31
C. 1.25   D. 2.12

【答案】A

【解析】当前的股利支付率 $b = 40\%$
预期公司收益和股利的增长率 $g = 5\%$
净资产收益率（ROE）= $5 \div 50 \times 100\% = 10\%$
股权资本成本 $r = 3\% + 0.75 \times 7\% = 8.25\%$

$$P/B = \dfrac{ROE \times b \times (1+g)}{r-g}$$

$$= \dfrac{10\% \times 40\% \times (1+5\%)}{8.25\% - 5\%} = 1.29$$

【提示】市净率适用于拥有大量资产且净资产为正的企业。由于账面价值易受会计政策的影响，若会计政策不一致则会缺乏可比性，对于固定资产较少的服务性企业和高科技企业，市净率不适用。

（2）EV/TBVIC

EV/TBVIC 是企业价值与总投入资本资产（是指营运资金与长期资产之和）账面价值的比率。其计算公式如下：

$$EV/TBVIC \text{ 乘数} = \frac{EV}{TBVIC}$$

$$= \frac{\text{股权价值} + \text{债权价值}}{\text{总投入资本资产价值}}$$

（3）收入价值比率

收入价值比率主要有市销率及 EV/S 等，计算公式如下：

$$\text{销售收入价值比率} = \frac{EV}{\text{销售收入}}$$

$$= \frac{\text{股权价值} + \text{债权价值}}{\text{销售收入}}$$

$$P/S \text{ 价值比率} = \frac{\text{股权价值}}{\text{销售收入}}$$

通过对 P/S 价值比率计算公式的推导，以获知市销率这一权益乘数的决定因素。

根据戈登增长模型，一家稳定增长企业的权益价值可以表示为：

$$P_0 = \frac{DPS_1}{r-g}$$

由于 $DPS_1 = EPS_0 \times b \times (1+g)$，其中 b 为股利支付率。

代入上式，股权资本的价值公式可以写成：

$$P_0 = \frac{EPS_0 \times b \times (1+g)}{r-g}$$

由于销售净利率（NPM）$= EPS_0/$每股销售额（S）

则 $EPS_0 = NPM \times S$

那么权益价值：

$$P_0 = \frac{NPM \times S \times b \times (1+g)}{r-g}$$

由此可得出市销率（P/S）：

$$P/S = \frac{P_0}{S_0} = \frac{NPM \times b \times (1+g)}{r-g}$$

上各式中，P_0 为股权资本价值，b 为股利支付率，g 为预期股息增长率，r 为股权资本成本，NPM 为销售净利率，S_0 为每股销售额。

【提示】市销率的驱动因素有销售净利率、股利支付率、增长率及风险等。

市销率不会出现负值，对于亏损及资不抵债的企业，也能够计算出一个有意义的价值比率，体现销售规模及市场份额的影响。同时，它不易受人为操纵，且对价值政策和企业战略的变化敏感，可以反映这种变化的后果。因此市销率适用于销售成本率较低的服务类企业或者是成本与销售利润水平稳定的传统行业。但价值比率不能反映制造及销售成本上的差异，并且是非同口径指标，因此也有一定局限性。

（4）其他特定价值比率

其他特定价值比率主要为资产价值与一些特定的非财务指标之间建立的价值比率，主要包括以下几项：

$$\text{矿山可开采储量价值比率} = \frac{EV}{\text{可开采储量}}$$

$$\text{仓库仓储容量价值比率} = \frac{EV}{\text{仓储容量}}$$

$$\text{专业人员数量价值比率} = \frac{EV}{\text{专业人员数量}}$$

5."时点型"价值比率和"区间型"价值比率

计算价值比率时，可采用"时点型"价值比率（某一时点的数据），也可采用"区间型"价值比率（某一区间时间段内数据的平均值）。时点型价值比率较为充分地反映时点的现时价值，但易受到市场非正常因素的干扰，使其丧失有效性；区间型价值比率利用时间区段的均价有效地减少市场非正常因素的扰动，更加接近股票的内在价值，但这种计算方式可能会部分地失去价值比率的时点性。

【知识点7】价值比率的选择（★★★）

1. 价值比率的选择原则

（1）对于亏损企业选择资产基础价值比率比选择收益基础价值比率效果可能更好；

（2）对于可比对象与目标企业资本结构存在较大差异的，一般应选择全投资口径的价值比率；

（3）对于一些高科技行业或有形资产较少但无形资产较多的企业，收益基础价值比率可能比资产基础价值比率效果好；

（4）如果企业所属行业的各类成本和销售利润水平比较稳定，可以选择收入基础价值比率；

【提示】在选择价值比率时还需要注意价值比率的分子、分母的口径应保持一致。

2. 价值比率的选择方法

价值比率的选择方法主要包括基本因素方

法、统计方法及常规方法。

（1）基本因素方法。主要考虑运用与公司价值相关性最高的变量。如果被评估企业的价值与其收益相关度最高，而该企业的收益预测也比较可靠，则选择盈利类价值比率进行评估将会比较准确、可行。

（2）统计方法。对各种价值比率进行回归，其中相关性最高的就是可进行最佳解释的价值比率。通常情况下资产比率相关因素主要有预期增长率、股利支付率、风险和净资产收益率；收入比率相关因素有预期增长率、股利支付率、风险和净利润。

（3）常规方法。根据多年来的实践和总结，评估某些行业常用的价值比率。

各行业通常选择的价值比率如表 4-2 所示。

表 4-2　各行业常用价值比率

行业		通常选用的价值比率
金融业	银行	P/B，P/E
	保险	财险：P/B
		寿险：P/EV（Embedded Value 的缩写，内含价值）
	证券	经纪：P/E，营业部数量、交易活跃账户数量
	基金	自营：P/B
		P/AUM（管理资产规模）
采掘业		EV/Reserve（储量），EV/Resource（资源量），EV/Annual Capability（年生产能力）
房地产业		P/NAV（净资产价值），P/FCFE
制造业	钢铁行业	P/B，EV/钢产量
	消费品制造业	P/E
	机械制造业	P/E
	生物制药业	PEG
基础设施业		EV/EBITDA，P/B
贸易业		批发：P/E
		零售：EV/S
信息技术业		处于初创阶段：EV/S，P/B
		处于成长阶段：P/E，PEG
		处于成熟阶段：P/E

【提示】①对于盈利容易发生显著变动的周期性行业，如航空、资源和钢铁等行业，各类以盈利为基础的价值比率均不太适用；而基于资产账面价值或重置价值的比率、基于营业收入的比率等，因其受周期性影响相对较小，可以结合行业情况进一步选择。除非能相对准确预测行业周期，可使盈利类指标评估企业的内在价值。②对于盈利相对稳定、周期性较弱的成熟行业，选择盈利比率相对较为适合。③对于新兴行业，可以采用 PEG 等增长性指标，弥补 P/E 等对企业动态成长性估计的不足。

【例 4-13】运用市场法评估企业价值时，价值比率的选择至关重要，根据多年来的实践和总结，评估某些行业常用的价值比率，下列有关价值比率选择正确的是（　　）。

A. 对于盈利容易发生显著变动的周期性行业，各类以盈利为基础的价值比率均不太适用

B. 对于金融业，通常选取 EV/EBITDA、EV/S 等作为价值比率

C. 选择价值比率时还需要注意价值比率的分子、分母对应的口径应保持一致，如分子选择股权价值，分母通常选择销售收入

D. 对于亏损企业，选择收益基础价值比率比资产基础价值比率效果可能更好

【答案】A

【解析】对于盈利容易发生显著变动的周期性行业，如航空、资源和钢铁等行业，各类以盈利为基础的价值比率均不太适用；而基于资产账面价值或重置价值的比率、基于营业收入的比率等，因其受周期性影响相对较小，可以结合行业情况进一步选择。

【知识点 8】价值比率的调整（★★★）

1. 价值比率的调整内容

评估专业人员需要对影响价值的定性及定量因素进行比较分析，确定对价值比率调整的方法定性的影响因素包括相对规模、市场竞争地位、管理深度、无形资产状况、产品线的多样化、市场区域的多样化、供应商或客户的依赖度、产品所处的生命周期。定量的分析因素主要体现在财务绩效方面，可以通过对财务指标的横向及纵向对比，分析企业在风险、成长性等方面的差异，将价值比率调整到合适水平。

【提示】对被评估企业及可比对象价值进行比较的关键就在于两者风险性和成长性的差异。

常用的调整方法：

(1) 财务绩效调整。主要通过分析被评估企业与可比对象在盈利能力、运营能力、偿债能力、成长能力等方面的差异进行调整。

盈利能力：销售净利率、营业利润率、主营业务净利率、总资产报酬率、净资产收益率、资本金利润率、主营业务收入、EBIT、EBITDA。

运营能力：总资产周转率、流动资产周转率、总资产、净资产。

偿债能力：资产负债率、速动比率、流动比率、风险控制能力（净资本/各项风险资本准备之和，评估对象为证券公司。

成长能力：营业收入增长率、资本扩张率、股东权益增长率。

(2) 规模及其他风险因素差异调整

企业规模偏小、负债过高都会增加企业的经营风险和财务风险，风险的差异反映在折现率 r 上，可以采用可比对象和被评估企业的相关数据估算折现率来进行必要的调整。

(3) 成长性差异调整

被评估企业与可比对象可能处于企业发展的不同期间，处于发展初期的企业可能会有一段发展相对较快的时期，进入相对永续期的企业未来发展相对较为平缓。调整预期增长率的差异，一般采用增长率 g 来表示。风险及成长性调整公式如下：

$$\frac{Value_S}{NCF_S} = \frac{1}{r_S - g_S} \cdot \frac{NCF_S}{Value_S} = \frac{1}{M_S}$$

$$= r_S - g_S = r_S + r_G - r_G - g_S$$
$$+ g_G - g_S$$
$$= r_G - g_G + (r_S - r_G) + (g_G - g_S)$$
$$= \frac{1}{M_G} + (r_S - r_G) + (g_G - g_S)$$

因此：目标企业的 $M_S =$

$$\frac{1}{\frac{1}{M_G} + (r_S - r_G) + (g_G - g_S)}$$

式中，$(r_S - r_G)$ 即为进行的风险因素调整；$(g_G - g_S)$ 是预期增长率的差异需要进行的成长性调整。

(4) 其他风险因素调整

企业其他方面的风险因素包括对单一供应商及客户的过度依赖、竞争力脆弱、销售收入波动、高比例固定成本、过度依赖新产品、高财务杠杆等。这些调整目前只能进行定性分析。

【提示】在采用交易案例比较法时，还应当注意交易条款、交易方式、交易时间等方面的因素调整。

2. 价值比率的调整方式

每个可比对象与被评估企业在成长性和风险性等方面都会存在差异，可以采用波特的五力分析模型、SWOT 分析模型以及财务分析模型进行定性、定量分析和调整。

(1) 因素调整。在比较各公司间价值比率之后，应该考虑影响价值比率的主要因素，并看看是否可以解释其中的差异。

(2) 矩阵法。在矩阵方法中可以把价值比率根据因变量分成 4 块。如应用资产比率（P/B），可根据资产报酬率（ROE）将比率分块，如表 4-3 所示。

表 4-3 价值比率的矩阵法

过高估价	
高 P/B 比率	高 P/B 比率
低 ROE 之间	高 ROE 之间
	过低估价
低 P/B 比率	低 P/B 比率
低 ROE 之间	高 ROE 之间

当资产比率（P/B）与资产报酬率（ROE）存在线性关系时，矩阵左下方和右上方均属合理区域，左上或右下方则存在过高或过低估价。

(3) 回归法。是通过采集一定数量的可比对象价值以及对价值比率有重大影响的独立变量，采用数理统计方法寻找他们之间的关系，据此判断公司是否存在高估或低估，并对被评估企业的价值比率进行调整的另一种方法。

【提示】矩阵法容易识别极端值，但对于并没有过分高估或低估的公司不容易分辨。回归法是区分公司间差异更具有说服力、更通用的方式。

【知识点 9】价值比率的确定（★★★）

1. 价值比率计算的统计方法

可比对象的价值比率往往集中在一个区间内，需要使用统计方法对各价值比率进行分析，确定被评估企业的价值比率。通用的统计方法如表 4-4 所示。

表 4-4 价值比率确定的方法

采用中位数	可以很好地避免极端值的影响。
采用算术平均值	可以用来反映一组数据的平均水平。
采用调和平均值	是算术平均的一种变形,指的是倒数的算术平均值的倒数。调和平均数虽不常用且易受极端值影响,但是在计算利润率或价值比率时不失为一个有益的方法。
依据变异系数选择	反映观察值对于平均值的离散程度,也称为标准差系数,计算方法是用样本的标准差除以样本平均值,可以用来比较不同价值比率样本的离散程度,可以以此为依据选择最适合的价值比率,而非直接得到一个价值比率数值。

2. 价值比率计算的时间区间

一般可以选择评估基准日前 12 个月或评估基准日前几年价值比率的平均值。若选择评估基准日前 12 个月为基础进行计算,可分情况进行:时点型价值比率可以选择评估基准日股票价值为基础计算价值比率的分子,以评估基准日前 12 个月的相关财务数据为基础计算价值比率的分母;区间型价值比率可以以评估基准日前若干日的交易均价为基础计算价值比率的分子,以评估基准日前 12 个月的相关财务数据为基础计算价值比率分母。同时,考虑到上市公司的财务报告是按季度披露的,当超过 90 天时可能会使价值比率包含因为上市公司新财务数据的披露对股票价格造成的系统性影响,因此在对区间型价值比率的分子进行计算时,建议选择 30 天或 60 天。

【提示】如果在此期间可比对象发生突发事件,造成上市公司股价异常波动,则需要考虑是否应当调整日期,剔除可比对象股票价值异动的影响。

为更好地反映上市公司的内在价值,还可以选择评估基准日前几个会计年度分别计算时点型或区间型价值比率,并采用加权平均等方式合理处理后计算出平均值。

【例 4-14】运用市场法评估企业价值时,价值比率的选择至关重要,下列选项中有关价值比率调整说法不正确的是( )。

A. 价值比率的计算一般可以选择评估基准日前 12 个月或评估基准日前几年价值比率的平均值

B. 对于任何一种价值比率而言,不同可比对象所计算出的价值比率都可能有较大不同

C. 对被评估企业及可比对象价值进行比较调整的关键就在于两者风险性和成长性的差异

D. 财务绩效盈利能力的调整包括流动资产周转率、销售净利率、营业利润率等

【答案】D

【解析】财务绩效调整主要通过分析被评估企业与可比对象在盈利能力、运营能力、偿债能力、成长能力等方面的差异进行调整,采用的财务指标如下:盈利能力:销售净利率、营业利润率、主营业务净利率、总资产报酬率、净资产收益率、资本金利润率、主营业务收入、EBIT、EBITDA。运营能力:总资产周转率、流动资产周转率、总资产、净资产。

【知识点 10】市场法的适用性(★★)

1. 市场有效性。市场法适用于资本市场发育比较成熟,市场有效性比较强的情况。有效的市场具有以下特点:

(1) 存在大量的理性投资者,以追求利润最大化为目标,且不能单独对市场定价造成影响。

(2) 市场信息充分披露和均匀分布,投资者所获取的信息是对称的。

(3) 投资者获取信息不存在交易成本。

(4) 投资者对信息变化会做出全面、快速的反应,且这种反应又会导致市场定价的相应变化。

2. 数据充分性。要求公开市场上有足够数量的交易案例,并且能够收集到与评估活动相关的,具有代表性、合理性和有效性的信息资料,进而可以量化可供比较和调整的各项差异指标。

3. 数据时效性。评估专业人员使用市场法时应当保持一定的谨慎度,对可比上市公司的历史定价波动情况做出分析预判,并通过一定的技术手段(如采用区间型价值比率)平滑价值的巨大波动。

【提示】数量足够多的可比对象可以避免个别交易中的特殊因素对成交价格和最终评估结果的影响。

适当延长市场数据的时间期限,也有助于判断价格变化的长期趋势。

【知识点11】市场法的局限性（★★）

1. 资本市场波动较大。中国资本市场的弱有效性，市场投机气氛比较浓厚，股票市场波动较为剧烈，使得市场法的适用性受到影响。

2. 难以寻找与被评估企业相同或类似的可比对象。

3. 价值影响因素难以考虑周全。目前市场法是以相关财务经营指标为基础的，没有考虑企业在核心竞争力、营销策略等方面的个体差异。

4. 主观判断空间大。

【提示】上述局限性因素都是相对的。在市场数据不够完善的条件下，评估专业人员应当结合评估业务具体情况和评估专业人员的实务经验，分析判断采用市场法评估企业价值的可行性与评估结论的可靠性。

精选练习题

一、单项选择题

1. 在运用市场法对企业价值进行评估时，下列选项最适合使用 EV/EBITDA 乘数的是（　　）。

A. 大量固定资产投资的资本密集型公司

B. 金融业

C. 信息业等高增长产业

D. 零售批发业

2. 交易案例比较法是评估企业价值常用的方法，下列选项中关于交易案例比较法选择可比对象的说法中，错误的是（　　）。

A. 选择可比交易案例应当注意筛选标准的统一性、筛选对象的全面性

B. 选择的可比交易案例的交易日期应当与评估基准日相同

C. 选择可比交易案例应当注意案例相关财务资料的可获得性与充分性

D. 选择可比交易案例应当关注案例企业与被评估企业在业务结构上的可比性

3. 市场法评估的基本原则是评估专业人员在评估过程中应当遵循的基本思想，其中不包括（　　）。

A. 可比性原则　　B. 可获得性原则

C. 及时性原则　　D. 精确性原则

4. 在企业价值评估中，下列选项有关评估方法说法不正确的是（　　）。

A. 成本法应该被称作"资产基础途径"中的"资产加和法"

B. 成本法一般不应当成唯一的评估方法

C. 运用收益法评估企业价值存在两个障碍，一是被评估企业与参照企业之间的"可比性"问题，二是企业交易案例的差异

D. 确定价值比率要看可比指标的选择

5. 市场法是企业价值评估常用的方法之一，下列选项中，不属于运用市场法选择和应用价值比率应特别注意的事项是（　　）。

A. 价值比率的选择

B. 口径的一致性

C. 应用价值比率时应进行调整

D. 参照物的选择

6. A 公司 20×4 年的销售收入是 14 000 万元，净利润是 2 800 万元，股东权益账面价值为 3 500 万元，股利支付率为 35%，预计未来增长率为 5%，公司的 β 值为 1.2，无风险报酬率为 3%，市场风险溢价为 7%。则 A 公司的市销率 (P/S) 为（　　）。

A. 1.15　　　　B. 1.23

C. 1.46　　　　D. 1.35

7. 研究国内上市公司新股 IPO 的发行定价与该股票正式上市后的交易价格之间的差异来研究缺少流动性折扣的方式是（　　）。

A. 法人股交易价格法

B. 股权分置改革支付对价法

C. 新股发行定价法

D. 上市公司市盈率对比法

8. 上市公司比较法是企业价值评估常用的方法，下列选项中关于上市公司比较法价值比率计算的时间区间的说法中，错误的是（　　）。

A. 时点型价值比率的分子可以选择评估基准日的股票价值

B. 区间型价值比率的分母可以选择评估基准日前 12 个月的相关财务数据

C. 季报披露可能对股份造成影响，故区间型价值比率的分子建议选择 90 天或 120 天

D. 如果计算期间因突发事件造成股份异常波动，则需要考虑调整日期以剔除此影响

9. 企业价值评估中，选择价值比率计算时间区间时，以下说法不正确的有（　　）。

A. 可比对象发生突发事件，造成上市公司股价异常波动，则需要考虑是否应当调整日期，

剔除可比对象股票价值异动的影响

B. 对于时点型价值比率可以选择评估基准日股票价值为基础计算价值比率的分子，以评估基准日前 12 个月的相关财务数据为基础计算价值比率的分母

C. 考虑到上市公司的财务报告是按季度披露的，当超过 90 天时可能会使价值比率包含因为上市公司新财务数据的披露对股票价格造成的系统性影响，因此在对区间型价值比率的分子进行计算时，建议选择 30 或 60 天

D. 实务中，考虑到股票的周期波动性太大，不应选择时间区间作为价值比率测算基础

10. 财务绩效调整主要通过分析被评估企业与可比对象在盈利能力、运营能力、偿债能力、成长能力等方面的差异进行调整，下列不属于运营能力的财务指标是（　　）。

A. 应收账款周转率
B. 存货周转率
C. 流动资产周转率
D. 营业收入增长率

二、多项选择题

1. 由于可比对象与被评估企业在采用的相关会计准则或会计政策等方面可能存在重大差异，因此需要进行一定的调整，下列不属于会计政策差异调整内容的是（　　）。

A. 存货成本核算
B. 非经常性项目调整
C. 税收差异
D. 非经常性溢余资产调整
E. 折旧差异

2. 在用市场法评估企业价值时，难免存在一些局限性，下列属于市场法的局限性是（　　）。

A. 主观判断空间大
B. 价值影响因素难以考虑周全
C. 难以寻找与被评估企业相同或类似的可比对象
D. 未来获利时间长度难以确定
E. 难以保证评估基准日相接近

3. 企业价值评估中，选择运用上市公司作为可比公司对企业价值进行评估时，通常情况下选择可比对象时主要考虑（　　）。

A. 历史数据充分性
B. 股票交易活跃程度

C. 企业注册地
D. 业务活动地域范围
E. 资产所处的地理位置

4. 在企业价值评估中，选用市场法评估时应遵循的基本原则有（　　）。

A. 预期原则　　　B. 及时性原则
C. 有效性原则　　D. 透明度原则
E. 可获得性原则

5. 在统一被评估企业和可比对象的财务报表编制基础时，通常需要对财务数据进行一定的调整和修正，主要包括会计政策差异调整和特殊事项调整两个方面，其中会计政策差异调整具体包括（　　）等方面。

A. 存货成本核算　B. 非经常性项目
C. 收入确认　　　D. 税收差异
E. 折旧差异

6. 选择及计算恰当的价值比率的过程是影响评估结果准确性的重要环节。计算价值比率应当考虑（　　）。

A. 计算方式的一致性
B. 数据口径的一致性
C. 时间跨度的一致性
D. 信息来源的一致性
E. 价值比率内涵的一致性

7. 运用市场法评估企业价值时，通常应用的基本原则主要有（　　）。

A. 可比性原则　　B. 可获得性原则
C. 可预测原则　　D. 透明度原则
E. 有效性原则

8. 运用市场法进行企业价值评估时，要选择合适的可比对象，在选择上市公司可比对象时，应该关注的一般标准有（　　）。

A. 业务结构
B. 企业所处的经营阶段
C. 交易日期应尽可能与基准日接近
D. 经营风险和财务风险
E. 交易案例资料的可获得性

三、综合题

1. A 公司 20×4 年的每股收益为 1.68 元，股利支付率为 35%，收益和股利的增长率预计为 6%。该公司的 β 值为 1.4，市场风险溢价为 7%，无风险报酬率为 3%，企业年盈利增长率为 25% 求该公司的市盈率（PE）和市盈率相对盈利增长比率（PEG）值。

2. A 公司 20×4 年的每股净收益为 6 元，股利支付率为 50%。每股权益的账面价值为 36 元，公司在长期时间内将维持 5% 的年增长率，公司的 β 值为 1.2，假设无风险报酬率为 3%，市场风险溢价为 7%。测算该公司的市净率 (P/B) 为多少。

3. 某公司 20×4 年的销售收入是 16 000 万元，净利润是 4 000 万元，股东权益账面价值为 4 500 万元，股利支付率为 30%，预计未来增长率为 6%，公司的 β 值为 1.2，无风险报酬为 4%，市场风险溢价为 7%。计算该公司的 P/S。

精选练习题参考答案及解析

一、单项选择题

1.【答案】A
【解析】EV/EBIDA 是企业价值与企业息税、折旧摊销前利润的比率；EV/EBITDA 乘数被最广泛地运用于具备大量固定资产投资的资本密集型公司，且当折旧方法在各公司间差异较大时，使用该乘数更为合理。

2.【答案】B
【解析】收集的交易案例的交易日期可能并非评估基准日，因此会存在由于上述两个日期差异所产生的交易价格差异，因此为了便于对比，在选择交易案例比较法的评估对象时，应该尽量选择交易日期与评估基准日接近的可比交易案例。故 B 选项错误。

3.【答案】D
【解析】市场法评估的基本原则包括可比性原则、可获得性原则、及时性原则，所以本题选 D。

4.【答案】C
【解析】应该是运用市场法有两个障碍，一是被评估企业与参照企业之间的"可比性"问题，二是企业交易案例的差异。

5.【答案】D
【解析】由于价值比率的确定是市场法应用的关键，因此，对于上市公司比较法来说，在价值比率选择上也尤为重要。但是选择参照物并不是价值比率选择时考虑的对象。

6.【答案】A
【解析】销售净利率 $NPM = 2\,800 \div 14\,000 \times 100\% = 20\%$，股利支付率 $b = 35\%$，预计未来增长率 $g = 5\%$，股权资本成本 $r = 3\% + 1.2 \times 7\% = 11.4\%$

$$\frac{P}{S} = \frac{NPM \times b \times (1+g)}{r - g}$$

$$= \frac{20\% \times 35\% \times (1 + 5\%)}{11.4\% - 5\%} = 1.15$$

7.【答案】C
【解析】国内对于缺乏流动性折扣主要采用法人股交易价格法、股权分置改革支付对价法、新股发行定价法及非上市公司并购市盈率与上市公司市盈率对比法等。其中，新股发行定价估算方式就是研究国内上市公司新股 IPO 的发行定价与该股票正式上市后的交易价格之间的差异来研究缺少流动性折扣的方式。

8.【答案】C
【解析】考虑到上市公司的财务报告是按季度披露的，当超过 90 天时可能会使价值比率包含因为上市公司新财务数据的披露对股票价格造成的系统性影响，因此在对区间型价值比率的分子进行计算时，建议选择 30 天或 60 天。选项 C 不正确。

9.【答案】D
【解析】实务中，考虑到股票的周期波动性，为更好地反映出上市公司的内在价值，还可以选择评估基准日前 3 个会计年度或 5 个会计年度分别计算时点型或区间型价值比率，并采用加权平均等方式合理处理后计算出平均值。采用这种方法时，应当结合可比对象股票价格的时效性以及可比对象股票价格由于非正常因素扰动可能产生的影响，选择合适的计算区间。

10.【答案】D
【解析】营业收入增长率属于成长能力财务指标，所以本题选 D。

二、多项选择题

1.【答案】BD
【解析】选项 B 和 D 属于特殊事项调整内容，不属于会计政策差异调整内容。

2.【答案】ABCE
【解析】根据市场法在企业价值评估中的应用，可知选项 A、B、C、E 都是市场法的局限性。

3.【答案】ABCD
【解析】上市公司选择的要点：历史数据充分性、股票交易活跃程度、企业注册地以及业务活动地域范围。

4.【答案】BCDE

【解析】市场法评估的基本原则是评估专业人员在评估过程中应当遵循的基本思想。包括可比性原则、可获得性原则、及时性原则、透明度原则及有效性原则。

5.【答案】ACDE

【解析】会计政策差异调整具体包括存货成本核算、收入确认、折旧差异、税收差异与一些其他问题。

6.【答案】ABCE

【解析】计算价值比率首先应当考虑其内涵的一致性,分子及分母应匹配。其次,计算价值比率采用的数据口径应保持一致性,在计算时应剔除各类会计政策或会计估计方式差异因素的影响。再次,数据的时间跨度应保持一致。最后,计算价值比率的方式应保持一致性,因为在不同的时间段,企业的经营绩效必然存在差异。因此,评估专业人员应当合理区分时点型价值比率与区间型价值比率,保证计算口径上的一致性。

7.【答案】ABDE

【解析】详见精讲部分。

8.【答案】ABD

【解析】一般标准包括行业性质或者经营影响因素、业务结构、经营模式、企业规模、资产配置和使用情况、企业所处经营阶段、成长性、经营风险和财务风险。除了选择可比对象的一般标准以外,使用上市公司比较法时对于可比公司的选择还应当注意:历史数据充分性、股票交易活跃程度、企业注册地和业务活动地域范围。交易案例选择的关注要点包括:交易日期应尽可能与基准日接近、关注可比交易案例资料的可获得性和充分性。

三、综合题

1.【答案】0.22

【解析】由已知条件可得,市盈率 $P/E = 35\% \times (1+6\%) \div [(1.4 \times 7\% + 3\%) - 6\%] = 5.46$,PEG指标(市盈率相对盈利增长比率)是公司的市盈率与公司的盈利增长速度的比率,所以A公司的PEG指标为 $PEG = 5.46 \div (25\% \times 100) = 0.22$

2.【答案】1.37

【解析】股权资本价值为 $P_0 = 6 \times 50\% \times (1+5\%) \div [(1.2 \times 7\% + 3\%) - 5\%] = 49.22$,而每股权益的账面价值为 $BV_0 = 36$,所以 $P/B = 49.22 \div 36 = 1.37$

3.【答案解析】

销售净利率 $NPM = 4\,000 \div 16\,000 \times 100\% = 25\%$

股利支付率 $b = 30\%$

预计未来增长率 $g = 6\%$

股权资本成本 $r = 4\% + 1.2 \times 7\% = 12.4\%$

$P/S = NPM \times b \times (1+g) \div (r-g) = 25\% \times 30\% \times (1+6\%) \div (12.4\% - 6\%) = 1.24$

第五章 资产基础法在企业价值评估中的应用

考试大纲

一、考试目的
考查考生对资产基础法评估理论与方法的掌握情况,以及采用资产基础法分析和解决企业价值评估实际问题的能力。

二、考试内容及要求
(一)掌握的内容(★★★)
1. 资产基础法评估范围的确定。
2. 资产基础法中长期股权投资的评估。
3. 资产基础法评估结论的确定。
4. 资产基础法评估结论的合理性分析。

(二)熟悉的内容(★★)
1. 资产基础法的基本原理。
2. 资产基础法应用的操作步骤。
3. 资产基础法利用专家工作及相关报告的要求。
4. 资产基础法的适用前提和局限性。

(三)了解的内容(★)
1. 资产基础法中现场调查的要求。
2. 资产基础法中评估资料收集整理和核查验证的要求。
3. 资产基础法中单项资产评估假设的种类及选择。
4. 资产基础法中资产组的评估。

考情分析

本章在考试中处于较重要地位。是企业价值评估考试分值分布的主要区域之一。涉及的考点为资产基础法评估结果的合理性分析、资产基础法的局限性。本章属于资产评估方法的具体应用,属于需要掌握的评估基本知识。复习重点:资产基础法评估范围的确定,资产基础法中长期股权投资的评估,资产基础法评估结果的合理性以及资产基础法的基本原理、操作步骤、适用前提和局限性等。

考点精讲及典型例题解析

【知识点1】资产基础法的基本原理(★★)

资产基础法是指以被评估企业评估基准日的资产负债表为基础,通过评估企业表内及表外可识别的各项资产、负债的价值,并以资产扣减负债后的净额确定评估对象价值的方法。资产负债表记录了企业资产和负债的账面价值,当评估专业人员以资产负债表为基础,将企业各项资产的价值逐一评估出来,然后再扣除企业各项负债的价值就可以得到一个净资产的价值,这个净资产的价值就是企业所有者所能享受的权益价值。

【提示】资产负债表中的资产和负债是历史成本,需要将调整为现行取得成本。

资产基础法实质是一种以成本途径来评估企业价值的估价方法。股东全部权益价值=表内外各项资产价值-表内外各项负债价值

【例5-1】资产基础法是评估企业价值常用的方法,下列选项中有关资产基础法说法不正确的是( )。

A. 资产基础法是以被评估单位评估基准日的资产负债表为基础进行评估

B. 运用资产基础法时需要评估企业表内及表外可识别的各项资产、负债的价值

C. 运用资产基础法时采用企业资产负债表中企业拥有资产和负债的历史成本

D. 资产基础法实质是一种以成本途径来评估企业价值的估价方法

【答案】C

【解析】由于企业资产负债表中的账面价值多是企业拥有资产和负债的历史成本,而非现行取得成本,因此需要将企业资产和负债的历史成本调整为现行取得成本,进而估算评估对象在评估基准日的价值。

【知识点 2】资产基础法应用的操作步骤（★★）

1. 确定评估范围。首先需要获得企业在评估基准日的财务报表，并根据评估对象所涉及的资产和负债范围，结合企业所采用的会计政策、资产管理情况等，分析判断企业是否存在表外资产和负债。

【提示】如果存在对评估结论有重要影响的表外资产和负债，如账外无形资产、或有负债，应当要求企业将其纳入评估范围。

2. 现场调查、资料收集整理和核查验证。应对评估对象进行现场调查，获取评估所需资料，了解评估对象现状，关注评估对象法律权属。对评估活动中使用的资料应当实施核查验证程序，并进行必要的分析、归纳和整理，形成评定估算和编制资产评估报告的依据。

3. 评估各项资产和负债。在对纳入评估范围的每一项资产和负债进行清查核实的基础上，设定合理的评估假设，并采用适宜的方法分别进行评估。

【提示】涉及特殊专业知识和经验的资产评估，可能需要使用专门的评估专业人员或者利用专家工作及相关报告。

4. 评估结论的确定和分析。在评估出企业各项资产和负债的价值之后，评估专业人员将编制一份新的资产负债表或者评估结果汇总表，进而分析得到股东全部权益价值。

【知识点 3】评估范围的确定（★★）

评估范围包括被评估企业资产负债表表内和表外各项资产和负债。评估范围的确定应当遵循以下原则：

1. 评估范围与所涉及经济行为的一致性

评估范围的确定是由评估目的决定的，应当与评估目的所涉及经济行为文件的相关决策保持一致。

在企业国有资产评估项目中，涉及资产重组的项目（包括但不限于资产剥离、无偿划转等），企业提供的资产负债表可能是按照资产重组方案或者改制方案、发起人协议等材料编制的模拟报表，评估专业人员应当特别关注纳入评估范围的资产是否与经济行为一致，是否符合经济行为批准文件、重组改制方案、拟剥离资产处置方案等文件要求。

有的国有资产评估项目还可能涉及引用单项资产评估报告结论，企业价值评估报告关于评估范围的披露还应当补充说明哪些资产涉及引用其他单项资产评估报告结论。

【提示】采用资产基础法评估企业价值，评估范围包括被评估企业资产负债表表内和表外各项资产和负债。

2. 重要资产和负债的完整性

从理论上讲，资产基础法评估范围应当涵盖企业表内外的全部资产和负债。从实务操作上看，并非每项资产和负债都可以被识别并用适当的方法单独进行评估。评估专业人员应当要求企业对资产负债表表内及表外的各项资产和负债进行识别，确保评估范围包含企业表内及表外各项可识别的重要资产和负债。

表外资产既包括有形资产，也包括无形资产。如果存在重要的表外资产，评估专业人员应当要求企业将识别出的表外资产纳入评估申报文件，并确认评估范围。

表外负债主要是指或有负债，采用资产基础法评估企业价值，应当关注评估范围是否包含或有负债。对于那些存在未决诉讼、税务争议或环境治理要求等情形的企业，或有负债对企业的经营风险有重要影响且能合理量化的，应当纳入评估范围。当存在对评估对象价值有重大影响且难以识别和评估的资产或者负债时，应当考虑资产基础法的适用性。

【提示】在一般公允会计准则的规定中，或有负债是不记入以历史成本为基础编制的资产负债表中的，但是重要的或有负债需要在会计报表附注中予以披露。

3. 资产负债表范围的可靠性

评估专业人员应当关注资产负债表范围的可靠性，可以要求委托人提供经独立第三方实施专项审计的资产负债表。如果评估基准日的企业财务报表已经通过符合评估目的的专项独立审计，评估专业人员可以查阅审计报告及其附注，判断能否根据资产负债表内的资产和负债项目确定评估范围。

【提示】如果委托人或企业管理层只提供相同基准日年审报告或其他目的的审计报告，资产评估专业人员应判断该类审计报告对于采用资产基础法评估资产负债项目的依据是否充分。如果不能提供基准日任何审计报告，应参考最近的各类独立审计报告和其他资料，判断能否采用资产基础法进行评估。

【例5-2】涉及企业国有资产重组评估项目，时常会运用资产基础法评估企业价值时，下列选项不属于确定评估范围涉及的文件是（　　）。

A. 经济行为批准文件
B. 重组改制方案
C. 拟剥离资产处置方案
D. 银行函证单

【答案】D

【解析】在企业国有资产评估项目中，有的项目涉及资产重组，包括但不限于资产剥离、无偿划转等，此时企业提供的资产负债表可能是按照资产重组方案或者改制方案、发起人协议等材料编制的模拟报表，评估专业人员应当特别关注纳入评估范围的资产是否与经济行为一致，是否符合经济行为批准文件、重组改制方案、拟剥离资产处置方案等文件要求。

4. 财务报表数据口径的恰当性

资产负债表可以划分为母公司口径的个别资产负债表和集团口径的合并资产负债表。母公司个别资产负债表反映企业在某一特定日期的财务状况。在母公司个别资产负债表中，母公司对子公司的权益是通过长期股权投资项目来体现的。合并资产负债表反映母公司和子公司所形成的企业集团在某一特定日期的财务状况，是在母公司和纳入合并范围的子公司个别资产负债表各项目加总数额的基础上，加减调整和抵销数额，分别计算资产项目、负债项目和所有者权益项目的合计数。采用资产基础法评估企业集团的价值时，一般采用母公司口径的个别资产负债表，评估范围中包括对子公司的长期股权投资项目。

【提示】评估企业集团的价值时，一般采用母公司口径的个别资产负债表，评估范围中包括对子公司的长期股权投资项目。

【例5-3】运用资产基础法评估企业价值时，不能纳入评估范围的单项资产是（　　）。

A. 货币资金　　B. 应收及预付款项
C. 产品销售收入　　D. 无形资产

【答案】C

【解析】评估范围是被评估企业资产负债表表内、表外的各项资产和负债，产品销售收入不在资产负债表内。

【知识点4】现场调查、资料收集整理与核查验证（★★）

1. 现场调查。现场调查手段包括询问、访谈、核对、监盘、勘查等。评估专业人员可以根据重要性原则采用逐项或者抽样的方式进行现场调查。结合以下考虑因素，适当简化清查核实程序：

（1）被评估企业的财务管理、资产管理制度基础。被评估企业在财务管理上制度完善，资产管理制度细致，定期盘点核查制度明确，资产使用、维修、保养日志清晰的企业，可以从企业管理工作记录中发现委托评估资产的特点，选择重要的资产条目进行现场清查核实。反之，可能需要评估专业人员对重要资产条目逐项现场清查核实，或根据情况要求企业、第三方或评估专业人员自行进行必要的技术监测。

（2）被评估企业制度执行和风险控制情况。企业制度执行到位、对经营风险控制较好，将增强评估专业人员对于企业资产各项书面记录内容的信任程度。企业提供的各项信息资产的准确、详细程度，直接影响评估专业人员采用抽样方法的可行程度。

（3）采用各种抽样勘查的可能性。一般来说，同质化强、使用环境一致、启用年限一样的资产条目，可以采用随机抽样的方式抽查。按价值量划档，对价值量大的资产条目采用逐项勘查，价值量较小的资产条目随机抽查也是一种可行方案。按典型性（类型、地点、年限、使用）抽样也是资产按条目现场勘查常用的一种方式。

（4）可以利用的其他工作成果。包括按有关规定近期进行的清产核资工作成果、上级部门进行的资产管理审计工作成果、船级社、航空器登记单位的资产登记维护记录等、专业服务机构对被评估企业的资产状况尽职调查等。

2. 资料收集整理和核查验证

资料包括委托人或者其他相关当事人提供的涉及评估对象和评估范围等资料，以及评估专业人员从政府部门、各类专业机构以及市场等渠道获取的其他资料。核查验证的方式通常包括观察、询问、书面审查、实地调查、查询、函证、复核等。

【提示】核查验证对象不仅包括评估对象企业股东权益的相关资料，也包括评估范围中各单项资产和负债的相关资料。

因法律法规规定、客观条件限制无法实施核查验证的事项，评估专业人员应当在工作底稿中予以说明，分析其对评估结论的影响程度，并在资产评估报告中予以披露。

【提示】如果上述事项对评估结论产生重大影响或者无法判断其影响程度，资产评估机构不得出具资产评估报告。

3. 评估各项资产的假设前提

（1）常用的评估假设

比较常见的假设包括最佳使用假设、持续使用假设和清算假设等：

1）最佳使用假设：如果一项资产存在多种用途，其中必定存在一种用途能使该资产价值最大化。最佳使用就是指市场参与者实现一项资产的价值最大化时该资产的用途。使用最佳使用假设时需要考虑资产确定其最佳用途的限定因素，包括法律上允许、技术上可能、经济上可行。

法律上允许是指资产的该种用途不违反法律、法规的规定，不侵害社会公众利益。

技术上可能是指资产的这种使用在目前社会技术状态下是可能的，不存在暂时无法克服的技术障碍。

经济上可行是指对于资产的这种用途，经济上的投入是合理的、可以承受的。

2）持续使用假设：分为现状使用假设、原地续用假设和异地使用假设。现状使用是指资产按照其目前的使用目的、使用状态持续下去，在可预见的未来不会改变。原地续用是指资产还会在原地继续被使用，但是使用的目的、状态等可能发生变化。异地使用是指标的资产可能还会被使用，不会被报废，但是需要将其从原安装的地点转移到一个新的地点使用。

3）清算假设：分为有序变现假设和强制变现假设。有序变现是指相关企业不再使用标的资产，需要将该资产转让给其他方，并且这种转让是在资产所有者控制下，在公开市场上有序进行的。强制变现假设通常有时间限制，有时也称之为快速变现。

【提示】强制变现与有序变现相比不同点在于强制变现时资产所有者无法实际控制资产的变现过程，通常由法院或者债权人等实际控制。

（2）评估假设的选择

评估各项资产时，通常需要根据评估目的以及相关法律、法规的规定恰当选择评估假设。

在企业价值评估中，各项资产是企业整体资产的有机组成部分，必须与其他资产一起发挥作用，共同创造价值。每项资产的利用方式都取决于企业整体运营的需要，有别于其作为独立个体单独存在的情形。企业价值评估中某项资产的最佳用途可能与其作为单项资产评估对象时的最佳用途不完全一致。各项资产对企业价值的贡献与其作为单项资产评估对象的价值也不完全一样。

【例5-4】在使用最佳使用假设时需要考虑资产确定其最佳用途的限定因素，这些限定因素不包括（　　）。

A. 法律上允许　　B. 时间上合理
C. 技术上可能　　D. 经济上可行

【答案】B

【解析】在使用最佳使用假设时需要考虑资产确定其最佳用途的限定因素，这些限定因素包括法律上允许、技术上可能、经济上可行。

4. 各项资产的评估方法

采用资产基础法进行企业价值评估，各项资产的价值应当根据具体情况选用适当的方法进行评估。运用资产基础法评估企业价值时，应关注长期股权投资和资产组的评估。

【提示】评估方法的选择和应用可能有别于其作为单项资产评估对象时的情形。

运用资产基础法评估企业价值时，应关注长期股权投资和资产组的评估。

（1）长期股权投资的评估

采用资产基础法进行企业价值评估，应当对长期股权投资项目进行分析，根据被评估企业对长期股权投资项目的实际控制情况以及对评估对象价值的影响程度等因素，确定是否将其单独评估。

【提示】单独评估是指履行企业价值评估程序对被投资企业进行整体评估。

需要进行单独评估的情形：①对于具有控制权的长期股权投资，应对被投资企业执行完整的企业价值评估程序。②对于不具有控制权的长期股权投资，如果该项资产的价值在评估对象价值总量中占比较大，或该项资产的绝对价值量较大，也应该进行单独评估。

可以不进行单独评估的情形：①对被投资企业缺乏控制权。②该项投资的相对价值和绝对价值不大。

（2）资产组的评估

根据表内外资产和负债项目的具体情况，可以将各项资产和负债采用资产组合、资产负债组合的形式进行评估。

【提示】资产基础法中各项资产的价值取决于企业或具有独立获利能力的资产组合的整体价值及其贡献程度，即整体价值是按要素资产的贡献度在各构成要素中进行分配的。

当企业的超额收益是在所有无形资产共同作用下得到的，如果采用分成法或超额收益法分别对专利、商标、专有技术进行评估，各项无形资产分成率总和远大于无形资产对企业价值的贡献，会造成资产基础法评估结果高估了企业价值。

企业就某项业务与供应商签订了双方互惠的协议，协议执行情况稳定。采用资产基础法评估企业价值时，可以把与该业务有关的优惠收益、相关成本和义务整体作为收益单元进行资产、负债组合评估。

【例5-5】采用资产基础法进行企业价值评估，根据被评估企业对长期股权投资项目的实际控制情况以及对评估对象价值的影响程度等因素，需要进行单独评估的情形有（　　）。

A. 对于具有控制权的长期股权投资
B. 对被投资企业缺乏控制权
C. 对于不具有控制权的长期股权投资，该项资产的价值在评估对象价值总量中占比较大
D. 对于不具有控制权的长期股权投资，该项资产的绝对价值量较大
E. 对于不具有控制权的长期股权投资，该项资产的绝对价值量较小

【答案】ACD

【解析】采用资产基础法进行企业价值评估，应当对长期股权投资项目进行分析，根据被评估企业对长期股权投资项目的实际控制情况以及对评估对象价值的影响程度等因素，确定是否将其单独评估。

【知识点5】利用专家工作及相关报告（★★）

评估专业人员执行某项特定业务缺乏特定的专业知识和经验时，应当采取弥补措施，包括聘请专家个人协助工作、利用专业报告和引用单项资产报告等。采用资产基础法评估企业价值，往往涉及利用审计报告或引用土地、矿业权等单项资产评估报告。

1. 利用审计报告

评估专业人员利用审计报告作为评估依据时，应当判断其作为评估依据的时效性和可靠性，考虑其与资产评估的专业衔接关系，以及关注审计报告披露的、对审计报告结论存在重大影响的事项。

利用审计报告时，应当注意审计意见类型，并分析判断审计后的财务报表能否作为评估依据。审计报告可以区分为标准审计报告和非标准审计报告，非标准审计报告包括带强调事项段的无保留意见的审计报告、保留意见的审计报告、否定意见的审计报告和无法表示意见的审计报告，保留意见的审计报告、否定意见的审计报告或无法表示意见的审计报告这三类报告存在较大风险，可能影响评估结论的可靠性。

如果企业提供的审计报告是带强调事项段的无保留意见的审计报告，则需对强调事项段披露的重大事项进行必要的了解，并分析判断其对评估结论是否存在重大影响，能否直接利用该审计报告，是否存在需要在评估报告中特别说明或披露的重大事项。

按照国有资产评估的相关规定，国有企业评估项目在国有资产监督管理部门办理核准或备案时，应当提供与经济行为相对应的标准审计报告。

【提示】为非标准审计报告时，对其附加说明段、强调事项段或修正性用语，企业需提供对有关事项的书面说明及承诺。

【提示】无论财务报表是否经过审计，评估专业人员都应当对所采用的被评估企业于评估基准日的资产及负债账面值的真实性进行分析和判断，但对相关财务报表是否公允反映评估基准日的财务状况和当期经营成果、现金流量发表专业意见并非资产评估专业人员的责任。

【例5-6】评估专业人员利用审计报告作为评估依据时，应当判断其作为评估依据的时效性和可靠性，下列选项中存在较大风险可能影响评估结论的可靠性的审计报告是（　　）。

A. 保留意见的审计报告
B. 否定意见的审计报告

C. 无法表示意见的审计报告
D. 带强调事项段的无保留意见的审计报告
E. 无保留意见的审计报告

【答案】ABC

【解析】利用审计报告时，应当注意审计意见类型，并分析判断审计后的财务报表能否作为评估依据。审计报告可以区分为标准审计报告和非标准审计报告，非标准审计报告包括带强调事项段的无保留意见的审计报告、保留意见的审计报告、否定意见的审计报告和无法表示意见的审计报告，保留意见的审计报告、否定意见的审计报告或无法表示意见的审计报告这三类报告存在较大风险，可能影响评估结论的可靠性。

2. 引用单项资产评估报告

引用单项资产评估报告的情形：资产评估机构应当根据法律、行政法规等要求，确定是否引用以及如何引用相关单项资产评估报告。企业改制涉及的土地评估机构必须具有国土资源行政主管部门颁发的《土地评估机构资质证书》。企业改制时，委托人通常与资产评估机构约定，采用资产基础法评估企业价值涉及土地使用权评估的，由资产评估报告引用土地估价报告结论。

【提示】引用单项资产评估报告应当与委托人事先约定。

引用单项资产评估报告关注事项：包括报告的获取与保存以及评估结论的引用。

报告的获取与保存中，应当获取正式出具的单项资产评估报告，全面理解单项资产评估报告以及相关附件，并将所引用单项资产评估报告作为工作底稿。

评估结论的引用中，应当关注拟引用单项资产评估报告的性质、评估目的、评估基准日、评估对象、评估依据、参数选取、假设前提、使用限制等是否满足资产评估报告的引用要求。如，涉及引用土地使用权评估结论的，应当关注资产评估报告中相关土地与房屋的房地匹配情况，避免出现重复汇总某项资产价值的情形。涉及引用矿业权评估结论的，应当关注相关固定资产和土地使用权投资参数与资产评估、土地使用权评估的对接情况。

【提示】①评估专业人员应当分析拟引用单项资产评估报告载明的评估结论，判断其对应的资产类型与资产评估的资产类型的一致性；分析是否存在相关负债，并予以恰当处理。②对于账面无记录的单项资产，应当考虑引用或者确认的资产类型是否符合相关规定；分析是否存在相关负债，并予以恰当处理。

【提示】①评估专业人员还应当关注所引用单项资产评估报告披露的特殊事项说明，判断其是否可以引用及其对资产评估结论的影响。②关注拟引用单项资产评估报告的相关备案审核文件资料，分析其可能对拟引用单项资产评估报告评估结论产生的影响。

【例5-7】在企业价值评估中，审计报告通常作为利用的外部报告，下列选项中关于利用审计报告的说法中，不正确的是（　　）。

A. 采用资产基础法评估，评估专业人员应当尽可能获取被评估企业经审计后的财务报表

B. 利用审计报告时，应当注意审计意见类型，并分析判断审计后的财务报表能否作为评估依据

C. 按照审计意见类型，审计报告可以区分为标准审计报告和非标准审计报告

D. 采用资产基础法评估企业价值，财务报表只有经过审计，评估专业人员才对所采用的被评估单位于评估基准日的资产及负债账面值的真实性进行分析和判断

【答案】D

【解析】采用资产基础法评估企业价值，无论财务报表是否经过审计，评估专业人员都应当对所采用的被评估单位于评估基准日的资产及负债账面值的真实性进行分析和判断，但对相关财务报表是否公允反映评估基准日的财务状况和当期经营成果、现金流量发表专业意见并非资产评估专业人员的责任。

【知识点6】评估结论的确定及合理性（★★）

1. 评估结论的确定

在汇总各项资产和负债评估价值的过程中，应当始终坚持将各项资产作为企业价值的组成部分，特别关注不同资产项目之间、资产与负债之间等必要的调整事项，确保股东全部权益价值不重不漏。

2. 评估结论的合理性分析

资产基础法的一个难点是判断表外资产、负债项目。

(1) 常见的表外资产存在的方式有：1) 有获得专利管理机关颁发证书的专利或专利申请；2) 自创无形资产，该无形资产投入账面没有反映；3) 企业毛利率明显高于同行业平均水平；4) 存在某种形式的特许经营权利；5) 企业持有较知名商标（可能被冠以驰名商标、著名商标等）；6) 存在著作权；7) 具有独特的经营模式；8) 协议约定的企业获益形式，如优惠贷款利率、优厚供应条件等。

(2) 常见的表外负债存在方式有：1) 法律明确规定的未来义务，如土地恢复、环保要求等；2) 和其他经济体以协议形式明确约定的义务。

对于持续经营的企业，一般不宜只采用资产基础法一种方法评估其价值。采用两种以上的基本评估方法进行评估时，可以对不同评估方法得到的评估价值进行比较，并分析产生差异的原因，进而检验评估结论的合理性。

评估结论的确定主要取决于评估专业人员的判断，不一定是单纯数学方法处理的结果。评估结论可以采用单一评估方法得到的结果，也可以采用加权平均各种评估方法结果的方式得到。如果采用加权平均方式，评估专业人员可以根据评估目的、数据资料情况、各方法应用的优缺点等总体状况直接给出，也可以在某种逻辑下按数学运算的方式确定。例如，如若不能确定某种方法的评估结果最合适，国外评估机构经常按乐观、最可能、悲观三种情形，对折现现金流以不同的折现率进行敏感性分析，并与市场途径的结果、资产途径结果一起进行统计分析。根据评估目的，选择中位数、下四分位数或者上四分位数作为评估区间，或选择单一评估结果。

(3) 评估操作应注意：

1) 无论是依据多种方法得到的评估结论，还是依据单一方法得到的评估结论，无论采用定性方法，还是采用定量方法，都必须具备充分的依据，并进行独立的判断。

2) 不能将定性方法简单地理解为单纯的分析方法，也不能将定量方法狭义地理解为简单算术平均或加权算术平均。在很多情形下，定性方法是一种定量基础上的定性确定思路，定量方法是充分判断分析基础上的定量化处理方式，如加权算术平均过程中"权重"的设置，

也包含了对重要性程度的分析判断。

【例5-8】资产基础法的一个难点是判断表外资产、负债项目，下列选项中不属于表外负债项目的是（　　）。

A. 优惠贷款利率　　B. 土地恢复义务
C. 环保要求　　　　D. 经营租赁的租金

【答案】A

【解析】常见的表外负债存在方式主要有以下几种：一是法律明确规定的未来义务，如土地恢复、环保要求等；二是和其他经济体以协议形式明确约定的义务。选项A属于表外资产中的"协议约定的企业获益形式"。

【知识点7】资产基础法的适用性和局限性（★★）

1. 资产基础法的适用前提

(1) 在资产继续使用假设下进行的企业价值评估；

(2) 可以取得充分的历史资料情况下的企业价值评估；

(3) 无法确定企业盈利状况并难以在市场上找到参照企业情况下的企业价值评估。

【提示】资产基础法特别适用于以下情况的企业价值评估：一是无形资产较少，特别是不存在商誉的企业；二是可能进入清算状态的企业；三是开发建设初期的企业。

2. 资产基础法的局限性

在持续经营假设下，资产基础法一般不应当作为评估企业价值唯一使用的方法。主要原因是：(1) 难以挖掘某些无形资产对企业价值创造的作用，比如不可确指的无形资产——商誉；(2) 评估通常所用的时间较长、成本较高；(3) 难以体现企业整体获利能力。

【提示】资产基础法评估企业价值无法把握一个持续经营企业价值的整体性，也很难把握各个单项资产对企业的贡献，对于有价值但在资产负债表中没有反映的资产项目则很难进行有效衡量。资产基础法不适用于一些高科技企业和服务性企业的价值评估。

【例5-9】对于资产基础法评估企业价值的局限性，下列选项说法错误的是（　　）。

A. 评估通常所用的时间较长、成本较高
B. 难以发掘某些无形资产对企业创造的价值
C. 难以体现企业整体获利能力

D. 在持续经营假设下，资产基础法一般应当作为评估企业价值唯一使用的方法

【答案】D

【解析】在持续经营假设下，资产基础法一般不应当作为评估企业价值唯一使用的方法。

精选练习题

一、单项选择题

1. 企业价值评估通常设置一定的假设前提，下列选项中不属于企业价值评估常用评估假设的是（　　）。
   A. 最佳使用假设　　B. 经济可行假设
   C. 持续使用假设　　D. 清算假设

2. 在企业价值评估时，采用资产基础法需要考虑企业的表外资产和表外负债，下列选项不属于常见的表外资产项目可能存在方式的是（　　）。
   A. 法律明确规定的未来义务，如土地恢复、环保要求等
   B. 有获得专利管理机关颁发证书的专利或专利申请
   C. 自创无形资产，该无形资产投入账面没有反映
   D. 企业持有较知名商标（可能被冠以驰名商标、著名商标等）

3. 采用资产基础法评估企业价值时，往往涉及股权投资价值的评估，下列选项中，有关控股型股权投资评估的描述，错误的是（　　）。
   A. 对于具有控制权的长期股权投资，可不对被投资企业执行完整的企业价值评估程序，可不单独进行评估
   B. 对被投资企业整体评估，其评估基准日与投资方的评估基准日相同
   C. 不能够将被投资企业的资产和负债与投资方合并，而应该单独评估股权投资的价值，并记录在长期股权投资项目之下
   D. 评估专业人员评估股东部分权益价值，应当在适当及切实可行的情况下考虑由于控股权和少数股权等因素产生的溢价或折价

4. 某项在用低值易耗品，原价 800 元，按"五五"摊销法，账面余额为 400 元，该低值易耗品使用寿命为 1 年，评估时点已使用了 9 个月，该低值易耗品的现行市场价格为 1 000 元，由此确定该在用低值易耗品价值为（　　）元。
   A. 800　　　　　B. 1 000
   C. 400　　　　　D. 250

5. 对于一些高科技企业和服务性企业来说，通常不适宜采用资产基础法评估企业价值。下列选项不属于不采用资产基础法评估原因的是（　　）。
   A. 灵活性较大，难以进行有效监督
   B. 资产基础法忽视了企业整体获利能力，难以体现企业价值的全部内涵
   C. 采用资产基础法忽视了某些无形资产对企业价值创造的作用
   D. 资产基础法评估所用的时间较长、成本较高

6. 资产基础法评估企业价值存在一定的局限性，下列选项中关于资产基础法的适用性和局限性的说法错误的是（　　）。
   A. 资产继续使用假设下进行的企业价值评估
   B. 以取得充分的历史资料情况下的企业价值评估
   C. 特别适用于无形资产较少，特别是不存在商誉的企业
   D. 在持续经营假设下，资产基础法一般作为评估企业价值唯一使用的方法

7. 在企业价值评估中，当运用收益法评估企业价值的结果高于运用资产基础法评估结果时，两者的差异可能是企业（　　）。
   A. 盘盈资产　　B. 商誉
   C. 溢余资产　　D. 非经营性资产

8. 运用资产基础法评估企业价值存在着明显的缺陷，主要因为在评估过程中很难考虑企业的（　　）因素对企业价值的贡献。
   A. 商誉　　　　B. 长期待摊费用
   C. 长期股权投资　D. 特许经营权

9. 资产基础法是企业价值评估的可选方法，有关运用资产基础法评估企业价值，下列选项说法错误的是（　　）。
   A. 运用该方法是以被评估单位评估基准日的资产负债表为基础，通过评估企业表内可识别的各项资产、负债的价值，并以资产扣减负债后的净额确定评估对象价值的方法
   B. 评估专业人员应当结合资产基础法评估思路和评估业务具体情况，对评估对象进行现

场调查，获取评估所需资料

C. 评估专业人员需要获得企业在评估基准日的财务报表，并根据评估对象所涉及的资产和负债范围，分析判断企业的资产和负债状况

D. 对于企业存在的对评估结论有重要影响的表外资产和负债，如账外无形资产、或有负债，应当要求企业将其纳入评估范围。

10. 资产基础法是企业价值评估的可选方法，关于资产基础法在企业价值评估中的说法，正确的是（　　）。

A. 资产基础法中的商誉价值也需要测算

B. 资产基础法是直接调整资产负债表中的资产价值得到企业价值

C. 各个单项资产的评估，应按贡献原则确定其价值

D. 资产基础法在企业价值评估中应用非常广泛

11. 重置购建机器设备一台，现行市价 8 000 元，运杂费 150 元，直接安装成本 50 元，间接费用为运杂费和安装成本的 15.75%，则其重置成本为（　　）元。

A. 8 231.5　　　　B. 8 321.5
C. 8 223.5　　　　D. 8 312.5

12. 资产基础法是企业价值评估的可选方法，资产基础法评估范围应当涵盖企业表内外的全部资产和负债，下列选项有关表外资产和负债说法错误的是（　　）。

A. 表外资产既包括有形资产，也包括无形资产

B. 如果存在重要的表外资产，评估专业人员应当要求企业将识别出的表外资产纳入评估申报文件，并确认评估范围

C. 对于那些存在未决诉讼、税务争议或环境治理要求等情形的企业，或有负债对企业的经营风险有重要影响且能合理量化的，应当纳入评估范围

D. 表外负债主要是指或有负债和预计负债

13. 从理论层面上讲，运用资产基础法评估企业价值时，各个单项资产的评估，应按（　　）原则确定其价值。

A. 变现　　　　　B. 预期
C. 替代　　　　　D. 贡献

14. 单项资产评估的状态假设中，（　　）是指资产所有者无法实际控制资产的变现过程，通常由法院或者债权人等实际控制，这个变现过程通常有时间限制，因此有时也称之为快速变现。

A. 最佳使用假设　　B. 现状使用假设
C. 有序变现假设　　D. 强制变现假设

15. 在资产评估中，通常需要对评估结果下结论，下列选项中对评估结论的处理说法错误的是（　　）。

A. 对于持续经营的企业，只采用资产基础法一种方法评估其价值

B. 评估结论的确定主要取决于评估专业人员的判断，不一定是单纯数学方法处理的结果

C. 评估结论可以采用单一评估方法得到的结果，也可以采用加权平均各种评估方法结果的方式得到

D. 采用加权平均方式处理评估结论，评估专业人员可以根据评估目的、数据资料情况、各方法应用的优缺点等总体状况直接给出

16. 在采用重置成本法进行评估时，对于通用机器设备购置价格，评估专业人员一般会按照（　　）顺序确定。

a. 选取相关价格目录提供的报价

b. 对无适当参照价的设备、老旧设备、旧的进口设备，比照同类设备的价格，做适当的调整

c. 对于数量较多金额较小的非重要设备，在市场价格不易查询时，根据掌握的相关设备价格变化趋势，采用价格指数调整法计算确定购置成本

d. 向制造厂商或经销单位询价

A. dabc　　　　　B. abcd
C. adbc　　　　　D. cadb

二、多项选择题

1. 资产基础法的一个难点是判断表外资产、负债项目，常见的表外资产项目可能存在的方式有（　　）。

A. 有获得专利管理机关颁发证书的专利或专利申请

B. 自创无形资产，该无形资产投入账面没有反映

C. 企业毛利率明显低于同行业平均水平

D. 存在某种形式的特许经营权利

E. 协议约定的企业获益形式，如优惠贷款利率、优厚供应条件等

2. 利用专家工作是资产评估过程中可能遇到的问题，那么在利用专家工作时，下列选项中说法正确的是（　　）。

A. 执行某项特定业务缺乏特定的专业知识和经验时，应当采取弥补措施
B. 利用专家工作包括聘请专家个人协助工作
C. 利用专家工作不包括利用专业报告
D. 利用专家工作不包括引用单项资产报告
E. 引用单项资产评估报告应当与委托人事先约定

3. 基础资产法应用于企业价值评估需要具备一定的条件，下列选项中资产基础法特别适用于（　　）的企业价值评估。

A. 进入清算状态的企业
B. 开发建设初期的企业
C. 高科技企业
D. 服务性企业
E. 无形资产较少的企业

4. 对资产基础法评估结论进行合理性分析，主要是分析是否较好地识别出表外资产或者负债，并采用适当的方法得出合理的评估价值。下列选项中，不属于可能存在表外资产的情形是（　　）。

A. 有获得专利管理机关颁发证书的专利或专利申请
B. 自创无形资产，该无形资产投入账面而没有反映
C. 企业毛利率明显高于同行业平均水平
D. 财务报表列示的商誉
E. 外购的专利

5. 基础资产法是企业价值评估方法之一，下列选项中关于资产基础法的操作步骤说法正确的是（　　）。

A. 评估人员应根据评估基准日的资产负债表进行评估
B. 根据所选择的适用于所评估企业的价值标准，决定需要重新评估的资产与负债
C. 要确定表外或有负债，或有负债是不记入以历史成本为基础编制的资产负债表中的，也不会在附注中披露
D. 对各类型资产负债进行分析，特殊资产需要请专门的评估专业人员
E. 以评估后的资产负债表的评估结果为基础，直接以算术程序，用企业资产价值减去企业负债的价值，得出以企业的所有者权益

6. 运用资产基础法评估企业价值时，常常会遇到表外资产，那么常见的表外资产项目可能存在的方式有（　　）。

A. 有获得专利管理机关颁发证书的专利或专利申请
B. 自创无形资产
C. 具有独特的经营模式
D. 企业持有较知名商标
E. 外部取得无形资产

7. 资产基础法是以被评估单位评估基准日的资产负债表为基础，通过评估企业表内及表外可识别的各项资产、负债的价值，并以资产扣减负债后的净额确定评估对象价值的方法。下列选项中有关资产基础法说法正确的是（　　）。

A. 对于实物类流动资产，可以采用市场法或成本法
B. 对存货类流动资产的评估，对购入价格较高的存货，按现行市价进行调整；而对于购入价格较低的存货，要分析最终产品价格是否能够相应提高
C. 对于货币类流动资产，其清查核实后的账面价值本身就是现值，毋需采用特殊方法进行评估
D. 对债权类流动资产评估，宜采用变现净值进行评估
E. 对于其他流动资产，应分别不同情况进行，其中有物质实体的流动资产，则应视其价值情形，采用与机器设备等相同或相似的方法进行评估

8. 在运用资产基础法评估企业价值时，对于房屋建筑物评估涉及的重置成本计算公式，正确的是（　　）。

A. 评估价值 = 重置成本 × 综合成新率
B. 重置成本 = 建安综合造价 + 前期及其他费用 + 资金成本 − 可抵扣增值税
C. 建筑安装工程综合造价 = 建筑工程造价 + 装饰工程造价 + 安装工程造价
D. 综合成新率 = 年限法成新率 × 年限法所占权重 + 打分法技术测定成新率 × 打分法技术成新率所占权重
E. 重置成本 = 建安综合造价 + 前期及其他

费用+资金成本

9. 采用资产基础法评估企业价值时，通常涉及长期股权投资的评估，下列选项中关于占股1%的长期股权投资评估描述正确的是（　　）。

A. 对于占股1%的长期股权投资评估，可以采用收益法

B. 占评估对象相对价值量较大的，或根据评估目的，绝对价值量认为较大的，不应该进行单独评估

C. 在未来收益难以确定时，可以采用重置价值法进行评估，即通过对被投资企业进行评估，确定净资产数额，再根据投资方所占的份额确定评估值

D. 对于该项投资发生时间不长，被投资企业资产账实基本相符，没有明显表外无形资产投入时，可按被投资企业资产负债表上的净资产数额与投资方应占份额确定长期股权投资的评估价值

E. 不论采用什么方法评估占股1%的股权投资，都应考虑少数股权因素可能会对评估值产生的影响

10. 资产基础法是企业价值的评估方法之一，通常涉及长期股权投资评估，下列选项有关长期股权投资评估说法正确的是（　　）。

A. 长期股权投资是一种特殊的单项资产

B. 对于具有控制权的长期股权投资，应对被投资企业执行完整的企业价值评估程序

C. 对于不具有控制权的长期股权投资，如果该项资产的价值在评估对象价值总量中占比较大，或该项资产的绝对价值量较大，也应进行单独评估

D. 对被投资企业缺乏控制权一般要单独进行评估

E. 即使该项投资的相对价值和绝对价值不大，也需要单独进行评估

11. 长期股权投资在企业价值评估时被看成一种特殊的单项资产，采用资产基础法进行企业价值评估，应当对长期股权投资项目进行分析，下列选项中说法不正确的是（　　）。

A. 对于具有控制权的长期股权投资，应对被投资企业执行完整的企业价值评估程序

B. 对不具有控制权的长期股权投资，可以不对被投资企业进行单独的评估

C. 不具有控制权的长期股权投资，应该对被投资企业进行单独评估

D. 不具有控制权的长期股权投资，视情况对被投资企业进行单独的评估

E. 不具有控制权的长期股权投资，应对被投资企业执行完整的企业价值评估程序

12. 在资产基础法评估中，往往用到审计后的财务报告，下列选择中被认为是非标准审计报告的是（　　）。

A. 无保留意见的审计报告

B. 保留意见的审计报告

C. 否定意见的审计报告

D. 肯定意见的审计报告

E. 无法表示意见的审计报告

13. 在资产基础法评估时，有时会引用单项资产评估报告的结论，此时应该关注拟引用的单项资产评估报告的（　　）。

A. 评估方法　　B. 评估对象

C. 评估依据　　D. 评估目的

E. 参数选取

14. 在评估实务中，通常评估专业人员遇到下列哪些情况可以考虑适当简化清查核实程序（　　）。

A. 被评估企业在财务管理上制度完善，资产管理制度细致，定期盘点核查制度明确，资产使用、维修保养日志清晰

B. 企业制度执行到位、对经营风险控制较好

C. 同质化强、使用环境一致、启用年限一样的资产条目

D. 企业账上资产价值未按实务条目分类，资产使用人员更换频繁，使用记录简单

E. 企业提供的各项信息准确、详细

三、综合题

1. 重新购建设备一台，现行市价为每台400 000元，运杂费2 000元，装卸费1 000元，直接安装成本1 000元，其中材料成本500元，人工成本500元。间接安装成本为700元。则该设备的重置成本为？

2. 甲公司进行资产重组，委托资产评估机构对企业股东全部权益价值进行评估。评估基准日为20×4年12月31日。评估专业人员经调查分析，得到以下相关信息：

（1）甲公司经过审计后的有形资产账面价

值为 920 万元，评估值为 1 000 万元，负债为 400 万元。

（2）企业原账面无形资产仅有土地使用权一项，经审计后的账面价值为 100 万元。评估专业人员采用市场法评估后的市场价值为 300 万元。

（3）甲公司刚开发完成一套产品质量控制系统应用软件，在同行业中居领先地位，已经通过专家鉴定并投入生产使用。该软件投入使用后将有利于提高产品质量，增强企业竞争力，目前市场上尚未出现同类型软件。该套软件的实际开发成本为 50 万元，维护成本很低，目前如果重新开发此软件所需的开发成本基本保持不变。

（4）甲公司长期以来具有良好的社会形象，产品在同行业中具有较强的竞争力。评估基准日后未来 5 年的企业净现金流量分别为 100 万元、130 万元、120 万元、140 万元和 145 万元；从第 6 年起，企业净现金流量将保持在前 5 年各年净现金流量计算的年金水平上。

（5）评估专业人员通过对资本市场的深入调查分析，初步测算证券市场平均期望报酬率为 12%，被评估企业所在行业对于风险分散的市场投资组合的系统风险水平 β 值为 0.7，无风险报酬率为 4%。由于该企业特定风险调整系数 α 为所在行业系统风险水平的 0.08 倍。

（6）企业所得税税率为 25%，甲公司能够持续经营。

要求：折现率取整数，其他计算小数点后保留两位。

1）根据所给条件，分别用资产基础法和收益法评估甲公司股东全部权益价值。

2）对上述两种评估方法的评估结果进行比较，分析其差异可能存在的原因。

3）如果评估机构最终以上述两种评估方法所得结果的算术平均数作为评估结论，你认为是否妥当？应如何处理？

4）给出甲公司股东全部权益价值的最终评估结果，并简单说明原因。

3. 甲公司是一家机械制造企业，为实施供给侧结构性改革，实现"三去一降一补"目标，甲公司股东与债权人商议拟对甲公司实施债转股，委托某资产评估机构对公司股东全部权益进行评估，评估基准日为 2017 年 12 月 31 日，价值类型为市场价值。评估基准日甲公司有 3 项对外股权投资具体情况如表 1 所示：

表 1　长期股权投资情况统计表　　　　　　　单位：万元

被投资单位	投资日	出资比例	长投账面价值（审计后）	公司设立日期	基准日所有者权益账面价值（审计后）
A	2 017.8	10%	200	2 017.8	2 100
B	2 010.3	20%	3 000	2 001.12	30 000
C	1 998.6	75%	4 800	1 998.6	12 000

资产评估专业人员拟对 C 公司采用企业价值评估程序进行整体评估（单独评估），对 A 公司和 B 公司不进行单独评估，而是采用简化的评估程序，即按被投资企业经审计后的资产负债表上的净资产数额与甲公司应占份额确定长投评估价值。

C 公司为一家设计公司，资产评估专业人员对 C 公司分别采用资产基础法和收益法进行评估，采用资产基础法评估时，以审计后的资产负债表列示的全部资产和负债作为评估范围。股东全部权益评估价值为 13 000 万元。采用收益法评估时，股东全部权益评估价值为 22 000 万元，甲公司总部为 C 公司提供的服务成本在评估基准日现值为 2 000 万元，在 C 公司盈利预测中未考虑这部分费用。

B 公司是一家盈利性比较稳定的企业，且一直对股东分红，近三年甲公司每年均能从 B 公司收到 500 万元分红款，预计未来将继续保持此水平。B 公司股权资本成本为 10%，该投资分红免征所得税。

甲公司房屋评估明细表中有一栋办公楼，账面价值为 1 000 万元，现对外出租，资产评估专业人员采用收益法对该房地产进行评估时，评估值为 3 500 万元，在无形资产——土地使用权明细表中，该办公楼对应土地使用权账面价值为 500 万元，评估值为 2 000 万元。资产评专业人员了解到，甲公司因材料质量问题，与其供应商发生纠纷，要求该供应商赔偿经济损失500万元，该供应商不认可，甲公司已在评估基准日后提起诉讼，目前法院已受理，该事项未在基准日报表中反映。

资产评估专业人员根据已完成的相关工作，得到了资产基础法评估结果的相关数据，详见表2：

表2 评估结果汇总表

项目名称	账面价值	评估价值
流动资产	11 000	11 000
长期股权投资	8 000	
固定资产	8 000	9 500
无形资产	1 000	3 000
资产总计	28 000	
流动负债	7 000	7 000
非流动负债	20 000	20 000
负债总计	27 000	
所有者权益	1 000	

要求：

(1) 长期股权投资评估程序是否合理？说明理由。

(2) 分析说明长期股权投资评估方法及评估结论的确定方式，并计算评估值。

(3) 估算甲公司资产基础法的评估结果。

精选练习题参考答案及解析

一、单项选择题

1. 【答案】B

【解析】目前比较常见的假设包括最佳使用假设、持续使用假设和清算假设等。

2. 【答案】A

【解析】常见的表外资产项目可能存在的方式有：1. 有获得专利管理机关颁发证书的专利或专利申请；2. 自创无形资产，该无形资产投入账面没有反映；3. 企业毛利率明显高于同行业平均水平；4. 存在某种形式的特许权利（有些特许权利法规可能不允许单独转让，但可以随企业权益一同转让）；5. 企业持有较知名商标（可能被冠以驰名商标、著名商标等）；6. 存在著作权；7. 具有独特的经营模式；8. 协议约定的企业获益形式，如优惠贷款利率、优厚供应条件等。

3. 【答案】A

【解析】采用资产基础法评估企业价值时，对于具有控制权的长期股权投资，应对被投资企业执行完整的企业价值评估程序，通常需要对企业长期股权投资项目进行单独评估。

4. 【答案】D

【解析】重置全价 = 1 000 元，成新率 = 尚可使用年限/（尚可使用年限 + 已使用年限）= 3 ÷ 12 = 25%，评估值 = 1 000 × 25% = 250（元）。

5. 【答案】A

【解析】灵活性较大，难以进行有效监督属于市场法评估企业价值的局限性。

6. 【答案】D

【解析】资产基础法主要适用于：①在资产继续使用假设下进行的企业价值评估；②可以取得充分的历史资料情况下的企业价值评估；③无法确定企业盈利状况并难以在市场上找到参照企业情况下的企业价值评估。资产基础法特别适用于以下情况的企业价值评估：一是无形资产较少，特别是不存在商誉的企业。二是可能进入清算状态的企业。三是开发建设初期的企业。④特别适用于以下情况的企业价值评估：无形资产较少，特别是不存在商誉的企业；可能进入清算状态的企业；开发建设初期的企业。在持续经营假设下，资产基础法一般不应当作为评估企业价值唯一使用的方法。

7. 【答案】B

【解析】资产基础法是将企业资产在评估时点的价值进行累加，以此测算企业价值的方法。一般需要借助审计后的资产负债表，逐项确定各个资产的价值，再进行累加。但资产负债表上不含商誉。

8. 【答案】A

【解析】商誉属于不可辨识的无形资产，在企业价值评估中，对企业价值有贡献，一般只能通过割差法进行测算。

9. 【答案】A

【解析】资产基础法以被评估单位评估基准日的资产负债表为基础，通过评估企业表内及表外可识别的各项资产、负债的价值，并以资产扣减负债后的净额确定评估对象价值的方法。

10. 【答案】C

【解析】各个单项资产的评估，应按贡献原则确定其价值。

11. 【答案】A

【解析】重置成本 = 8 000 + (150 + 50) × (1 + 16.75%) = 8 231.5（元）。

12. 【答案】D

【解析】表外负债主要是指或有负债，预计负债一般在财务报表内体现。

13. 【答案】D

【解析】资产基础法中单项资产的价值取决于企业（或独立获利资产组合）整体价值和其贡献程度。

14. 【答案】D

【解析】与有序变现相比，强制变现的不同点在于资产所有者无法实际控制资产的变现过程，通常由法院或者债权人等实际控制，这个变现过程通常有时间限制，因此有时也称之为快速变现。

15. 【答案】A

【解析】对于持续经营的企业，一般不宜只采用资产基础法一种方法评估其价值。采用两种以上的基本评估方法进行评估时，可以对不同评估方法得到的评估价值进行比较，并分析产生差异的原因，进而检验评估结论的合理性。所以 A 选项错误。

16. 【答案】A

【解析】由重置成本法的定义可知。

二、多项选择题

1. 【答案】ABDE

【解析】常见的表外资产项目可能存在的方式有：

（1）有获得专利管理机关颁发证书的专利或专利申请；

（2）自创无形资产，该无形资产投入账面没有反映；

（3）企业毛利率明显高于同行业平均水平；

（4）存在某种形式特许经营权利；

（5）企业持有较知名商标（可能被冠以驰名商标、著名商标等）；

（6）存在著作权；

（7）具有独特的经营模式；

（8）协议约定的企业获益形式，如优惠贷款利率、优厚供应条件等。

2. 【答案】ABE

【解析】执行某项特定业务缺乏特定的专业知识和经验时，应当采取弥补措施，如聘请专家个人协助工作、利用专业报告和引用单项资产报告等。采用资产基础法评估企业价值，往往涉及利用审计报告或引用土地、矿业权等单项资产评估报告。引用单项资产评估报告应当与委托人事先约定。

3. 【答案】ABE

【解析】资产基础法无法把握一个持续经营企业价值的整体性，也很难把握各个单项资产对企业的贡献。

4. 【答案】DE

【解析】根据表外资产的定义可知，有获得专利管理机关颁发证书的专利或专利申请，自创无形资产，该无形资产投入账面而没有反映，企业毛利率明显高于同行业平均水平等情况一般存在表外资产。财务报表列示的属于表内资产，外购专利需要账务处理，一般属于表内资产。

5. 【答案】ABDE

【解析】在一般公允会计准则的规定中，或有负债是不记入以历史成本为基础编制的资产负债表中的。但在审计和财务报表的审核中，重要的或有负债需要在其附注中予以披露。

6. 【答案】ABCD

【解析】常见的表外资产项目可能存在的方式有：①有获得专利管理机关颁发证书的专利或专利申请；②自创无形资产，该无形资产投入账面没有反映；③企业毛利率明显高于同行业平均水平；④存在某种形式的特许经营权利；⑤企业持有较知名商标（可能被冠以驰名商标、著名商标等）；⑥存在著作权；⑦具有独特的经营模式；⑧协议约定的企业获益形式，如优惠贷款利率、优厚供应条件等。

7. 【答案】ACDE

【解析】B 项对购入价格较低的存货，按现行市价进行调整；而对购入价格较高的存货，除考虑现行市场价格外，还要分析最终产品价格是否能够相应提高或本身是否具有按现行市价出售的可能性。

8. 【答案】ABCD

【解析】重置成本不含增值税，增值税属于资产的价外税，可用于抵扣，不属于资产价值。需要进行单独评估的情形：一是对于具有控制权的长期股权投资，应对被投资企业执行完整的企业价值评估程序。二是对于不具有控制权的长期股权投资，如果该项资产的价值在评估对象价值总量中占比较大，或该项资产的绝对价值量较大，也应该进行单独评估。

9.【答案】ACDE

【解析】B选项中，虽然占1%的股权，但占评估对象相对价值较大，或者根据评估目的，绝对价值量认为较大的，应该进行单独评估。

10.【答案】ABC

【解析】通常情况下，满足以下条件的长期股权投资可以不进行单独评估：（1）对被投资企业缺乏控制权；（2）该项投资的相对价值和绝对价值不大。

11.【答案】CE

【解析】对于具有控制权的长期股权投资，应对被投资企业执行完整的企业价值评估程序；对于不具有控制权的长期股权投资，如果该项资产的价值在评估对象价值总量中占比较大，或该项资产的绝对价值量较大，也应该进行单独评估。

12.【答案】ABCE

【解析】审计报告可以区分为标准审计报告和非标准审计报告，其中非标准审计报告包括带强调事项段的无保留意见的审计报告、保留意见的审计报告、否定意见的审计报告和无法表示意见的审计报告。

13.【答案】BCDE

【解析】评估结论的引用中，应当关注拟引用单项资产评估报告的性质、评估目的、评估基准日、评估对象、评估依据、参数选取、假设前提、使用限制等是否满足资产评估报告的引用要求。

14.【答案】ABCE

【解析】对于D选项，企业账上资产价值未按实物条目分类，资产使用人员更换频繁，使用记录简单对于评估专业人员来说不可以简化清查核实程序。

三、综合题

1.【答案解析】

直接成本 = 400 000 + 2 000 + 1 000 + 1 000 = 404 000（元）

间接成本 = 700 元

所以重置成本为 404 700 元。

2.【答案解析】

1）用资产基础法和收益法评估甲公司股东全部权益价值

①用资产基础法评估甲公司股东全部权益价值

= （1 000 + 300 + 50） - 400 = 950（万元）

②用收益法评估甲公司股东全部权益价值

首先计算折现率 = 4% + （12% - 4%） × 0.7 × 1.08 = 10%

收益现值 = $100 \div (1+10\%) + 130 \div (1+10\%)^2 + 120 \div (1+10\%)^3 + 140 \div (1+10\%)^4 + 145 \div (1+10\%)^5$ = 474.1615（万元）

前5年各年净现金流量计算的年金水平 = 474.1615 ÷ （P/A，10%，5） = 474.1615 ÷ 3.7908 = 125.08（万元）

收益法评估甲公司股东全部权益价值 = 474.1615 + （125.08 ÷ 10%） × $[(1+10\%)^{-5}]$ = 1 250.76（万元）

2）两种评估方法的评估结果进行比较，分析其差异可能存在的原因

①资产基础法属于成本法，只考虑各项有形资产的价值之和，而不考虑商誉的价值，以及资产组合产生的协同效应的价值。

②而收益法是对企业价值进行整体评估，包括了不可确指的资产价值。

③二者价值差异的主要原因在于商誉的价值。

3）评估机构最终以上述两种评估方法所得结果的算术平均数作为评估结论是不妥当的，应该以收益法评估的价值作为评估结果。

4）最终评估结果应该是1 250.76万元，因为企业价值评估应该是整体评估，是对企业盈利能力的评估。

3.【答案解析】

（1）不合理。

对于非控制的长期股权投资，占评估对象相对价值量较大的，或根据评估目的，绝对价值量认为较大的，应该进行单独评估。甲公司占B公司的出资比例虽然只有20%，但是金额较大，因此应当进行单独评估。

（2）对A公司投资采用资产基础法确定，按被投资企业经审计后的资产负债表上的净资产数额与甲公司应占份额确定长投评估价值。

对A公司投资的评估值 = 2 100 × 10% = 210

（万元）

对B公司应采用收益法进行评估，以未来能够获得的收益现值作为评估值。

对B公司投资的评估值 = 500 ÷ 10% = 5 000（万元）

对C公司应采用收益法进行评估，以收益法的评估结果作为评估结论。

对C公司投资的评估值 = 22 000 × 75% - 2 000 = 14 500（万元）

（3）评估结果 = 11 000 + 210 + 5 000 + 14 500 + 9 500 + 3 000 + 3 500 + 2 000 - 7 000 - 20 000 = 21 710（万元）

2025年资产评估师职业资格全国统一考试《资产评估实务（二）》全真模拟试题（一）

一、单项选择题（共30题，每题1分，共30分。每题的备选项中，只有一个最符合题意）

1. 无形资产评估中，下列选项不属于常用的分成率测算方法的是（ ）。
   A. 经验数据法 B. 约当投资分成法
   C. 要素贡献法 D. 超额收益法

2. A企业预计未来5年的预期股权自由现金流量为100万元、120万元、150万元、160万元和200万元，第6年起，股权自由现金流量将在第5年的水平上以2%的增长率保持增长，假定股权资本成本为10%，平均资本报酬率为12%，则A企业的价值为（ ）万元。
   A. 1 453 B. 1 778 C. 2 119 D. 1 774

3. 无形资产折现率的常用测算方法包括风险累加法和回报率拆分法。下列关于回报率拆分法的步骤排序正确的是（ ）。
   ① 分析企业利润来源
   ② 确定企业整体回报率
   ③ 根据业务中不同资产价值的相关投资风险大小
   ④ 要将计算出的税后无形资产的投资回报率换算为税前口径，与收益口径保持一致
   A. ①②③④ B. ①③②④ C. ③①②④ D. ①③④②

4. 以企业自由现金流量为收益口径进行折现求取企业整体价值，下列关于企业自由现金流量折现模型的说法错误的是（ ）。
   A. 如果企业自由现金流量以一个不变的增长率持续增长且收益期为无限期，那么就可以用稳定增长的企业自由现金流量评估企业整体价值
   B. 在两阶段模型中，一般认为第二个阶段的价值为永续价值
   C. 如果被评估企业预期自由现金流量不在每年年末实现，则需要按年末进行折现
   D. 如果企业自由现金流量在年度中差不多是均匀产生的，可使用年中折现法进行调整

5. A公司20×4年的每股净收益为4元，股利支付率为60%。每股权益的账面价值为20元，公司在长期时间内将维持4%的年增长率，股票的市场价格为每股36元，公司的β值为0.75，假设无风险报酬率为4%，市场风险溢价为10%。该公司的市净率（P/B）为（ ）（保留两位小数）。
   A. 2.77 B. 1.66 C. 1.60 D. 8.32

6. 下列哪项不属于数据资产的权利类型？
   A. 数据资源持有权 B. 数据加工使用权
   C. 数据产品经营权 D. 数据所有权转让权

7. 公司分配当年税后利润时应当按照（ ）的比例提取法定公积金；法定公积金累计额达到公司注册资本的（ ）时，可不再继续提取。
   A. 10%，25% B. 10%，50% C. 50%，100% D. 25%，50%

8. 在无形资产评估中,下列选项有关市场法运用的注意事项说法错误的是( )。
   A. 从价计量方式的可操作性强
   B. 无形资产市场法评估中,通常需要对可比对象的分成率进行调整
   C. 无形资产相关资产组获利能力强一定代表无形资产的贡献率高
   D. 总价计量方式一般不具有适用性
9. A 企业欲购买一项专利技术,预测购入该专利后年收益额为 300 万元。该企业净资产总额为 1 000 万元,企业所在行业的平均收益率为 10%,该专利带来的增量收益额为( )万元。
   A. 100 B. 150 C. 200 D. 300
10. 价值调整系数主要用于调整( )
    A. 重置成本与市场价格的差异   B. 历史成本与现时成本的差异
    C. 期望状况与实际状况的差异   D. 直接成本与间接成本的差异
11. 甲公司向乙公司投资一项专利使用权,假设该专利资产在评估基准日的重置成本为 200 万元,乙公司在评估基准日的重置成本为 4 000 万元,甲公司专利资产成本利润率为 300%;乙公司的成本利润率为 20%,则该专利资产的利润分成率为( )。
    A. 12.5% B. 14.29% C. 16.82% D. 18.75%
12. 在企业价值评估中,评估专业人员应当了解常见的权属证明式样、主要记载事项及其含义以及可能对评估结果产生直接影响的事项,下列选项属于知识产权资产特有的权属证明的是( )。
    A. 专利权证书   B. 采矿许可证
    C. 林权证   D. 房屋所有权证
13. 已知 A 企业 20×4 年利润总额为 400 万元,利息费用 20 万元,折旧与摊销共计 25 万元,经营营运资本 42 万元,净经营长期资产增加 20 万元,20×3 年经营营运资本为 21 万元,所得税税率 25%,不考虑其他因素对所得税的影响。则 A 企业 20×4 年企业自由现金流为( )万元。
    A. 274 B. 271 C. 272 D. 275
14. 公司制企业利润分配是公司盈利后相关利益方获得回报的方式,下列选项中有关利润分配顺序正确的是( )。
    ①计算可供分配的利润 ②计提法定公积金 ③计提任意公积金 ④向股东(投资者)支付股利(分配利润)
    A. ①③②④ B. ①②④③ C. ①④②③ D. ①②③④
15. 外观设计专利资产评估应该根据不同的评估目的核实不同的资料,其中属于一般许可/转让目的的评估需要核实的资料是( )。
    A. 专利维持费缴费凭证
    B. 专利登记簿副本
    C. 专利检索报告
    D. 出资、与上市公司交易、质押、诉讼目的的评估
16. 被评估建筑物账面价值 180 万元,20×1 年建成,要求评估 20×4 年该建筑物的重置成本。被评估建筑物所在地区的建筑行业价格环比指数从 20×1 年到 20×4 年每年比上年提高分别为:3%;3%;2%,那么该建筑物的重置成本最接近于( )万元。
    A. 193 B. 194 C. 195 D. 196
17. 资产基础法是企业价值评估的方法之一,下列选项中关于用资产基础法进行企业价值评估的实质的说法中,正确的是( )。
    A. 资产基础法实质是一种以估算获取标的资产的现实成本途径来进行估价的方法
    B. 资产基础法实质是市场替代原则
    C. 资产基础法实质是获取并分析可比上市公司的经营和财务数据,计算适当的价值比率,在与被评估企业进行比较分析的基础上,确定评估对象价值的方法

D. 资产基础法实质是获取并分析可比对象的买卖、收购及合并案例资料，计算适当的价值比率，在与被评估企业进行比较分析的基础上，确定评估对象价值的方法

18. 甲股票当前的市场价格是40元，最近一期每股收益2元，预期每股收益增长率5%，则该股票的内在市盈率为（　　）。

　　A. 19.05　　　　　　B. 20　　　　　　C. 21　　　　　　D. 21.05

19. 三因素模型是测算折现率常用的模型，下列不属于三因素模型的计算公式中需要考虑的因素是（　　）。

　　A. 市场的超额回报率　　　　　　B. 无风险报酬率
　　C. 期望的规模风险溢价　　　　　D. 期望的价值风险溢价

20. 甲公司在研制一项专利的过程中，产生材料费用4 900元，动力费用5 400元，并支付科研人员工资436 000元。经评估专业人员调查，科研人员创造性劳动倍加系数为1.15，科研平均风险系数为0.2，该项无形资产的投资报酬率为20%，通过倍加系数法计算，该项专利的重置成本为（　　）元。

　　A. 639 625　　　B. 767 550　　　C. 1 023 400　　　D. 818 720

21. 关于使用节省许可费法进行无形资产评估时，下列说法错误的是（　　）。

　　A. 无形资产许可费只能反映无形资产的部分权利收益，即被许可部分的价值
　　B. 采用节省许可费法评估一项无形资产的所有权，利用此种方法得到的评估结果可以反映无形资产的所有权价值
　　C. 节省许可费法多用于无形资产使用权转让、出租的评估，主要包括商标、专利以及技术许可
　　D. 市场上明显相似的资产的许可费率可能会存在显著不同，此时以经营者所要求的毛利率作为许可费率参数衡量的参考基准是较为谨慎的做法

22. 某公司预计第一年每股股权现金流量为3元，第2~5年股权现金流量不变，第6年开始股权现金流量增长率稳定为5%，股权资本成本一直保持10%不变，该公司在目前的每股股权价值为（　　）。

　　A. 50.49元/股　　　B. 50元/股　　　C. 13.23元/股　　　D. 13元/股

23. 波士顿矩阵法是分析一个公司的业务的有力工具，可以将企业的业务分为四种类型，下列选项中属于现金牛业务类型特点的是（　　）。

　　A. 会为企业带来大量财源，公司不必大量投资扩展市场规模
　　B. 高速增长市场中的市场领导者，花费大量资金以跟上高速增长的市场，并击退竞争者
　　C. 这类业务处于饱和的市场当中，竞争激烈，可获得利润极小
　　D. 该业务市场份额较低，能够产生的现金较少

24. A公司长期资金共有10 000万元，其中债务资本为6 000万元，股权资本为4 000万元。企业借入债务年利率为6%，β值为1.2，所得税税率为25%，且无风险报酬率为2%，市场平均的风险报酬率为10%。则该企业的WACC为（　　）。

　　A. 7.68%　　　　　B. 8.80%　　　　　C. 7.34%　　　　　D. 8.24%

25. 专利权终止后专利的权利将会失效，下列选项中不属于专利权终止的情况的是（　　）。

　　A. 期限届满依法终止
　　B. 专利权人没有按照规定缴纳年费的终止
　　C. 专利权人以书面声明放弃其专利权
　　D. 专利说明书、权利要求书的撰写不符合法律规定

26. 若目前10年期政府债券的市场回报率为3%，甲公司为A级企业，拟发行10年期债券，目前市场上交易的A级企业债券有一家E公司，其债券的利率为7%，具有相同到期日的国债利率为3.5%，则按照风险调整法确定甲公司债券的税前成本应为（　　）。

　　A. 9.6%　　　　　B. 9%　　　　　C. 12.8%　　　　　D. 6.5%

27. 某县有煤矿资源，该县某煤矿企业经过几十年的开采，已经将该县煤矿基本开采完，剩余煤矿品位差，开采困难，还能够再开采 5 年，该煤矿进入衰退期，属于（　　）。
   A. 自然衰退　　　　　　　　　　B. 相对衰
   C. 聚集过度型衰退　　　　　　　D. 资源型衰退

28. 在评估无形资产价值时，无形资产具有（　　）才是真正的无形资产收益期限。
   A. 获得超额收益能力的时间　　　B. 自然寿命
   C. 法定使用寿命　　　　　　　　D. 技术寿命

29. 甲企业预期未来五年现金净流量为 100 万、120 万、150 万、180 万、200 万，第 6 年开始现金净流量以 2% 的固定增长率增长，无风险报酬率 5%，市场平均报酬率为 10%，甲企业 β 系数为 1.2，债权报酬率为 4.67%，资产负债率始终为 0.4，则甲企业整体价值为（　　）万元。
   A. 2 730　　　　B. 2 822　　　　C. 2 897　　　　D. 2 930

30. 下列哪项不是确定数据资产收益期限的考虑因素（　　）
   A. 法律有效期限　　　　　　　　B. 合同有效期限
   C. 数据存储成本　　　　　　　　D. 产品生命周期

二、多项选择题（共 10 题，每题 2 分，共 20 分。每题的备选项中，有 2 个或 2 个以上符合题意，至少有 1 个错项。错选，本题不得分；少选，所选的每个选项得 0.5 分）

1. 定量预测方法是建立在统计学、数学、系统论、控制论、信息论、运筹学及计量经济学等学科基础上，运用方程、图表、模型和计算机仿真等技术进行预测的方法。在进行收益预测时，属于定量预测方法的有（　　）。
   A. 集体意见预测法　　　　　　　B. 德尔菲预测法
   C. 移动平均预测法　　　　　　　D. 主观概率预测法
   E. 回归分析预测法

2. 经济性贬值通常是无形资产成本法评估需要考虑的因素，下列选项中属于无形资产经济性贬值的有（　　）。
   A. 出现新的更为先进的技术工艺，可以缩减成本 30%
   B. 专利被广泛传播应用
   C. 国家相关政策出台，导致无形资产的市场需求变小
   D. 专利技术预计节约成本 50%，但经验证废品率过高，实际节约成本只有 20%
   E. 产品在市场上广受好评，对其商标价值进行评估

3. 在采用收益法对无形资产价值进行评估时，需要对无形资产的收益期限进行确定，下列有关无形资产收益期限说法正确的是（　　）。
   A. 无形资产损耗的价值量是确定无形资产收益期限的前提。
   B. 无形资产经济寿命取决于其使用过程中其他资产的盈利能力。
   C. 无形资产具有获得超额收益能力的时间才是真正的无形资产收益期限。
   D. 法律或合同、企业申请书分别规定有法定有效期限和受益年限的，收益期限不能高于法定有效期限与受益年限中的较短者。
   E. 法律和企业合同或申请书均未规定法定有效期限和受益年限的，按预计收益期限确定。

4. 数据资产评估中，市场法的调整系数包括（　　）
   A. 质量调整　　B. 供求调整　　C. 期日调整　　D. 容量调整
   E. 折旧调整

5. 无形资产收益年限确定是使用收益法的关键参数，预计无形资产的有效期限时，通常采用的方法是（　　）。
   A. 根据经验直接判断

B. 按照法定有效期限与收益年限孰短的原则确定

C. 合同或企业申请书分别规定有法定有效期限和受益年限的，收益期限不能高于法定有效期限与受益年限中的较短者。

D. 法律或合同没有规定有效期限和受益年限的，按预计收益期限确定

E. 按照国际惯例确定

6. 在企业自由现金流的测算过程中会涉及折旧及摊销、资本性支出等的计算，在预测企业未来经营期的折旧额时需要考虑的因素有（   ）。

A. 账面原值　　　　　　　　　　B. 过去实际已使用期限
C. 预计使用期限　　　　　　　　D. 加权折旧率
E. 预测期追加投资形成的生产线账面价值和折旧情况

7. 发明专利是指以发明为保护客体的专利权，发明一般分为产品发明和方法发明两类，下列选项属于产品发明的有（   ）。

A. 电子计算机　　　　　　　　　B. 超导材料
C. 汉字输入方法　　　　　　　　D. 无铅汽油的提炼方法
E. 太阳能发电装置

8. 在分析企业经营战略时，一般认为企业实施成本领先战略可能面临的风险有（   ）。

A. 将目光集中于成本，可能会忽视消费者偏好的变化

B. 当产品发展到成熟期时，技术实力强大的厂家通过模仿，会减少产品之间的差异，降低企业差异化战略的效果

C. 当目标市场发生突变，企业可能陷入困境

D. 容易被竞争者学习模仿

E. 显著的技术变革可以消除企业的这种成本优势

9. 股利折现模型理论的实质是股利决定股票价值，并认为到手的股利比用于再投资的留存收益更有价值，下列关于股利折现模型说法中正确的有（   ）。

A. 股利折现模型的应用，要求标的企业的股利分配政策较为稳定，且能够对股东在预测期及永续期能够分得的股利金额做出合理预测

B. 一般而言，在非常增长阶段，股利支付率较低；在稳定增长阶段，股利支付率较高

C. 股利折现模型通常适用于缺乏控制权的股东部分权益价值的评估

D. 对缺乏控制权的股东部分权益价值的评估时，可以将非经营性资产、负债和溢余资产从被评估企业中分离出来单独进行评估后，再乘以特定股东的持股比例加上股利折现值

E. 在对股东预计能够分得的股利进行预测时，若被评估企业已制定对非经营性资产、负债和溢余资产的处置及分配计划的，应当考虑其处置及分配因素带来的影响

10. VRIO 框架最早由美国管理学会院士杰恩·巴尼（Jay B. Barney，1991）提出，是针对企业内部资源与能力，分析企业竞争优势和弱点的工具。以下属于 VRIO 框架必须仔细审视的四个问题是（   ）。

A. 价值为题　　　　　　　　　　B. 稀缺性问题
C. 可模仿性问题　　　　　　　　D. 组织问题
E. 机会问题

三、综合题（共 4 题，第 1 题和第 2 题各 10 分，第 3 题和第 4 题各 15 分，共 50 分）

1. 甲企业于 20×2 年 12 月花费 50 万购一无形资产，截至 20×4 年 12 月价格指数上涨 10%，该资产法律保护期为 20 年，购入前已使用 8 年。经分析该资产成本利润率为 200%，甲企业于 20×2 年成立，投资规模为 500 万人民币，成本利润率为 20%。试计算利润分成率。

2. A 公司是一家生产消费品的公司，目前处于稳定增长阶段，具有稳定的财务杠杆比率。20×4

年该公司的每股收益为4元，股利支付率为50%，每股收益以每年5%的速度永续增长，A公司的β值为1，无风险利率为3%，市场收益率为10%。请用股利增长模型计算股票的每股价值；如果市场上股票的交易价格是50元，则符合股票价格合理性的股利增长率为多少？

3. A公司在评估基准日（20×4年12月31日）的流动资产账面价值70 000万元；非流动资产账面价值20 000万元，其中固定资产账面价值为17 000万元，在建工程账面价值为3 000万元；流动负债账面价值60 000万元；非流动负债账面价值800万元。现在需采用资产基础法对该公司的全部股东权益进行评估。

评估专业人员经过分析评估，A公司流动资产价值为77 000万元；固定资产价值为20 200万元，其中房屋建筑物评估价值为8 200万元，机器设备评估价值为12 000万元；流动负债评估价值为66 000万元；非流动负债评估价值为800万元。同时，A公司还有一项专有技术，一项在建厂房和一项改造的机器设备生产线，专有技术没有列示在财务报表中，属于公司的技术秘密，尚未申请专利，按照评估基准日的市场价值为2 000万元；在建厂房的市场价值为1 200万元，尚欠建筑公司工程款500万元。机器设备生产线已经改造完成，实际投入300万元，尚欠改造技术工人工资50万元，该设备生产线已经纳入机器设备的评估范围，在建厂房和改造的机器设备生产线的欠款尚未在资产负债表中体现。

根据上述已知条件，计算A公司在评估基准日股东全部权益的市场价值。

4. 乙公司拟对甲公司进行控股合并，需要对甲公司的各项资产进行评估，因此，乙公司聘请丙资产评估机构进行上述资产评估工作。评估专业人员在对甲公司的资产进行资料收集的过程中，发现甲公司有一项2年前自行开发完成并用于内部管理的计算机软件，该软件已经申请著作权保护，保护期为10年。但甲公司并未将其作为资产核算，因此，评估专业人员将该软件作为账外无形资产纳入评估范围，评估对象为该软件的全部财产权益。具体范围包括该软件的目标程序、源程序和相关文档（包括程序设计说明书、流程图、用户手册等）。根据合并工作的时间安排，确定本次资产评估的基准日为20×3年7月31日。

评估专业人员在调查中得知，该软件为甲公司自行组织研究开发，主要应用于内部管理，专用性较强，市场上没有类似软件的销售案例，且在使用中产生的直接收益或成本节约难以与其他各类有形、无形资产贡献明确区分并量化。但公司保留了对该软件进行研究开发过程的所有记录，与评估相关的主要资料如下：

该软件的源程序有效代码行数K为55千行，经管理人员统计，开发维护该软件单位工作量成本为9 000元/人·月，包括与开发相关的直接费用、间接费用和期间费用，软件应用于公司管理时，其源程序有效代码行数K与计算机软件开发工作量M的对应关系可以用下列计算式表示：

$M = 4.875 K^{0.924}$

假设维护工作与开发工作的单位工作量成本相同，专家根据该软件的运行环境和更新程度进行测算得出，该软件的维护成本大约等于开发成本的25%。

评估专业人员同时发现，该软件虽然在甲公司运行状况良好，可以得到完全应用，但在完成公司合并后，随着合并方乙公司对甲公司未来经营管理情况的战略预测与调整目标，该软件会逐渐退出管理应用，因此，评估专家预测，该软件的剩余使用期限仅为5年。

假定不考虑其他条件。
① 请代为丙资产评估机构确定，对于该计算机软件的评估应当采用哪种基本方法，并说明采用该方法和排除其他方法的理由。
② 请列出所采用的评估方法评估技术思路的基本表达式。
③ 根据上述基本表达式，结合题目给定资料，计算表达式中的各指标的数值，并确定该软件得到评估值（要求列出计算步骤）

2025年资产评估师职业资格全国统一考试
《资产评估实务（二）》全真模拟试题（一）
参考答案及解析

一、单项选择题

1.【答案】D

【解析】常用的分成率测算方法有经验数据法、约当投资分成法、经验数据法、要素贡献法等。

2.【答案】C

【解析】股权现金流对应的折现率为股权资本成本10%，运用两阶段股权价值计算公式：

$$EV = \sum_{t=1}^{n} \frac{FCFE_t}{(1+R_e)^t} + \frac{FCFE_n \times (1+g)}{(R_e - g) \times (1+R_e)^n}$$

$$= \frac{100}{1+10\%} + \frac{120}{(1+10\%)^2} + \frac{150}{(1+10\%)^3} + \frac{160}{(1+10\%)^4} + \frac{200}{(1+10\%)^5}$$

$$+ \frac{200 \times (1+20\%)}{(10\% - 2\%) \times (1+10\%)^5}$$

$$= 2\,119（万元）$$

3.【答案】A

【解析】回报率拆分法的第一步是分析企业利润来源，第二步是确定企业整体回报，第三步是根据业务中不同资产价值的相关投资风险大小，将无形资产收益分离出来。这一步是回报率拆分法应用的关键；四步是要将计算出的税后无形资产的投资回报率 R_i 换算为税前口径，与收益口径保持一致。

4.【答案】C

【解析】如果假设被评估企业未来预期企业自由现金流量并非在每年年末产生和实现，则应当对上述具体模型中的折现年数进行调整。比如，如果企业自由现金流量在年度中差不多是均匀产生的，可使用年中折现法进行调整。

5.【答案】B

【解析】当前的股利支付率 $b = 60\%$

预期公司收益和股利的增长率 $g = 4\%$

净资产收益率 $ROE = 4 \div 20 \times 100\% = 20\%$

股权资本成本 $r = 4\% + 0.75 \times 10\% = 11.5\%$

$P/B = 20\% \times 60\% \times (1 + 4\%) \div (11.5\% - 4\%) = 1.664$

6.【答案】D

【解析】数据资产的三种基本权利类型是持有权、加工使用权和经营权，不包括所有权转让权。

7.【答案】B

【解析】公司分配当年税后利润时应当按照10%的比例提取法定公积金；法定公积金累计额达

到公司注册资本的50%时，可不再继续提取。公司的法定公积金不足以弥补以前年度亏损的，在按规定提取法定公积金之前，应当先用当年利润弥补亏损。

8. 【答案】C

【解析】无形资产相关资产组获利能力强并不一定代表无形资产的贡献率高，即并不一定代表无形资产的分成率会高，这两者之间没有必然联系。

9. 【答案】C

【解析】该专利的增量收益额 = 300 - 1 000 × 10% = 200（万元）。

10. 【答案】C

【解析】价值调整系数专门用于调整资产期望状况与实际状况的差异，如质量差异等。

11. 【答案】B

【解析】已知专利重置成本 = 200（万元），专利约当投资量 = 200 × (1 + 300%) = 800（万元），乙公司资产约当投资量 = 4 000 × (1 + 20%) = 4 800（万元），则利润分成率 = 800 ÷ (4 800 + 800) × 100% = 14.29%。

12. 【答案】A

【解析】企业知识产权资产特有的权属证明，如专利权证书、商标注册证、著作权（版权）相关权属证明。

13. 【答案】A

【解析】税后经营净利润 = (400 + 20) × (1 - 25%) = 315（万元）

经营营运资本增加 = 42 - 21 = 21（万元）

资本支出 = 20 + 25 = 45（万元）

企业自由现金流 = 315 + 25 - 21 - 45 = 274（万元）

14. 【答案】D

【解析】公司制企业利润分配的顺序为：首先，计算可供分配的利润；其次，计提法定公积金；再次，计提任意公积金；最后，向股东（投资者）支付股利（分配利润）。股东会、股东大会或者董事会违反上述利润分配顺序，在公司弥补亏损和提取法定公积金之前向股东分配利润的，股东必须将违反规定分配的利润退还公司。

15. 【答案】A

【解析】外观设计专利的权属核实一般包括以下几项：(1) 一般许可/转让目的的评估。需要核实的资料包括专利证书、专利维持费缴费凭证等。(2) 质押、诉讼目的的评估。需要核实的资料包括专利证书、专利维持费缴费凭证和专利登记簿副本和专利检索报告等。

16. 【答案】C

【解析】180 × (1 + 3%) × (1 + 3%) × (1 + 2%) = 194.78（万元）

17. 【答案】A

【解析】资产基础法实质是一种以估算获取标的资产的现实成本途径来进行估价的方法，市场法所依据的基本原理是市场替代原则，上市公司比较法是指获取并分析可比上市公司的经营和财务数据，计算适当的价值比率，在与被评估企业进行比较分析的基础上，确定评估对象价值的具体方法。交易案例比较法是指获取并分析可比对象的买卖、收购及合并案例资料，计算适当的价值比率，在与被评估企业进行比较分析的基础上，确定评估对象价值的具体方法。

18. 【答案】A

【解析】内在市盈率 = 每股市价/每股收益 = 40 ÷ [2 × (1 + 5%)] = 19.05

19. 【答案】B

【解析】三因素模型认为，一个投资组合（包括单个股票）的超额回报率按照以下三个因素进行回归计算得出：市场的超额回报率、期望的规模风险溢价、期望的价值风险溢价。

20. 【答案】B

【解析】该项专利的重置成本 = [(4 900 + 5 400 + 1.15 × 436 000) ÷ (1 - 0.2)] × (1 + 20%) = 767 550（元）

21. 【答案】B

【解析】用节省许可费法评估一项无形资产的所有权，由于无形资产许可费只能反映无形资产的部分权利收益，即被许可部分的价值，因此利用此种方法得到的评估结果一般只反映无形资产的使用权价值。在无形资产评估实务中，评估对象可能并不是无形资产的所有权利，而是部分权利，例如，无形资产侵权损失评估，故节省许可费法在实务中具有重要意义。

22. 【答案】A

【解析】每股股权价值 = 3 × (P/A, 10%, 5) + 3 × (1 + 5%) ÷ (10% - 5%) × (P/F, 10%, 5) = 3 × 3.7908 + 3 × (1 + 5%) ÷ (10% - 5%) × 0.6209 = 50.49（元/股）

23. 【答案】A

【解析】当市场的年增长率下降到一定比率以下，但继续保持较大的市场份额，那么明星业务就变成了现金牛业务。现金牛业务会为企业带来大量财源。由于市场增长率下降，公司不必大量投资扩展市场规模，同时也因为该业务是市场领导者，它还享有规模经济和高边际利润的优势。公司用现金牛业务支付所需要的资金支出并支持明星类、问题类和瘦狗类业务，因此这些业务常常需要大量的资金支持。

24. 【答案】C

【解析】计算股权资本成本 R_e：

$R_e = R_f + \beta \times (R_m - R_f) = 2\% + 1.2 \times (10\% - 2\%) = 11.6\%$

计算加权平均资本成本 WACC：

WACC = × R_e + × R_d × (1 - T)
= 0.4 × 11.6% + 0.6 × 6% × (1 - 25%) = 7.34%

25. 【答案】D

【解析】专利权的终止是指期限届满依法终止、专利权人没有按照规定缴纳年费的终止以及专利权人以书面声明放弃其专利权的情况。专利说明书、权利要求书的撰写不符合法律规定属于国务院专利行政部门宣告该专利权无效。

26. 【答案】D

【解析】税前债务成本 = 政府债券的市场回报率 + 企业的信用风险补偿率 = 3% + (7% - 3.5%) = 6.5%。

27. 【答案】D

【解析】由于生产所依赖的资源枯竭所导致的衰退属于资源型衰退。

28. 【答案】A

【解析】需要强调的是，无形资产具有获得超额收益能力的时间才是真正的无形资产收益期限。

29. 【答案】C

【解析】股权报酬率 = 5% + 1.2 × (10% - 5%) = 11%

WACC = 11% × 0.6 + 4.67% × 0.4 × (1 - 25%) = 8%

$$OV = \sum_{t=1}^{n} \frac{FCFF_t}{(1 + WACC)^t} + \frac{FCFF_{n+1}}{(WACC - g)(1 + WACC)^t}$$

$$= \frac{100}{(1 + 8\%)^1} + \frac{120}{(1 + 8\%)^2} + \frac{150}{(1 + 8\%)^3} + \frac{180}{(1 + 8\%)^4} + \frac{200}{(1 + 8\%)^5}$$

$$+ \frac{200(1 + 2\%)}{(8\% - 2\%)(1 + 8\%)}$$

= 2 897（万元）

30. 【答案】C

【解析】数据存储成本属于成本因素，不影响收益期限的确定。

二、多项选择题

1. 【答案】CE
【解析】平均预测法与回归分析预测法属于定量预测方法。

2. 【答案】BC
【解析】AD 为功能性贬值，E 无需考虑贬值。

3. 【答案】ACE
【解析】无形资产的经济寿命是指无形资产处于尚可取得利润的期间，由无形资产产生经济收入的能力决定的寿命年限，无形资产经济寿命并不取决于其使用过程中其他资产的盈利能力，B 选项错误。法律或合同、企业申请书分别规定有法定有效期限和受益年限的，收益期限不能高于法定有效期限与受益年限中的较短者，D 选项错误。

4. 【答案】ABCD
【解析】市场法调整系数包括质量、供求、日期、容量等，不包括折旧调整。

5. 【答案】BCD
【解析】经验直接判断以及依据国外惯例不是常用方法。

6. 【答案】ACDE
【解析】预测企业未来的现金流量过程中需要预测的固定资产、无形资产的折旧摊销等是对未来的情况作出的预测，由评估基准日向未来而不是向过去，所以不需要考虑过去实际已使用期限。

7. 【答案】ABE
【解析】发明一般分为产品发明和方法发明两类。产品发明是指人们通过研究开发出来的关于各种新产品、新材料、新物质等的技术方案，如电子计算机、超导材料等。方法发明是指人们为制造产品或者解决某个技术课题而研究开发出来的关于操作方法、制造方法以及工艺流程等技术方案，如汉字输入方法、无铅汽油的提炼方法等。

8. 【答案】ADE
【解析】面临的潜在风险如下：一是显著的技术变革可以消除企业的这种成本优势；二是容易被竞争者学习模仿；三是将目光集中于成本，可能会忽视消费者偏好的变化。选项 B 属于差异化战略的风险。选项 C 属于集中战略的风险。

9. 【答案】ABCE
【解析】在运用股利折现模型对缺乏控制权的股权价值进行评估时，不能将非经营性资产、负债和溢余资产从被评估企业中分离出来单独进行评估后，计入特定股东的股权价值，因为缺乏控制权的股东往往无法影响或决定被评估企业非经营性资产、负债和溢余资产的处置和分配。选项 D 错误。

10. 【答案】ABCD
【解析】VRIO 代表了它们必须仔细审视的四个问题：价值（value）问题、稀缺性（rarity）问题、可模仿性（imitability）问题和组织（organization）问题。

三、综合题

1. 【答案解析】
资产重置成本 = 50 × 110% = 55（万元）
资产约当投资量 = 55 × 300% = 165（万元）
企业重置成本 = 500 × 110% = 550（万元）
企业约当投资量 = 550 × 120% = 660（万元）
利润分成率 = $\dfrac{165}{165 + 660}$ × 100% = 20%

2. 【答案解析】
解：① 每股股利 DPS_0 = 每股收益 × 股利支付率 = 4 × 50% = 2（元）
在股利支付率保持不变情况下，股利增长率等于收益增长率，即 g = 5%
股权资本成本 $R_e = R_f + \beta \times (R_m - R_f)$ = 3% + 1 × (10% - 3%) = 10%

股票价值 V = DPS$_1$ ÷ (R$_e$ − g) = 2 × (1 + 5%) ÷ (10% − 5%) = 42（元）
② 根据上述公式将数据代入可得：
50 = DPS$_1$ ÷ (R$_e$ − g) = 2 × (1 + g) ÷ (10% − g)
解得，g = 5.77%。

3. 【答案解析】
解：股东全部权益价值 = 表内外各项资产价值 − 表内外各项负债价值
① 计算专有技术、在建工程评估值
专有技术属于表外资产，其价值为 2 000 万元。
在建厂房的评估值为 1 200 万元，尚欠建筑公司工程款 500 万元属于表外负债。
② 计算机器设备评估值
由于技术改造的机器设备生产线已经纳入机器设备评估中，其技术改造工程 300 万元不需要另行评估，其评估值为 0。所以机器设备的价值按照评估值确定为 12 000 万元。
③ 计算表外负债评估值
改造的机器设备生产线已经考虑了改造后的价值，但尚欠改造技术工人工资 50 万元，属于表外负债，同时，在建厂房尚欠建筑公司工程款 500 万元也属于表外负债，需要在计算权益价值时扣除。
④ 计算 A 公司股东全部权益的市场价值
股东全部权益价值 = 表内外各项资产价值 − 表内外各项负债价值 = 77 000 + 8 200 + 12 000 + 2 000 + 1 200 − 50 − 500 − 66 000 − 800 = 33 050（万元）。

4. 【答案解析】
对于该计算机软件的评估应当采用成本法。
理由：由于该计算机软件是由甲公司自行研究开发的，有明确的开发过程记录，并且评估对象为软件的全部财产权益，其重置成本能够与该权益相对应，因此应采用成本法。
排除收益法的理由：由于该软件主要用于公司的内部管理，其使用中产生的直接收益或成本节约难以与其他各类有形、无形资产贡献明确区分并量化，因此无法采用收益法。
排除市场法的理由：该软件为甲公司自行组织研究开发的，主要应用于内部管理，专用性较强，市场上没有类似软件的销售案例，因此无法采用市场法。
成本法评估技术思路的基本表达式为：
被评估资产的评估值 = 重置成本 × (1 − 贬值率)
[或：被评估资产的评估值 = 重置成本 − 实体性贬值 − 功能性贬值 − 经济性贬值]
该软件的评估价值计算过程如下：
① 计算重置成本
重置成本 = 软件开发成本 + 软件维护成本
软件开发成本 = 软件开发工作量 × 开发单位工作量成本
软件开发工作量 M = 4.875 × $K^{0.924}$ = 4.875 × 550.924 = 4.875 × 40.56 = 197.73（人·月）
软件开发成本 = 197.73 × 9 000 = 1 779 570（元）
软件维护成本 = 1 779 570 × 25% = 444 892.5（元）
重置成本 = 1 779 570 + 444 892.5 = 2 224 462.5（元）
② 计算贬值率
由于该软件为 2 年前开发完成，且预测剩余寿命期为 5 年，故贬值率 = 2 ÷ (2 + 5) × 100% = 28.57%
③ 计算软件评估价值
评估价值 = 重置成本 × (1 − 贬值率) = 2 224 462.5 × (1 − 28.57%) = 1 588 933.56（元）

2025年资产评估师职业资格全国统一考试
《资产评估实务（二）》全真模拟试题（二）

一、单项选择题（共30题，每题1分，共30分。每题的备选项中，只有一个最符合题意）

1. 行业发展阶段对企业价值会产生重要的影响，下列各项中，属于某行业初创阶段特点的是（　　）。
   A. 市场需求比较稳定　　　　　　B. 利润较高
   C. 风险较小　　　　　　　　　　D. 资本来源有限

2. 采用上市公司比较法进行评估时，往往需要评估专业人员综合考虑各种溢价和折价因素的影响，下列关于缺乏流动性的说法错误的是（　　）。
   A. 对于少数股权，缺少流动性实际主要表现在股权"缺少交易市场"。
   B. 对于控股股权，缺少流动性实际主要表现在股权"缺少变现性"。
   C. 国际上对缺乏流动性折扣的研究主要有限售股交易价格法、IPO前交易价格法、新股发行定价法及期权定价法等。
   D. 国内采用新股发行定价估算方式研究缺乏流动性折扣就是研究国内上市公司新股IPO的发行定价与该股票即将上市前的预估价格之间的差异。

3. 投资价值是指评估对象对于具有明确投资目标的特定投资者或者某一类投资者所具有的价值估计数额。下列不属于投资价值应具备的要件是（　　）。
   A. 明确的资产和投资者　　　　　B. 特定目的、协同效应
   C. 评估基准日、投资回报水平　　D. 依法设立的实体

4. 公司发行面值100元的优先股，规定的年股息率为5%，该优先股溢价发行，发行价为每股110元，筹资费率为发行价的4%，则该公司发行的优先股的资本成本为（　　）
   A. 5.21%　　　　B. 4%　　　　C. 4.73%　　　　D. 5%

5. 企业价值评估中，有关收益法的局限性，下列说法不正确的是（　　）。
   A. 在运用资本资产定价模型估算股权资本成本时，要求证券市场的发展比较完善，这样计算得出的股权资本成本的准确性才会高。
   B. 历史营运期的不足和未来营运期的不确定性，都会对收益法运用或收益法评估的结果产生影响。
   C. 从收益法的具体评估模型看，折现率、长期增长率等评估参数对企业评估结果的影响非常敏感，这些参数的微小变化可能引起评估结果的大幅波动。
   D. 未来收益额的预测需要评估专业人员进行专业判断，但折现率的计算不需要太多判断，主观性较弱

6. 采用股权现金流评估企业价值时需要测算股权资本成本，下列选项中有关测算股权资本成本的常用方法不包括（　　）。
   A. 资本资产定价模型　　　　　　B. 套利定价模型

C. 风险累加法　　　　　　　　　　　　D. 市场提取法

7. 某公司在基期的股利为每股6元，其每年的股利增长率为3%，公司的股权资本成本为9%，加权资本成本为8%，其股票价格为（　　）。
A. 103元/股　　　B. 100元/股　　　C. 120元/股　　　D. 123.6元/股

8. 数据资产与数据资源的主要区别在于（　　）。
A. 数据资产必须是电子形式，数据资源可以是纸质形式
B. 数据资产能带来经济利益，数据资源仅具有潜在价值
C. 数据资产不可复制，数据资源可以无限复制
D. 数据资产由政府统一管理，数据资源由企业私有

9. 甲公司拟采用市场法对其拥有的一项专有技术的价值进行评估，已知该项专有技术的产品销售利润率为18%。经评估专业人员分析，对比公司平均技术类无形资产分成率为10%，对比公司平均技术类无形资产产品销售利润率为20%，则甲公司所拥有的该项专有技术分成率为（　　）。
A. 10%　　　B. 7%　　　C. 9%　　　D. 6%

10. 在企业价值评估中，折现率与收益之间存在某种对应关系，关于折现率与收益口径的匹配，下列说法不正确的是（　　）。
A. 净利润匹配的折现率为加权平均资本成本
B. 企业自由现金流量匹配的折现率为税后债务资本成本计算的加权平均资本成本
C. 利润总额匹配的折现率为税前的股权资本成本
D. 息税前利润匹配的折现率是根据税前股权资本成本计算的加权平均资本成本

11. 评估机构以20×4年1月1日为基准日对A企业进行整体评估，已知该企业20×3年实现纯利润200万元，经调查分析，预计该企业自评估基准日起三年内每年的纯利润将在前一年的基础上增加10%，自第四年起将稳定在第三年的水平上，若折现率为8%，无限期经营，则该企业评估价值最接近于（　　）万元。
A. 3 264　　　B. 2 314　　　C. 3 347　　　D. 4 210

12. 企业价值评估中，对于航空、资源和钢铁等行业的企业，（　　）价值比率均不太适用。
A. 市盈率（P/E）　　　　　　　　　B. 市净率（P/B）
C. 收入价值比率　　　　　　　　　　D. EV/TBVIC

13. 在无形资产评估中，下列选项不属于以法律诉讼为目的而涉及无形资产评估的情形有（　　）。
A. 因悔约导致的无形资产损失纠纷
B. 因无形资产侵权损害而导致的无形资产纠纷
C. 因无形资产买卖交易等引起的仲裁
D. 因无形资产所有权不明确而导致的纠纷

14. 甲公司拟把其一项专利技术许可给乙公司，许可期限为3年。根据行业惯例确定的入门费为20万元，许可费率为净收入的3%。假定乙公司未来三年实施该项技术许可的净收入分别为1 000万元，1 500万元，1 200万元，折现率为10%，且不考虑税收影响时，该专利技术许可权评估值为（　　）万元。
A. 91.5　　　B. 111.5　　　C. 20　　　D. 131

15. 企业价值是企业获利能力的货币化体现。企业给予其利益相关者回报的能力越高，企业价值就越高，而这个价值是可以通过其经济学定义加以计量的。下列选项中不属于企业价值所具有的特点是（　　）。
A. 企业价值是一个整体的概念　　　　B. 企业价值受企业可持续期的影响
C. 企业价值的表现形式具有虚拟性　　D. 企业价值是企业各项资产价值之和

16. 数据资产采用分成收益预测，年收入200万元，收入提成率8%，折现率12%，剩余寿命4

年，其评估价值为（ ）万元。

A. 58.60 B. 48.50 C. 48.60 D. 49.60

17. 某公司主要生产某种电子产品，某年该公司通过使用一项专有技术，使得该电子产品的销售量增加到 100 000 件。已知未使用该技术时，甲产品的销售量为 80 000 件，并假设公司的甲产品在使用该技术前后的单位销售价格和单位成本保持不变。电子产品销售价格为 120 元/件，成本为 50 元/件。不考虑税收的影响，某公司因使用该专有技术形成的增量收益额是（ ）元。

A. 2 400 000 B. 1 000 000 C. 1 400 000 D. 7 000 000

18. 下列商品除（ ）以外，都必须申请商标注册，未经核准注册的，不得生产、销售。

A. 卷烟 B. 有包装的烟丝
C. 雪茄烟 D. 复烤烟叶

19. 重新构建设备一台，现行市价为每台 400 000 元，运杂费 2 000 元，装卸费 1 000 元，直接安装成本 1 000 元，其中材料成本 500 元，人工成本 500 元。间接安装成本为 700 元。则该设备的重置成本为（ ）元。

A. 350 000 B. 303 000 C. 404 700 D. 475 000

20. 我国对著作权作品的权属存在较多的规定，对于受委托创作的作品，著作权归一般属于（ ）。

A. 由委托人和受托人通过合同约定
B. 委托人
C. 受托人
D. 作品创作者

21. A 企业价值评估范围包含一项注册商标，该企业近 5 年使用这一商标的产品比同类产品的价格每件高 0.1 元，该企业每年生产 1 000 万件。根据预测估计，如果在生产能力足够的情况下，这种商标产品每年生产 1 500 万件，每件可获增量利润 0.2 元，则预测期内该商标的增量利润为（ ）万元。

A. 100 B. 150 C. 300 D. 500

22. 无形资产实施的范围、获利方式、限制条件的相关资料中，决定了无形资产的获利范围，对其价值有着重要影响的是（ ）。

A. 使用范围、领域范围 B. 领域范围、评估范围
C. 评估范围、使用范围 D. 使用范围、时间范围

23. A 公司长期资金共有 8 000 万元，其中债务资本为 4 000 万元，股权资本为 4 000 万元。企业借入债务年利率为 4.5%，β 值为 1.5，所得税税率为 25%，且无风险报酬率为 4%，市场平均的风险报酬率为 8%。则该企业的股权资本成本为（ ）。

A. 9.68% B. 8.18% C. 10% D. 8.68%

24. 甲乙两人是同事，甲以前委托乙创作一个剧本，乙碍于情面答应为其创作，但是双方没有订立任何书面合同也未做出明确的口头约定。乙按时完稿交甲审阅，甲看后让乙再做修改。后甲因工作关系调到他省工作，乙修改完作品便以自己的名义对外发表。甲知悉后，提出著作权属于自己，依法律规定，此剧本的著作权属于（ ）。

A. 甲乙均不享有 B. 甲乙共同享有
C. 甲一人享有 D. 乙一人享有

25. 清算假设是对资产在非公开市场条件下被迫出售或快速变现条件下的假定说明，有关清算假设时被评估资产价值的说法正确的是（ ）。

A. 被评估资产的评估价值通常要低于在公开市场假设下同样资产的评估价值
B. 被评估资产的评估价值通常要高于在公开市场假设下同样资产的评估价值
C. 被评估资产的评估价值通常等于持续使用假设下同样资产的评估价值

D. 被评估资产的评估价值通常要高于在持续使用假设下同样资产的评估价值

26. 某公司长债务资本为 4 000 万元，优先股资本为 2 000 万元，优先股股利为 3%，公司的 β 值为 0.8，市场平均的报酬率为 4%，无风险报酬率为 2%，企业借入债务年利率为 5%，所得税税率为 25%，求该企业的债务资本成本（　　）。
   A. 4%　　　　　　B. 3.75%　　　　　　C. 3.5%　　　　　　D. 3.6%

27. 评估目的能够直接决定和制约无形资产评估的价值类型与评估方法的选择，以下哪项不是以财务报告为目的的无形资产评估。（　　）
   A. 商誉减值测试　　　　　　　　B. 合并对价分摊
   C. 可辨认无形资产减值测试　　　D. 企业重组涉税

28. 公司 20×4 年的每股收益为 1.65 元，股利支付率为 35%，收益和股利的增长率预计为 5%。该公司的 β 值为 1.2，市场风险溢价为 7%，无风险报酬率为 3%。该公司的市盈率为（　　）。
   A. 5.74　　　　　　B. 13.13　　　　　　C. 5.47　　　　　　D. 12.5

29. 下列有关股权自由现金流的测算公式，错误的是（　　）。
   A. 股权自由现金流量 = 企业自由现金流量 − 债权现金流量
   B. 股权自由现金流量 = ［净利润 + 利息费用 + 折旧及摊销］−（资本性支出 + 经营营运资金增加）− 利息费用×（1 − 所得税税率）−（偿还付息债务本金 − 新借付息债务）
   C. 股权自由现金流量 = 净利润 + 折旧及摊销 − 资本性支出 − 经营营运资金增加 − 偿还付息债务本金 + 新借付息债务
   D. 股权自由现金流量 =（税后净营业利润 + 折旧及摊销）−（资本性支出 + 经营营运资金增加）− 税后利息费用 − 付息债务的净偿还

30. 资产基础法可以用于企业价值的评估，下列选项中有关资产基础法在企业价值评估中的说法不正确的是（　　）。
   A. 资产基础法也被称为资产负债表调整法
   B. 其思路是通过对企业账面价值的调整得到企业价值
   C. 各个单项资产的评估，应按账面价值确定其评估值
   D. 资产基础法在企业价值评估中应用较为广泛

二、**多项选择题**（共 10 题，每题 2 分，共 20 分。每题的备选项中，有 2 个或 2 个以上符合题意，至少有 1 个错项。错选，本题不得分；少选，所选的每个选项得 0.5 分）

1. 收益法评估数据资产涉及的关键指标包括（　　）。
   A. 收益额　　　　B. 折现率　　　　C. 折现期　　　　D. 数据规模
   E. 存储方式

2. 无形资产评估中，外观设计是一种常见的专利，下列选项中有关外观设计专利的特征是（　　）。
   A. 外观设计必须与产品相结合
   B. 外观设计必须能在产业上应用
   C. 外观设计需解决产品的技术思想
   D. 外观设计富有美感
   E. 外观设计可不与产品相结合

3. 资产基础法可以用于企业价值评估，有关资产基础法的评估，下列选项说法正确的是（　　）。
   A. 运用资产基础法评估企业价值时，各个单项资产的评估，应按贡献原则确定其价值
   B. 采用资产基础法评估企业价值时，对于具有控制权的长期股权投资，应对被投资企业执行完整的企业价值评估程序
   C. 采用资产基础法进行企业价值评估，各项资产的价值应当根据成本法进行评估
   D. 评估专业人员应根据评估基准日的资产负债表进行评估

E. 根据所选择的适用于所评估企业的价值标准，决定需要重新评估的资产与负债

4. 商标资产在法律的层面上主要表现为注册商标，其特性主要包括（   ）。
   A. 商标资产的市场影响力
   B. 商标资产的时效性
   C. 商标资产的地域性
   D. 商标资产的约束性
   E. 商标资产的知名度

5. 在无形资产评估中，采用市场法评估时，标的无形资产和可比无形资产差异分析调整体现在（   ）。
   A. 采用从价计量方式时，标的无形资产与可比无形资产对各自产品收益贡献的差异调整
   B. 采用从价计量方式时，标的无形资产与可比无形资产入门费绝对值大小对分成影响的差异调整
   C. 采用"入门费＋分成"计量方式时，不需要分别测算入门费和分成率
   D. 采用"入门费＋分成"计量方式时，不可以采用某种方式将入门费换算成分成
   E. 采用"入门费＋分成"计量方式时，不可以采用某种方式将分成换算为总价计量的入门费

6. 某公司20×4年的税后净营业利润（NOPAT）3 800万元，利息费用200万元，所得税率25％，折旧及摊销800万元，偿还债务本金900，新借付息债务600；营运资金没有变化，资本支出为300万元。下列有关现金流的测算中正确的有（   ）。
   A. 股权自由现金流量4 300万元
   B. 企业自由现金流量4 300万元
   C. 债权自由现金流量450万元
   D. 企业自由现金流量3 850万元
   E. 股权自由现金流量3 850万元

7. 信息不对称问题是资产评估专业人员必须认真面对的问题，企业价值评估面临的信息不对称问题的具体表现有（   ）。
   A. 由于其传递的方法、路径等原因使相关各方获取信息的程度不一，获得时间也不同，导致信息不对称
   B. 从影响企业价值的各项因素来讲，由于影响企业价值的各项因素的复杂性和不确定性，导致信息的不对称
   C. 由于影响企业价值的各项因素与企业价值之间关系的模糊性，导致信息的不对称
   D. 从影响企业价值的各项因素对于所有者或信息的提供者来讲，其掌握的信息资料比较多，而对于非所有者或信息的收集者则知之较少，这样也会形成信息的不对称
   E. 企业价值评估中信息不对称的客观存在，必然要求评估专业人员要尽可能收集到完整、真实的信息资料

8. 关于无形资产评估成本法的应用，下列说法正确的是（   ）。
   A. 无形资产的贬值率，可以采用专家鉴定法和剩余经济寿命预测法进行测算
   B. 自创无形资产重置成本的估算一般可以采用核算法和倍加系数法
   C. 外部取得无形资产重置成本的估算一般可以采用市价类比法和价格指数法
   D. 无形资产的贬值表现为功能性贬值和经济性贬值，没有实体性贬值
   E. 无形资产贬值一般应该考虑实体性贬值、功能性贬值和经济性贬值

9. 超额收益法是评估无形资产常用的方法，下列选项有关超额收益法说法正确的是（   ）。
   A. 超额收益法一般适用于对于无形资产组合和无形资产与其他资产组合的评估
   B. 超额收益法在特许经营权、公路收费权等无形资产的评估中经常使用
   C. 无形资产与相关联的资产对企业整体或资产组收益的贡献之和与企业整体或资产组正常收益相比后仍有剩余，这个剩余收益就被称为超额收益
   D. 无形资产对收益的贡献以实际实现的收益为准
   E. 不可辨认无形资产离开实物载体后就失去了价值，所以主要采用超额收益法进行评估

10. 在使用股权现金流折现模型时，应当计算企业每期的股权现金流量。下列股权自由现金流

量的计算公式正确的是（   ）。

A. 股权自由现金流量 =（税后净营业利润 + 折旧及摊销）-（资本性支出 + 经营营运资金增加）- 税后利息费用 - 付息债务的净偿还

B. 股权自由现金流量 =［净利润 + 利息费用 ×（1 - 所得税税率）+ 折旧及摊销］-（资本性支出 + 经营营运资金增加）-（偿还付息债务本金 - 新借付息债务）

C. 股权自由现金流量 =（净利润 + 折旧及摊销）-（资本性支出 + 营运资金增加）-（偿还付息债务本金 - 新借付息债务）

D. 股权自由现金流量 = 净利润 + 折旧及摊销 - 资本性支出 - 经营营运资金增加 - 偿还付息债务本金 + 新借付息债务

E. 股权自由现金流量 = 企业自由现金流量 - 债权现金流量 = 企业自由现金流量 - 税后利息费用 - 偿还债务本金 + 新借付息债务

三、综合题（共 4 题，第 1 题和第 2 题各 10 分，第 3 题和第 4 题各 15 分，共 50 分）

1. 甲企业将其注册商标通过许可使用合同许可给乙企业使用。使用时间为 5 年。双方约定乙企业按照使用商标新增加利润的 25% 支付给甲企业。根据估测乙企业使用商标后，每件产品可新增加税前利润 10 元，预计 5 年内的生产销售量分别为 40 万件、45 万件、55 万件、60 万件、65 万件。假定折现率为 14%，所得税税率为 25%。试估算该商标许可使用权价值。

2. 设 A 企业在评估基准日 20×4 年 12 月 31 日的付息债务账面余额为 4 000 万元，20×4 年度 A 企业的营运资金为 20 000 万元，企业所得税税率为 25%，A 企业在 20×5 年的预测情况如表所示。

表　A 企业 20×5 年预测情况表　　　　　　　　　　　　　　　单位：万元

项目	20×4 年	20×5 年	项目	20×4 年	20×5 年
主营业务收入	120 000	130 000	摊销	400	400
净利润	8 000	9 000	当期营运资金	20 000	30 000
利息费用	1 000	1 600	资本性支出	3 000	3 000
折旧	3 000	3 400	付息债务的年末余额	4 000	4 000

根据上述已知条件，采用两种方法计算 A 企业 20×5 年的企业自由现金流量。

3. 甲企业将一项专利使用权转让给乙公司，拟采用对利润分成的方法，该专利系 5 年前从外部购入，账面成本 80 万元，5 年间物价累计上升 10%，该专利法律保护期 20 年，已过 6 年，尚可保护 14 年。经专业人员测算，该专利成本利润率为 400%，乙公司资产重置成本为 4 000 万元，成本利润率为 12.5%，通过对该专利的技术论证和发展趋势分析，技术人员认为该专利剩余使用寿命为 5 年，另外，通过对市场供求状况及有关会计资料分析得知，乙公司实际生产能力为年产某型号产品 20 万台，成本费用每台约为 400 元，未来 5 年间产量与成本费用变动不大，该产品由于采用了专利技术，性能有较大幅度提高，未来第一、第二年每台售价可达 500 元，在竞争的作用下，为维护市场占有率，第三、第四年售价将降为每台 450 元，第五年降为每台 430 元，折现率确定为 10%，税率为 33%。

要求：（1）根据约当投资量计算利润分成率；（2）根据上述资料确定该专利评估价值（不考虑商品劳务税因素）。

4. 甲公司持有乙公司 100% 股权，因混合所有制改革，拟转让所持乙公司 9% 的股权，根据相关规定，委托资产评估机构对拟转让股权价值进行评估。评估基准日为 20×4 年 12 月 31 日。

乙公司属通用设备制造行业，主要从事通用机械设备的生产制造。评估基准日乙公司资产总额 230 000 万元，净资产 81 000 万元，20×4 年度营业收入 200 000 万元，净利润 12 000 万元。

资产评估专业人员选择上市公司比较法对乙公司拟转让的 9% 的股权价值进行评估。初步筛选出在资产规模、业务收入规模比较接近的同行业 5 家公司，相关数据见表 1。

表 1 初步筛选 5 家公司数据

类别	公司 A	公司 B	公司 C	公司 D	公司 E
资产总额（万元）	250 000	310 000	250 000	260 000	300 000
净资产（万元）	87 000	110 000	88 000	91 000	100 000
营业收入（万元）	230 000	260 000	220 000	230 000	270 000
净利润（万元）	12 000	16 000	13 000	13 000	16 000
总股数（万股）	23 000	21 000	19 000	20 000	23 000
股价（元/股）	16	19	20	17	23

根据乙公司所在行业特点，经分析选择 P/E 作为价值比率。5 家公司在盈利能力、成长能力、营运能力方面与乙公司存在一定差异，经指标差异对比得出"价值比率调整指标评分汇总表"（表2）。

表 2 5 家公司价值比率调整指标评分汇总表

指标类别	乙公司	公司 A	公司 B	公司 C	公司 D	公司 E
盈利能力	100	95	110	96	97	102
成长能力	100	95	108	102	101	103
营运能力	100	102	102	103	101	97

根据相关研究，被评估企业所在行业缺乏流动性折扣为 32%。

（1）分别计算 3 家可比公司的价值比率 P/E。
（2）根据 3 家可比公司盈利能力、成长能力、营运能力指标得分，分别计算对应的调整系数。
（3）分别计算 3 家可比公司调整后 P/E。
（4）根据 3 家可比公司等权重方式，计算乙公司 P/E。
（5）根据乙公司对应财务数据和折扣因素，计算乙公司 9% 股权价值。

2025年资产评估师职业资格全国统一考试
《资产评估实务（二）》全真模拟试题（二）
参考答案及解析

一、单项选择题

1. 【答案】D

【解析】处于初创阶段的行业主要有以下三个特点：一是资本来源有限，投入不足；二是收益较低；三是风险较大。

2. 【答案】D

【解析】新股发行定价估算方式就是研究国内上市公司新股IPO的发行定价与该股票正式上市后的交易价格之间的差异来研究缺少流动性折扣的方式，而不是与股票即将上市前的预估价格之间的差异。

3. 【答案】D

【解析】投资价值应具有以下要件：明确的资产、明确的投资者、特定目的、协同效应、投资回报水平、评估基准日、以货币单位表示、价值估计数额。

4. 【答案】C

【解析】$R_p = \dfrac{D}{P_0(1-f)} = \dfrac{100 \times 5\%}{110 \times (1-4\%)} = 4.73\%$

5. 【答案】D

【解析】折现率的预测需要评估专业人员进行专业判断，具有较强的主观性。

6. 【答案】D

【解析】测算股权资本成本的常用方法有资本资产定价模型、套利定价模型、三因素模型和风险累加法。

7. 【答案】A

【解析】

$V = \dfrac{DPS_1}{R_e - g} = \dfrac{6 \times (1+3\%)}{9\% - 3\%} = 103$（元/股）

8. 【答案】B

【解析】数据资产是能带来直接或间接经济利益的数据资源，而数据资源仅具有潜在价值，需进一步加工才能形成资产。

9. 【答案】C

【解析】该项专有技术分成率 = $10\% \times 18\% \div 20\% = 9\%$

10. 【答案】A

【解析】净利润匹配的折现率为税后的股权资本成本。

11. 【答案】A

【解析】
$$V = 200 \times (1+10\%) \div (1+8\%) + 200 \times (1+10\%)^2 \div (1+8\%)^2 + 200 \times (1+10\%)^3 \div (1+8\%)^3 + 200 \times (1+10\%)^3 \div (1+8\%)^3 \div 8\%$$
$$\approx 3\ 264（万元）$$

12.【答案】A

【解析】对于盈利容易发生显著变动的周期性行业，例如航空、资源和钢铁等行业，各类以盈利为基础的价值比率均不太适用。

13.【答案】D

【解析】以法律诉讼为目的而涉及无形资产评估的情形主要包括以下几种：一是因无形资产侵权损害而导致的无形资产纠纷。此种情形在以法律诉讼为目的无形资产评估中最为常见。二是因悔约导致的无形资产损失纠纷。三是因无形资产买卖交易等引起的仲裁。四是因公司、合伙关系解散或者股东不满管理层的经营、决策等而涉及的无形资产纠纷等。

14.【答案】B

【解析】已知许可期限为3年。入门费为20万元，许可费率为净收入的3%。企业未来3年净收入分别为1 000万元、1 500万元、1 200万元，折现率为10%，不考虑税收影响，该专利技术许可权评估值 = 20 + 3% × [1 000 ÷ (1+10%) + 1 500 ÷ (1+10%)^2 + 1 200 ÷ (1+10%)^3] = 111.51（万元）。

15.【答案】D

【解析】企业的价值通常不能通过对企业所拥有的各项资产价值进行简单相加而得到，这是因为企业的各项资产是相互作用、相互补充、相互影响的，这些资产在企业中的价值大小取决于其对企业所产生贡献的多少。

16.【答案】C

【解析】先计算年分成收益，再用年金现值公式。

年收益 = 200 × 8% = 16（万元）

PV = 16 × (P/A, 12%, 4) = 16 × 3.0373 = 48.60（万元）

17.【答案】C

【解析】该专有技术的增量收益额 = (100 000 - 80 000) × (120 - 50) = 1 400 000（元）

18.【答案】D

【解析】根据《中华人民共和国烟草专卖法》，卷烟、雪茄烟和有包装的烟丝必须申请商标注册，未经核准注册的，不得生产、销售。

19.【答案】C

【解析】直接成本 = 400 000 + 2 000 + 1 000 + 1 000 = 404 000（元）

间接成本 = 700元

所以重置成本为404 700元

20.【答案】A

【解析】受委托创作的作品，著作权的归属一般由委托人和受托人通过合同约定。合同未做明确约定或者没有订立合同的，著作权属于受托人。

21.【答案】C

【解析】其预测期内每年的增量利润：1 500 × 0.2 = 300（万元）。

22.【答案】A

【解析】无形资产使用的地域范围、领域范围不同，其获利能力与获利方式也不同。使用范围、领域范围决定了无形资产的获利范围，对其价值有着重要影响，故A正确。

23.【答案】C

【解析】计算股权资本成本 R_e：

$R_e = R_f + \beta \times (R_m - R_f) = 4\% + 1.5 \times (8\% - 4\%) = 10\%$

24. 【答案】D

【解析】委托作品指受托人根据委托人的委托而创作的作品。受委托创作的作品，著作权的归属由委托人和受托人通过合同约定。合同未做明确约定或者没有订立合同的，著作权属于受托人。

25. 【答案】A

【解析】由企业价值评估的基本假设可知，被评估企业的评估价值通常要低于在公开市场假设下同样资产的评估价值。

26. 【答案】B

【解析】股权资本由普通股和优先股构成，债务资本的成本 = 债务利息 × (1 − T) = 5% × (1 − 25%) = 3.75%

27. 【答案】D

【解析】以财务报告为目的的无形资产评估主要涉及商誉减值测试、可辨认无形资产减值测试、合并对价分摊等业务情形。企业重组涉税、内部无形资产转移，是以税收为目的的无形资产评估，故选择 D。

28. 【答案】A

【解析】计算过程如下：当前的股利支付率 $b = 35\%$；预期公司收益和股利的增长率 $g = 5\%$；股权资本成本 $= 3\% + 1.2 \times 7\% = 11.4\%$

$$P/E = \frac{b \times (1 + g)}{r - g} = \frac{35\% \times (1 + 5\%)}{11.4\% - 5\%} = 5.74$$

29. 【答案】B

【解析】正确公式应改为：股权自由现金流量 = [净利润 + 利息费用 × (1 − 所得税税率) + 折旧及摊销] − (资本性支出 + 经营营运资金增加) − 利息费用 × (1 − 所得税税率) − (偿还付息债务本金 − 新借付息债务)

30. 【答案】C

【解析】各个单项资产的评估，应按贡献原则确定其价值。

二、多项选择题

1. 【答案】ABC

【解析】收益法的三个关键指标是收益额、折现率和折现期。

2. 【答案】ABD

【解析】外观设计具有如下特征：（1）外观设计必须与产品相结合。（2）外观设计必须能在产业上应用。（3）外观设计富有美感。

3. 【答案】ABDE

【解析】解析：采用资产基础法进行企业价值评估，各项资产的价值应当根据具体情况选用适当的方法进行评估。

4. 【答案】BCD

【解析】商标资产在法律的层面上主要表现为注册商标，其特性主要包括商标资产的时效性，商标资产的地域性以及商标资产的约束性。

5. 【答案】AB

【解析】可比对象选择，标的无形资产与可比无形资产可比的要求主要是标的无形资产与可比无形资产（功效）相同或相似。对于采用"入门费 + 分成"计量方式的，需要合理地分别测算入门费和分成率，或者采用一种合理的方式将入门费换算成分成，或者相反，将分成换算为总价计量的入门费。

6. 【答案】BCE

【解析】债权自由现金流量 = 200 × (1 − 25%) + 900 − 600 = 450（万元），所以 C 正确。股权自由现金流量 = (3 800 + 800) − (300 + 0) − 200 × (1 − 25%) − (900 − 600) = 3 850（万元），所以 E 正

确。企业自由现金流量 = 3 850 + 450 = 4 300（万元），所以 B 正确。

7.【答案】ABCD

【解析】选项 E 不属于不对称问题的具体表现，属于信息不对称应采取的应对措施。

8.【答案】ABCD

【解析】无形资产没有实体性贬值，即没有实体性损耗。

9.【答案】ABCE

【解析】如果一项或多项无形资产与相关联的资产对企业整体或资产组收益的贡献是可以分割的，贡献之和与企业整体或资产组正常收益相比后仍有剩余，这个剩余收益就被称为超额收益，借以反映无形资产对收益的贡献，此时适合采用超额收益法，AC 正确；超额收益法在特许经营权、公路收费权、矿权等无形资产的评估中特别适用，也常用于企业合并对价分摊、商誉减值测试、可辨认无形资产减值测试等以财务报告为目的的无形资产评估，B 正确；无形资产对收益的贡献以实际实现的收益为基础，综合考虑无形资产贡献大小确定，D 正确；不可辨认无形资产一旦脱离依附对象便失去了使用价值，此时应以其当前使用所产生的超额收益为基础进行评估，比如商誉，E 正确。

10.【答案】ACDE

【解析】B 选项错误，应该为股权自由现金流量 = ［净利润 + 利息费用 × (1 - 所得税税率) + 折旧及摊销］ - (资本性支出 + 经营营运资金增加) - 利息费用 × (1 - 所得税税率) - (偿还付息债务本金 - 新借付息债务)。

三、综合题

1.【答案解析】

该商标许可使用权价值 = 25% × (1 - 25%) × ［40 × 10 ÷ (1 + 14%) + 45 × 10 ÷ (1 + 14%)^2 + 55 × 10 ÷ (1 + 14%)^3 + 60 × 10 ÷ (1 + 14%)^4 + 65 × 10 ÷ (1 + 14%)^5］
= 330.23（万元）

2.【答案解析】

解：① 采用直接方法计算 A 企业的自由现金流

企业自由现金流 = 净利润 + 税后利息费用 + 折旧及摊销 - 营运资金增加额 - 资本性支出
           = 9 000 + 1 600 × (1 - 25%) + 3 400 + 400 - (30 000 - 20 000) - 3 000
           = 1 000（万元）

② 采用企业自由现金流等于股权现金流加上债权现金流方法计算 A 企业的自由现金流

第一步，计算股权资金流：

股权现金流 = 净利润 + 折旧及摊销 - 资本性支出 - 营运资金增加 - 偿还付息债务本金
       + 新借付息债务
    = 9 000 + 3 400 + 400 - (30 000 - 20 000) - 3 000 - 0 + 0
    = - 200（万元）

第二步，计算债权资金流：

债权资金流 = 税后利息费用 + 偿还付息债务本金 - 新借付息债务
       = 1 600 × (1 - 25%) + 0 - 0
       = 1 200（万元）

第三步，计算企业自由现金流量

企业自由现金流 = 股权现金流 + 债权现金流
           = - 200 + 1 200
           = 1 000（万元）

3.【答案解析】

无形资产的重置成本 = 80 × (1 + 10%) = 88（万元）

无形资产的约当投资量 = 88 × (1 + 400%) = 440（万元）

购买方投入的总资产的重置成本 = 4 000（万元）
购买方的约当投资量 = 4 000（1 + 12.5%）= 4 500（万元）
无形资产的利润分成率 = 440 ÷ (4 500 + 440) = 8.91%
未来各年的税后利润折现值计算：
年度税后利润折现系数折现值
第 1 年：(500 − 400) × (1 − 33%) × 20 = 1 340 × 0.909 = 1 218.06（万元）
第 2 年：(500 − 400) × (1 − 33%) × 20 = 1 340 × 0.8264 = 1 107.38（万元）
第 3 年：(450 − 400) × (1 − 33%) × 20 = 670 × 0.7513 = 503.37（万元）
第 4 年：(450 − 400) × (1 − 33%) × 20 = 670 × 0.6830 = 457.61（万元）
第 5 年：(430 − 400) × (1 − 33%) × 20 = 402 × 0.6209 = 249.6（万元）
合计 3 536.02 万元
无形资产评估值 = 3 536.02 × 8.91% = 315.06（万元）

4. 【答案解析】
（1）根据营业收入、资产总额，与乙公司差异最小的 3 家可比公司是公司 A、公司 C、公司 D。
理由：评估基准日乙公司资产总额 230 000 万元，20×4 年度营业收入 200 000 万元。与乙公司资产总额相似程度由高到低的顺序是：公司 A、公司 C、公司 D、公司 E、公司 B。与乙公司营业收入相似程度由高到低的顺序是：公司 C、公司 A、公司 D、公司 B、公司 E。所以根据营业收入、资产总额，与乙公司差异最小的 3 家可比公司是公司 A、公司 C、公司 D。

公司 A 的价值比率 P/E = 16 ÷ (12 000 ÷ 23 000) = 30.67
公司 C 的价值比率 P/E = 20 ÷ (13 000 ÷ 19 000) = 29.23
公司 D 的价值比率 P/E = 17 ÷ (13 000 ÷ 20 000) = 26.15

（2）公司 A 的调整系数 = (100 ÷ 95) × (100 ÷ 95) × (100 ÷ 102) = 1.0863
公司 C 的调整系数 = (100 ÷ 96) × (100 ÷ 102) × (100 ÷ 103) = 0.9915
公司 D 的调整系数 = (100 ÷ 97) × (100 ÷ 101) × (100 ÷ 101) = 1.0106

（3）公司 A 调整后的 P/E = 30.67 × 1.0863 = 33.32
公司 C 调整后的 P/E = 29.23 × 0.9915 = 28.98
公司 D 调整后的 P/E = 26.15 × 1.0106 = 26.43

（4）乙公司 P/E = (33.32 + 28.98 + 26.43) ÷ 3 = 29.58

（5）乙公司 9% 股权价值 = 12 000 × 29.58 × (1 − 32%) × 9% = 21 723.56（万元）